1 MONTH OF
FREE
READING

at

www.ForgottenBooks.com

By purchasing this book you are eligible for one month membership to ForgottenBooks.com, giving you unlimited access to our entire collection of over 1,000,000 titles via our web site and mobile apps.

To claim your free month visit:

www.forgottenbooks.com/free614632

ISBN 978-0-666-52057-9
PIBN 10614632

For support please visit www.forgottenbooks.com

ich Christian Benedict Avé-Lallemant

seiner sozialpolitischen, literarischen
und linguistischen Ausbildung zu
seinem heutigen Bestande
Neu herausgegeben von
Max Bauer
Zweiter Teil

*

es ſchwarzen Peters,

: Stephen 3, Hölzerlips 4, deſſen Fran 5, ihr buckliger Bube 6,
ashi 9, der große Horz Bube 10, der Scheflenzer Bube 11,
3—16, Peter Henrichs Han Adam 17.

Friedr. Chr. Ben. Avé-Lallemant: Das deutsche Gaunertum
Zweiter Teil
Mit dreizehn Bildbeigaben und siebenunddreißig
Illustrationen im Text

München und Berlin bei Georg Müller

Dritter Abschnitt: Das moderne Gaunertum

Kupfer im German. Museum in Nürnberg

A. Die Repräsentation des Gaunertums

Erstes Kapitel

Die persönlichen und sozialen Verhältnisse

Nach der bisherigen Darstellung des Gaunertums als historische Erscheinung sieht man, wie das Gaunertum in der Aneignung und Ausbeutung aller Formen des sozialpolitischen Lebens als ein krankhafter Anwuchs dieses Lebens hervortritt, der um so leichter und reichlicher seine Nahrung von ihm gewinnt, je mehr die Verkünstelung des Lebens zngenommen und dessen selbstprüfenden Scharfblick getrübt hat. Das Gaunertum ist ein sekundäres Übel am siechenden Körper des Bürgertums, das nicht eher vertilgt werden kann, als bis der Körper selbst geheilt wird, wozu die immer gewaltiger zunehmende materielle Richtung der gegenwärtigen Zeit die Aussicht mehr und mehr trübt. Mit schwerer Sorge nimmt der Polizeimann wahr, wie großen Zuwachs das Gaunertum aus der Zahl von Kindern bürgerlich unbescholtener Eltern erhält, die daheim weder Familie noch Herd, noch Familienzucht haben, und zu wie fertigen Gaunern die bloße Lebensverkünstelung jugendlicher Verbrecher, auch ohne Belehrung des Gaunertums, ausbildet, das diesen jugendlichen Zuwachs freudig willkommen heißt. So ist inmitten des Friedens ein Gaunertum nachgewiesen, das fertiger und gefährlicher als jemals dasteht, und bei einer Erschütterung der bestehenden Ordnung sich noch furchtbarer erheben wird, als dies zu Ende des achtzehnten Jahrhunderts die niederländischen Räuberbanden vermocht haben. Die Staatspolizei hat daher jetzt Aufgaben zu lösen, wie sie kaum je ähnlich zur Lösung gestellt worden sind.

Um diese Aufgaben zu erkennen, handelt es sich zunächst darum, das Gaunertum darzustellen, wie es sich in der Gegenwart herausgebildet hat.

Aus der bisherigen Darstellung ergibt sich, daß der Gauner nur ein Gewerbe, gleichsam als seinen Beruf, treibt. Von einem Stande, einer sozialpolitischen Abschichtung, oder gar von einer gesonderten volkstümlichen Gruppe kann nicht die Rede sein. Das Gaunertum repräsentiert vielmehr vom verdrängten Thronerben mit dem Stern auf der Brust, vom verabschiedeten Offizier, vom abgesetzten Geistlichen, vom abgebrannten Bürger an bis zum elendesten Bettler, das verbrecherische Proletariat aller Stände, und der fürstliche Stern des verdrängten Prinzen, das ehrbare bescheidene Äußere des vertriebenen Geistlichen oder verunglückten Bürgers ist ebensoviel Gaunerkunst, wie der versteckte Klamonis des Makkeners, oder die Lumpen und das zur Schau getragene Elend des Bettlers, dem Lumpen und alles andere Gepräge des Elends als Handwerksgeräte zu seinem Fortkommen dienen.

In einer Gaunerherberge fand ich einmal spät nachts ein Landstreicherpaar in einem elenden Bett mit Lumpen bedeckt liegen; zu den Füßen einen in Lappen gehüllten halbverkommenen Säugling. Neben dem Bett auf dem bloßen Fußboden lagen nebeneinander drei Kinder im Alter von vier bis sieben Jahren, mehr nackt als mit Lumpen verhüllt und von der kalten Dezemberluft und dem zahlreichen Ungeziefer, selbst im festen Schlafe, stets in konvulsivischer Bewegung erhalten. Als Neuling tief erschüttert von dem nicht zu schildernden Anblick, fand ich anderen Tags barmherzige Frauen sogleich bereit, die ganze Familie vollständig und warm zu bekleiden. Zwei Tage später wurde die weitergewiesene Familie wieder eingebracht. Die treffliche Kleidung war verkauft und die erstarrten Kinder trugen wieder die alten Lumpen als Handwerksgerät der ruchlosen Eltern.

So wenig wie sich aber ein zutreffendes Bild des Proletariers zeichnen läßt, so wenig läßt sich eine allgemeingültige Zeichnung des Gauners geben. Die Gaunerphysiognomie ist noch immer eine Bezeichnung im Munde des Volks. Betrachtet man die Holzschnitte und Kupferstiche in den alten Gaunerbüchern, so gibt man es sofort auf, in diesen fratzenhaften Zügen, die wie eine Darstellung anatomischer Merkwürdigkeiten oder Mißgeburten vor die Augen treten, ein anderes Porträt zu finden als das der sittlichen Entrüstung des Zeichners oder Kupferstechers. Vergleicht man damit die meistens gut geratenen Kupferstiche zu Anfang dieses Jahrhunderts, so findet

man in der widerlichen Darstellung der vier abgehauenen Räuber=
köpfe bei Pfister den Räuberzug einzig und allein nur zwischen Brett
und Hals — da, wo dieser vom Schwerte durchschnitten ist.

In der Polizei= und Richterpraxis wird man völlig über die Phy=
siognomik enttäuscht. Wem es an Erfahrung fehlt, der mag in den
vielen Photographien in den heutigen Polizeiblättern die meistens
gutmütigen Gesichter mit den raffiniertesten Gaunereien vergleichen.

Allerdings findet man unter den Gaunern entschieden jüdische
und zigeunerische Gesichtsbildungen. Diese sind jedoch nur znfällige
nationale Typen und keineswegs dem Gaunertum eigentümlich. Der
Gauner ist und bleibt für den Ethnographen verloren. Seine Er=
scheinung geht nicht über den gewöhnlichen Alltagsmenschen hinaus,
wie ihn die Natur geschaffen hat, mag auch vielleicht Krankheit, Lei=
denschaft und Sünde seine Erscheinung mißgestaltet haben 1).

Daraus entsteht die Verwegenheit, mit der das Gaunertum sich
alle Formen des sozialpolitischen Lebens anzueignen und in ihnen sich zu
bewegen versucht, und die Schwierigkeit, den Gauner unter diesen
Formen zu entdecken. Nur eine ganz genaue Kenntnis der vielfachen
und verschiedenen Formen und feinen Schattierungen jenes Lebens
kann daher allein den Polizeimann instand setzen, den Gauner in
den verschiedensten Erscheinungen zu erkennen und zu entlarven.

Eine Statistik des Gaunertums nach Personenzahl, Anzahl der
Verbrechen, Höhe des angerichteten Schadens usw. läßt sich bei dem
schlüpfend beweglichen Wechsel des Gaunertums nicht mit Sicherheit
geben. Sie ist aber so erschreckend hoch, daß man sich scheuen muß,

1) Avé L. hatte keine Ahnung von der Kriminalanthropologie, die sich allerdings
erst lange nach der Abfassung des vorliegenden Werkes entwickelte. Trotzdem
hatte er dieses, wie so viele andere seiner Urteile, nicht mit solcher Entschiedenheit
hinstellen dürfen. Schon die von ihm hervorgehobene „idiote Schädelbildung"
wäre ein Grund zu Nachdenken gewesen. Man braucht kein Bekenner der Theorie
Lombrosos zu sein, um in Hanickel, Manne Friedrich, Holzerlips und Veit
Kraemer die Verbrecher zu erkennen und Gaunerphysiognomien festzustellen.
Und ob diese Kerle nicht im Leben noch gemeinere Gesichter hatten, als sie der
Zeichner darstellte, wissen weder wir noch Avé L., der ihre Typen der sittlichen
Entrüstung des Zeichners und Kupferstechers zuschreibt. Dem Schinderhannes hat
der Künstler, dem damaligen Zeitgeschmack folgend, der Rinaldini und seine
deutschen Abklatsche zu sentimentalen Helden gemacht hat, zweifellos geschmei=
chelt. So sah der rohe und feige Straßenräuber wohl kaum aus.   B.

auch nur in annähernder Weise Zahlen anzugeben. Nach ungefährer
Berechnung ergibt sich, daß seit den Hugenottenkriegen bis zur Mitte
des neunzehnten Jahrhunderts, mit Ausschluß der frei umherziehen=
den Zigeunerhorden, weit über eine Million professionierter Gauner
in Deutschland vorhanden war und ihren wesentlichen Unterhalt von
Raub und Diebstahl gezogen hat. Diese enorme Summe befremdet
nicht, wenn man die Zahl und Aufklärungen der zur Untersuchung
gezogenen Gauner in diesem Zeitraume berücksichtigt und auf die
ungeheueren Räuberhorden des Dreißigjährigen Krieges sieht, deren
offene Verjüngung und Verzweigung zu weiteren Räuberbanden von
Generation zu Generation erst vor noch nicht einmal achtzig Jahren ab=
geschnitten ist. So überrascht es auch nicht, wenn Schäffer im Jahre
1793 in dem kleinen Schwaben, dem zehnten Teil des damaligen
Deutschlands, mindestens 2726 berufsmäßige Gauner nachweist,
Schwencken im Jahre 1820 noch 650 jüdische und 1189 christliche
Gauner aufführt, und Thiele, nach einem in der Tat sehr geringen
Anschlage, die Zahl der in Deutschland und sprachverwandten Nach=
barländern lebenden Gauner auf 10 000 Individuen angibt, welche
Zahl andere auf das Doppelte veranschlagen.

Nach Schäffer betrug der von den Gaunern in Schwaben ange=
richtete Schaden pro Jahr etwa 186 588 Gulden. Der durch das
Gaunertum überhaupt angerichtete materielle Schaden läßt sich gar
nicht berechnen, seitdem die Gaunerkunst es dahin gebracht hat, die
Spuren ihrer Unternehmungen soweit zu verdecken, daß ein Diebstahl
häufig zu spät, häufig aber gar nicht einmal bemerkt wird oder, wenn
aber doch der Verlust plötzlich ins Auge gefallen ist, er einem Ver=
sehen oder Verbrechen eines Dritten, sogar des Beschädigten selbst,
zugerechnet worden ist. Auf diese Weise hat mancher öffentliche Kaf=
senbeamte, um Namen und Amt zu retten, seine ganze Habe herge=
geben, ja leider schon mancher Unglückliche in der Verzweiflung über
seine vermeinte Nachlässigkeit sich entleibt.

Es ist fast unglaublich, wie ungeheuer viel z. B. in den Seiden=
und Modewarengeschäften gestohlen wird, und wie wenig die Kauf=
leute sich überzeugen lassen wollen, daß sie von Gaunerinnen um
das vor ihren Augen bestohlen sind, was sie als verkauft oder höch=
stens als Vermessung oder „Verspillung" in den Büchern aufzeichnen.

Auch in den gesellschaftlichen Verhältnissen des deutschen Gauner=
tums findet sich nirgends eine nationale Eigenart, obschon der Aber=
glaube mit ganz entschiedenem Einfluß dem deutschen Gaunertum
eine sehr eigentümliche Richtung und Färbung gegeben hat und in
diesem noch immer einen Hauptträger aufweist. So findet sich, daß
schon in den Zeiten des bittersten Judenhasses und der schmählich=
stenen Exzesse des Pöbels gegen die Juden gerade der Aberglaube es
war, der die christlichen Gauner zu herablassender Verbrüderung mit
Juden führte. Galt doch von alters her der bis in die neueste Zeit
herrschende Glaube, daß ein Kirchendiebstahl nicht anders gelingen
und unentdeckt bleiben konnte, wenn nicht wenigstens ein Jude sich
an ihm beteiligte.

Selbst die mit unvertilgbarer Zähigkeit festgehaltene, namentlich
durch die polnischen Juden, besonders auch in den drei ersten Jahr=
zehnten des neunzehnten Jahrhunderts scharf ausgeprägte, ursprüng=
lich leibliche und geistige Eigentümlichkeit der Juden macht sich in
den gaunergesellschaftlichen Verkehrsverhältnissen weniger geltend,
obschon der jüdische Gauner mit viel mehr Ruhe, Überlegung und
Beharrlichkeit zu Werke geht und überhaupt die Gaunerei ganz be=
sonders mit dem vollen Ernst eines geschäftlichen Betriebes ausübt
und, weit entfernt, das Gestohlene so sinnlos wie die christlichen
Gauner zu verschleudern, lieber sich der Gefahr aussetzt, es ohne
Vermittlung Dritter selbst zu verwerten, um einen möglichst hohen
Gewinn ungeteilt zu erhalten. Auch werden einzelne Gaunermanö=
ver, zu denen selten eine Christenhand geschickt genug ist, wie z. B.
das Linkwechseln oder Chilfen, fast ausschließlich von Juden betrie=
ben. Die sozialen Verhältnisse der jüdischen und christlichen Gauner
sind aber einander gleich, ohne daß die Genüge, die erstere den For=
malitäten ihres Kultus leisten, wesentlichen Einfluß auf diese Ver=
hältnisse selbst ausübt.

Die schon lange und mit vieler Mühe und großen Opfern unter=
nommene Ansiedlung und Kultivierung der Zigeuner hat wenigstens
den Erfolg gehabt, daß die Zigeuner nicht mehr als nationalgeson=
derte eigentümliche Gruppe im deutschen Gaunertum erscheinen,
in das sie vielmehr so weit gänzlich aufgegangen sind, als sie sich
noch immer an den Gaunereien beteiligen.

Die gesellschaftlichen Verhältnisse des Gaunertums bieten daher keinen besonderen volkskundlichen Stoff dar. Das Gaunerleben bewegt sich nur im tiefsten sittlichen Elend des niedrigsten Volkslebens, aus dessen Sphäre es mit seiner Kunst in alle oberen Schichten zu bringen versucht. Es hat nur das Eigentümliche, daß es in diesem sittlichen Elend seine Vereinigung sucht. Bei der Flut und Ebbe des zu- und abziehenden Gesindels lagert sich der Schlamm der verworfensten Entsittlichung in den Wohnungen und in den Gaunerherbergen (Chessen-Spiesen oder Kochemerpennen) ab. Das unstete Leben und Umherschweifen des Ganners gibt ihm volle Freiheit, seiner ungeheuer wuchernden Sinnlichkeit im weitesten Begriffe ungebändigt nachzugehen und somit die am heimatlichen Wohnort einigermaßen mögliche polizeiliche Aufsicht zu umgehen. Selbst der an die furchtbarsten Erscheinungen des sittlichen Elends täglich gewohnte Polizeimann schreckt zurück, wenn er die Höhlen des Lasters betritt, in denen die Weihe und der Stempel des Elends erteilt und hingenommen wird.

Aber der Gauner bringt Behagen mit in diesen furchtbaren Aufenthalt, wenn er tief in der Nacht von seinen Ausflügen zurückkehrt; ihn erwartet ein behagliches Versteck unter seinesgleichen und die Wollust auf der, wenn auch mit Ungeziefer übersäten Streu; und alles Ekle schüttelt er von sich wie das Ungeziefer, wenn er den Fuß von dannen hebt, um weiter zu schweifen, sein Glück zu versuchen, zu prassen und wieder in anderen Höhlen bei seinesgleichen auszuruhen.

Die Genußsucht und Sinnlichkeit des Gauners sowie seine Verschwendung grenzen an Wahnsinn. Mancher Gauner hat zu verschiedenen Malen schon ein bedeutendes Vermögen erworben gehabt, von dessen Renten er ein bequemes, ruhiges Leben hätte führen können. Aber in kurzer Zeit wurde der Reichtum verpraßt. Der Gauner begreift sein Spiel und dessen Gefahr und Ausgang, und darum klammert er sich mit krankhafter Gier an das Dasein, das ihn hin- und her wirft und ihm eine amphibische Natur verleiht, so daß es nur ihm allein möglich wird, im sinnlosen Genuß oder im tiefsten Elend zu leben. Der Zweck der Ehe ist ihm fremd, obgleich er die geschlechtliche Vereinigung sucht, sobald der frühgeweckte Naturtrieb dazu anreizt. Der Beispiele sind unzählige. Des Sonnenwirtles Frau, Christine Schattinger, gab sich schon als zwölfjähriges Kind preis. Der Gegenstand der Wahl muß unverwüstlich in der Wollust, unverdrossen in Verrichtung der den Weibern allein zur Last fallenden häuslichen Arbeit, kräftig und ausdauernd zum Tragen von Gepäck und Kindern auf der Reise, schlau zum Baldowern und geneigt und geschickt zum Haudeln, d. h. Stehlen, sein. Gegen diese Vorzüge schwindet die strenge Forderung körperlicher Schönheit, obgleich sie als angenehme Beigabe willkommen ist. Entsprechende Forderungen stellen die Dirnen und Weiber. Der kräftige, beherzte, verschlagene und renommierte Freier ist der willkommenste. Nur äußerer Zwang führt zur Ehe, die aber keineswegs ein Hindernis ist, anderweitige Verbindungen einzugehen. Oberamtmann Schäffer erwähnt den Gauner Siehler, der zwölf Beischläferinnen zugleich hatte, dann einer mit einem scheußlichen Spitznamen bekannten Gaunerin, die zwei Ehemänner und eine Menge Beischläfer ihr eigen nannte.

Die Beischläferinnen werden mit Schickse, Schicksel, besonders aber mit dem aus dem Hebräischen stammenden Pilegesch, Pilegsche bezeichnet. Für den Geliebten wie für den Ehemann wird der Ausdruck Kaffer (Chaver) auch wohl Bal, Isch und Freier gebraucht. Meistens nennt die Gaunerin ihren Beischläfer Kröner, — eine Bezeichnung, die sich schon im Liber Vagatorum, wie Krönerin für Ehefrau vorfindet und bis heute erhalten hat. Vielfach halten Verheiratete mit Ledigen zusammen, auch lebt oft genug der Vater mit der Tochter. So war Sibylle Schmidt, trotzdem ihre Mutter Madline noch mit dem Vater lebte, dessen Beischläferin. Er trug den Namen des großen oder Herzogs Keßler[2]. Seltener finden sich Bruder und Schwester in blutschänderischer Gemeinschaft. Die Eheweiber werden häufig vertauscht, und oft wird ein Draufgeld gegeben. Schäffer erzählt, daß ein Ehemann bei einem Weibertausch einen Pudel, ein anderer fünf Gulden als Zugabe erhielt. Ein förmlicher Tauschvertrag, zwischen den Gaunern Maw und Wells abgeschlossen und untersiegelt, ist bei Smith[3] abgedruckt; Maw gibt danach eine Dohle für Wells Weib weg; beide bezeichnen das Tauschobjekt als „unnützen beschwer-

2) Sulzer, Gaunerlisten von 1801, Nr. 7, S. 4.
3) „Rheinische Räuberbanden" I, S. 59.

lichen Hausrat" und entsagen feierlich allen und jeden Einreden ge=
gen das Tauschabkommen.

Vielfach werden die Weiber selbst von ihren Zuhältern oder Män=
nern als Dappelschicksen an wittsche Leute verkuppelt, wobei die Wei=
ber sich als geübte Diebinnen erweisen. Noch häufiger kommt es vor,
daß die Weiber in Verabredung mit ihren Zuhältern sich in flagranti
mit den herbeigelockten Männern ertappen lassen und dabei mit den
Zuhältern den Angelockten gewaltsam berauben oder von ihnen
eine Geldbuße für den beleidigten angeblichen Ehemann erpressen.
Meistens herrscht ungestörte Freundschaft zwischen dem Mann und
dem notorischen Zuhälter seiner Frau oder Geliebten. Oft hat aber
auch der heimliche Betrng die blutigste Rache zur Folge, wovon die
schon erwähnte grausame Ermordung des Toni durch Hannikel ein
schreckliches Beispiel ist. Noch entsetzlicher ist die von Bekker 4) erzählte
Rache Johann Müllers an einem an der Untreue seiner Frau völlig
unschuldigen französischen Fuhrknecht. Nicht selten kommt es vor,
daß eine einzige Weibsperson der ganzen männlichen Genossenschaft
Liebesdienste erweist, ohne die Eintracht zu stören; und trotz dieser
nie versagten Gelegenheit zur Befriedigung tierischer Lust, sind die
öffentlichen und Winkelbordelle ebenso besuchte Verkehrsorte der Gau=
ner wie die Kochemerpennen, obschon auch in diesen die Wollust mit
ihrer ganzen Bereitwilligkeit zur Hand ist.

Die priesterliche Trauung ist bei den gaunerischen Verbindungen
Nebensache. Sie wird nicht eher nachgesucht, bis obrigkeitlicher Zwang
oder sonstige äußere Vorteile sie zur Notwendigkeit machen. Aller=
dings wird das Chassnemelochenen, das Hochzeitsmachen oft in den
Pennen veranstaltet, wobei ein Gauner die Rolle des Geistlichen, ein
anderer die des Meßners übernimmt und das gaunerische Paar förm=
lich traut. Die ganze ruchlose Szene wird nur gespielt, um Gelegen=
heit zu den verworfensten und schamlosesten Orgien und zur Herbei=
schaffung der Aussteuer und Hochzeitskosten durch einen Massematten
herbeizuführen.

Wie wenig Frieden und wahres Glück eine solche Verbindung
bringt, läßt sich denken. Namentlich hat das nur zum gemeinen
Magddienst und zur bloßen Befriedigung tierischer Sinnlichkeit er=

4) „Straßenräuber", S. 395.

niedrigte Weib alle Gemeinheiten, Verwünschungen und Mißhand=
lungen des rohen Mannes zu tragen, und dazu auch noch zu gewär=
tigen, daß jener sie mit den Kindern im Stiche läßt, besonders wenn
deren Zahl so groß geworden ist, daß er sie nicht ernähren kann, oder
daß sie ihm sonst in seinen Gaunereien hinderlich sind. Hierbei treten
oft rührende Züge von Mutterliebe hervor.

Bei aller Aufopferung der Mütter für die Kinder ist aber an Er=
ziehung und sittliche Ausbildung nicht zu denken. Was den Eltern
selbst fehlt, halten sie auch für die Kinder entbehrlich. Dem Schul=
zwang entziehen sich die Gauner durch ihr unstetes Umherschweifen.
Was aber die Eltern können und treiben, sehen und lernen die Kin=
der bald, und in dieser trüben Gemeinsamkeit wird die Erziehung so
weit vollendet, bis die Knaben, oft schon im siebenten und achten
Jahre, zum Baldowern und Torfdrucken reif sind und in die Ge=
nossenschaft der Männer eintreten, die Mädchen mit ihren noch kind=
lichen, aber durch das Zusammenliegen mit den Eltern oder Erwachse=
nen anderen Geschlechts und durch die fortgesetzt vor den Augen stehen=
den schmutzigen Beispiele und Erlebnisse früh geweckten Reizen ihr
Glück versuchen. Von den zahllosen Zügen weiblicher Roheit und
Schamlosigkeit nur ein Beispiel: „Von der Wetterauer Bande hatten
die beiden Werner mit Ludwig Vielmetter und dessen lediger Schwe=
ster Anna Margareta im März 1810 die Kirche zu Herten=Haag
erbrochen, um die Kirchenglocke zu stehlen. Sie war jedoch nicht zu
lösen, weshalb sich die Diebe mit dem Schwengel begnügen mußten.
Darauf wurde die Orgel zerstört und deren Windladen zerschnitten.
Dabei wurde ein Pfarrermantel, zwei Leichentücher, der Klingelbeutel
und zwei Gesangbücher entwendet, jedes Glockenseil abgeschnitten und
der Altar umgeworfen. Einer verrichtete von der Kanzel feine Not=
durft, wobei er mit umgehängtem Mantel den Prediger nachäffte,
und während die anderen die Zoten und Lästerreden anhörten und
sämtlich den Kot in der Kirche ließen — unter ihnen die ledige Dirne
mit ihrem Bruder 5)."

Diese trübe Skizze dieser einen Seite der gesellschaftlichen Gauner=
verhältnisse zeigt vor allem das Weib und die Ehe mit ihrer Bedeut=
samkeit und ihren Zwecken tief in den Schmutz gezerrt.

5) Grolman, S. 409.

Mit dem ganzen Geheimnis und mit der ganzen Gewandtheit sei=
nes Wesens verdeckt aber der Gauner sein sittliches Elend als un=
mittelbare Folge und Verrat seiner Verbrechen. Dieses Bestreben
bringt jene innige Verbindung hervor, die, des Namens der Freund=
schaft und Verbrüderung unwert, vom schmutzigsten Egoismus ge=
schaffen, von Verfolgung und Tod bewacht, seit Jahrhunderten, wie
ein geheimnisvolles Rätsel, überall sichtbar und doch unbegriffen,
vernichtend und zersetzend, mitten in das sozialpolitische Leben hin=
eingeschritten ist, das gesunde Leben angesteckt hat und dessen beste
Kräfte fortwährend zur Erhaltung seiner verderblichen Existenz auf=
nimmt.

In der Verbindung, weit weniger in der Kunst, beruht die ganze
furchtbare Gewalt des Gaunertums. Darum wird auch die Verbin=
dung durch das Geheimnis geschützt, und das Geheimnis den Ge=
weihten durch alles, was Kunst und Sprache dazu hergeben kann,
offen und deutlich erhalten. Kein Opfer ist zu groß, um das Geheim=
nis zu bewahren und den Verrat zu verhüten und zu bestrafen. So=
gar Gefängnisse wurden gestürmt, um gefangene Kameraden zu be=
freien und mit ihnen das Geheimnis zu retten. So befreite Picard
einen Kameraden, einen Wittschen Masser, der Geständnisse zu ma=
chen angefangen hatte, aus dem Kerker, ging gleich darauf mit ihm
auf einen Raub aus und schoß ihn unterwegs nieder. Der schele
Jickjack, gleichfalls von der Mersener Bande, grub vorher ein Grab,
lud dann den Verräter zu einem Raube ein, holte ihn ab, ließ ihn
bei dem Grabe niederknien, beten und sich zum Tode vorbereiten,
worauf er ihn, alles Flehens um Gnade ungeachtet, niederschoß und
den Körper in dem Grabe verscharrte 6). Entsetzlich war die Rache, die
Hann=Bast, Hauptmann von der Wetterauer Kameradschaft, mit
seinen Genossen an seinem Kameraden Bröschlers, genannt Hunds=
Velten, nahm, der bei einem Diebstahl im März 1807 zwei Taler
untermackelt hatte. Der Unglückliche wurde mit einem Pistolenhieb
zu Boden gestreckt, mit Messern in die Dickbeine und Waden ge=
stochen, aus dem Wirtshaus in den Hof geschleift, dort auf einen
Trog gelegt und ihm eine Sehne nach der anderen ausgelöst, bis der
so schrecklich Gemißhandelte nach zweistündiger entsetzlicher Qual

6) „Rheinische Räuberbanden“ II, S. 448.

Johann Adam Heusner
vulgo dicker – auch Kramer und
rother Hann Adam

Johann Adam Grasmann
vulgo großer Samel auch großer
Hann Adam

Jacob Erbeldinger
vulgo Billingser

Georg Tascher
vulgo Stanemer

Räuber aus dem ersten Jahrzehnt des 19. Jahrhunderts

starb 7). Ein ähnlicher Unterschleif war der Anlaß zur Todfeindschaft zwischen Picard und Schinderhannes, der deshalb die kaum geschlossene Verbindung mit jenem wiederaufhob und sich mit seinen Genossen zurückzog 8). Vorgänge dieser Art kommen heute wie ehedem vor. Bei der großen holsteinischen Untersuchung wurde der Hauptangeber nach Amerika befördert, um sein Leben vor Verfolgungen zu schützen, das aber selbst in der Neuen Welt nicht hinlänglich vor blutiger Rache geschützt sein mag. Zum mindesten wird der Sslichener gezinkt, in die Wange geschnitten, um ihn kenntlich zu machen und jeden vom Verrat abzuschrecken. Ich habe in meinen Verhören die überraschend= sten Erfahrungen gemacht über die enorme Gewalt, die die bloße Erscheinung, das bloße Atemholen eines Räubers auf seinen zum Geständnis geneigten Genossen zu machen imstande ist.

Von diesen furchtbaren Banden wird das Ganze zusammengehal= ten, in dem jeder einzelne sich hin und her bewegt, wie sein Interesse, seine Neigung und Sinnlichkeit ihn treibt.

Weit untergeordneter sind die stets gesuchten und geförderten ver= wandtschaftlichen Verhältnisse, die bunt und wirr durcheinanderlau= fen. Man braucht nur den Stammbaum eines Gauners, wie den des Vielmetters 9) oder die interessanten verwandtschaftlichen Bezie= hungen bei Pfeiffer und Eberhard anzusehen, um einen Begriff von dieser ungeheuern Verwandtschaft zu bekommen, durch die fast das ganze Gaunertum unter sich verbunden ist. Bei der tiefen Entsitt= lichung der Verbrecher sind diese Bande jedoch nur locker und lassen nach, so oft Interesse oder Leidenschaft ins Spiel treten. Eltern miß= handeln ihre Kinder auf barbarische Weise und werden von ihren Kindern in gleicher Weise behandelt. Die Kinder ziehen davon und lassen die Eltern hilflos im Stich, sobald der Trieb zum Stehlen oder zur Sinnlichkeit erwacht. Die durch Trunkenheit geförderten und gesteigerten rohen Ausbrüche des Zorns, der Eifersucht, der Rache führen zu den schmählichsten Exzessen, wobei häufig Messer und Pistole den Ausschlag geben. Aber unmittelbar nach dem Ausbruch tritt das alte vertraute Verhältnis wieder ein, und Spuren und Fol=

7) Grolman, S. 245.
8) „Rheinische Räuberbanden" II, S. 326.
9) Grolman, S. 226 f.

gen des Tumults werden sorgfältig verdeckt und verhehlt, um dem
Verrat des Ganzen vorzubeugen. Die sorgfältige Pflege seiner ver=
wundeten oder erkrankten Genossen, die sich der Gauner ange=
legen sein läßt, ist bei weitem weniger auf Liebe und Freundschaft
begründet, als auf der Furcht, daß der schwache und bewußtlose Ge=
nosse zu irgendeinem Verrat Anlaß geben könnte. Der Tote wird mit
Gleichgültigkeit, ja mit Furcht und Abscheu verlassen, obschon auch
hier rührende Züge von Mutterliebe vorliegen. Es gibt Beispiele, daß
eine Mutter tagelang mit der Leiche ihres Kindes von Ort zu Ort
zog, und sich nicht eher von ihr trennte, als bis sie ihr mit Gewalt
abgenommen wurde.

Soviel zur allgemeinen Skizzierung der gesellschaftlichen Verhält=
nisse der bunten, beweglichen, schlüpfrigen Masse. Sie wird dann
erst recht begriffen werden können, wenn man zu dem bereits in
historisch=literarischer Hinsicht Gegebenen den Gauner in seinen ein=
zelnen Unternehmungen tätig sieht, und vor allem in das wunder=
bare Getriebe seiner charakteristischen Sprache und Verständigungs=
weise eindringt.

Zweites Kapitel

Psychologische Wahrnehmungen

So bunt und wirr das Gaunertreiben seit Jahrhunderten vor den
Augen des Forschers steht, so geheim und künstlich das Wesen des
Gaunertums waltet, so deutlich ersieht man doch aus den geschicht=
lichen, inquisitorischen und sprachlichen Offenbarungen, die im Laufe
der Jahrhunderte kund geworden sind, daß das in so vielen Atomen
bewegliche Gesamtganze doch immer einen von dem allmählichen
Fortschreiten der sozialpolitischen Verhältnisse abhängigen Gang ge=
nommen hat, in dem sich das Gaunertum recht eigentlich zum Ge=
werbe ausgestaltet hat, und den man als Konjunktur des Gauner=
tums bezeichnen kann.

So begann im frühen Mittelalter das Räubertum mit der Wege=
lagerei auf die Warenzüge des städtischen Handels, bis es, durch die
Zeit des Faust= und Fehderechts hindurch, bei den unablässigen Kriegs=

Martin Rupprecht
vulgo Heßen Martin

Johannes Kintzinger
vulgo Kramer Johannchen
auch Schneider

Johann Adam Wehner
vulgo kleiner Johann

Johannes Lehn
vulgo Spiel oder Musicanten Hannes

Räubertypen aus dem ersten Jahrzehnt des 19. Jahrhunderts

bewegungen feine hauptſächlichſten Repräſentanten in den Lands=
knechten fand, während ſchon der feinere Betrug durch Vorſpiegelung
eines Gebrechens oder äußerlichen Notſtandes auf die chriſtliche Barm=
herzigkeit ſpekulierte oder, bei der herrſchenden Gewalt der Kirche,
durch den Vorſchub kirchlicher Buße ſich den Weg in das Haus des
Bürgers und Landmannes bahnte. So gibt es in der ſpäteren Ge=
ſchichte unter den unzähligen Ereigniſſen keine geſchichtliche Bewe=
gung, keine Umgeſtaltung des ſozialpolitiſchen Lebens, bei dem nicht
auch das Gaunertum ſeine Rechnung gefunden hätte. So ſind denn
auch in neuerer Zeit, ſeitdem das Kapital immer weiter und mäch=
tiger zu arbeiten angefangen hat, die Nachſchlüſſel= und Gelddieb=
ſtähle, ſowie das Chilfen viel häufiger geworden. In kürzerem perio=
diſchen Wechſel werden einzelne Induſtrien gleichzeitig an verſchiede=
nen Orten ausgeübt, als gäbe es eine beſtimmte Saiſon für dieſe
oder jene Induſtrie. So waren z. B. die Zefirgänger im Sommer
1856 vorherrſchend im Gange, und zwar gleichzeitig beſonders in
Berlin, Dresden, Hamburg, Lübeck uſw.

Bei dieſer beweglichen Konjunktur, in der man das Gaunertum
recht deutlich als Geſamtheit hervortreten ſicht, werden aber auch be=
ſtimmte allgemeine Charakterzüge des Gaunertums ſichtbar, die man
weniger an den einzelnen Individuen als im periodiſchen Fortleben
des Ganzen beobachten und die man als allgemeine pſychologiſche
Momente bezeichnen kann. So charakteriſiert ſich das moderne Gau=
nertum gegen das frühere auffällig durch den Mangel an wirklichem
moraliſchen Mut.

Zur Zeit des Fauſt= und Fehberechts machte der romantiſche Kampf
gegen das bewaffnete Geleite der Warenzüge die Wegelagerei ſogar
mit der Ritterehre verträglich, und die Parteigänge der Landsknechte
und der Soldaten des Dreißigjährigen Krieges wurden als kühne Abenteuer
betrieben, bei den es vielfach auf Entſchloſſenheit und Tapferkeit
ankam. Nachdem es aber der Landespolizei gelungen war, das offene
Räubertum zurückzudrängen, das ſich darauf in das bürgerliche Leben
flüchtete, ſeitdem treibt das Gaunertum ſein Geſchäft wie ein fried=
liches bürgerliches Gewerbe, bis es die Gelegenheit zur Vereinigung
in größere und offene Gruppen wieder zuſammenruft.

Seitdem das Gaunertum den Glauben an die Kraft und Gewalt

der Landespolizei gewonnen hat, seitdem wagt der Gauner nicht leicht mehr den offenen räuberischen Angriff. Heimlich, zur Nachtzeit, mit geschwärzten Gesichtern, dicht vermummt, überfielen die Wüteriche der niederländischen Banden die schlafenden Bürger und wichen vor der mutigen Gegenwehr zurück. Jetzt spioniert der Gauner die Gelegenheit aus, wo er mutig sein darf. Nur in Gesellschaft seiner Genossen und im Verlaß auf sie, ist er gegen den Schwächeren mutig bis zur brutalsten Grausamkeit. Darum sind ihm große erschütternde Begebenheiten mit der begleitenden Änderung oder Lähmung der gewohnten Ordnung willkommen.

Nirgends tritt das Gaunertum sichtbarer hervor als bei Kriegsbewegungen, Aufläufen, Feuersbrünsten und sonstigen Unglücksfällen. Ja, die Brandfackel ist sogar ein furchtbares Mittel in der Hand des Gauners, um im Tumult des Unglücks das feige Gaunerwerk zu üben. So schlich der Strolch schwach und mutlos als Lieferant und Marketender hinter den Heeren einher, um in ihren gewaltigen Spuren seine Ernte zu halten; so ließ der Gauner sich als Freischärler oder Soldat in Uniform kleiden, um unter dem Deckmantel soldatischer Ehre, Zucht und Pflicht sein feiges Gewerbe zu treiben.

Auf diesen Mangel an moralischem Mut beruht wesentlich die Theorie des Baldowerns und die Einteilung in jene flüchtigen Gruppen und vereinzelte Aufgebote der Chawrussen 1), um bestimmte Unternehmungen auszuführen und nach der Ausführung sich wieder behende in der Menge zu verkriechen. Die Chawrussen sind stets so groß, daß den Chäwern Mut und Gelingen gesichert ist, und stets so klein, daß sie nicht als größere Masse in die Augen fallen und nicht einen zu geringfügigen Anteil an der Diebsbeute für den einzelnen bedingen, obwohl die letztere Rücksicht die untergeordnetere ist. Jene Wahrnehmung ist auch für das sogenannte Brennen wichtig. Obwohl das Sslichnen (der Genossenverrat), wie schon gezeigt ist, furchtbar gestraft wird, so hat doch wesentlich die Furcht vor Verrat das Branntweingeld zu einer Art Ehrensache und das Brennen zu einem zunftmäßigen Grußgeben gemacht. Deshalb zahlt der glück-

---

1) Chawrusse oder Chäwre. Von רבח (Chawer), der Genosse, Kamerad. Femininum חֶבְרַת (Chawereß), die Verbindung, Freundschaft, Genossenschaft.

liche Cheffen dem fremden Kochemer, der ihn, fein Unternehmen und deffen Erfolg meistens schon eher kennen gelernt hat, als der Diebstahl ruchbar wird, ohne Anstand diese lästige und häufig beträchtliche Steuer feiner gaunerischen Tätigkeit, namentlich wenn die Brenner Vigilanten sind, denen jener nie ganz trauen kann.

Charakteristisch ist ferner für das heutige Gaunertum, daß die Meuchelmorde und Raubmorde, mit denen früher bei Unternehmungen größerer Räuberbanden gewöhnlich sogleich, ohne die Gegenwehr abzuwarten, der Anfang gemacht wurde, mindestens in Norddeutschland selten oder gar nicht mehr vorfallen, so gering auch nach der heutigen Gaunerpolitik die Personenzahl einer Chawrusse und um so leichter eine Gegenwehr zu erwarten ist. Zwar haben die Gauner meist Messer (Kant), Pistole (Glaseime), Stricke (Chewel), Brecheisen (Schabber) und starke Knittel (Jabdrong) zur Hand. Diese Sachen werden jedoch höchstens nur zum „Schrecken", auf der Flucht und als Verteidigungsmittel gebraucht. Nie habe ich bei bewaffneten Gaunern gute Pistolen, fast immer nur kümmerliche Terzerole, wenn auch doppelläufige, und nie beim Herausziehen der Ladung etwas anderes als höchstens Enten= oder Hasenschrot, kein einziges Mal aber eine Kugel gefunden. Die Messer, die mir vorgekommen sind, waren meistens gewöhnliche Einschlagmesser, und gerade bei den gewiegtesten und verwegensten Schränkern habe ich ganz elend schlechte, abgenutzte Taschenmesser neben den Terzerolen, Nachschlüsseln und Uhrfedersägen getroffen. Man kann nicht von einer unmenschlichen Gesinnung des Gaunertums sprechen, wenn die in die Enge oder zur Flucht getriebenen Gauner alles verzweifelt niederschlagen, was sie aufhalten will, und wenn sie gerüstet und gefaßt sind, durch Brandstiftung die Spuren eines schweren Verbrechens zu verwischen.

Eine Unzahl neuerer Beispiele beweist, daß die Ganner bei dem leisesten Geräusch die Flucht ergreifen und alles im Stich lassen. Ihr ganzer Mut liegt wesentlich nur im Vertrauen auf die Genossenschaft, auf die feine Kunst und auf die genau erspähte Gelegenheit. Wo alles dies nicht genügt, weicht der Gauner zurück. Wichtig ist diese Wahrnehmung für das Verhör. Durch sie werden dem Untersuchenden, der keine Schwäche und Leidenschaft dem verschlagenen Gauner gegenüber zeigt, außerordentliche Vorteile in die Hand gegeben.

Ein anderer, mit dem vorstehenden zusammenhängender charakteristischer Grundzug des Gaunertums, ist der Aberglaube. Es ist
auffallend, daß der Gauner auf den Aberglauben anderer spekuliert,
ihn also objektiv aufzufassen weiß und subjektiv doch selbst tief in
ihm befangen ist. Ich erinnere an Franz Josef Streitmatter, dessen
Leben und Sterben eine Kette von abergläubischen Vorstellungen und
Taten war 2). Diese Wahrnehmung verdeutlicht sich aus der Geschichte des deutschen Aberglaubens, der tief in die ganze deutsche
Kulturgeschichte einschneidet und dessen Geschichte einen wesentlichen
und wichtigen Abschnitt der deutschen Polizeigeschichte überhaupt
bilden wird.

Der persönliche Teufel namentlich spielt, wie in der ganzen Anschauung des Volkes, so auch ganz besonders im Gaunertum eine
sehr wichtige Rolle. Alles, was in der mystischen Betrachtung des
Anachoreten= und Mönchtums Irrtum, alles, was seit dem ersten
Auftreten der arabischen Astrologen in Spanien, bei der Unkenntnis
der Naturgesetze, an Selbsttäuschung, und in den Formen dunkler
Dogmen und der Scheinwissenschaften der Astrologie, Mantik, Nativitätstellung, Alchimie, Nekromantie, Chiromantie, Metoposkopie
usw. zum Vorschein kam, blieb dem Volke noch unklarer, als den
Anhängern und Jüngern jener Dogmen und Scheinwissenschaften
selbst. Daran wucherte die Dämonologie so rasch zur positiven Wissenschaft und anerkannten Wahrheit herauf, daß auf dieser unfehlbaren Grundlage im Hexenhammer ein Corpus juris der Dämonologie geschrieben werden konnte, wie ein ähnliches Werk von menschlicher Verirrung kaum wieder geschaffen wurde. Der persönliche Teufel war nunmehr nicht nur dogmatisch, sondern auch juristisch anerkannt, und was jene Scheinwissenschaften zum Vorschein gebracht
und verbreitet hatten, wurde nun von ihnen selbst fürchterlich gerichtet. Jede auffällige Erscheinung, jede besondere Fertigkeit, jedes unverständliche Wort hatte den Schein und Verdacht des Teufelsbündnisses und war auch der Teufelsjustiz verfallen. Die Chiromanten,
Alchimisten usw. glaubten an den Teufel und betrogen mit ihm.
Kein Wunder, wenn die Bauchredner und Wettermacher des fünfzehnten und sechzehnten Jahrhunderts des Teufels waren, kein Wun

2) Rebmann, Damian Hessel.

der, daß man den Betrug vor dem Aberglauben unbeachtet ließ, und
kurz und bündig jeden Verdächtigen auf der Folter zwang, sich als
Teufelsverbündeten zu bekennen. Es ist bemerkenswert, daß der raffi-
nierteste und schlaueste Erläuterer und Verteidiger des Hexenham-
mers, Delrio, die Zigeuner, die noch zu seiner Zeit als die wesentlichsten Vertreter des Gaunertums galten, gerade in dem Abschnitt von
der Chiromantie behandelt, nicht zu gedenken der zahllosen Zauber-,
Teufels- und Gespenstergeschichten des siebzehnten und achtzehnten
Jahrhunderts, in denen meistens schon die „Gaukelei" offen zutage gelegt wird 3). Kein Räuber im Dreißigjährigen Kriege war
ohne Bündnis mit dem Teufel. Doch fast ein Jahrhundert später
hielt man noch Gauner für die Verbündeten des Teufels und viele
der Raubgesellen wurden als Hexenmeister und nicht als das, was
sie wirklich waren, gerichtet. So verlief der berüchtigte Salzburger
Zauberjacklprozeß ganz im Rahmen eines Hexenprozesses. Eckold,
der Genosse Lips Tullians, hatte, als er am 7. Juni 1714 verhört
werden sollte, sechs Kugeln in seiner Hutkrämpe, die vom Amts-
physikus „gar genau untersucht" wurden. Es heißt weiter in den
gedruckten Akten: „Vermuthlich solten diese Kugeln des Teufels
Hülffs-Mittel in der Tortur und vor die Schmerzen derselben sein."
Noch vor hundert Jahren führte der Hundssattler gegen seine Richter in Bayreuth an, daß er gerade an dem Tage seiner Verhaftung
das neunte schwangere Weib habe ermorden wollen, wie er das
schon bei acht Weibern getan habe, um ihnen die Frucht aus dem
Leibe zu reißen und deren Herz roh zu verzehren, damit er fliegen
könne wie ein Vogel 4). Nach Nürnberger Berichten von 1577 und
1601 haben Unmenschen lebenden schwangeren Frauen die Leiber
aufgeschnitten, um sich aus den Fingern der ungeborenen Kinder
Diebslichter zu machen. Ein ähnlicher, die öffentliche Sicherheit ge-
fährdender Aberglaube herrschte unter den Gaunern in Mittelfranken,
daß nämlich das Blut, das man mit drei Holzscheiten aus den Ge-

3) Horsts Zauberbibliothek, Mainz 1821—26 III, S. 233 f.; IV, S. 245 f.
Soldan-Heppe, Geschichte der Hexenprozesse, herausgegeben von Max Bauer,
München (o. J.) I, S. 345; II, S. 123 ff.
4) Über diesen uralten Aberglauben s. Lex. Sal. III, p. 67. Georgitsch, Corp. Iuris
Germ., S. 127. Rotharis leg., S. 379. Jakob Grimm, Deutsche Mythologie,
IV. Ausgabe von E. H. Meyer, Gütersloh, 2. Bd., S. 904.　　　B.

schlechtsteilen eines unschuldigen Knaben auffängt und bei sich trägt, bei Diebstählen unsichtbar macht 5). Noch vor einigen Jahrzehnten trieb der schöne Karl allen seinen Beischläferinnen die Frucht ab, um aus diesen die sogenannten Schlaflichter zu machen, bei deren Scheine die Bestohlenen vom Schlummer befallen bleiben 6). Falkenberg erzählt, daß Horsts Konkubine, Luise Delitz, frühere Beischläferin des schönen Karl, verdächtigt war, sogar selbst ihr eigenes Kind zu diesem Zwecke geschlachtet zu haben 7). Nach Schäffer 8) „trieb der Laubheimer Toni seiner Concubine mit starken Sachen das Kind ab, schnitt dem Kind den Bauch auf, fraß das Herz und schnitt beide Hände ab. Vor dem Einbruch hätten sie dann allemahl die zehn Fingerlein hiervon angezündet, soviel nun davon gebrannt, soviel Leute haben auch in dem Haus, in welchem der Einbruch geschehen sollen, schlafen müssen; wenn hingegen ein Fingerlein nicht gebrannt, so seye eine Person weiter in dem Hans gelegen, davon sie nichts gewußt, und die hernach auch nicht geschlafen". Noch immer, wie zu Zeiten der Rheinischen Räuberbanden, muß ein „dem Teufel verfallener" Jude bei einem Kirchendiebstahl zugegen sein, damit der Diebstahl unentdeckt bleibe, und noch im Jahre 1858 hielt ich Leichenschau ab über eine zweiundsechzigjährige Weibsperson, die früher Bordellbirne, dann Kartenschlägerin gewesen, und mit einem geschriebenen Zaubersegen auf der Brust und mit einer in einem Beutel um den Leib gebundenen lebendigen Katze ins Wasser gesprungen war, um, nach dem Zaubersegen zu schließen, das alte Leben in neuer Sphäre, womöglich noch wucherlicher, wieder beginnen zu können.

Andere ganz ähnliche Beispiele in meiner Praxis haben mich belehrt, daß dieser Aberglaube aber auch in solche Schichten bringt, wo

5) Dr. G. Lammert, Volksmedizin und medizinischer Aberglaube in Bayern. Würzburg 1869, S. 84.   B.
6) Über diese auch von Hexen verwendete „Diebeshand" vergleiche Jak. Grimm, Deutsche Mythologie, IV. Ausg., S. 898. Scheible, Das Kloster VI, S. 217 ff. Hoensbroech, Papsttum I, S. 449. Ed. Eggert, Oberamtmann Schäffer von Sulz, Stuttgart 1897, S. 78. Über Kindesmord zu Zauberzwecken vieles in Soldan-Heppe, herausgegeben von Max Bauer, so besonders II, S. 78, 84.   B.
7) I, S. 31.
8) Jaunerbeschreibung. Sulz am Neckar 1801, S. 85.

man ihn nimmermehr vermuten sollte. Was soll man sagen, wenn noch im neunzehnten Jahrhundert geschehen konnte, was Rebmann 9) mit Verschweigung des Landes und Richters erzählt, daß nämlich der Räuber Weiler, nachdem er auf unerwartete und kühne Weise aus dem Gefängnis gebrochen war, und sich dazu seiner Fesseln auf unbegreifliche Weise entledigt hatte, bei seiner Wiederverhaftung mit neuen Fesseln, die ein herbeigeholter Kapuziner besprochen hatte, gefesselt, und in jedem Verhör auf einen Teppich gesetzt wurde, damit er als Hexenmeister die Erde nicht berühre!

Bei solchem Befunde ist denn nun auch nicht zu verwundern, daß manche nähere Forschung unterblieben ist, die gewiß merkwürdige Resultate ergeben hätte. So findet sich z. B. nirgends eine Spur, daß Schinderhannes jemals nach der Bedeutung der mystischen Kreuze und der wunderlichen Verse in seinen Briefen, die offenbar eine dämonologische Beziehung gehabt haben, befragt worden wäre. Auffallend erscheint besonders die mystische Nachschrift unter seinem an den Pächter Heinrich Zürcher, auf dem Hofe Neudorf bei Bett= weiler, geschriebenen Drohbrief, die sich dicht unter seinem Namen befindet:

Herr mens Geist be,

Herr mein Geist be,

Wer nur den lieben Gott,

Wer nur den lieben Gott,

W. W. W. W.

Wer nur den lieben,

Wer nur den lieben,

Wer nur den lieben,

Johaß Reist heer beer 10).

Man darf sich endlich vom Ekel nicht abhalten lassen, auf die wichtige Rolle einzugehen, die die „mumia spiritualis" in der Ge= schichte des Aberglaubens und des Gaunertums spielt.

In allen alten Zauber= und Gaunerbüchern findet sich dieses Mittel, den Teufel zu bändigen und abzufertigen, der in seinem ohn= mächtigen Grimm, namentlich wenn er davonfahren muß, auch

---

9) „Damian Hessel", S. 46.

10) Aktenmäßige Geschichte der Rheinischen Räuberbanden, II, S. 116.

seinerseits damit zu imponieren sucht. Dieses Mittel wurde schon im frühesten Mittelalter gebraucht, und dies erklärt auch den derben Ausdruck für täuschen oder betrügen, dessen sich auch Luther häufig und namentlich am Schluß seiner Vorrede zum Liber Vagatorum bedient, und der noch heute im südlichen Deutschland, besonders in Schlesien, volksgebräuchlich ist. Die ekle Materie wurde sogar mit dem ganzen Ernst und Ton der Wissenschaft von Ärzten abgehandelt und hat noch lange, bis zum Ende des achtzehnten Jahrhunderts, Anhänger unter den Ärzten gefunden. Auch noch in der Gegenwart hat der Kot bei dem gemeinen Volke eine nicht geringe Autorität als Hausmittel 11).

Diese mumia spiritualis spielt aber noch heutigen Tags, wenigstens im nördlichen Deutschland, dieselbe wesentliche Rolle im Aberglauben der Gauner, wie man sie in älteren Akten vielfach angedeutet findet. Bei Einbrüchen, besonders auf dem Lande, die von gewerbsmäßigen Dieben verübt sind, trifft man fast immer in der Nähe der Einbruchs= stelle auf frische menschliche Exkremente. Die Gauner haben den Glauben, daß die Schläfer im angegriffenen Hause nicht er= wachen, und daß der Einbruch überhaupt nicht bemerkt und gestört wird, solange die Exkremente noch die animalische Wärme haben. Die im Jahre 1844 hingerichteten Stockelsdorfer Raubmörder hatten dieselbe Vorbereitung gemacht. In meiner bewegten Praxis weiß ich nur sehr wenige Fälle auf dem Lande, wo ich nicht bei der Lokal= inspektion die gleiche Wahrnehmung hätte machen müssen.

Endlich muß, der weiten Verbreitung wegen, noch erwähnt wer= den, daß der scheußliche Aberglaube, durch Beischlaf und Berührung jungfräulicher Personen, namentlich noch unreifer Mädchen, von der Syphilis befreit zu werden, ebenso tief im Gaunertum wie im ge= meinen Volk haftet, und daß in der Geschichte des Gaunertums bis zu dieser Stunde die Fälle von schändlichen, oft töblich verlaufenen brutalen Mißhandlungen leider nicht die seltensten sind.

Der Besitz so vieler Hilfsmittel, Fertigkeiten, Geheimnisse und die vielen glücklichen Erfolge und Erfahrungen bringen im Gauner fer= ner Eitelkeit und Prahlsucht hervor, mit der er schon überhaupt

11) Dr. O. v. Hovorka und Dr. A. Kronfeld. Vergleichende Volksmedizin, Stuttgart 1908, 1. Band, S. 246 f.   B.

geringschätzig auf den Nichtgauner, den Hantz, Kaffer, Wittschen, Wittstock usw. herabsieht. Wie schon in mehreren Beispielen erzählt ist, geht auch die Prahlerei der einzelnen Gruppen gegeneinander, und die Renommisterei der einzelnen Gruppenmitglieder unter sich in das Unglaubliche, und hat zum Teil zu verwegenen Wettkämpfen, aber auch zu den grausamsten und blutigsten Händeln der Gauner untereinander Anlaß gegeben. Einer sucht es dem anderu zuvor zu tun, um als größerer Meister zu erscheinen. Der Unentschlossene, Zaghafte wird als „Hauhns" verhöhnt und selbst gemißhandelt, ja, wie frühere Fälle beweisen, als unbrauchbar und gefährlich beiseite geschafft. So sind lediglich aus Prahlerei eine Menge schmählicher Mordtaten verübt worden, die keineswegs zu den beabsichtigten Räubereien oder Diebstählen verabredet, nötig oder dienlich waren. So erhielt Matthias Weber den Spitznamen Fetzer, weil er bei allen Räubereien wie ein Wüterich bramarbasierte und alles zerfetzen wollte. Selbst im Gefängnis, im Verhör, wie ja Thiele bezeichnende Fälle genug anführt, verläßt den Gauner die Eitelkeit und Prahlsucht nicht. Die Schwäche ist so groß, daß der Gauner dadurch dem besonnenen Untersuchungsrichter eine wichtige Waffe gegen sich in die Hand gibt, obschon es auch hierbei der größten Vorsicht bedarf, da mancher Gauner sogar so weit von der Eitelkeit sich hinreißen läßt, daß er sich Taten rühmt, an denen er entweder nur geringen oder vielleicht gar keinen Anteil gehabt hat, sobald nur die Tat mit Gaunerschlauheit ausgeführt war.

Mit dieser Eitelkeit und Prahlsucht ist der Hang zur widersinnigsten Verschwendung verbunden, die wieder teils aus der brutalen Genußsucht und Lebenslust des rohen Gauners, teils aber aus der Eigentümlichkeit seiner Erwerbsweise sich erklärt. Wenn der Gauner nicht einmal den vom Rechte geschützten Besitz anderer achtet, wieviel weniger hat er Achtung vor dem Besitz überhaupt und vor dem eigenen Besitz, den er nur mit dem Wagnis des raschen Unternehmens, ohne langwierige, saure Arbeit erwirbt. Er genießt nicht den Besitz, sondern er bewältigt ihn wie ein Hindernis an seiner weiteren gaunerischen Tätigkeit, und trägt dabei seiner rohen Sinnlichkeit volle Rechnung. Dieser Zug und die bewußte Notwendigkeit, des verräterischen Diebstahlsobjektes so rasch wie möglich entledigt zu sein, be-

stimmt den Ganner, das gestohlene Gut ohne laugen Handel an die
Schärfenspieler, die als sichere Vertraute seinem Schritt und Tritt
folgen, häufig für ein Spottgeld zu verkaufen, wenn er es nicht in
äußerst mannigfacher Weise kawure gelegt hat, wo dann die Not
des Augenblicks nicht drängt und Zeit zu einem vorteilhafteren Han=
del gewonnen wird. Das fatalistische Sprichwort: „Unrecht Gut ge=
deiht nicht", hat somit bei dem Gauner auch eine innere Notwendig=
keit. Am Ausgeben erkennt man überhaupt, wie der Mensch den
Erwerb versteht. Der solide reiche Mann bringt der Sphäre, in der
er lebt, genau so viel an pekuniären Opfern, wie ihm die wohlbe=
griffene Notwendigkeit vorschreibt, um sich auf dieser Sphäre zu hal=
ten. Dieses Maß ist ihm natürlich und individuell, und verleiht ihm
daher die natürliche volle Würde des reichen Mannes. Der als vor=
nehmer Herr reisende Gauner macht aber umgekehrt glänzende Aus=
gaben, um damit Würde zu gewinnen. Er versteht das Ausgeben
nicht, weil er nicht mit jener Natürlichkeit und jenem Takt ausgibt,
mag er sonst noch so sehr die Formen der höheren Gesellschaftskreise
sich angeeignet haben. Eine einzige ungeschickte Ausgabe verrät den
Gauner an den Polizeimann, der jenes Maß kennt und zu beobach=
ten und zu würdigen weiß.

Bei jener Hast des Erwerbes, des Besitzes, des Vertuns bestimmt
des Gauners rohe Sinnlichkeit ihn, alles zusammenzuraffen, um
in Masse zu genießen, was ihn durch den Mangel an Maß, Wahl
und Wechsel mehr betäubt als erfreut. Daher die brutalen Orgien
und die schändlichen Laster in den Chessenpennen, in die der Blick
des Polizeimanns nur selten fallen kann, da diese Chessenpennen,
deren Inhaber vertraute Freunde und Genossen der Gauner sind,
unter dem Schein schlichter, ehrbarer Bürgerlichkeit leben und bestän=
dig deren vollsten Schutz auf die empfindlichste Weise in Anspruch
nehmen, zu versteckt und selbst bei der sorgfältigsten Nachforschung
sehr schwer zu entdecken sind. Daher die freche Völlerei sogar bei den
Diebstählen selbst, bei denen sie in den Häusern der Bestohlenen die
gefundenen Lebensmittel und Getränke ohne Wahl durcheinander
mit brutaler Gier verschlingen und sich der Gefahr aussetzen, in
sinnloser Trunkenheit entdeckt und verhaftet zu werden. Daher die
volle Rechnung, die des Gauners rohe Wollust in den Bordellen

findet. In diesen Orten, wo die Schande der Brutalität dient, ist die einzige Legitimation und Wahl das Geld. Auch der schmutzige oder häßliche Gast ist der mit Plunder und Schminke überzogenen Lustdirne willkommen, sobald er sein Geld zeigt, um die handwerks= mäßig gebotene Schande zu kaufen. Gerade in diesen Bordellen schwelgt der Gauner am liebsten und am meisten, selbst bis zur Er= schöpfung und bis zum Ruin seiner physischen Existenz, weil er hier am sichersten schwelgen kann. Wenn auch nicht die Scham, so schreibt die gebotene Ordnung doch die Heimlichkeit des Genusses vor, und somit schläft der Gauner in den Armen der Lustdirne mit behag= licher Sicherheit, während die für die Meldung jedes einzelnen Frem= den streng verantwortlichen Gastwirte keinen Gast ohne Ausweis= papiere und Meldung bei der Polizei aufnehmen dürfen. Diese Si= cherheit der Bordelle bietet den Gaunern ein verläßliches Asyl. Wenn auch schon ganz besonders die Geschichte der Rheinischen Räuberban= den die Bordelle als Hauptherde des Gaunertums nachweist, so hat die Polizei noch immer keine bessere oder wenigstens keine der in den Wirtshäusern geübten gleichkommende Gastkontrolle in den Bordellen finden können, weil sie in der Erkenntnis des weitverbreiteten sitt= lichen Siechtums fürchten muß, heute eine Respektsperson in den Ar= men einer Lustdirne zu finden, in denen gestern ein steckbrieflich ver= folgter Gauner gelegen hat.

Dieselbe Genußsucht führt auch die Töchter von Gaunern, ehe sie sich dem unsteten und beschwerlichen Vagantenleben ergeben, bei dem ersten Erwachen der Sinnlichkeit in die Freudenhäuser, oder wo das Gesetz eine Bordellmündigkeit vorschreibt, in die gefährlichen Win= kelbordelle, in denen sogar alle Sanitätsaufsicht fehlt. In den Bor= dellen, wo mancher heimliche Gast den erlittenen Verlust lieber ver= schmerzt als anzeigt, findet die vielfach auch mit Gaunern in Ver= bindung stehende Dirne reichliche Gelegenheit, für die handwerks= mäßige Hingebung sich außer der Taxe noch durch Betrug und Dieb= stahl zu entschädigen, bis sie am Ende mißliebig, abgenutzt oder ruiniert und mit Schulden überhäuft, vom fühllosen Bordellwirt entlassen, von der Polizei ausgewiesen und somit zum Vaganten= tum übergeführt wird, mit dem erst die eigentliche Gaunerlaufbahn beginnt. Wer sich zum festen Grundsatz gemacht hat, alle eingebrachten

Vagantinnen ohne Ausnahme einer ärztlichen Untersuchung zu unter=
werfen, wird bald Aufschluß darüber bekommen, wo wesentlich der
Herd der jetzt auf dem Lande mehr und mehr um sich greifenden
Syphilis steckt, und wie teuer mancher reiche Bauernbursche seine
Prahlerei, „mit einer feinen Mamsell oder feinen Kunstmacherin
schön getan zu haben", bezahlen muß. Noch ganz kürzlich ist mir eine
Dappelschickse von dreiundsechzig Jahren vorgekommen, die abends auf
öffentlichen Promenaden Männer anhielt und — syphilitisch befun=
den wurde. Aus dem Umherstreifen liederlicher Weibspersonen im
Freien erklärt sich auch, daß im Sommer die Syphilis weit ärger
haust als im Winter.

Bei der Entsittlichung des Gaunertums kann schwerlich von irgend=
einer Religiösität die Rede sein. Die, namentlich im siebzehnten und
achtzehnten Jahrhundert, von Geistlichen vielfach nicht ohne Selbst=
gefälligkeit dargestellte Reue und Bußfertigkeit zum Tode verurteil=
ter Räuber und Gauner erscheint meistens nur als mürbe Verzagt=
heit, die nicht durch den reumütigen Rückblick auf das vergangene
sündige Leben, sondern durch den Hinblick auf das nahe Schafott
geweckt wurde. Man findet Gauner bei Prozessionen, Wallfahrten,
in dichtgefüllten Kirchen, um Diebstahlsgelegenheiten zu erspähen;
man findet bei Gaunern Rosenkränze, man sieht sie beten in den
Kirchen, aber Rosenkranz und Gebet ist der Schein, unter dem der
Gauner seinen erkorenen Opfern näherzurücken sucht, um sie zu
bestehlen. In den Kirchen befinden sich, ebensowohl wie an Aborten,
die Stätten und Zeichen, an denen die Gauner ihre geheimen Ver=
abredungen auf die mannigfachste Weise treffen.

Schon im Mittelalter hatten besonders die französischen Gauner
in irgendeinem Winkel der besuchtesten Kirchen von Ton zusammen=
gedrückte Würfel liegen, die der zuerst in die Kirche kommende Gau=
ner so hinlegte, daß die Eins oben stand. Der zweite kehrte den Wür=
fel auf Nummer zwei und so fort, damit jeder nachfolgende wußte,
wie viele Kameraden der Genossenschaft sich in dem Gedränge zur
Ausführung der verabredeten Gaunereien eingefunden hätten.

Um des Scheines willen gehen manche Gauner zur Beichte und
zum Abendmahl, nebenbei aber auch oft wirklich, um Absolution zu
erhalten für künftige Diebstähle. Ja, die Fälle sind nicht selten, wo

Daß Ehre, Ruhm und Preiß der Tugend wahrer Lohn,
Der Ubelthaten danck, der Kärcker, Schmach und Hohn,
Erfähret Tullian bey seinem neuen Stand,
Der Fässel drücket hart, an Halß, Leib, Füß und
Hand.

9.

Lips Tullian im Gefängnis

Nach einem Kupferstich in der Dresdener Königlichen Bibliothek.

Gelübde getan werden für das glückliche Gelingen einer verabrede=
ten Gaunerei. Merkwürdig genug werden diese Gelübde pünktlich er=
füllt, wie aus Furcht, daß auch vom Heiligen der Kontrakt nicht ge=
halten werden könne. Ein interessantes Beispiel sind die Gelübde des
Manne Friedrich bei Pfister, deren schon früher gedacht worden ist.
Bezeichnend ist die Außerung des zu Buchloe hingerichteten Gott=
fried Frei 12): „Unser lieber Herr Gott und liebe Mutter Gottes sol=
len so große Helfer und Fürbitter sein; diese tun uns aber nie in ein
Bauernhaus, Wirtshaus oder Amtshaus, wo viel Geld ist, helfen."

Die Geschichte des Gaunertums wimmelt von Beispielen, daß
Ganner, die zum Tode verurteilt und auf den letzten geistlichen Trost
und Zuspruch angewiesen waren, gar und ganz keine Kenntnis vom
christlichen Glauben, von den Geboten und den verschiedenen Be=
kenntnissen hatten. So kam es nicht selten vor, daß ein solcher armer
Sünder einen katholischen, dann einen protestantischen Geistlichen, zu=
weilen beide zugleich, ja sogar dazu noch einen Rabbiner verlangte, und
dann wieder alle drei verwarf. Auch der zum katholischen Priester
bestimmte und erzogene Damian Hessel verlangte, nachdem er unter
Fluchen und Toben sein Todesurteil angehört hatte, einen Rabbiner,
um als Jude zu sterben, drohte dem Untersuchungsrichter, ihm in der
nächsten Mitternacht nach seinem Tode zu erscheinen, und sprach von
dem Gesetze der Natur, nach dem er gelebt habe und auch sterben
wolle 13). Diese tief in das Mittelalter zurückreichende und noch jetzt
zu machende Wahrnehmung von den Beziehungen zwischen den
christlichen und jüdischen Gaunern ist nicht nur in sittengeschichtlicher,
sondern ganz besonders in sprachgeschichtlicher Hinsicht merkwürdig.
Bei aller Fügigkeit und Behendigkeit des jüdischen Volkes, sich die ihm
auch am entferntesten liegenden Volkseigentümlichkeiten anzueignen,
hat es doch die Grundzüge seiner ursprünglichen Eigentümlichkeit mit
aller Zähigkeit festgehalten. Der das ganze bürgerliche und häusliche
Leben des Juden beherrschende religiöse Kultus ist denn auch von
den jüdischen Gaunern niemals mißachtet worden. In der Gemein=
schaft der schmutzigen christlichen Elemente mit den jüdischen haben
die letzteren, wenn auch von den Genossen mit aller Roheit verspottet

12) Sulzer, Liste, 1081, S. 71.
13) Rebmann, Damian Hessel, 3. Aufl., S. 106.

und verachtet, doch in der dauernden Beobachtung ihrer religiösen Gebräuche eine so entschiedene Wirkung auf jene gehabt, daß, wenn auch dadurch die gleich tief gesunkenen Verhältnisse beider Faktoren gewiß nicht gehoben werden konnten, doch ein sehr bedeutender Einfluß der jüdischen religiösen Kultusweise auf das christliche Gaunertum sich geltend machte, so daß, wenn irgendeine Kultusform an dem gesamten deutschen Gaunertum hervorsticht, diese Form die jüdische ist, wogegen sich die christlichen Kultusformen, mit geringen Ausnahmen, fast gänzlich verleugnen. Dadurch wurde auch vielen hebräischen und rabbinischen Wörtern der Eingang in die geheime Sprache des Gaunertums gebahnt, und das um so eher und mannigfaltiger, als die jüdisch=deutsche Sprache sogar als literarisch abgerundetes Ganzes erschienen war und in der deutschen Nationalliteratur sich eine bedeutsame Stelle erworben hatte.

B. Das Geheimnis des Gaunertums

Das Geheimnis der Person

Drittes Kapitel

Die gaunerische Erscheinung

Seitdem die Landespolizei anfing, selbständig aufzutreten und die mit offener Gewalt hausenden Räuberbanden ernstlich zu verfolgen, sieht man, wie das hart bedrohte und bedrängte Gaunertum sich immer mehr von der offenen Räubergruppierung entfernt, dafür aber mitten in das Herz aller Volksschichten eindringt und die offene Gewalt mit dem geheimnisvollen Wirken vertauscht. Bezeichnend für diesen Wechsel und seine Zeit ist, daß gerade in der ersten Hälfte des achtzehnten Jahrhunderts der eigene Kunstausdruck „link", im Gegensatz von rechts, recht, rechtlich, wahr, vom Gaunertum erfunden wurde, um die versteckte Täuschung auszudrücken. So entstand Linker, der Fälscher, Täuscher, Ganner; Linke-Messumen, falsches Geld; Link=Chalfen oder Link=Wechsler, falscher Wechsler, Dieb beim Geldwechseln; linken, auf einen Betrug spähen, beobachten, und die ganze Wortfamilie, die man im Lexikon findet. Je mehr die Polizei zur Wissenschaft hinstrebte, desto mehr unternahm dies auch das Gaunertum mit solcher feinen Berechnung und mit solchem Erfolg, daß man nur durch die genaueste Berücksichtigung alles dessen, was in der geschichtlichen Ausbildung aller sozialpolitischen Verhältnisse geschehen und gegeben ist, sich erklären kann, woher die weite und tiefe Verbreitung des Gaunertums in die heutigen Verhältnisse gekommen ist. Schon vor mehr als hundertfünfzig Jahren zählte Hönn in seinem „Betrugslexikon" mit dem ganzen Eifer sittlicher Entrüstung dreihundert verschiedene Gewerbe und Lebensverhältnisse auf, in denen die Versuchung lauert und in denen Täuschung oder Betrug möglich ist. Jene Verhältnisse sind seitdem noch viel zahlreicher geworden und liegen jetzt noch bunter und wirrer durcheinander. Wenn man jetzt ein Betrugslexikon schreiben wollte, so würde es eine ungeheure Enzyklopädie geben, die selbst bei der größten und umfangreichsten Ausführlichkeit jährlich durch beträchtliche Zusätze ergänzt werden müßte. Alle Stände und Berufsarten ohne Ausnahme, sogar in den feinsten Schattierungen, sind im Gaunertum vertreten; keine Form ist so alt und bekannt, daß sie nicht immer wieder und mit neuer Täuschung ausgebeutet würde. Es hilft wenig, daß der vorzüglichste Vorschub gaunerischer Bewegung, das handelsmännische Reisen, so sehr beschränkt und überaus scharf beaufsichtigt wird: der Handel hat zu viele Strömungen, als daß man diese bändigen könnte. Je mehr man aber auf Kosten und zur Belästigung des Verkehrs, dessen Beschränkung stets auch eine Mitleidenschaft des reellen Ganzen mit sich führt, die Handelsbewegung kontrolliert, desto behender springt das Gaunertum auf andere Verkehrsformen über. So ist es gekommen, daß das Zunftwesen, das Jahrhunderte lang der Anhalt der sittlichen Volksentwicklung gewesen ist, indem es den Lehrling an Zucht, Ordnung und Gehorsam gewöhnte und dadurch die Anbildung und Erhaltung des ehrsamen Bürgerstandes mächtig förderte, jetzt, nachdem die angeblich veralteten Zunftformen der materiellen Richtung und freien Bewegung haben weichen müssen und damit auch das sittlich-gesunde innere Wesen der Zünfte geschwunden ist, zum hauptsächlichsten Versteck des Gaunertums dient. Es sendet jetzt in reisenden Handwerksburschen und zu Fabrikarbeitern gewordenen Zunftgesellen seine Jünger auf die Landstreicherei, anstatt auf die ehrbare Wanderschaft aus.

Bei dem durch die Eisenbahnen mächtig geförderten Fremdenverkehr in Wirtshäusern, zählt das Gaunertum seine überaus starke Jüngerschaft in Kellnern, Hausknechten und Stubenmädchen, die den ungerechtfertigten Erwerb schon durch ihre oft sinnlose Vergeudung und Putzsucht verraten.

Neben diesem Zunft- und Dienerschaftsproletariat ist das Gelehrten- und Künstlerproletariat im Gaunertum am stärksten vertreten, so daß das fahrende Schülertum des Mittelalters in seiner ganzen Ausdehnung wieder aufgelebt zu sein scheint. Nicht nur, daß der Po-

lizeimann sich mit allen vier Fakultäten herumschlagen muß, um so=
gar im Doktor der Philosophie und Professor der Theologie den Gau=
ner zu entlarven, er muß auch den Nimbus und die Staffagen aller
Künste und Gewerbe durchdringen, um auf Ganner aller Art zu ge=
raten, und hat doch dabei alle feinen Rücksichten vorsichtig zu beob=
achten, die in den prätendierten sozialen Formen ihm entgegengescho=
ben werden.

Diese Rücksichten nimmt das in Gouvernanten, Gesellschafterin=
nen und Offiziers= und Beamtenwitwen jetzt besonders stark ver=
tretene weibliche Gaunertum vorzüglich in Anspruch, wobei oft
schmerzlich zu bedauern ist, daß alles, was weibliche Feinheit, vor=
zügliche Erziehung und Bildung an Rücksicht und Achtung verdient,
an der verdorbensten gaunerischen Gesinnung und Führung verloren
gegangen ist. Nicht mehr der Hausierer, nicht der in Lumpen gehüllte
vagierende Bettler, nicht mehr der Kesselflicker, Scherenschleifer,
Leiermann, Puppenspieler und Affenführer allein ist es, der die Si=
cherheit des Eigentums gefährdet, alle äußeren Formen des Lebens
müssen zur Maske der gaunerischen Individualität dienen.

Zwei Faktoren sind es besonders, die in neuerer Zeit dem Versteck
und der Beweglichkeit des Gaunertums großen Vorschub leisten: die
Eisenbahnen und das Paßwesen. Die Eisenbahnen heben die Ent=
fernung und Räumlichkeit auf. Was früher bei den beschränkten
Verkehrsmitteln sich nur langsam dem Auge der Polizei entziehen
und darum immer wieder leichter ausgeforscht werden konnte, taucht
plötzlich an einem entfernten Orte als völlig unverdächtige Erschei=
nung auf, kann sich als solche frei bewegen und ebenso rasch wieder
entfernen.

In der Paßgesetzgebung hat es trotz aller bis an das Ungeheuer=
liche grenzenden Ausführlichkeit und peinlichen Genauigkeit, die Rei=
sende und Kontrollbeamte gleich lästig drückt, noch immer nicht ge=
lingen wollen, in den Pässen Urkunden herzustellen, in denen die
beurkundende Behörde und der beurkundete Paßinhaber mit voller
Verläßigkeit beglaubigt ist. Dieser offenliegende Mangel hat schon lange
im Gaunertum ein eigenes Gewerbe, das Fleppenmelochnen, hervor=
gerufen. Dieses wird die vorhandenen Mängel so lange ausbeuten,
bis es durch entgegenwirkende Paßeinrichtungen unschädlich gemacht

wird. Selbst bei der unzweifelhaften Echtheit und Unverfälschtheit
der Paßurkunde und der völlig bewiesenen Berechtigung des In=
habers zu ihrer Führung, ist doch noch immer keine Sicherheit der
Person gegeben, die den Paß führt, da nur die äußere Erscheinung,
in der der Inhaber auftritt, oder in der er der ausstellenden Behörde
legitimiert oder bekannt ist, beglaubigt wird, wobei kaum in irgend=
einer Weise oder durch ein Geheimzeichen die Verdächtigung einer
Person angedeutet werden kann, ob nicht ihre Erscheinung die bloße
Larve einer ganz anderen Individualität ist. Diese große Schwierig=
keit und Bedenklichkeit ist es, die die scharfe und so überaus lästige
Paßkontrolle einigermaßen rechtfertigt, obschon es aber auch immer
angemessener erscheint, auch den abgehenden Reisenden ebenso scharf
zu kontrollieren wie den ankommenden. Die Ungleichheit dieser Kon=
trolle wird recht unmittelbar an und neben den Eisenbahnen aus=
gedrückt durch die Telegraphendrähte.

Die Aufsicht in der Heimat und die Unverdächtigkeit in der Ferne
ist der Hauptanlaß, weshalb das Gaunertum in steter Beweglichkeit
ist, um unter dem bürgerlichen Scheine, fern von der hinderlichen
Beobachtung, seiner verbrecherischen Tätigkeit nachzugehen. Wie
trüglich der bürgerliche Schein ist, indem sogar ein Ganner mit dem
anderen unerkannt zusammentreffen kann, beweist das bei Thiele 1)
erzählte Beispiel des Schmulchen Frankfurter, der einmal im Gast=
hofe zu Helmstädt in das Zimmer eines ausgewanderten hollän=
dischen Kanonikus brach und aus dessen Koffer 125 Louisdor nebst
einer Menge Prätiosen stahl, im Koffer aber auch einige Terzerole,
eine zur Säge zugerichtete Uhrfeder, ein Brecheisen, vier Ennevo=
tennekästchen und mehrere bezeichnete Geldbüten vorfand, in denen sich
statt des angegebenen Geldes sechsundvierzig sauber gearbeitete
Dietriche vorfanden.

Diese Beweglichkeit und Trüglichkeit des Gaunertums rechtfertigt
die starke Beaufsichtigung der Wirtshäuser, bei der jedoch die Wirte
leider meist nur dann der Polizei behilflich sind, wenn sie für sich
selbst Gefahr vom Gaste wittern oder schon von ihm hintergangen
sind. Würden aus allen Wirtshäusern die Beobachtungen, die die
Wirte zu machen Gelegenheit haben, der Polizei kund, so würde dem

1) II, S. 169.

Gaunertreiben wesentlich mehr Einhalt getan werden können. So
aber rechnen die Ganner mit Sicherheit auf die Erwerbslust der
Wirte, und lassen gerade in Wirtshäusern so viel aufgehen, daß schon
durch das Übermaß der Verdacht rege werden müßte.

Je mehr die Aufsicht auf den Eisenbahnhöfen gegen die Ankom=
menden verschärft wird, desto mehr entzieht sich der Gauner dieser
Kontrolle dadurch, daß er eine oder ein paar Stationen vor dem
Ausgangspunkt seiner Reise die Bahn verläßt und im unansehn=
lichen Fuhrwerk oder auch zu Fuß seinen Einzug hält.

Der Kontrolle auf der Landstraße entgeht der verdächtige Gauner da=
durch, daß er den Weg ganz besonders auf oder neben den Eisenbahn=
linien einschlägt. Vor nicht langer Zeit gestand mir ein aus dem Zucht=
hause ausgebrochener gefährlicher Räuber, daß er größtenteils am lichten
Tage in der kenntlichen Züchtlingskleidung eine sechs Meilen lange
Strecke auf und neben der Eisenbahn zu Fuß zurückgelegt hatte, bis
er im Abenddunkel sich bei einem Trödler andere Kleidungsstücke
kaufte, mit denen er seinen Einzug in Lübeck hielt, wo er in einem
Wirtshause zur Haft gebracht wurde.

Viertes Kapitel

Die Simulationen

Der schärfste Ausdruck der Sicherheit und Verwegenheit, mit der
das verkappte Gaunertum sich mitten im gewöhnlichen Leben be=
wegt, ist die vermessene Vortäuschung von Krankheiten und Gebrechen,
durch die der Ganner die allgemeine Aufmerksamkeit absichtlich auf
seine äußere Erscheinung zu lenken sucht, um hierdurch seine gaune=
rischen Absichten desto sicherer zur Geltung zu bringen. Dieser Be=
trug ist so alt, wie die christliche Barmherzigkeit, auf die er es von
Anbeginn an abgesehen hat. Über diesen Betrug klagt schon der heilige
Ambrosius in seinen Briefen an den Symmachus; schon die Kapi=
tularien warnen vor den Betrügern: qui nudi cum ferro prodeunt;
der Liber Vagatorum zeichnet eine Menge simulanter Siechen. Die
Epilepsie wurde in der Zeit der Hexenverfolgungen als Betrug ge=
ahndet oder als Teufelswerk mit Exorzismus oder dem Scheiter=

haufen ausgetrieben, während die Kinder der Gauner im achtzehnten Jahrhundert abgerichtet waren, ebenso geschickt den Taubstummen zu spielen, wie „auf die Pille zu schnorren", wie der bekannte Gauner, der noch heute (1858) unter der Larve eines Gärtners schon seit mehreren Jahren ganz Deutschland durchzieht und von der erheuchelten Epilepsie seinen ganzen Lebensunterhalt zieht.

Fünftes Kapitel

Die körperlichen Entstellungen und ihre künstlichen Merkmale

Das verbrecherische Interesse macht es für den Ganner zur Hauptaufgabe, seine äußere Erscheinung so zu geben, daß, wenn sie in einer Urkunde polizeilich aufgezeichnet ist, ihm doch immer eine Anderung der persönlichen Erscheinung möglich bleibt, um gerade nach der von ihm vorgenommenen Anderung den Unterschied seiner jetzigen persönlichen Erscheinung mit der früheren aufgezeichneten darlegen, mithin für eine ganz andere Persönlichkeit gelten zu können. Die gaunerische Praxis hat daher besonders die in den Pässen und Steckbriefen immer wiederkehrenden Personalangaben zu einem wahren Kunstkatalog gemacht, an dessen Vervollkommnung sie rastlos arbeitet und mit täglich neuen Verbesserungen hervortritt. Selbst die gemessene Körperlänge ist, wie die Erfahrung zeigt, einer Veränderung fähig. Besonders gelingt es Weibern, bei nicht sehr genau vorgenommener Messung die Knie zu beugen und den Körper so zusammenzudrücken, daß eine erhebliche Abweichung stattfindet. In den sechs verschiedenen steckbrieflichen Signalements einer hier zur Untersuchung gezogenen Gaunerin fanden sich Abweichungen zwischen der hier und auswärts nach demselben Maßstabe gemessenen Körperlänge von drei bis fünf Zoll.

Die gewöhnlichen Toilettenkünste werden vom Gaunertum in vorzüglicher Weise vervollkommnet. Die Färbung der Kopfhaare, Augenbrauen, des Bartes, die Befestigung falscher Haare geschieht mit größter Fertigkeit. Ich habe Gauner, die mit schlechten Zähnen angekündigt waren, mit so herrlichen künstlichen und so ausgezeichnet durch Schrauben in den Zahnwurzeln befestigten Zähnen gefunden, daß sogar sehr geschickte Ärzte dadurch irregeführt wurden. Eine hier in Lübeck zur Untersuchung gezogene Gaunerin hatte früher einmal in der Voraussicht, daß ihr doch einmal das Entspringen gelingen werde, siebzehn Monate lang mit bewundernswürdiger Ausdauer eine erhöhte Schulter und einen steifen Finger so geschickt simuliert, daß sie selbst den Scharfblick des sehr erfahrenen Arztes täuschte, und später, nach zwei Jahren, als sie wirklich entsprang, in weiter Entfernung entdeckt und nach jenen „besonderen Kennzeichen" beschrieben wurde, die zu ihrer Verhaftung angegangene auswärtige Behörde so vollständig zu hintergehen wußte, daß sie auf freien Fuß bleiben und sich davonmachen konnte. Dieselbe Person hatte ihre defekten Haare und Zähne so ausgezeichnet ergänzt, wie es in ähnlicher Vollkommenheit nicht leicht wieder nachgeahmt werden kann.

Sehr häufig vorkommende, vorzüglich aber dann, wenn die zu beschreibende Person selbst darauf aufmerksam gemacht hat, verdächtige und daher genauer zu untersuchende besondere Kennzeichen sind die vielfach absichtlich mit Höllenstein geätzten Muttermale, Leberflecke und dergl. an Gesicht und Händen, die sich zur gelegenen Zeit leicht wieder entfernen lassen.

Überraschend und ebenso interessant wie wichtig ist die von Kasper in Berlin gemachte und nach ihm besonders von den französischen Ärzten Hutin und Tardieu durch zahlreiche Beobachtungen geprüfte Entdeckung, daß Tätowierungen, die im Leben vorhanden waren, an der Leiche bis zur völligen Unsichtbarkeit spurlos verschwunden fein können. Noch merkwürdiger ist die durch eine Menge Untersuchungen als unzweifelhaft bewiesene Tatsache, daß der Färbestoff der Tätowierungen von den Lymphganglien ausgesogen wird und daß der Färbestoff der Tätowierungen am Arme sich in den Achseldrüsen unverkennbar deutlich wiederfindet. In dem beim Kasperschen „Handbuch" befindlichen Atlas 1) ist eine solche Achseldrüse mit eingesprenkeltem Zinnober dargestellt. So behauptet auch derselbe Autor, daß schon bei Personen, die erst vor kurzem tätowiert waren, sich Zinnober, Kohle und dergl. in den Lymphdrüsen fand.

1) Taf. 8, Fig. 25.

Sechstes Kapitel

Die Schwangerschaft

Die Vorschützung der Schwangerschaft ist eine von verhafteten Gaunerinnen zunächst fast regelmäßig geübte Täuschung, um aus der strengen Haft und Hausordnung der Untersuchungsgefängnisse in die leichtere Verwahrung der Krankenhäuser überzugehen, in denen das Entspringen sehr erleichtert wird und sehr häufig gelingt. Mir ist eine derartige Person untergekommen, die vierzehn Monate lang angab, im ersten Monat schwanger zu gehen, daraufhin viel Almosen und Kinderkleidung zusammengebracht und letztere verkauft hatte. Vagierende Dirnen schützen stets Schwangerschaft vor, wie die Dutzbetterinnen des Liber Vagatorum, weil sie die Scheu der Behörden vor den Wochenbetten ausweisloser Personen kennen.

Die auch im Gefängnis ebenso gut anzustellende Beobachtung des Arztes muß hier allein entscheiden, und die Übersiedelung darf nur auf die bestimmteste Anordnung des Arztes geschehen, da die Gaunerinnen mit nichts mehr und feiner Intrigen spinnen, als mit der Schwäche der weiblichen Natur. Erfahrene und ausweislose umherziehende Gaunerinnen säugen ihre Kinder sehr lange, und sorgen, selbst wenn das Kind gestorben ist, dafür, daß ihnen die Milch nicht vergeht. Sie rechnen auf die Sorglosigkeit der Behörden und auf die lästige Umständlichkeit der Kinderverpflegung, wenn sie bei einer Verhaftung auf Verdacht angeben, daß sie im benachbarten Orte einen hilflosen Säugling zurückgelassen hätten, wobei denn die allenfalls angestellte ärztliche Untersuchung das Vorhandensein eines Säuglings wahrscheinlich macht, und wozu denn auch wohl nötigenfalls aus der ersten besten Chessenpenne irgendein Kind von den vertrauten Genossen zur Aushilfe herbeigebracht wird. In solcher Weise werden nicht selten Gaunerinnen über die Grenze geschoben mit ganz fremden Kindern, die sie hinter dem nächsten Bauernhause aussetzen, wenn sie ihnen nicht sogleich von den Lieferanten wieder abgenommen werden.

Siebentes Kapitel

Die Epilepsie

Eine der am meisten vorkommenden Betrügereien ist die Simulation epileptischer Zufälle (Tippel, Pille, Fallsucht). Sie ist teils ein Mittel, Mitleid zu erregen und Unterstützung und Pflege zu erhalten, teils um bei öffentlichen Gelegenheiten, in Verabredung mit Taschendieben, die allgemeine Aufmerksamkeit zu erregen und einen Zusammenlauf zu veranlassen, teils aber auch im Verhör den plötzlichen Abbruch einer, für den in die Enge getriebenen Ganner gefährlich gewordenen Situation zu bewirken. Eine genaue Kenntnis der Symptome ist daher wesentlich förderlich, die Simulation von der Wirklichkeit zu unterscheiden. Bestimmt und treffend zeichnet Schürmayer die Unterschiede: „Das wirkliche Vorhandensein der Epilepsie hat immer einen besonderen Ausdruck in den Gesichtszügen, die den mehr oder weniger deutlich ausgedrückten Stempel von Traurigkeit, Furchtsamkeit und Dummheit an sich tragen, insofern die Krankheit schon einige oder längere Zeit dauert, was durch Betrug nicht wohl nachzuahmen ist. Bei dem wahren Epileptiker zeigen die oberen Augenlider die Neigung, sich zu senken, und man bemerkt die Gewalt, die sich der Epileptiker antut, um die Augen offen zu halten, wenn er etwas betrachten will; auch sprechen solche Kranke nur ungern von ihrer Krankheit, suchen sie sogar zu verheimlichen. Die simulierten Konvulsionen sind sich, da die Betrüger ihre Rollen gewissermaßen auswendig lernen, in allen Paroxysmen fast ganz ähnlich, haben auch etwas Grimassenartiges, was bei der Epilepsie nicht der Fall ist. In den wahren epileptischen Anfällen sind fast immer die Augen offen, die Pupille ist meistens erweitert oder auch krampfhaft zusammengezogen, die Iris in einer zitternden Bewegung; bei manchen Kranken rollen die Augen fürchterlich in ihren Höhlen umher, sind aber auch wohl in einzelnen Momenten fast wie leblos fixiert. Dieser Zustand ist nicht nachzuahmen, und der verstellte Anfall wird besonders dadurch erkennbar, wenn bei schnellem Anbringen eines Lichts vor die Augen die Pupille sich gleich zusammenzieht. Das beschwerliche und röchelnde Atemholen, meist mit bläulicher Auftreibung des Gesichts gepaart, kann anhaltend nicht nachgeahmt werden, ebensowenig der Schaum vor dem Munde in einem gewissen Grade, wenn nicht Seife dazu verwendet wird 1), und das Herzklopfen mit dem kleinen unterdrückten Pulse. Bei den wahren Anfällen ist eine unge= wöhnliche Körperkraft zu konstatieren, die Betrüger, wenn sie nicht von Natur aus stark sind, nicht nachzuahmen vermögen. Wenn Epilep= tische schreien, so geschieht dies vor dem Fallen, nachher tritt völliges Schweigen mit Bewußtlosigkeit und Verlust des Gefühlsvermögens ein. Betrüger verstoßen sich oft hierbei, zumal wenn ihnen Anlaß gegeben wird. Tritt namentlich auf Anwendung von Kitzeln, Nieß= mitteln u. dgl. Reaktion ein, so ist Simulation als gewiß anzuneh= men. Endlich unterscheidet sich der gleich nach dem Anfall eintretende Zustand des Körpers und Geistes bei simulierenden Epileptischen, indem erstere die als notwendige Folge dastehende Abspannung nicht zeigen, oder nicht nachhaltig genug."

Diese Unterscheidungen sind sehr wichtig und genau zu beachten, wenn man nicht nach stundenlangen Verhören gerade im wichtigsten Moment durch den in die Enge getriebenen Ganner mit seiner ge= machten Fallsucht um die Resultate angestrengter Mühe gebracht sein will. Es gibt Ganner, die schon vor dem Ausbruch eine Schwäche vortäuschen und eine Unpäßlichkeit bemerkbar zu machen wissen, nur um sich zu gewissern, ob der Verhörende ängstlich ist, wonach denn der epileptische Anfall entweder ausbleibt oder zum Vorschein kommt. Sehr beachtenswert aber ist die Bemerkung, die Schürmayer 2) macht, daß nämlich erfahrungsmäßig gewisse anfangs simulierte Krankheiten zuletzt in wirkliche übergehen können, daß dies jedoch immer nur solche krankhafte Zustände sind, die sich in sogenannten nervösen Zufällen, wie Krämpfen, Zuckungen u. dgl. kundgeben. Die Wahrheit dieser merkwürdigen Behauptung scheint ebensowohl in körperlicher wie sogar auch in physischer Hinsicht sich zu bestäti= gen. Jeder aufmerksame Untersuchungsrichter findet reichliche Gele= genheit, Beobachtungen dieser Art zu machen.

1) Liber Vagatorum, Kap. 8.
2) Lehrbuch der gerichtlichen Medizin, § 531.

Achtes Kapitel

Die Taubstummheit

Die Vorspiegelung der Taubstummheit ist einer der am häufigsten vorkommenden gaunerischen Versuche, um dem entstandenen Verdachte die Arglosigkeit und Unbeholfenheit des Taubstummen entgegenzusetzen. Viele Gauner wissen jene eigentümliche Lebendigkeit der Gebärden und Bewegungen der Taubstummen, denen die Hauptwege der physischen Ausbildung, Gehör und Sprache, versagt sind, und die dafür nur durch das Auge Ersatz finden, meistens mit vielem Glück nachzuahmen und sogar sich das Ansehen zu geben, als läsen sie die vom Inquirenten gesprochenen Worte von dessen Lippen, wobei sie auch in jener rauhen unmodulierten Sprachweise mit offensichtlicher Anstrengung zu antworten suchen.

Der Betrug ist nicht schwer zu entdecken.

Der Simulant kann nicht den Unglücklichen nachahmen, der auf der niedrigsten Stufe der menschlichen Bildung steht. „Der Taubstumme besitzt," wie Friedreich 1) sagt, „solange man seine Kräfte nicht ausbildet, seine Fähigkeiten nicht übt, keine Kenntnisse ihn lehrt, nichts als Empfindung der Gegenwart ohne augenblickliche (momentane) Eindrücke, fast gar keine Erinnerung der Vergangenheit und ebensowenig Erwartung der Zukunft."

In Stellung, Haltung, Miene, Blick und Wesen kann der Simulaut durchaus nicht, oder nicht dauernd, so über sich gebieten, daß er eine so augenfällig eigentümliche äußere Erscheinung darstellt, wie jener Zustand bedingt. Er kann sich für nicht weniger darstellen, als für einen unterrichteten Taubstummen, der ein Verständnis haben und wiedergeben kann. Er muß also die eigentliche schulmäßige Taubstummenbildung kennen, die ihn allein zum Verständnis fähig machen konnte, oder muß seine Unkenntnis und damit die Verstellung verraten.

Dem Fachmann gegenüber ist daher sein Spiel rasch verloren. Ja meistens bedarf es kaum des Fachmannes. Der Verhörende, sobald er nur den Schein gutmütigen Glaubens und Mitleidens bewahrt

1) System der gerichtlichen Psychologie, Regensburg 1852, S. 332.

und ohne Zurüstung und Verabredung in Gegenwart des Simulan=
ten mit einer Überraschung gegen ihn hervortritt, vermag sehr häufig
schon ohne Sachverständigen den Simulanten zu entlarven. Dieser
ist vollständig entlarvt, wenn er das Hauptmittel seiner Bildung,
das Schreiben, nicht verleugnet und zu schreiben anfängt. Dem
Taubstummen ist jedes Wort ein Bild. Sein Unterricht, seine ganze
geistige Schulung bestand in der Auffassung von richtig vorgezeich=
neten Wortbildern, die in ihrer bloßen richtigen Form ihm den Be=
griff verliehen. Daher gibt der Taubstumme seine Begriffe genau
in den erlernten richtigen Formen wieder, und schreibt daher die ihm
gelehrte reine Schriftsprache ohne Provinzialismen und ohne solche
Fehler, die aus falscher Aussprache entstehen, wenn er auch in der
Anordnung der einzelnen Formen Fehler begeht und einzelne Buch=
staben in einem Worte, oder Worte in einem Satze, zuweilen un=
richtig, hinstellt.

In der Wahl phonetischer Mittel muß man sehr vorsichtig sein.
Ich habe einen wirklichen Taubstummen vernommen, der, während
ich ihn mit Schreiben beschäftigte, von der Lufterschütterung eines
hinter ihm explodierenden Zündhütchens in die Höhe fuhr. Andere
Taubstumme fühlten im Zimmer des zweiten Stockwerkes die Er=
schütterung des Schlagens einer einzelnen Trommel auf der Straße.
Noch andere konnten fühlen, daß im Nebenzimmer Klavier gespielt
wurde. Überraschend ist die Anwendung der Ätherisierung zur Ent=
larvung eines Simulanten in Brüssel.

Von zwei eines Diebstahls angeklagten Individuen namens Lerch
und Daubner hatte Daubner sich taubstumm und blödsinnig gestellt.
Man wußte jedoch, daß er von Geburt an nicht stumm sei und
daß er seine Lage vollkommen begreife, da er im Gefängnis bereits
einen Selbstmordversuch gemacht habe. Lerch wurde zur Zwangsar=
beit verurteilt, Daubner aber, von dem die Ärzte behaupteten, er simu=
liere, der Ätherisierung unterzogen. Beim Eintritt ihrer Wirkungen
begann er sogleich sehr geläufig Französisch zu sprechen, obwohl er bei
seiner Verhaftung in Holland vorgegeben hatte, nur Deutsch zu ver=
stehen. Aus dem Ätherrausche erwacht, wollte er wie früher die Rolle
eines Taubstummen spielen, wurde aber zu zehnjähriger Zwangs=
arbeit verurteilt.

Eine richtige und ruhige Behandlung des Betrügers wird bald zu seiner Entlarvung führen, obschon dieser es immer bis auf das Äußerste ankommen läßt, da er nicht nur die Strafe für seinen Betrug, sondern auch für das Vergehen zu fürchten hat, das er mit der Simulation zu verdecken suchte, und für das er durch diese einen bedeutenden Verdachtsgrund gegen sich selbst vorbringt. Der Verlust dieses doppelten Spieles ist es aber auch, der, wie kaum sonst in ähnlicher Weise, einen ganz eigentümlichen Eindruck auf den Verhörenden macht, sobald der Simulant mit einem Male die geläufige Sprache gewinnt und sich, im schneidenden Gegensatz mit dem bisherigen simulierten beschränkten Wesen, urplötzlich als eine Persönlichkeit von freier, ja raffinierter Geistigkeit hinstellt, in der er einen neuen frischen Kampf mit raschem Angriff beginnt. Es ist wenig, den Betrüger zum Abstehen der Simulation gebracht zu haben, wenn der Richter nicht seinen Triumph vollkommen zu unterdrücken und kalt und nüchtern die Beseitigung der Simulation ganz als Nebenwerk zu behandeln und ruhig auf das gesteckte Ziel, auf die Entlarvung des Gauners, weiterzugehen weiß.

Neuntes Kapitel

Die Schwerhörigkeit

Wohl die verdrießlichste Simulation dem Richter gegenüber ist die vorgespiegelte Schwerhörigkeit, da sie meistens auf das Schikanieren des Richters abgesehen ist.

Der Ganner weiß recht gut, daß die Schwerhörigkeit ihn keineswegs als arglosen und unverdächtigen Menschen hinstellt, so wenig wie sie ihn bei Verübung und Verhehlung seiner Gaunerei von irgendeinem Nutzen sein kann; aber im Verkehr mit Beamten und in Verhören treibt er sein boshaftes Spiel damit, den Fragenden absichtlich falsch zu verstehen und auf die an ihn gerichteten Fragen mit dem vollen Scheine des unbefangenen Mißverständnisses beißende und boshafte Antworten zu geben. Erfahrene Ganner können dies Spiel mit großer Beharrlichkeit und eiserner Ruhe fortsetzen, auch wissen viele sogar jene klanglose gedämpfte Sprachweise, die den

wirklich Schwerhörigen eigen ist, sehr gut zu kopieren. Der Richter
schont sich am meisten und den Simulanten am wenigsten, wenn
er unablässig durch einen Unterbeamten mit kräftigem Sprachorgan
seine Fragen dem Simulanten dicht und laut ins Ohr rufen läßt,
was meist auf die Dauer dem Simulanten unerträglich wird, dem
wirklich Schwerhörigen aber wenig verschlägt.

Zehntes Kapitel

Geisteskrankheiten

Geisteskrankheiten werden von Gaunern nur selten und in ganz
besonderen Fällen vorgetäuscht, da die Erscheinung geistiger Störung
zu auffällig und bedenklich ist, als daß nicht die Behörden ein mit
solchen Symptomen auftretendes Individuum berücksichtigen und ein-
ziehen sollten. Indessen wird oft, um Vertuß zu machen, besonders
auf Jahr- und Viehmärkten, von Gaunern Blödsinn simuliert, wobei denn seine Genossen zu schottenfellen und torfdrucken suchen.
Selten tritt ein solcher Simulant selbst als Haupthändler, sondern
meistens als Nebenperson, Musikant, Gepäckträger u. dgl. auf, der,
wenn er gehänselt wird und seine schlechte Geige zerschlagen läßt,
sich sehr häufig durch geschicktes Torfdrucken reichlich für den ihm
zugefügten Schimpf und Schaden zu erholen weiß. Auch bei dem
Schmierestehen spielen die Ganner häufig neben dem Betrunkenen
auch den Blöden, um herzukommende Wächter und Bestohlene aufzuhalten und zu täuschen. In der Untersuchungshaft und Strafhaft
kommen jedoch häufiger Simulationen geistiger Störungen vor 1),
die durchaus von Fachmännern sorgfältig beobachtet und von jenen
wirklichen Störungen unterschieden werden müssen, die leider eine
ebenso häufige wie traurige Folge strenger Einzelhaft sind.

1) „Aktenmäßiger Verlauf der Peinlichen Untersuchung gegen die Kunsesche usw.
Bande", S. 219—260. „Geschichte der rheinischen Räuberbanden" II, S. 333.

Elftes Kapitel

Affekte

Affekte endlich werden sehr häufig von Gaunern in Verabredung mit ihren Genossen vorgemacht, besonders um bei Marktdiebstählen die Aufmerksamkeit der Menge auf einen Punkt und von den handelnden Gaunern abzulenken (f. Vertuß, Kap. 21). Besonders aber im Verhör und in der Gefangenschaft spielt der Gauner mit allen Affekten und läßt keine Rolle und keine Gelegenheit unversucht, um dem Verhörenden zu imponieren und ihn irrezuführen. Darüber wird im Kap. 104 noch gesprochen werden.

Das geheime Verständnis

Zwölftes Kapitel

Die Gaunersprache

Bei dem tiefen Geheimnis, auf dem der ganze Organismus des Gaunertums begründet ist, sind die durch Jahrhunderte hindurch zusammengetragenen, immer verbesserten Verständigungsmittel sehr zahlreich und mannigfaltig. Sie tragen alle Spuren ihrer Schöpfung und Vervollkommnung durch Übereinkunft an sich und geben sowohl von der Verworfenheit, wie auch von dem Scharfsinn und Übermut ihrer Erfinder Zeugnis. Vor allem erkennt man in der wüsten und wirren Gaunersprache, die durch alle Jahrhunderte hindurch wie ein trüber Bodensatz in beständiger gärender Bewegung gehalten ist, den geistigen Ausdruck der gemischten, schmutzigen Volkselemente, die diese Sprache zusammentrugen und mit immer neuen Zusätzen bereicherten. Die Gaunersprache ist daher nicht nur in sprachlicher, sondern auch in kulturgeschichtlicher Hinsicht eine Merkwürdigkeit, die in einem besonderen Abschnitt ausführlicher behandelt werden soll.

Dreizehntes Kapitel

Das Zinken

Das Wort: der Zink oder Zinken bedeutet allgemein jede geheime Verständigung durch Laute, Gesten, Mienen und graphische Merk= zeichen, und wird daher von Thiele mit: Wink, Zeichen, Bezeichnung richtig übersetzt. Es ist von dem lateinischen signum, französisch signe 1) abzuleiten. Der Bedeutung des Wortes Zinken entsprechend, ist das mit dem deutschen Schreck in Verbindung zu setzende jüdisch=deut= sche schreko vom hebräischen שְׁרַק und dies von שָׁרַק, er hat gezischt, gelockt, gewinkt, wovon schrecken, auch sriken, zischen, durch Zischen herbeirufen, winken, und Schrecken und Sriker, der zur Unterstützung des Schottenfellers (Ladendiebes) mit in die Lä= den geht.

Das Wort Zink — in der heutigen Volkssprache bedeutet Zinken die Nase — ist dem Liber Vagatorum und der alten rotwelschen Grammatik fremd. Auch bei Moscherosch und bei Schottelius kommt der Ausdruck nicht vor. Man findet ihn zuerst in dem „Hildburg= hauser Verzeichnis von 1753" als Kompositum, Zinkenplatz, d. h. Ort, wo sich die Diebsbande hinbestellt, und Zinkenstechen, d. h. Lärm zum Abmarsch machen, rufen, einem etwas zu verstehen geben, auf einen gewissen Ort hinbestellen. Die rotwelsche Grammatik von 1755 hat diese Terminologie aufgenommen. Dem Judendeutsch ist der Ausdruck fremd, obgleich er den jüdischen Gannern vollkommen geläufig ist. Auch wird durchgehends die ganze Personalbeschreibung ein Zinken, das Signalisieren einer Person abzinken und der Steck= brief Zinkfleppe genannt.

Schon aus der sprachlichen Bedeutung des Zinken ersieht man, welch großen Komplex von Verständigungsmitteln das Zinken umfaßt. Man kann kaum alle diese Mittel darstellen und einteilen, zu deren Kenntnis dem Polizeimann oder Gefängnisbeamten vorzüg= liche Gelegenheit geboten wird. Gerade in der Bedrängnis wuchert der gaunerische Geist an Behelfen herauf, von denen man auf den ersten oberflächlichen Anblick keinen Begriff hat, und gerade in Vorhalten

1) Pott II, S. 226f.

ober bei den immer höchst gewagten Gegenüberstellungen gaunerischer Gefangenen nimmt der scharfe Beobachter psychologische Momente wahr, die ihn zum Erstaunen, ja oft zur Bewunderung hinreißen. Trotz der gleichmäßigen Schule und Ausbildung, trotz des feinsten Verständnisses aller Gauner unter sich, ist und bleibt jeder einzelne Ganner nach seiner Persönlichkeit immer doch noch ein eigener Lehrsatz, der von dem genau beobachtenden Polizeimann so klar begriffen werden kann, daß er jeden Ganner für ein Original erklären muß und kaum eine Analogie von einem Ganner auf den andern zu ziehen wagen darf. Ein Ganner versteht am andern jede Bewegung des Auges, Mundes, jede Stellung der Füße, jede Regung eines Fingers, jeden Griff an Hals, Mnub, Haar, jedes Räuspern, Husten, Niesen, wie scheinbar unwillkürlich und wie natürlich alles zum Vorschein gebracht werden mag. Einem Räuber, den ich zum Geständnis gebracht und der mir auch den wirklichen Namen seines mitgefangenen Genossen genannt hatte, wußte dieser bei der Gegenüberstellung, ungeachtet der schärfsten Beobachtung, so sehr durch ein starkes Atemholen zu imponieren, daß jener die gemachten Geständnisse in seiner Gegenwart nicht zu wiederholen wagte, aus Furcht, wie er später eingestand, daß er einmal als Sslichner ermordet werden würde.

Vierzehntes Kapitel

Die Jadzinken

Unter den Zinken, die eine gleichmäßige und systematische Ansarbeitung haben, sind zunächst die Jadzinken (Fehmzinken oder Grifflingzinken) zu merken.

Es sind dies Zeichen, die mit der Hand oder eigentlich mit den Fingern gemacht werden. Diesen Jadzinken liegt das einhändige Alphabet der Taubstummen zugrunde. Man findet viele Gauner, die, ohne taubstumm zu sein, sich die Handsprache vollständig zu eigen gemacht haben, da die Hand mit ihrer stillen und doch lebendigen Sprache, selbst in Gegenwart Dritter, ein genaues Verständnis vermitteln, und wo der tönende Mund geschlossen bleiben muß, durch eine geringe Öffnung, durch Fenster und Gitter lautlos kaspern kann. Das Jadzinken ist die optische Telegraphie des Gaunertums, die der Polizeimann genau kennen muß, um sie beobachten und verhindern zu können.

In meiner Polizeipraxis hat mir diese Kenntnis manchen Nutzen, namentlich bei Entlarvung von Simulanten, gebracht, die nicht auf diese Verständigungsform eingehen konnten. Auch die ganze Menge der mit eigentümlicher Lebendigkeit und mit scharfer Form vorgebrachten Gesten und Manipulationen der Taubstummen ist dem raffinierten Ganner bekannt.

Besonders wird noch als Zinken ausgebeutet das Schreiben von Wörtern mit dem Finger in die Luft, so daß der Genosse die Buchstaben als Spiegelschrift erblickt, oder auch das Schreiben mit dem Finger in die offene Hand des Genossen, in die die Buchstaben streifend hineingeschrieben und durch das Gefühl aufgefaßt werden, was besonders im Dunkeln und in Gegenwart Dritter ein vollkommen ausreichendes Verkehrsmittel ist.

Fünfzehntes Kapitel

Die Kenzinken

Von der Kenntnis des Handalphabets der Taustummen, die das heutige Gaunertum besitzt, ist ein Beweis der allgemein gewordene Kenzinken — Ken = jüdisch-deutsche bejahende Partikel — oder Kundezinken, der besonders in wittschen Wirtshäusern, wo der Gauner seine Umgebung nicht kennt, und besonders beim Haddern (Kartenspiel) und sonstigen Spielen, Wetten und Kunststücken angewandt wird. Will der Gauner einen Genossen ausfindig machen, so schließt er die Hand zur Faust, so daß die Daumenseite nach oben kommt, streckt den Daumen gerade aus gegen den gekrümmten Mittelfinger und hält den Zeigefinger in leichter Krümmung über dem Danmen, ohne jedoch diesen damit zu berühren. Damit wird der Buchstabe C gebildet, und aus der in dieser Haltung wie absichtslos auf den Tisch gelegten Hand weiß jeder anwesende Ganner, daß er einen Genossen, Chessen, vor sich hat. Undeutlicher (wahrscheinlich aus dem F, G

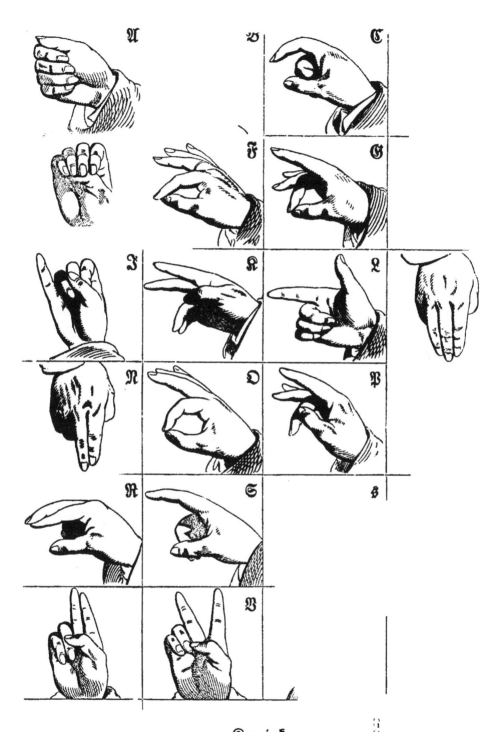

Kenzinken

Das Taubstummen-Handalphabet

ober K verstümmelt) ist das andere allgemeine Erkennungszeichen, das darin besteht, daß der spähende Ganner mit dem gekrümmten Zeige= oder Mittelfinger die Spitze des gestreckten Daumens be= rührt und den Ringfinger und kleinen Finger gerade und frei aus= streckt.

Noch ein wichtiger Kenzinken, namentlich auf der Straße, ist der Scheinlingszwack oder das Scheinlingszwickeln — vom deutschen Zwicken, Zwacken — der eigentümliche Blick mit einem Auge. Beim Begegnen eines auszuforschenden Unbekannten schließt der Ganner das Auge auf der Seite, an der der Begegnende geht, und blickt mit dem anderen Auge über die Nasenwurzel hinüber, worauf der kundige Ganner diese Fratze erwidert, sich mit Sicherheit nähert und die persönliche Bekanntschaft anbahnt. Auf Landstraßen, besonders aber auf Jahrmärkten und Messen hat man häufig Gelegenheit, diese komische Fratze zu sehen, die von vielen als bloßes Produkt des Mut= willens oder der Trunkenheit angesehen und mit verwundertem Lä= cheln aufgenommen wird. Andere Kenzinken, wie das Tragen des Stockes unter dem linken Arm, oder das Einstecken des Stockes quer durch oder über den Reisesack, sind weniger verlässig und üblich und führen, da sie anderen volkstümlichen, besonders zünftischen Bräuchen ähneln, häufig zu Irrungen, die für den Ganner bedenklich sein können. So z. B. pflegen die Zimmergesellen nur mit dem quer durch den Reisesack gesteckten Stock und mit einem gelösten Riemen des Reisesacks in eine Stadt einzuwandern. Die Drechslergesellen legen in der Herberge oder Werkstätte die Hand auf den Tisch oder auf die Drehbank, stecken den Hut auf den Stock, legen die Hand flach an den Kopf und sagen: „Hui Geselle!" usw. Fast jede Zunft hat ähnliche Gebräuche und geheime Kennzeichen. Deshalb sind denn auch jene alten Gaunerkennzeichen, die ohnehin in ihrer Bedeut= samkeit allgemein bekannt geworden sind, mehr und mehr abge= kommen, wie z. B. beim Zutrinken oder beim Anbieten einer Prise die leicht hingeworfene Frage: „Kunde?" oder „Ken Cay", wo= rauf die Antwort ist: „Ken Matthies" oder „Ken Cay".

Original Abbildung des Schinder
Hannes anführ... er einer Räuber
bande von ... 250 Mann

Form
der Sicherheitskarte die er armen u
Reisenden ertheilt.

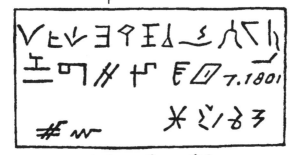

d. i. auf teutsch
Vorzeiger dieses pasirt und re.
pasirt mit sichern Geleit bis üb
er die (___) Grenze vom Quartir
aus d. 27. Mart. 1802.

S Hanes

Sechzehntes Kapitel

Die graphischen Zinken

Außer diesen systematischen Zinken, die unmittelbar von Person zu Person gebraucht werden, gibt es noch eine Menge anderer Zinken, die einen mehr allgemeinen monumentalen Charakter tragen, jedoch ebenso genau, wie jene direkten Zinken das Verständnis vermitteln. Jeder Ganner hat sein bestimmtes Zeichen, gleich einem Wappen, das von seinen Genossen so geachtet wird, daß keiner es nachzuahmen wagt, da er sich sonst der blutigsten Rache für die schwere Ehren= kränkung aussetzen würde. Die schwerste Beleidigung ist das Hin= zeichnen eines Gaunerzinkens an einen Galgen, Schandpfahl oder Halseisen, während wiederum die Abtritte und andere ekle Orte gerade am meisten zum Zeichnen der Zinken bienen und auch zu diesem Zwecke besucht werden. Bald ist es ein Tier, wie ein Pferd, Hund, Fuchs, Ziege, Schwein, Schaf, Hahn, Ente, Eule usw., bald ein Kreis, Oval, Viereck, Dreieck, bald ein Krenz mit diesem oder jenem Beiwerk, wie z. B. mit einer Schlangenlinie durchwunden. So ent= halten z. B. die Akten des Justizkollegiums zu Erlangen von 1765—66, in der großen Untersuchung gegen die Gaunerin Kirschner und deren Sohn Günner, das rohe Zeichen der Kirschner:

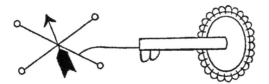

Bei dem Einbruch im Hause des Bauernhausbesitzers Matthias Diete zu Gerstberg, Bezirk Amstetten in Niederösterreich, am 28. Juli

1856, hatte der Einbrecher unterhalb des Fensters, dessen Gitter weg= gerissen worden war, den beistehenden Zinken mit Rotstift aufge= zeichnet.

St. II

Der allgemeine Diebeszinken ist ein Schlüssel, durch den ein Pfeil geht:

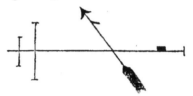

Es finden sich aber auch einzelne landsmannschaftliche Zinken, wie z. B. der Stuttgarter Zinken:

Auch für einzelne Gaunergewerbe finden sich Zinken. So kommt noch in der Untersuchung gegen die Kirschner ein unbekannter, wahrscheinlich aber allgemeiner Bettlerzinken vor:

Als Zinken für Hochstapler auf Adelsbriefe findet sich nachstehende Figur:

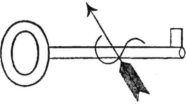

Der Zinken für fechtende Studenten sind zwei Hieber mit einem Pfeil gekreuzt:

Die auf falsche Würfel reisenden Spieler (Kuwioßoßen) haben nachstehenden Zinken (Fig. a); die falschen Kartenspieler (Freischupper) den Zinken (Fig. b). Auch gibt es Zinken, die einen allgemeinen Begriff oder eine spezielle Besorgnis ausdrücken, z. B. die Befürchtung der Gefangenschaft (Fig. c).

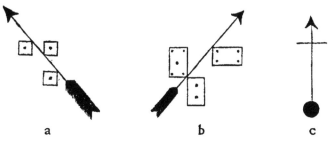

a   b   c

Der Zinken, der die gelungene Tat anzeigt, ist meistens ein Strich mit einer Schlangenlinie durchwunden, deren Ende gewöhnlich auf die Richtung deutet, die die abziehenden Ganner genommen haben 1),

oder ein Anker, dessen Kabelende dazu dient, die Wegerichtung anzudeuten. Dieser Zinken wird gewöhnlich dicht am Tore der Stadt

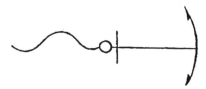

oder des Gehöftes oder am Ausgange, den die Ganner aus dem erbrochenen Verschluß genommen haben, gezeichnet. Auch wird endlich wohl noch das Datum der Tat oder der Passage neben den Zinken gesetzt, z. B.   2)

Auch auf Petschafte und Siegelringe werden Zinken mit heraldischem Beiwerk gestochen. Die Gravierungen werden von den Gaunern selbst gefertigt, die mit dieser ihrer Kunst auch vielfach die Jahr-

1) Christensen, Alphabetisches Verzeichnis, S. 14 und 24.
2) „Österreichisches Zentral-Polizeiblatt", 20. Jan. 1854, Nr. 10, S. 105.

*

märkte beziehen, wo sie mit Leichtigkeit die bestellten Gravierungen sofort ausführen, wenn man auch die Sauberkeit und die von gründlich gebildeten Graveuren stets berücksichtigten allgemeinen heraldischen Regeln daran vermißt. Das erwähnte Siegel des Krummfinger Balthasar war nach Schwarzmüllers Beschreibung „von der Größe eines Kayser-Guldens und hatte, statt der Armaturen, Pistolen, Pulverhorn, Funckschure, Schoberbartel u. dgl., in der Mitte aber einen Mann mit einem Diebssack". Die Umschrift lautet: „Bin ich ein tuaf Cafer, der dem Cafer seine Schure bestieben kan3)." Das mir jüngst in einer Untersuchung vorgekommene Siegel einer als Gräfin reisenden Gaunerin ist einen halben Zoll hoch und drei achtel Zoll breit, achteckig, mit französischem Schild, durch dessen Pfahlstelle der Pfeil gerade aufsteigt. Das Herz der Schilder ist mit einem runden Kreise bedeckt, durch den der Pfeil geht, und über den auch, gegen die Regel, die roten Linien des ganzen Schildes laufen. Auf dem Schilde ist ein königlicher Helm, der als Schmuck einen Fuchs trägt. Das Siegel ist schlecht und unregelmäßig gestochen.

Die Zinken werden mit Kohle, Kreide, Rotstift, Bleistift an den Gebäuden, Kirchen, Klöstern, Kapellen, Scheunen, Wirtshäusern, die an der Landstraße liegen, angebracht. In den Wirtshäusern und Herbergen findet sich der Zinken oft an oder neben der Tür. Oft wird der Zinken in einen Balken des Wirtshauses, oder in einen nahen, oder auf dem Felde, oder abgesondert nahe am Wege stehenden Baum oder auch Meilenzeiger, Landstraßen- und Schlagbaum eingeschnitten. Am meisten werden die Zinken in den Abtritten der Wirtshäuser und Bahnhöfe gezeichnet, ebenso an einzelstehenden Pavillons, Balkonen, Balken oder Türmen, an den Euden öffentlicher Gärten und Belustigungsorte. Auch in und an Kirchen, Kapellen und Klöstern, besonders wo in letzteren am meisten Almosen verabreicht werden, dienen die Mauerwände zum Aufzeichnen von Zinken. Vorzüglich noch werden an der Teilung von Wegen mit dem Stocke Zinken in den Sand gezeichnet. Im Winter werden sie in den Schnee geschrieben.

Von diesen Gaunerzinken heißt es im ersten Viertel des achtzehnten Jahrhunderts: „In denen Wirths-Häusern, wann sie fortge-

3) Hildburghauser Akten, S. 41.

hen, machen sie gewisse Zeichen, daß die andern, welche nachkom-
men, daran erkennen, was vor einen Weg sie genommen, wohin sie
gegangen und wie viel ihrer gewesen; das Zeichen sehe also aus:

Davon bedeute der obere Spitz, wohin sie marchirt; das Strichlein,
welches durch den langen Strich gehe, bedeute einen Mann, das-
jenige, welches nicht gar durchgehe, ein Weibs=Bild; das überzwerche
ein Kind, und das untere Ringlein einen Hund4)."

Der Auslauf einer Schlangenlinie, oder besonders die Spitze eines
Pfeiles, deutet die Richtung des eingeschlagenen Weges an. Ein oder
mehrere Knoten in den Weidenzweigen am Wege, ein flatterndes
Band oder Bindfaden mit Knoten, oder ein Stück Papier mit Stri-
chen, eine oder mehrere Strohschleifen an Gebüsch und Baum in der
Nähe des Weges, namentlich kurz vor Dörfern und Städten, zeigt
den Durchzug und die Zahl der vorübergezogenen Genossen an. Sehr
häufig wird neben den Weg ein abgeschnittener Busch oder Zweig
hingelegt, dessen Schnittende auf die eingeschlagene Richtung zeigt,
und in dessen Stamm jeder Genosse eine Kerbe schneidet, um den
nachfolgenden die Zahl der bereits Vorübergegangenen anzugeben.

Will ein Ganner, der mit seiner Chawrusse versprengt war oder
aus dem Zuchthause entlassen ist, seine Rückkehr und Anwesenheit
anzeigen, so zeichnet er seinen Zinken an irgendeine bekannte Stelle
mit dem Datum hin, und verläßt sich darauf, zur bestimmten Zeit
oder mindestens bei dem nächsten Neumonde seine Kameraden oder
doch einen Teil von ihnen an dem Platze zu finden. Will er andeuten, wohin er sich gewendet hat, so fügt er seinem Zinken den Pfeil
oder die Schlangenlinie hinzu. Schon Schäffer gibt eine interessante
Zeichnung und Beschreibung eines komplizierten Gaunerzinkens, wodurch die Gegenwart des Gauners, seine Begleitung und Wegrichtung genau angegeben wird.

4) Verzeichnuß derer jenigen seither einigen Jahren her in denen beeden Hoch=
löbl. Craysen Schwaben und Francken herum Vagierenden Zigeuner= und Jau-
ner=Pursche ... Ludwigsburg 1728. S. auch Kluge I, S. 355, 495.   B.

Neben dem Gaunerzinken wird der die Wegrichtung bezeichnende
Strich gezogen. Die oberhalb des Striches angebrachten Haken be=
deuten die Männer, die unteren die Weiber; die Kinder werden mit
Nullen bezeichnet. Die oberhalb des Striches gezeichneten Nullen

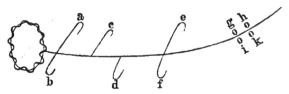

sind die Kinder des Wappeninhabers, die unterhalb des Striches
Kinder anderer Ganner. Vielfach werden auch die Männer mit klei=
nen Querstrichen, die Weiber mit Nullen bezeichnet.

Der Strich a neben dem Zinken des Gauners bedeutet seine Per=
son, b ist seine Frau oder Geliebte, c ein Kamerad, d eine mit ihm
nicht verbundene Gaunerin, e und f ein anderes Gaunerpaar, g und
h die Kinder des Gauners, i und k die Kinder eines anderen Gau=
ners.

Bei den niederländischen Banden war es üblich, daß an jedem
Kreuzwege der erste vorübergehende Gauner einen langen Strich in
den Weg zog und einen kleineren daneben, wobei der kleinere dazu
diente, die eingeschlagene Richtung zu bezeichnen. Jeder der nach=
folgenden machte ebenfalls einen Strich, so daß der neu herankom=
mende immer sehen konnte, wie viele schon vor ihm da waren.

Diese gezeichneten Zinken sind schon sehr alt. Sie lassen sich schon
nach den lombardischen Noten bei Vulcanins bis in das fünfte Jahr=
hundert zurückdatieren, von welcher Vulcanius aus den Überresten
eines uralten Manuskriptkodexes höchst interessante Charaktere mitteilt,
die mit ihrer Bezeichnung allgemeiner, appellativer und topischer
Begriffe weit über alphabetische Abkürzungen hinausgehen und
sich schon der heraldischen Deutung nähern. Ähnliche heraldische
Zeichen finden sich in alten Handschriften und in Inkunabeln, wo
meistens sie allein es sind, die Auskunft über Drucker und Druckzeit
geben. Man darf auch nicht die zahllosen kabbalistischen und Zau=
bercharaktere übersehen, in denen die Zeichen vorzüglich ausgebildet
erhalten und meistens auch zum Betruge ausgebeutet worden sind.
Man findet in den alten Zauberbüchern für jeden Dämon ein be=

ſtimmtes Zeichen, das vom Erfinder ſehr geheimgehalten und oft
für ungeheure Summen verkauft wurde. Noch jetzt findet man auf
den fliegenden Blättern der Bänkelſänger und Taſchenſpieler, die
zumeiſt ihre beſonderen Holzſchnitte bei ſich führen, eine Andeutung
geheimer und mindeſtens ſpezifiſch eigentümlicher Zeichen. Sie wer=
den, natürlich in verſchiedenartigſter Form, noch heute in Anwen=
dung gebracht.

Der abergläubiſche Bauersmann geht ſcheu an dieſem Zinken vor=
über; teils erblickt er in den Knoten der Weidenzweige ein ſympathe=
tiſches Mittel gegen das Wechſelfieber, teils irgendeine andere ſym=
pathetiſche Kur, bei deren Störung er die gebannte Krankheit anzu=
erben fürchtet, teils findet er in den an Kreuzwegen in Sand oder
Schnee gezeichneten Zinken Zauber= und Hexenkreiſe, deren Berührung
ihm Gefahr oder Tod bringen könnte. Deshalb werden die Zinken
von niemand mehr beſchützt, als von dem abergläubiſchen Land=
mann, zu deſſen Schaden ſie doch gerade dienen. Die Zerſtörung
ſolcher Zinken, ſelbſt wenn ſie noch ſo unſcheinbar ſind, muß jedem
Sicherheitsbeamten zur Pflicht gemacht werden. Selbſt das Be=
ſchreiben der Kirchenwände uſw., das von den Handwerksburſchen
mit beſonderer Liebhaberei betrieben wird, ſollte ſtrenger als bis jetzt
geſchehen, verboten und beſtraft werden. Sogar in Gefängniſſen
finden ſich ſolche Inſchriften und Zinken, die, teils ihrer mühſamen,
teils ihrer häufig ſauberen Darſtellung wegen, von den Gefangen=
wärtern mit einer Art Pietät erhalten werden, ohne daß bei ihrer
ſcheinbaren Unverfänglichkeit oder Unverſtändlichkeit (ich habe ſogar
jüdiſch=deutſche Kurrentſchrift gefunden) die Verfänglichkeit in ein=
zelnen, beſonders gezinkten Lettern bemerkt wurde.

Siebzehntes Kapitel

Die phoniſchen Zinken

Auch die Nachahmung von Tierſtimmen iſt noch ein unter den
Gannern gebräuchlicher Zinken, beſonders zur Nachtzeit und zum
Fernſignal in Feld und Wald. Von den Chouans iſt durch die nieder=
ländiſchen Banden das Eulengeſchrei, das ja auch das hauptſächlichſte

Signal der Indianer in den Waldungen Nordamerikas ist, nach Deutschland gebracht worden. Das Pfeifen, Rufen oder Räuspern verrät den Menschen nur zu deutlich, während das geschickt nachgeahmte Eulengeschrei bei seiner Unheimlichkeit den Hörer eher verscheucht als zur Nachforschung und zum Angriff herbeizieht. Andere Tierstimmen, z. B. Wachtelruf, Hahnenschrei, Hundegebell usw. werden zwar auch, jedoch seltener und immer mit großer Vorsicht, gebraucht. Noch andere hörbare Zinken, wie das Schnalzen mit der Zunge, Händeklatschen, Husten, Niesen u. dgl., auch der kurze Ruf „Lampen!" oder „Heraus!" oder „Lewon!", oder auch, besonders in Norddeutschland: „Mondschein!", „Mahndschien!", oder wie früher bei den niederländischen Banden: „Hufar du Stroh!" usw., sind verabredete Parolen, die für jedes einzelne Unternehmen oder für eine bestimmte Verbindung verabredet und angewandt werden, um die Aufmerksamkeit der Genossen zu erregen oder sie zur Flucht bei nahender Gefahr aufzufordern.

Achtzehntes Kapitel

Der Sslichnerzinken

Sslichner kommt von סָלַח (Ssolach), er hat vergeben. Bekanntlich sagen die Juden acht Tage vor dem Neujahr (Rosch Haschono) bestimmte Gebete, Sslichos, her, um andauernde Vergebung der Sünden. Das Sslichnen entspricht der christlichen Beichte und ist vom Gaunertum auf das Geständnis vor Gericht und überhaupt auf den Verrat der Verbrechergeheimnisse übertragen.

Es ist schon erwähnt worden, wie blutig der Genossenverrat am Sslichner gestraft wird. Diese Ermordungen kamen noch im ersten Viertel des neunzehnten Jahrhunderts sehr häufig vor. Ein solcher Ermordeter hatte den eigentümlichen Namen „Horeg". Die Gaunergepflogenheit ist jedoch hierin milder geworden, und die Rache begnügt sich meistens damit, den Sslichner zu zinken, das heißt, ihn derb in die Wange zu schneiden, damit an der zurückbleibenden Narbe der so gezinkte Sslichner der ganzen übrigen Genossenschaft als Verräter gekennzeichnet bleibe.

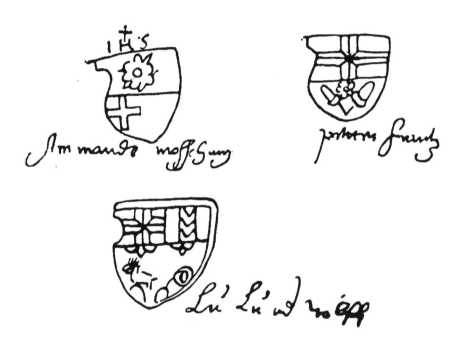

Gaunerwappen aus dem 17. Jahrhundert
(Archives Hérald-Suisse 1890, S. 405.)

Dieser Sslichnerzinken scheint jedoch ebenfalls in Abnahme ge=
kommen und einem derben Durchprügeln gewichen zu sein. Von
letzterer Praxis sind mir manche schwere Fälle bekannt geworden;
aber nur ein einziges Mal habe ich einen alten jüdischen Vaganten
getroffen, dessen starke Narbe auf der linken Wange die Vermutung
eines Sslichnerzinkens zuließ.

Neunzehntes Kapitel

Die Gaunernamen

Wie jedes besondere Kennzeichen an der Person des Gauners als
Zinken angesehen und benannt wird, so geben auch besondere Kenn=
zeichen, Fehler, Gebrechen, ja auch die besondere Herkunft oder be=
sondere Ereignisse und Erlebnisse Anlaß, jeden einzelnen Gauner
mit einem eigenen Spitznamen zu zinken, von denen jeder Gauner
wenigstens einen hat. So hieß der zum Studieren bestimmte Damian
Hessel „das Studentchen" oder „Bocherle", bis eine ekle Krankheit
ihm einen anderen Schmutznamen verschaffte; Matthias Weber von
seiner bramarbasierenden Wildheit „Fetzer"; die beiden Schiffersöhne
Franz und Jean Vorbeck „het Scheppertje". So gibt es den Bei=
namen Parrach (Grindkopf), Einäugiger, Einohr, Dicker, Langer,
Schiefbein, Kurzarm, Schnut usw. Auch werden, wie im gemeinen
Leben, die Geburtsorte zur Namensbezeichnung gebraucht, z. B.
Hamburger, Frankfurter, Dresdener, Moislinger, Berliner, Stutt=
garter, Franzos, Böhm, Pollack usw. Auch ein bürgerliches Gewerbe
dient zur Bezeichnung, z. B. der Schuster, Spengler, Scherenschleifer,
Keßler, Weber usw. Die Kenntnis all dieser Namen in Verbindung
mit der Person, die sie führt, ist für den Polizeimann von großer
Wichtigkeit, da alle Ganner solche Spitznamen tragen, und hinter
diesem Versteck ihre Person und Vergangenheit zu verbergen suchen.

Die Namen, unter denen die Gauner öffentlich auftreten, sind ge=
wöhnlich falsch, so strenge auch die Gesetzgebungen die Führung eines
falschen Namens zu bestrafen sucht. So oft ein Gauner ein Aus=
weispapier auf einen anderen Namen erschleichen, anfertigen, stehlen
oder kaufen kann, verändert er den Namen nach diesem Paß. So=

lange dies nicht gelingt, führt er seinen einmal angegebenen Namen unfreiwillig fort. Auf die Namen, unter denen die Ganner frei auftreten, oder auf die ursprünglichen richtigen Namen ist weit weniger Wert zu legen, als auf die Namen, unter denen der Gauner in der Gaunerwelt bekannt ist. Es ist daher ein großes Verdienst der Polizeiliteratur, namentlich der Zeitschriften, daß sie beständig auf die verschiedenen Spitznamen, die dieses oder jenes Subjekt führt, aufmerksam machen, da hierdurch die wahre Person und die Verhältnisse viel leichter ermittelt werden können.

Die Führung mehrerer Namen bei den Juden, die ihnen jetzt von den meisten Gesetzgebungen untersagt ist, rührt bekanntlich von der Namensänderung her, die Abraham (ursprünglich Abram) und Sara (Sarai) nach Genes., Kap. 17, V. 5 und 15, und Israel (Jakob), Genes., Kap. 32, V. 28, auf göttlichen Befehl vornahm, sowie auch von den Beinamen, die der sterbende Israel (Genes., Kap. 49) beim letzten Segen seinen Söhnen beilegte, z. B. Juda, Arje, Löwe, Benjamin, Seew, Wolf usw. Die Änderung des Namens galt bei den Juden seit undenklichen Zeiten als ein Mittel, ein unglückliches Geschick in ein günstigeres zu verwandeln, weshalb in solchen Fällen bis auf die neueste Zeit z. B. bei schweren Krankheiten die Genesenen entweder auf dem Krankenbette oder in der Synagoge vom Rabbiner sich benschen (segnen) und einen anderen Namen beilegen ließen. Sehr häufig lassen die Juden auch ihren Geschlechtsnamen, namentlich die Namen Kohn und Levi, fort, und begnügen sich mit dem Vornamen.

Zu diesen uralten Willkürlichkeiten, denen erst, wie bemerkt, in neuester Zeit Einhalt geboten wurde, kommt aber die von den jüdischen Gaunern stark ausgebeutete allgemeine Verstümmelung der ursprünglichen Namen, die aber auch wieder in der schlechten Aussprache ihren Grund hat. Diese Verstümmelungen sind so arg und durchgreifend, daß sie dem Polizeimann geläufig sein müssen, weshalb nach den schon von Selig 1) und von Schwencken 2) gegebenen Verzeichnissen die hauptsächlichsten Verstümmelungen hier angeführt werden sollen:

1) „Lehrbuch der jüdisch-deutschen Sprache", S. 62.
2) A. a. O., S. 27.

Nach dem Leben gezeichnet und gest. von H.

Aaron	Arend, Arendchen.
Abigdon	Viktor.
Abraham	Aberl, Afrom, Afroemche.
Ascher	Anschel, Maschil.
Baruch	Boruch, Borach.
Benedikt	Bendet.
Benjamin	Seef, Wolf, Wulf.
Chanoch	Hennig, Haendel.
Dowid	David, Dovidchen.
Elieser	Eleasser, Leeser, Leyser, Loeser, Laser, Lazarus.
Elija	Elias, Elie.
Emanuel	Mannel, Mendel.
Ephraim	Fraime.
Feibel	Philipp.
Feidel	Feitele, Veitele, Veudt.
Feist	Feis.
Gabriel	Gafril, Gefril.
Gerson	Geronam, Geronymus.
Gideon	Gedide.
Gumpel	Gumperts, Gumprecht, Gumperich.
Heinemann	Heim, Chaium, Chaimche, Heimann, Hermann.
Hesekiel	Cheskel, Heskel.
Jakob	Jakof, Jekof, Jokof, Jainkof.
Jehuda	Juda, Juidel, Judchen, Löwe, Löb, Leo.
Jeremias	Jeremie.
Jesaias	Jessel, Jees, Jeschaje.
Jissroel	Israel, Isril, Isrul, Isserl.
Jitzchak	Isaak, Eisech, Itzek, Eissig, Ickjack, Itzock, Gitzock.
Joachim	Jochime, Jochine, Jochum.
Joel	Jool, Jolchen, Jaulchen, Julius.
Jonas	Jone, Jonichen.
Kain (Chaijim)	Chaium, Heyne, Heinemann.
Katz	Kahn.
Levi	Leib, Levinche, Löb, Löw, Löbel, Lion, Leopold.
Lukas	Likes.
Manasse	Mones, Manes.
Manus	Magnus, Mannes, Mantje.
Markus	Mark, Mordchen, Mottchen.
Matassiohu	Matthäus.

Mausche	Moses, Mosche, Moritz.
Michel	Machol, Macholchen.
Mordechai	Markus, Merkel.
Naphthali	Zewi, Hirsch, Hirschel, Höschel.
Nathan	Nathgen, Natje, Natiche, Nosen.
Sacharja	Zacharias.
Schimon	Simeon, Schimme, Schiman, Simschen.
Schimschon	Samson, Simson.
Schlomo	Salomo, Salman, Sami.
Schmuel	Samuel, Sanwil.
Sender	Sendel, Alexander.
Tobias	Dubie, Debele.

Als die bekanntesten und gewöhnlichsten Judennamen hat Selig[3]) noch angeführt: Aaron, Uri, Ephraim, Ittomer, Eljokim, Elchonan, Ickal, Brocho, Boruch, Berachia, God oder Gad, Gedalja, Gawriel (Gabriel), Don oder Dan, Hillel, Hendel, Hillmann, Walk oder Falk, Sußmann, Serach, Cheskija, Febel, Jossef oder Joseph, Jachiel, Jaunosson oder Jonathan, Joir, Jainkof oder Jakob, Jokor, Jeruchom, Kaßriel, Lemel, Moril, Moschil, Meier, Michal, Monis, Mono, Mnachem, Meschallem, Nauach oder Noah, Nachmann, Nissan, Nosson oder Nathan, Sender, Auser, Aikiwa, Asriel, Ensel, Feibesch, Feibel oder Philipp, Peretz, Zemach, Koppel, Kaddisch, Ruben, Schabße oder Schebßel, Schallum, Schauel oder Saul, Schmaija, Tanchem, welche Namen auch vielfach von jüdischen Gaunern geführt werden, und unter denen sich dann alle Gauner genau kennen.

Zwanzigstes Kapitel

Der Zinkplatz

Endlich werden auch bestimmte Orte und Stellen von den Gaunern gezinkt, die davon den Namen Zinkplätze führen. Zinkplatz — jüdisch=deutsch Wiatzef, von יצב, הציב, jasaf, hizif, „er hat aufgerichtet, hingestellt", wovon מצבה (matzewo) Monument, Statue, Grabmal, oder Emet, Emeß, אמרת, die Wahrheit, Bestimmt=

3) S. 63.

heit — heißt jeder von Gaunern besonders bezeichnete und bestimmte Ort, und kann daher sowohl jede Behausung als auch jede Stelle im Freien auf Wegen, im Feld und Wald sein.

Daneben bezeichnet das vollständig in die Gaunersprache aufgenommene Emeß die Wahrheit, ganz besonders aber das Geständnis im Verhör. Emeß machen, schmusen, dabbern, dibbern, medabbern, Geständnis ablegen; Emeß pfeifen ist eine verächtliche, erbitterte Bezeichnung des verräterischen Geständnisses (Eßlichnen).

Der Zinkplatz, Wiatzef oder Emeß, dient zur Vermittlung des gaunerischen Verkehrs, wie auch zum besonderen Versammlungsort vor oder nach einem Handel. Auf dem Wiatzef, der jedesmal schon bei dem Baldowern, spätestens nahe vor Ausübung des einzelnen Diebstahls bestimmt wird, versammelt sich die Chawrusse, und dorthin zieht sie sich auch wieder nach vollbrachter Tat zurück, wenn nicht dafür ein anderer Wiatzef als Intippel (s. d.) bestimmt oder das Unternehmen gestört und die Chawrusse in die Flucht gejagt ist. Besteht der baldowerte Massematten aus schwer zu transportierenden Gegenständen, die nicht bequem in Tragsäcken, Kissimer (von כיס, Beutel, Säckel) fortzuschaffen sind, so bleibt ein Chäwer auf dem Zinkplatz mit dem Fuhrwerk, Agole, Michsegole, zurück. Zum Zinkplatz, wo das Fuhrwerk die Diebe erwartet, wird eine versteckte Stelle hinter einem Gebäude der Vorstadt, hinter einem Stall oder einer Scheune oder unweit des Tores, zur Seite einer dunklen Allee, gewählt, wobei die Geschicklichkeit des Fuhrmanns darin besteht, dem Begegnenden oder Beobachtenden irgendeinen unverfänglichen Vorwand anzudeuten, warum er hier hält, z. B. daß er dem Pferde zupfeift oder auch vom Wagen steigt und am Geschirr herumschnallt, als ob etwas daran schadhaft geworden ist, oder auch die Pferde füttert. Mißlingt ihm dieses Bemühen und kann er nicht bleiben, ohne Verdacht bei dem Beobachtenden zu erregen, so ist er abgezinkt und muß wegfahren. Abgezinkt ist überhaupt jeder Dieb, der bemerkt und beobachtet und daher in seinem Unternehmen verhindert ist, oder auch nach vollbrachtem Diebstahl Spuren nachgelassen hat, an denen er erkannt und entdeckt werden kann 1).

1) Vgl. im Wörterbuch: zinken und abzinken.

Einundzwanzigstes Kapitel

Der Vertuß

Vertuß — vom Mittelhochdeutschen: tüschen, täuschen; Niederdeutsch: tüschen und tüssen, verdecken, zudecken, beschönigen, besänfti-
gen — bedeutet, dem Sinne des heutigen volkstümlichen Wortes
vertuschen entsprechend, die Verdeckung einer Handlung durch Vor-
nahme einer anderen, die die Aufmerksamkeit der Anwesenden in
Anspruch nimmt. Der Vertuß ist somit jede Handlung, die dazu
dient, die Aufmerksamkeit von einer Haupthandlung abzulenken.
Der Vertusser oder Vertußmacher hat zur Unterstützung seines Kameraden einen Freier, das heißt die Person, die bestohlen werden soll,
nach Verabredung, nach gemeinsamer Kunstregel und nach Ort und
Gelegenheit so zu beschäftigen, daß des Freiers Aufmerksamkeit auf
ihn gelenkt und vom Diebe abgeleitet wird. So macht der
Gauner Vertuß, wenn er vor einem Schauladen auffallende
Bemerkungen macht, aufsehenerregende Handlungen begeht, z. B.
wie durch Zufall eine Fensterscheibe einstößt, damit er die Aufmerksamkeit auf sich zieht, während sein Kamerad einem Nebenstehenden
in die Tasche langt. Vertuß macht der Gauner, der den Freier an
irgendeinem öffentlichen Orte wie einen alten Bekannten umarmt,
hält und beschäftigt, während sein Kamerad jenem oder auch einem
anderen die Uhr oder Dose nimmt, oder der Gauner, der sein Kind
öffentlich mißhandelt und die Aufmerksamkeit auf sich und das Kind
zieht, oder der mit jemanden auf öffentlichem Wege Streit anfängt,
oder epileptische Zufälle simuliert, den Betrunkenen spielt, als scharfer Reiter sein Pferd straft usw.

Dann wird oft versucht, ein Gedränge zu bewirken, namentlich
beim Zusammenströmen einer größeren Menschenmenge, was auf
Jahrmärkten, im Theater und bei öffentlichen Versammlungen besonders der Fall ist, vorzüglich, wenn kein besonderer Vertuß verabredet ist und der Dieb, der einen guten Freier in der Nähe hat,
plötzlich den Zink zum Vertuß gibt. Bei dem Vertuß mit Gedränge
fallen häufig arge Prügeleien vor, und der dienstgefällige Vertußmacher muß die alte silberne Spindeluhr, die sein Kamerad dabei

stiehlt, meist mit schmerzhaften Beulen und aufgelaufenem Gesicht bezahlen, wenn er nicht gar überdies noch als Händelmacher in Haft und Untersuchung genommen wird.

Der Dieb kann aber auch selbst, ohne Beihilfe eines Dritten, Vertuß machen, z. B. durch Vortäuschung von Trunkenheit und Albernheit, oder durch Provokation sonstiger Auffälligkeiten, die die lebhafte Aufmerksamkeit nach einer bestimmten Richtung lenken, wie dies z. B. durch Feuerruf in Theatern und zahlreich besuchten Versammlungen geschieht.

Auf alle Fälle ist es klug und geboten, jeden, der öffentliches Aufsehen erregende auffällige Handlungen begeht oder Händel anstiftet, sofort anzuhalten, zu untersuchen und nach Befinden zu strafen, wozu schon der bloße Friedensbruch auf Märkten und offenen Wegen und Stegen genugsam Veranlassung gibt, wenn man auch nicht immer imstande ist, die öffentlich dargelegten Handlungen und Gebrechen gleich auf der Stelle als Simulation und Vertuß zu unterscheiden. In dieser Beziehung zählt schon der Liber Vagatorum eine Menge Vertußarten auf, die auch noch jetzt zur Anwendung kommen. Mehr als einmal hat wohl jeder Polizeimann verfolgte Bettler und Hauseinschleicher die Krücken wegwerfen und eiligst davon laufen sehen, daß, wie der Liber Vagatorum sagt, „ein Pferd ihn nicht möcht' erreichen". Ein fast täglich und besonders von Kindern gemachter und immer noch nicht sogleich richtig gewürdigter Vertuß ist das laute Weinen und Jammern auf den Straßen unter dem Vorgeben, Geld verloren oder ein Gerät zerbrochen zu haben, um die Vorübergehenden zum Mitleid zu bewegen, die meistens auch sehr rasch eine oft überreichliche Sammlung veranstalten. In dieser Weise gibt es noch unzählige Vertußarten, die zumeist auf das Mitleid berechnet und gegen die man sich nur durch kalte Besonnenheit schützen kann.

Zweiundzwanzigstes Kapitel

Das Schrekenen

Obschon nach der bereits angeführten Etymologie das jüdischdeutsche Wort Schreko gleichbedeutend ist mit dem Worte Zinken, fo wird das davon abgeleitete Schrekener, schrekenen oder Srikener, srikenen, doch nur im beschränkteren Sinne des Vertuffes, und zwar auch dabei wiederum in der Beschränkung auf Diebstähle in offenen Läden und vor den Augen des Verkäufers, besonders beim Schotten= fellen und Chilfen, gebraucht. Der Schrekener oder Srikener begleitet den Ladendieb (den Schautenpicker) oder den Chalfen in die Ge= schäfte, und hat dabei die Aufgabe, Vertuß zu machen (weshalb der Srikener auch Vertuffer genannt wird), oder, wie das Vertußmachen speziell in Läden heißt, zu srekenen, d. h. des Verkäufers Aufmerk= amkeit zu fesseln, damit fein Kamerad, der Schautenpicker, desto unbemerkter stehlen kann. Über dieses Schrekenen wird bei dem Ka= pitel vom Schottenfellen und Chilfen weiter gesprochen werden.

Dreiundzwanzigstes Kapitel

Das Meistern

Eine sehr schwierige und feine Art des Vertuffes ist das Meistern. Darunter versteht man die von dem Begleiter eines Diebes, oder von diesem selbst bei Verübung eines Diebstahls ausgehende Be= schäftigung und Bannung der Aufmerksamkeit des unerwartet heran= nahenden Freiers oder einer dritten Person, damit das schon begon= nene Unternehmen verborgen bleibe oder dessen Vollendung nicht gestört, auf alle Fälle aber der Rückzug gesichert werde. Man begreift, welche Geistesgegenwart und Verwegenheit dazu ge= hört, ein so plötzliches Dazukommen, den Aufstoß, nicht nur zur Si= cherheit der Gauner, sondern auch zur Fortsetzung und Vollendung des Verbrechens zu gestalten. Gerade hierin enthält die Geschichte des Gaunertums zahlreiche Beispiele von erstaunlicher Geistesgegen= wart, ja Frechheit.

Als Lips Tullian nach dem großen Brand in Wurzen in die Dom= kirche gebrochen war und die Wächter auf das Geräusch, das beim Aufbrechen der Sakristeitür entstand, herbeieilten, bemerkten sie den im Fenster sitzenden Lips Tullian nicht. Sie setzten sich aber dem Fenster gegenüber unter einen Baum. Da trat Lips Tullians Ka= merad, Zimmermann, der Schmiere gestanden hatte, heran, spielte

den schwer Betrunkenen, hockte dicht bei den Wächtern nieder, indem
er seine Notdurft verrichtete. Darauf zogen sich die Wächter lachend
und murrend zurück 1).

. Vorzüglich fällt den Schmieren das Meistern zu, weshalb denn
auch die geübtesten Gauner als Schmieren ausgestellt zu werden
pflegen. Außerhalb des Hauses ist es den Schmieren meistens nicht
sehr schwer, den in später Nacht vielleicht aus fröhlicher Gesellschaft
zurückkehrenden Freier durch Fragen, Bemerkungen u. dgl. aufzuhalten. Auch läßt sich die Aufmerksamkeit der Nachtwächter leicht
auf Nebendinge lenken, indem nach der Uhr gefragt und ein Gespräch
angefangen, in einiger Entfernung vielleicht von einem anderen Kameraden Geräusch als Vertuß gemacht wird, um die Aufmerksamkeit der Wächter dorthin zu lenken. Die rheinischen Banden hatten
ein besonderes Geschick, die Aufmerksamkeit der Nachtwachen auf
Stadtteile zu ziehen, die gerade in entgegengesetzter Richtung von
den Straßen lagen, wo das Massematten gehandelt werden sollte.
Es sind Fälle bekannt, daß mit einem aus dem Fenster blickenden
Hausmädchen ein Liebesgespräch begonnen wurde, während um die
Ecke des Hauses der andere Dieb die Fensterscheibe ausschnitt. In
einem anderen Falle wurde bei einem Ständchen mit Gitarrebeglei-
tung im Nachbarhause eingestiegen, um dem das Rouleau aufzie-
henden Freier die Gegenwart zweier als Schmieren aufgestellter
Personen auf der Straße zu motivieren.

Sehr bedenklich ist das Meistern beim Aufstoß im Hause, namentlich zur Nachtzeit, in welchem Falle meistens die Flucht versucht,
wenn nicht zur Gegenwehr und Gewalt gegriffen wird. Am Tage
ist die Gegenwart eines Fremden, der beim Aufstoß sogleich nach
einem Herrn Müller, Meyer oder Fischer usw. fragt, einigermaßen
unverdächtig anzusehen, namentlich wenn er sich als Geschäftsmann
zu irgendeinem Gewerbe, als zum Frisieren, Rasieren, Klavierstim-
men, Tapezieren, Uhrenaufziehen, oder die weibliche Gaunerin als
Hebamme, Lavementsetzerin, Putzhändlerin bestellt, in Gasthöfen
auch wohl sich sogar für eine Angestellte des Hauses ausgibt. Selbst
im schon aufgeschlossenen Zimmer kann der Dieb beim Aufstoß sein
Eintreten durch die offengefundene Tür entschuldigen.

1) Lips Tullian I, S. 165 f.

Aus gleicher Vorsicht geht der schon mit gestohlenen Sachen bepackte Dieb stets rückwärts die Treppen hinab, indem er bei herannahendem Geräusch sofort die Treppen hinansteigen kann, als ob er die Sachen an Herrn Müller, Meyer, Fischer usw. bringen will, wobei er denn meistens von dem Bestohlenen selbst als in eine falsche Wohnung geraten, aus dem Haufe gewiesen wird, das er denn auch mit einer flüchtigen Entschuldigung rasch verläßt. Andere feste Regeln können kaum geführt werden. Die jedesmalige Situation gibt die Norm, beim Aufstoß den Freier zu meistern, damit der Massematten vollständig „gehandelt" werde.

Vierundzwanzigstes Kapitel

Das Zuplanten

Mit der Vollendung des Diebstahls ist der Besitz des gestohlenen Gutes noch nicht gesichert und die Gefahr der Entdeckung noch nicht beseitigt. Der Gauner weiß, daß der Besitz einer gestohlenen Sache ein schwerer Verdachtsgrund gegen ihn ist. Deshalb ist seine erste Sorge, das Gestohlene sofort aus seinen Händen in die der Genossen zu geben, deren Gegenwart oder Beteiligung beim Diebstahle gar nicht in Frage kommt oder doch nur schwer zu beweisen ist. Dieses rasche und heimliche Fortgeben in die Hände der Genossen heißt „zuplanten", d. h. zupflanzen, in die Hand eines Dritten pflanzen, und geht äußerst behende vonstatten, da bei allen gewagteren Unternehmungen, die ein Zuplanten nötig und nützlich machen, sich die Genossen jedesmal dazu bereithalten, das Gestohlene dem Diebe rasch abzunehmen. So ist oft schon eine Uhr oder Dose längst aus dem Theater, ehe der noch bei dem Diebe sitzende Bestohlene (Balhei) diese vermißt.

Der Balhei hat nun selbst bei dem dringendsten Verdacht keinen Beweis gegen den Dieb, und setzt sich bei einer Anschuldigung den gröbsten Beleidigungen oder sogar einer lästigen gerichtlichen Prozedur aus. Oft ist aber auch der Verdacht so rasch und bringend, daß der Gauner das Gestohlene nicht schnell genug den Genossen zustecken kann. Hier kommt es nun darauf an, dem Balhei selbst oder dem erſten beſten in der Nähe befindlichen Unbekannten unvermerkt das Geſtohlene zuzuplanten, was häufig bei der erſtaunlichen Fertigkeit der Gauner glänzend gelingt, und dann den anſchuldigenden Balhei in die peinlichſte Situation verſetzt.

Von der ſtaunenswerten Gaunergewandtheit im Zuplanten gab es in der Löwenthalſchen Unterſuchung auffallende Beiſpiele. In dem einen Falle wußte der Gauner Wolff Moſes am 18. Mai 1830 nicht weniger als dreißig Taler, die er einem Handelsmann beim Wechſeln aus der Geldkatze geſtohlen hatte, dieſem wieder zuzuplanten, als dieſer ihn anhielt, ihm ins Quartier folgte und dort auf Wolff Moſes' Verlangen ſein Geld nachzählte, das er nun ſtaunend ganz richtig fand. In einem anderen Falle wußte Jakob Bernhardt aus dem Lübeckſchen Dorfe Moisling, in einem Berliner Laden, wo er Me= daillen ſtehlen wollte und von dem zuvor gewarnten Ladenbeſitzer nebſt zwei im Laden verſteckten Polizeibeamten ſcharf beobachtet wurde, nicht nur vier Medaillen zu ſtehlen, ſondern auch bei ſeiner Verhaftung dem ihn begleitenden Polizeikommiſſarius in die Taſche zuzuplanten 1).

Unübertroffen bleibt jedoch die Gewandtheit und Frechheit des Cartouche (1693—1721). Als er am meiſten in Paris von ſich re= den machte, äußerte der König einmal bei der Abendtafel, er möchte den Cartouche doch einmal ſehen. Andern Morgens auf dem Wege zum Audienzſaal, in Begleitung zweier Kammerherrn, bemerkte der König in einem Zimmer einen Menſchen, der die ſilbernen Wand= leuchter zu putzen ſchien. Die Leiter, auf der er ſtand, drehte ſich, ſo= wie der König ſich näherte, und drohte umzufallen. Der König ſprang ſogleich hinzu und hielt ſie mit den Worten: „Nehmen Sie ſich in acht. Sie konnten leicht verunglücken!“ Cartouche ſtieg von der Leiter und verbeugte ſich vor dem König mit den Worten: „Eure Majeſtät ſind ein zu gnädiger Monarch, unter deſſen Schutz ich nie verun= glücken werde.“ Der König lächelte über dieſe Worte des vermeint= lichen Leuchterputzers, ging in den Audienzſaal, in dem er ſofort in ſeine Taſche nach ſeiner Doſe griff. Zu ſeinem Erſtaunen lag in der Doſe ein Billett: „Cartouche hat die Ehre gehabt, mit Eurer Majeſtät zu ſprechen. Er konnte die ſilbernen Wandleuchter nehmen und auch

1) Thiele II, S. 111.

Eurer Majestät Dose, denn sie waren in seinen Händen. Allein Cartouche raubt seinem König nichts. Er wollte nur Eurer Majestät Wunsch
erfüllen." Natürlich hatte Cartouche sich sogleich aus dem Staube
gemacht 2).

Das Zuplanten und das Chilfen erfordert die äußerste Gewandtheit, und gilt daher bei den Gaunern als Bravourstück, dessen sie sich
gern und laut unter ihresgleichen rühmen, sobald ihnen ein solches
Geschäft gelungen ist. Es ist auch die Hauptgrundlage bei der Taschen-
spielerkunst, womit eine Unzahl reisender Gauner das Publikum in
Erstaunen zu setzen weiß.

Das Einverständnis der Gauner zeigt sich aber am gefährlichsten
bei den Besuchen, welche die wirklichen und angeblichen Angehörigen
des gefangenen Gauners in den Gefängnissen abzustatten suchen, um
diesem Geld und Fluchtmittel zuzuplanten. Ungeachtet der Gegenwart des Gefängnisbeamten und seiner genauesten Aufmerksamkeit
kann es nicht verhindert werden, daß der gefangene Gauner dem ihm
vielleicht ganz ferne stehenden, aber durch den ersten Blick und Zink
als Gauner nahe verbundenen Besucher weinend mit gespielter Leidenschaft um den Hals fällt, ihn herzt, daß er ihn im unend-
lichen Schmerze mit den Händen an den Kopf faßt, und ihm dabei
aus dem Halstuch, Haar, Ohr oder Bart eine feine Feder oder Feile
herauszieht, während sein fest auf den Mund des Besuchers gepreß-
ter Mund einen Klamoniß oder ein Goldstück in Empfang nimmt.
Vorzüglich drängen sich in dieser Weise die Weiber und Geliebten in
die Gefängnisse, und bringen auch Kinder mit, die oft dem Gauner
ganz fremd sind, an deren Gegenwart er jedoch gleich bemerkt, daß
in der Flöte, Trompete oder dem anderen unverdächtigen Spielzeug
des Kindes ein Gegenstand steckt, den er im Scherzen und Spielen
mit dem Kinde geschickt herauszuholen weiß. Auch schleicht sich häufig ein getreuer Pudel oder Spitzhund mit herein, springt an dem
lang vermißten Herrn wedelnd in die Höhe, der ihn gerührt umarmt
und liebkost, dabei aber unter dem Schwanz, Halsband oder aus
dem dichten Haar zwischen den Vorderbeinen des Tieres die Klamoniß, Feilen u. dergl. nimmt, die seine Genossen daran befestigt haben.

Die Hunde spielen überhaupt eine wichtige Rolle bei den Gau-

2) Neuestes Räuber-, Diebs- und Gaunerarchiv. Quedlinburg 1812, S. 138.

nern. Abgesehen von dem merkwürdigen, fast historisch gewor=
denen Hunde des bayrischen Hiesel, der in der Tat der tapferste und
gefürchtetste Begleiter des Hiesel war, findet man die bestdressierten
Hunde bei Gaunern, die ja auch häufig mit ihnen zur Schau um=
herziehen. Als Tom Gerhard am 24. August 1711 zu Tyburn ge=
henkt wurde, lief sein sehr hübscher Bologneserhund dem presbyteri=
anischen Geistlichen Dr. Burges zu, der sich des verwaisten Tieres
annahm. Zum Schrecken des geistlichen Herrn zeigte der Hund je=
doch bald bei den Gängen durch die Straßen, daß er sehr geschickt
den Leuten die Geldbeutel aus der Hand wegzuschnappen wußte, die
er seinem Herrn brachte. Dieser ließ nun aus Furcht, daß auch im
Versammlungshause einmal das Talent zum Ausbruch kommen
möchte, das verfängliche Erbstück aus der Welt befördern 3).

Die Hunde sind nicht nur dazu abgerichtet, alles, was der Herr
hinwirft, aufzugreifen und an niemand als an diesen abzugeben: sie
rennen auch auf einen Wink des Herrn davon, wenn er ihnen bei
einem Taschendiebstahl das Gestohlene hinwirft, ja sie springen auf
einen Wink des Herrn hurtig auf einen bezeichneten Gegenstand zu
und rennen damit fort, während der Gauner hinter seinem Hund
herläuft, als ob er ihm das Gestohlene abjagen wollte, und mit ihm
verschwindet. Über andere Arten des Zuplantens wird noch gelegent=
lich gesprochen werden.

Fünfundzwanzigstes Kapitel

Das Brennen

Der innige Zusammenhang des Gaunertums, die gemeinsame
Kenntnis der gewerbsmäßigen Kunstgriffe, der geübte Blick, den
unter dem Schein bürgerlicher Ehrlichkeit einhergehenden gaunerischen
Genossen alsbald unter der Maske zu erkennen, das rasche Auffinden
aller geheimen Schlupfwinkel im fremden Orte und der scharfe
Überblick des dortigen Verkehrs, befähigt den Gauner, nicht nur sehr
bald alle ihm verwandten Elemente auszuspähen, sondern auch
rasche Kunde von allen vollführten Unternehmungen zu erlangen.

3) Smith, S. 373.

Die Gauner, die einen glücklichen Handel ausgeführt haben, erhalten daher sofortigen Zuspruch von Genossen, die an dem Handel selbst nicht teilgenommen haben, und werden teils beglückwünscht, teils erhalten sie Winke und Anerbietungen, das Gestohlene beiseite zu schaffen und Tat und Täterschaft zu verhehlen, teils endlich sucht die geschäftige Eigennützigkeit eine drohende Gefahr darzustellen, Verschwiegenheit und Beihilfe zu geloben und sonst sich wichtig zu machen. Meistens sind diese Gratulanten Gauner, die am Orte selbst wohnen und daher an diesem nicht leicht selbst ein Unternehmen wagen dürfen, häufig auch bestechliche Vigilanten, oft aber auch fremde Gauner, denen die Kunstreise mißglückt ist, indem sich ihnen keine günstige Gelegenheit zu einem Geschäft darbot. Derartige Besuche sind den glücklichen Gaunern ebenso lästig wie gefährlich, da diese rührige Bewegung des Gaunertums dem scharfen Blicke des geübten Polizeimannes nicht leicht entgeht, weshalb denn auch ein Grund mehr für den Dieb vorhanden ist, zur Sicherheit seiner Person und des Gestohlenen sich so rasch wie möglich aus dem Staube zu machen. Oft können jedoch die glücklichen Gauner der lästigen Gratulation dennoch nicht entgehen und müssen daher die durch Herkommen eingeführte, nach Umständen unverschämt dreist und hoch geforderte Gewerbesteuer, das Branntweingeld — jüdisch=deutsch Schibbauleß, von שבלת, die Kornähre, wie überhaupt jeder Anteil an der Diebsbeute genannt wird, den ein Vertrauter für irgend geleistete Dienste erhält, der nicht selbst direkt den Massematten mitgehandelt hat —, den Gratulanten, Brennern bezahlen, die sie um das Branntweingeld brennen.

Sechsundzwanzigstes Kapitel

Das Maremokum

Das geheime Verständnis und die versteckte Verbindung des Gaunertums wird auch selbst im Gefängnisse nicht unterbrochen, so sehr alle Mittel von der Behörde angewandt werden, die Verbindung zu verhindern. Das gesamte gaunerische Interesse erfordert, den gefangenen Gauner sobald wie möglich wieder auf freien Fuß zu brin=

gen. Wo diese Befreiung nicht durch äußere Gewalt, durch Bestechung der Gefangenwärter oder durch Zuplanten von Befreiungsmitteln erreicht werden kann, wird der Weg des Alibibeweises eingeschlagen. Der hartnäckig leugnende Gauner kann bestimmt darauf rechnen, daß seine Genossen Zeugen stellen werden, die seine Gegenwart an einem fernliegenden Aufenthalte zur Zeit des verübten Verbrechens bereitwillig beschwören. Dieser gewerbs= und pflichtmäßige Alibibe= weis wird das Maremokum genannt, von מַרְאֶה (רָאָה) Mare, das Sehen, die Erscheinung, persönliche Erscheinung, Gestalt, und מָקוֹם (mokom), Ort, Wohnort, Ortschaft, Stadt, Dorf, in der Zu= sammensetzung Maremokum Ortsanzeiger (auch Buchregister), der falsche Beweis des Alibi und der falsche Alibizeuge selbst; daher die Redensarten: Maremokum dafnen, Maremokum auße sein, Mare= mokum geben, Maremokum tun oder machen, ein falsches Alibi zeu= gen; Maremokum stellen, die falschen Alibizeugen stellen.

Gewöhnlich wird schon vor der Ausübung des Verbrechens auf alle Fälle bestimmt, wo der Gauner sich aufgehalten haben soll, so daß seine gerichtliche Aussage mit der der Zeugen in Überein= stimmung gebracht werden kann. Meistens ist das die Behausung des Gauners selbst, wenn diese nicht allzu weit vom Orte des Ver= brechens liegt. In diesem Falle stellen die Weiber und Angehörigen sofort und ohne weiteres die Zeugen. An entfernteren Orten, wo der Gauner gewohnt hat oder auf der Reise gesehen worden ist, beschwö= ren, sobald die Gefangenschaft und die Zeit des Diebstahls bekannt geworden ist, die von der Genossenschaft oder Begleitung gekauften Zeugen das Alibi. Ein einziger von den unzähligen Zinken genügt, um den Gefangenen zu einer übereinstimmenden Angabe zu befähi= gen, oder die bisher nur teilweise Verständigung vollkommen zu er= gänzen. An Zeugen fehlt es nie. Es ist eine herbe Wahrheit, daß sich besonders christliche Zeugen immer bereit finden lassen, für Geld das Maremokum zu beschwören, ja daß manche ein stehendes Gewerbe davon machen, während die Zahl der Juden als falsche Zeugen da= gegen immer nur sehr gering ist. Auffällig ist das von Thiele aus der Löwenthalschen Untersuchung angeführte Beispiel, daß sogar der Bürgermeister von Betsche zugunsten des Moses Levi Altenburger be= schwor, daß er ihn am 28. Mai 1830, an welchem Tage Altenbur=

ger einen großen Nachschlüsseldiebstahl zu Strehlen begangen hatte, des Morgens mit einer brennenden Pfeife in Betsche gesehen habe. Gleich überraschend ist Thieles statistische Notiz, daß an jener Untersuchung achtundzwanzig solcher falscher Zeugen beteiligt waren, unter denen sich nur ein einziger Jude befand.

Siebenundzwanzigstes Kapitel

Das Kaßpern

Das Kaßpern, die Kaßperei, von כָּזַב (kosaw), jemand belügen, heucheln, täuschen, durchstechen, auch Kassiwe oder Kassiwer genannt, bedeutet jeden geheimen mündlichen, aber auch schriftlichen Verkehr der Gefangenen unter sich oder mit anderen in der Freiheit befindlichen Gaunern; es ist mithin der allgemeine Ausdruck für die gesamte, dem Gauner im Gefängnis mögliche Verständigung mit seinesgleichen. Hierzu gehört auch in mehrfacher Hinsicht das Zinken und Zuplanten.

Wer das Treiben in den Gefängnissen, namentlich in den Untersuchungsgefängnissen beobachtet hat, in denen durchweg eine milde Behandlung der Gefangenen stattfindet, der muß gestehen, daß gerade alles, was im Gefängnisse sich befindet, und was in dieses hineingerät oder aus ihm herauskommt, dem scharfen erfinderischen Geist des Gauners zum Kaßpern dient. Das Genie des Gauners spottet aller Wachsamkeit, und feiert Triumphe, die einer besseren Sache würdig wären. Die Kaßperei ist in der Tat die spezielle Gaunerei im Gefängnis, und ein ganz eigenes Feld und Studium, bei dem es gilt, die Untersuchung um ihre wichtigsten Tatsachen zu bestehlen und den Untersuchenden selbst zum Balhei darin zu machen. Niemals sollte ein Richter, dem die anvertraute Untersuchung und mit ihr der Gefangene und seine ganze Behandlung so lange angehören muß, bis die Untersuchung beendigt ist, sich die genaueste Oberaufsicht in den Untersuchungsgefängnissen nehmen lassen; nie sollte irgend etwas anderes angeordnet werden, als was mit seinen eingehendsten Weisungen übereinstimmt; denn durch das Kaßpern und durch seine leichte Möglichkeit wird die Untersuchungshaft zu einer fortgeſetzten Gegenbeweisführung gegen alle Indizien gemacht, die der fleißige und eifrige Richter mit ſaurer Mühe und ſcharfem Nachdenken ſammelt. In den Mängeln der Unterſuchungsgefängniſſe liegt ein Hauptgrund, weshalb auch hinter dicken Mauern Leben, Weſen und Kunſt des Gauertums gedeiht, daß das Gaunertum ſo wenig an ſeiner Stärke wie an ſeiner Werbekraft verliert, und daß Gaunerverhöre ſo wenig zufriedenſtellende Ergebniſſe liefern.

Achtundzwanzigſtes Kapitel

Das Pißchen-pee

Schon mit der Tür fängt das erſte und natürlichſte Gelegenheitsmittel zum Kaßpern an. Die Tür bietet mindeſtens im Schlüſſelloch einen freien Durchgang für das leiſe Wort. Das Flüſtern durch das Schlüſſelloch wird ſehr bezeichnend Pißchen-pee genannt, von Peſſiche, das Schlüſſelloch (פָּתַח, er hat aufgetan); davon Peſſach, die Tür, und Pee (פֶּה) der Mnnd. Davon wird überhaupt jede heimliche Verabredung und jede dadurch vermittelte übereinſtimmende Ausſage Pißchen-pee genannt, mag ſie nun durch Worte oder Zinke konform gemacht ſein. Die älteſte Stelle, an der dieſes Wort gebraucht iſt, habe ich auf Seite 48 und 49 des „Ceremoniel der Gawdieb" oder „Sonderliche Curieuſe Hiſtorie von Iſaak Winckelfelder", von Niklaus Ulenhart, Neue Auflage 1724, gefunden, wo der Ausdruck „bisgepent" und „bispenen" (etwa das neuhochdeutſche kliepern, flüſtern?) für bekennen (pfeifen, ſlichnen) vorkommt.

Zu dieſer allgemeineren Deutung ſcheint auch der tatſächliche Umſtand Anlaß gegeben zu haben, daß ſeit der Aufmerkſamkeit, die man auf die bauliche Einrichtung der Gefängniſſe verwendet hat, mit der Sicherung der Türen und Schlöſſer, mit der Anwendung von Doppel- und Schalltüren und mit den Korridorwachen uſw. der Verkehr durch das Schlüſſelloch faſt gänzlich aufgehoben und für den Gefangenen ſogar gefährlich gemacht worden iſt. Somit hat das Pißchen-pee mehr ſprechgeſchichtliche Bedeutſamkeit als praktiſche Geltung, zu der es jedoch immer noch in ſchlechteingerichteten Gefängniſſen gelangt.

Neunundzwanzigstes Kapitel

Das Challon-Kaſpern

Die mannigfaltigſte und am ſchwierigſten zu bekämpfende Kaſperei
iſt die durch das Fenſter, Challon (חלרל), Plural: Challonim
und Challones, wovon verderbt: Gollonen und Gallones. Sie ge=
ſchieht durch Zinken, Zuplanten, Singen, Beten, Pfeifen, Huſten,
Räuſpern uſw.

Das Zinken iſt dann möglich, wenn der Gefangene das Fenſter
erreichen oder eine Ausſicht auf andere Fenſter, Gebäude oder Durch=
läſſe gewinnen kann, von denen her er Zinken bekommen und wohin
er Zinken wiedergeben kann. Es iſt nicht leicht, Gefängniſſe derart
herzuſtellen, daß ſie das Zinken durchaus unmöglich oder auch nur
ſchwierig machen. Man ſollte aber zum wenigſten zu Unterſuchungs=
gefängniſſen nicht jedes abgängige Gebände hergeben, das weiter kei=
nen Vorzug hat, als daß es für die Behörde freiſteht. Auch iſt es
eine kurzſichtige Humanität, die noch nicht überführten Gefangenen
ohne Unterſchied in einem ſolchen abgeſetzten Gebäude die volle Be=
quemlichkeit einer bürgerlichen Wohnung in einer zur ebenen Erde
oder im erſten Stock gaſſenwärts belegenen Stube nahe an der
Straße oder Paſſage genießen zu laſſen, und dabei noch die Gelegen=
heit einer Verſtändigung durch Zinken oder gar zum Zuplanten
von Fluchtmitteln zu bieten, die von dem Gauner ſofort in vollſtän=
diger Weiſe ausgearbeitet wird.

Es iſt nicht lange her, daß ein im Ausland beſtrafter Lübecker Va=
gant auf Schub hier ankam und bei ſeiner am Abſchube verſäumten
Viſitation hier im Beſitze mehrerer ſauber geſchnittenen Holz= und
Knochenmodelle von Schlüſſelbärten zu den Zellen zurückgebliebener
Unterſuchungsgefangener befunden wurde, nach denen er hier Schlüſ=
fel machen laſſen und in die Fenſter der zur ebenen Erde gelegenen
Zellen werfen ſollte.

Iſt aber durch die baulichen Einrichtungen und genaue Bewachung
die Verſtändigung durch Zeichen und Wahrnehmungen beſchränkt
und verhindert, ſo bietet die Sprache die verſchiedenartigſten Mittel
zum Kaſpern durch das Fenſter. Der in ein Gefängnis geführte Gau=

ner hat nicht nur in der erſten Stunde die Zelle und ihre Lage und Umgebung unterſucht, ſondern lernt auch ſehr balb ſeine Nachbar= ſchaft kennen. Er tritt an oder unter ſein Fenſter, räuſpert ſich, pfeift oder ſingt, und er bekommt ſofort eine Antwort. Er ruft den „Nach= bar oben, unten, links, rechts" uſw., nennt Nummer und Namen der Zelle, ſeinen eigenen Gaunernamen oder irgendeine Beziehung, und empfängt dafür dieſelbe Auskunft von dem Unbekannten, an deſſen erſter Antwort und Weiſe er, ohne zu ſehen und geſehen zu werden, erkennt, mit wem er zu tun hat, und ob jener ein Wittſcher iſt, oder ob er mit ihm Kochemer ſchmuſen kann. Ein einziges Nieſen oder Räuſpern oder auch das Stillſchweigen auf eine Frage benach= richtigt ihn, daß das Geräuſch belauſcht wird. Wird das Schmuſen aus den Fenſtern nach der Hausordnung ſcharf kontrolliert und be= ſtraft, ſo fängt der Gauner an zu ſingen oder zu beten, als ob er zu ſeiner Erbauung einen Geſang oder ein Gebet anſtimmt, und ſingt in der Gaunerſprache nach Art des im erſten Teil gegebenen Vogels= berger Vaterunſer ſeinem Genoſſen zu, was er ihm im Geſpräch nicht mitzuteilen wagen darf, oder pfeift eine bekannte Gaunermelo= die. Rückſichtsloſe Durchführung einer ſtrengen Hausordnung und nach Befinden öfterer Zellenwechſel kann einigermaßen dem Unfug ſteuern.

Dreißigſtes Kapitel

Die Kutſche

Iſt es dem Gauner nicht möglich, oder erſcheint es ihm der Umgebung und Bewachung wegen nicht ratſam, durch Wort, Geſang und andere Stimmittel mit ſeinem Genoſſen in Verbindung zu treten, oder hat er ihm ſonſt irgend etwas zuzuplanten, ſo wird die Zuflucht zur Kutſche, Agole, genommen. Die Kutſche iſt ein Faden, der von einem Fenſter zum andern gelaſſen, und nicht etwa allein gerade herunter, ſondern auch ſchräg und zur Seite nach einem Fenſter geführt werden kann. Aus dem Garn der Strümpfe, aus den Fäden der Hemden, Strohſäcke und Decken werden mit großem Geſchick leichte und ſtarke Schnüre zuſammengeſetzt, ja ſelbſt von

Strohhalmen habe ich feine, sauber geflochtene, lange Schnüre ge=
sehen. Ein Stückchen Brot oder der Knäuel am unteren Ende des
Fadens führt den Faden senkrecht in das untere Zellenfenster. Sehr
häufig wird der Faden in pendelmäßige Schwingung gebracht, daß
er das seitlich unten gelegene Fenster erreicht, zu welchem Zwecke auch
wohl der Faden an einem steifen Ende Strohseil befestigt wird, um
die Schwingung zu verstärken. Bei hohen Gefängnissen, an deren
Mauerflächen der Luftzug scharf vorbeistreift, flattert der lose Faden
seitlich weg, namentlich, wenn ein Blatt Papier aus dem stets ge=
forderten Erbauungsbuch am unteren Ende befestigt ist, wobei denn
die mittels eines Strohhalms oder Splitters mit Blut markierten
Buchstaben zugleich die Mitteilung erhalten. Mir sind Stücke Lein=
wand vorgekommen, die eine Gaunerin von ihrem Hemd abgerissen
und beschrieben hatte. Auf einem Butterbrot waren einzelne aus
einem Erbauungsbuch gerissene Buchstaben zu einer Nachricht zu=
sammengeklebt und im Gefängnishof unter einen Ziegelstein gelegt.

Ist die Kutsche erst von einem Fenster zum andern geführt, so
dauert die Verbindung der Gauner so lange, bis die Kutsche entdeckt
wird, was bei der Feinheit und meistens dunkeln Farbe des Fadens
und bei der Höhe der Gefängnisse oft erst spät geschieht, oder bis die
Kutsche reißt. Die Enden der Kutsche werden so lang in jedes der
korrespondierenden Fenster geführt, daß sie nachgelassen werden kön=
nen, wenn ein Kassiwer oder eine Megerre oder Pezire nach dem
andern Fenster gezogen wird, so daß also der mitzuteilende Gegen=
stand in der Mitte der Kutsche mit einer Schlinge festgebunden wird,
und beständig als Gemeingut hin und her gezogen werden kann.
Die Enden der Kutsche werden gewöhnlich außerhalb des Fensters
an einem Fensterhaken befestigt, auch sonst versteckt unten um eine
Gitterstange gelegt, damit sie die Aufmerksamkeit der Ronde entgehe.

Es ist kaum glaublich, mit welcher Mühe und Geduld die Kutschen
gearbeitet werden, und welche Sorgfalt angewandt wird, um das
Ausreißen der Fäden an Strohsäcken und Kleidung der Wachsamkeit
der Beamten zu verbergen. Ich habe mehrere Male ganze Knäuel unter
Zellenfenstern im Gartenraum gefunden, die wahrscheinlich beim Zu=
schnellen abgerissen waren, und die aus einer erstaunlich großen Menge
ganz kurzer, mürber Garn= und Wollenfäden bestanden und mit

außerordentlicher Mühe zusammengeknotet waren. Die Mühe wird aber auch reichlich belohnt durch die ungemein großen Erfolge, die die einmal hergestellte Verbindung durch die Kutsche liefert.

Einunddreißigstes Kapitel

Die Kaffiwer

Das Wort Kaffiwer bedeutet jede schriftliche Mitteilung der Gefangenen unter sich und mit Dritten außerhalb des Gefängnisses.

Nur bei grober Nachlässigkeit ist es möglich, daß dritte Personen dem Gefangenen von außen her Kaffiwer durch die Kutsche zukommen laffen können. Aber in anderer verschiedenartiger Weise können dennoch Briefe von außen in die Gefängnisse gelangen, und zwar gerade durch die Gefängnisbeamten selbst. Solange es elend besoldete Beamte gibt, solange wird es auch pflichtvergessene, bestechliche Gefängniswärter geben, bei denen für Geld gar viel zu erlangen ist.

Aber auch der strengste Beamte wird häufig getäuscht, und gegen seinen Willen zum Vermittler der Verbindung gemacht, wenn er zuläßt, daß dem Gefangenen Wäsche oder Speisen u. dergl. von angeblichen Verwandten oder sonstigen mitleidigen Seelen zukommen. Man sollte überall fest darauf halten, daß keine andere Verpflegung und Wäsche geliefert werde, als unmittelbar durch die Hausverwaltung selbst. Bei der genauesten Besichtigung der Wäsche kann noch immer in einer Naht oder Falte irgendein eingenähtes Papierstreifchen unbemerkt bleiben. Im Brote, in einer Kartoffel, einem Kloß, unter dem Mark eines Fleischknochens, im Maule eines gebackenen Fisches, in einer Rübe, Birne usw. kann irgendein geöltes Papierröllchen oder ein Kügelchen eingeschoben sein; unter dem mettallnen Teller, der Schüssel, auf dem Grund der Suppenschale können Notizen gekritzelt sein; selbst unter dem Boden des porzellanen Suppentellers kann mit wässeriger oder öligter Tinte etwas geschrieben stehen, das der Gefangene, sobald er es gelesen, leicht mit dem Finger wegwischen kann. Auf dem Boden oder unter dem Boden des Speisetragkorbes, unter dem Geflecht des Henkels und auf der

inneren Seite des Tragriemens können Notizen ins Gefängnis ge=
tragen werden.

Zwischen die Sohlen der Fußbekleidung werden besonders gern
Briefe und Fluchtmittel genäht. Ja, mir ist ein Fall bekannt, daß
ein Gefangener sein noch gutes Fußzeug absichtlich zerriß, um sich
nur anderes Fußzeug zuschicken lassen zu können. Es sind soviel
Möglichkeiten da, daß man durchaus keinerlei Zulassungen von außen
dulden darf. Hat man Rücksichten zu nehmen, so reinige die Ver=
waltung die Wäsche in der Anstalt, und niemals lasse man andere
Eßbestecke und anderes Eßgeschirr zu als das der Anstalt, in das das
zugeschickte, sorgfältig untersuchte Essen übergefüllt werden muß.
Der Kunst, die beständig arbeitet und sich täglich vervollkommt,
kann nur das grundsätzliche Mißtrauen, der Glaube an jede Mög=
lichkeit und unerschütterlich feste Beharrlichkeit entgegengestellt wer=
den, wenn man sie einigermaßen mit Erfolg bekämpfen will.

Ein genaues Augenmerk ist auf Briefe zu richten, die der Gauner
beständig an seine Angehörigen zu schreiben begehrt. Man sollte
solche Briefe gar nicht erlauben, sondern nur das unerläßlich Nötige
nach der Gefangenen Mitteilung durch Beamte, und zwar nie nach
dem wörtlichen Auftrag des Gefangenen, sondern nur dem Sinne
nach schreiben lassen. Der gefangene Gauner weiß die bedeutsam=
sten Winke in die unverfänglichsten Redensarten zu kleiden. Das ist
für alle Briefe, auch die an Gefangene gerichteten, ganz besonders
zu beachten. Vorzüglich bedenklich erscheinen Briefe von jüdischen
Gaunern, einmal, da sie besonders gern in der von Christen schwer
oder gar nicht zu verstehenden und daher in und aus Gefängnissen
gar nicht zuzulassenden jüdisch=deutschen Kurrentschrift geschrieben
werden, und ferner, selbst auch, wenn sie in deutscher Kurrentschrift
geschrieben werden, doch eine Menge jüdischer eigentümlicher und
ritualer Ausdrücke enthalten, in denen fast immer eine bestimmte
Deutung versteckt liegt. So ist z. B. die schon ganz von den christ=
lichen abweichende jüdische Zeitrechnung dadurch noch schwieriger zu
verstehen, daß die Juden noch jetzt häufig ihre Data in Briefen und
Dokumenten nach ihren Festtagen berechnen und anführen und da=
bei sogar die Monate weglassen. So z. B. ist das Datum Schwuoß
(Pfingstfest) der sechste Tag des Monats Siwan; das Pessach

(Oftern) fällt auf den vierzehnten Tag des Monats Nifan; vom zweiten Oftertag an bis Schwuoß werden neunundvierzig Tage ge= rechnet, und diese Zeit, Sphiraß Aumer genannt, dient ebenfalls als Bafis für die Berechnung der Daten, so daß es also mit Auslassung des Monats heißt: am fünften, vierundzwanzigsten, dreiundvierzig= ften Tage nach der Zählung des Aumer; außerdem wird auch noch (wie das entsprechend auch bei dem Laubhüttenfest der Fall ist) nach den sogenannten Mitteltagen gerechnet, da das achttägige Ofterfest nur an den zwei ersten und zwei letzten Tagen ganz gefeiert wird, während die vier Mitteltage, Chol Hammoed, nur halb gefeiert wer= den, so daß also z. B. der zweite Tag nach der Sphiraß Aumer auch der erste Tag des Chol Hammoed genannt wird ufw. Mit Hilfe die= fer eigentümlichen und schwer zu verstehenden Berechnung läßt sich sehr leicht vom jüdischen Gauner ein Maremokum zinken, zumal durch andere teils jüdisch=deutsche Terminologien, teils durch be= stimmte Wendungen, Redensarten und Umschreibungen sich ein vollkommen klares Verständnis mit dem Adressaten erreichen läßt. Schon aus einer krummgeschriebenen Zeile, entweder auf der Adresse oder im Briefe selbst, ersieht der Adressat, daß er den Inhalt nur als eine aus Zwang geschriebene Mitteilung anzusehen hat, der verschie= denen Zeichen und Züge im Briefe und selbst auf der Adresse nicht zu gedenken, die unter einzelnen näher verbundenen Mitgliedern einer Einzel= oder Verwandtschaftsgruppe verabredet sind.

Widersteht auch der Gefangenwärter aller Verlockung durch Schmeichelei, Vertraulichkeit, geheuchelte Kümmernis, Versprechun= gen und Geld, so wird er doch oft gegen seinen Willen und ungeach= tet aller Wachsamkeit zum Träger der Geheimnisse des Gauners ge= macht. Der geriebene Gauner kritzelt auf dem Trink= und Eßgeschirr, sei es von Metall oder Holz, mit leichten Zügen seine Notizen hin, und benutzt selbst das Nachtgeschirr dazu, in der Berechnung, daß dies Geschirr von einer Zelle zur anderen gewechselt werden kann. Um des Wärters Aufmerksamkeit zu täuschen, reinigt er selbst alles Geschirr vor dessen Augen, damit jener es nicht weiter ansieht, son= dern sorglos weglegt und weiterbringt. Selbst auf dem Holz zwischen den Borsten eines Handfegers oder einer Bürste kann ein Papier= kügelchen mit Brot angeklebt sein. Immer sollte daher jegliches Ge=

rät und Geschirr einer Zelle mit der Zellennummer versehen und nur für den Gebrauch dieser Zelle, niemals aber für den Gebrauch einer anderen Zelle hergegeben werden.

Andere Beispiele der Überlistung einfältiger Gefangenwärter sind in nicht geringer Zahl vorhanden, und aus dem Umstande zu erklären, daß der Gauner ebensogut den Gefangenwärter studiert wie den Untersuchungsrichter, und oft schon vor der persönlichen Berührung mit ihm weiß, mit wem er es zu tun hat. Ein guter Richter und ein guter Gefangenwärter erwirbt sich bei weitem rascher einen Namen unter den Gaunern als in der Beamtenwelt.

Ist die Beförderung der Briefe ein Gegenstand der raffiniertesten Schlauheit und gewandtesten Benutzung der Gelegenheit und Personen, so ist doch auf alle Fälle auch stets der Inhalt der Briefe an sich so fein und geheimnisvoll gehalten, daß es einer genauen Kenntnis der Gaunersprache und der Gaunerschliche bedarf, um durch den dichten Schleier zu bringen. Jeder Brief eines Gauners ist des Studiums wert, und gerade Briefe, wie sie von Rebmann 1) und von Thiele 2) angeführt sind, verdienen die genaueste Beachtung, weil man namentlich mit den hinzugefügten Noten und Schlüsseln den Ton und die Bedeutsamkeit dieser gefährlichen Schriftstellerei daraus recht anschaulich kennen lernt.

Bislang ist vom Kasspern in Isolierhaft gesprochen worden. Es sollte kaum die Rede sein dürfen von mehreren zusammensitzenden Untersuchungsgefangenen. Denn in keiner Weise ist es zu dulden, daß überhaupt mehrere Untersuchungsgefangene in einer Zelle zusammengehalten werden. Schon der tiefe Ernst der Einsamkeit mit dem Bewußtsein des Verbrechens, und dem Bewußtsein, sich in der Hand der strafenden Gerechtigkeit zu befinden, übt auf den Verbrecher einen gewaltigen Einfluß aus, der häufig viel zu wenig beachtet wird, der aber auch auf den gewiegtesten Gauner einwirkt, weshalb dieser ja denn auch sogleich mit allen Mitteln eine Verbindung in der unerträglichen Einsamkeit herzustellen sucht. Der mit anderen Gefangenen zusammengesperrte Häftling verkürzt sich die Zeit im Gespräch und denkt nicht über seine Handlungen und Lage nach,

1) „Damian Heſſel", S. 89 f.
2) I, S. 35 f.

holt sich vielmehr von seinen Kameraden Rat, und steht somit für
alle wichtigen Momente der Untersuchung völlig gerüstet da, wenn
er sich ihr überhaupt nicht schon durch die Flucht entzieht. Noch weniger zu rechtfertigen ist es, daß man auf kurze Haft verurteilte
Strafgefangene mit Untersuchungsgefangenen zusammensperrt. Ganz
abgesehen von der sittlichen Verderbnis, der man den einen oder den
anderen dadurch aussetzt, so ist es als gewiß anzunehmen, daß der zuerst entlassene Gefangene mit Aufträgen versehen wird, die die Flucht
des Zurückbleibenden fördern, jedenfalls aber höchst nachteilig auf
den Gang der Untersuchung einwirken können. In diesen Taktlosig-
keiten ist weit mehr der Grund der Erfolglosigkeit von Gauneruntersuchungen zu suchen, als im Genie des Gaunertums, das in seinem
Schmarotzertum immer nur an der Schwäche emporwuchert. Welche
Fülle der traurigsten Erfahrungen liegt in dieser Weise vor! Man
könnte ganze Untersuchungen wieder zur Untersuchung ziehen, die als
Verbrechen gegen den Staat aus Unwissenheit, Sorglosigkeit und
Nachlässigkeit von Beamten begangen sind.

Zweiunddreißigstes Kapitel

Das Hakesen

Ein sehr gefährliches, in allen Gefangenanstalten, namentlich in
Untersuchungsgefängnissen, schon sehr lange bekanntes und geübtes
Verkehrsmittel ist das Hakesen, das Klopfen der Gefangenen. Es ist
von jeher der geheimnisvolle Schlüssel zu vielen und feinen Machen-
schaften gewesen. Alle Versuche, durch umständliche und kostspielige
Baueinrichtungen dieses Verständigungsmittel zu beseitigen, haben
zu keinem Ziele geführt. Selbst die vielgerühmten Scheckschen Zellen,
in denen die Gefangenen durch drei Steinwände mit Zwischenräumen
voneinander getrennt sind, können das Hakesen nicht hintanhalten.
Eine der überraschendsten Erfahrungen der neuen Zeit war die während des großen Polenprozesses in Berlin gemachte Entdeckung, daß
zwei Gefangene in der mit ausgezeichneter Umsicht und mit genauer
Berücksichtigung strenger Isolierung eingerichteten neuen königlichen
Strafanstalt aus den Zellen verschiedener Stockwerke miteinander in

solcher Verbindung standen, daß sie sogar Schachpartien unter sich spielten.

So alt und bekannt diese Art der Kaſſperei iſt, ſo oft ſie wahrge=
nommen und ſo eifrig ſie beobachtet worden iſt, ſo wenig iſt doch
das unleugbar zugrundeliegende förmliche Syſtem dieſes Verbin=
dungsmittels entdeckt worden. Der Hauptgrund, warum diese Kennt=
nis nicht erreicht iſt, liegt wohl darin, daß man, nicht mit Unrecht,
es ſtets für wichtiger gehalten hat, die Verſtändigung ſelbſt zu unter=
binden, als das Syſtem mit Zulaſſung einer vollſtändigen und un=
geſtörten Kommunikation zum Nachteil der Unterſuchung zu erfor=
ſchen. Wer aber, ſo weit tunlich und möglich war, Beobachtungen
angeſtellt hat, wird bei dem Klopfen entweder einen gleichmäßigen
Schall mit raſcher oder langſamer kombinierten Schlägen oder auch
einen Wechſel zwiſchen leiſen und lauten oder auch zwiſchen hellen
und dumpfen Schlägen gefunden haben, gleich dem unterſchiedlichen
Schall, den das Klopfen mit dem Knöchel des gekrümmten Fingers
und dem fleiſchigen Teil der unteren Fauſt, oder eines Schuhes oder
Pantoffels und der nur mit dem Strumpf bekleideten Ferſe gegen
den Fußboden, gegen eine Tür oder gegen eine Wand hervorbringt.
Die detaillierteſten Verſtändigungen beweiſen auf das beſtimmteſte
das Vorhandenſein eines vollſtändigen alphabetiſchen Syſtems, das
wiederum in verſchiedenartiger Weiſe ausgebildet ſein kann.

Das beweiſt am intereſſanteſten Franz von Spaun, der im März
1826 zu München ſtarb.

Spaun war bis zum Jahr 1788 vorderöſterreichiſcher Regierungs=
rat und Landvogt im Breisgau. In dieſem Jahre wollte er, damals
fünfunddreißig Jahre alt, als neugewählter Reichskammergerichts=
aſſeſſor nach Wetzlar abreiſen, als er wegen einer für ſtaatsgefähr=
lich gehaltenen Schrift verhaftet wurde und als Staatsgefangener
zuerſt nach Munkatſch, dann nach Kufſtein kam, in welcher Ge=
fangenſchaft er zehn Jahre lang gehalten wurde, ohne Bücher und
Schreibmaterial erlangen zu können. In den letzten Jahren ſeiner
Gefangenſchaft bekam Spaun einen Unglücksgefährten zum Nach=
bar, von dem ihn jedoch eine dicke Maner ſchied. Da fiel er auf den
glücklichen Gedanken, ſich durch Pochen verſtändlich zu machen, und
erfand zu dieſem Behufe eine Pochzeichenſprache, die nach der Mit=

teilung eines feiner langjährigen Freunde überaus finnreich war. Das Schwierigste blieb aber hier immer, dem Nachbar, der vielleicht gar nicht der deutschen Sprache kundig war, den Schlüssel mitzuteilen. Spaun fing damit an, vierundzwanzigmal an die Mauer zu klopfen, und setzte dies Manöver so lange unverdrossen fort, bis der Unbekannte endlich merkte, daß die vierundzwanzig Buchstaben damit gemeint seien und zum Zeichen seines Verständnisses das Klopfen erwiderte. In wenigen Wochen konnten sie sich schnell und fertig mitteilen und sich gegenseitig ihre Schicksale erzählen. Der Nachbar Spauns war Herr M., später französischer Staatssekretär und Herzog von B., der auch edel genug war, seinen Unglücksgefährten nicht zu vergessen, und früher in Freiheit gesetzt als Spaun, diesem eine Pension auswirkte, von der er bis zu seinem Tode lebte. „C'est Spaun ou le diable!" rief der Minister zehn Jahre später, als bei seiner Anwesenheit in München Spaun ihn zu besuchen kam und an die Zimmertür in der alten Weise klopfte 1).

Leider hat Spaun über seine Klopfsprache und deren Schlüssel anscheinend nichts hinterlassen, und mehr als vorstehende Notiz seines Freundes — ϫ ist darüber nicht bekannt geworden.

Selbst der Ausdruck Hakesen ist nur spezifisch jüdisch-deutsch und kaum weiter als unter den jüdischen Gaunern bekannt. Es ist vielleicht von חכה, im Hiphil הכה, im Piel הכה, Nacho, hikko, hakke herzuleiten, wovon auch Makko (der Schlag) herstammt, und bedeutet schlagen, hacken, klopfen, besonders zu einer bestimmten Form, prägen, was auch aus dem wahrscheinlich davon abzuleitenden Haker (auch Chaker), der Dukaten, noch deutlicher wird, während makkeinen, mekajinen, schlagen, prügeln, mißhandeln bedeutet.

Daß nun in neuester Zeit bei dem Hakesen ein bestimmtes alphabetisches System vorhanden und sogar schon von dem Gaunertum ausgebeutet ist, das ist seit der Einführung und seit der durch die Unzahl von Eisenbahnbeamten und Telegraphisten bis zur Popularität gediehenen Kenntnis und Verbreitung der Morseschen elektromagnetischen Telegraphie eine unbestreitbare Tatsache. Für die sinnliche Auffassung findet zwischen dem Hakesen und der Telegraphie eine auffallende Ähnlichkeit oder sogar volle Gleichmäßigkeit statt.

1) Morgenblatt für gebildete Stände, 1826, S. 320.

Obschon nämlich in der elektromagnetischen Telegraphie für die sinn=
liche Wahrnehmung zuerst das Gefühl durch die elektrische Strö=
mung, oder durch die freilich sehr kleinen aber doch deutlichen Funken
das Auge in Anspruch genommen wird, so ist doch die nächste deut=
lichste sinnliche Wahrnehmung die durch das Gehör, indem durch
die Bewegung des magnetisch gemachten Ankers so deutlich hörbare
Schläge hervorgebracht werden, daß geübte Telegraphisten, ohne die
künstliche, mit der Bewegung des Ankers verbundene graphische
Darstellung zu sehen, aus der bloßen hörbaren Bewegung des An=
kers, im Dunkeln, den Inhalt einer Depesche allein durch das Gehör
vollkommen deutlich auffassen können. Eine Unterscheidung des mono=
tonen Schalles ist nur durch die rhythmische Kombination mehrerer
Schläge möglich, und in dieser Weise ist das allgemein bekannte
und im ganzen deutsch=österreichischen Telegraphenverein übliche
Morsesche System ebenso einfach wie sinnreich zusammengesetzt, das
für die sinnliche Auffassung durch die sekundäre graphische Darstel=
lung nur noch deutlicher gemacht wird, als die primäre akustische
schon an und für sich ist.

Aus diesen einfachen Wahrnehmungen scheint es erklärlich, wie
in der Einsamkeit und Not der sinnende menschliche Geist bei der
Entbehrung aller künstlichen Mittel zu einem geistigen Rapport,
durch die kümmerlichsten Mittel, wie das bei Franz von Spaun der
Fall war, auf die einfachsten Formen gewiesen werden konnte, um
durch sie geistiges Leben mit anderen auszutauschen. Ein Schuh oder
Pantoffel, ein hölzernes Trinkgefäß, ein Löffel, eine Bürste oder der
gekrümmte Finger genügt, um den Gedanken Form und Sprache
zu geben.

So alt die Klage über das Hakesen der Gefangenen ist, so alt und
so einfach ist die Ausübung. Aber eben diese unscheinbare Einfachheit
war der geschickteste Deckmantel für die Kunst, die vom erkünstelten
Leben gerade in Gefangenzellen und in dieser ihrer Einfachheit nicht
eher geahnt wurde, bis der gewandte Gauner die glänzenden Erfolge
davongetragen hatte.

Man findet nur diese Erfolge, niemals aber das System der Ver=
ständigung in den Zuchthausannalen verzeichnet, und die wiederer=
griffenen Gauner sind höchstens über den gemeinschaftlichen Aus=

uch und Verbleib, selten oder gar nicht über das System ihrer vor=
ingigen Verständigung ausgehorcht worden, das kaum bemerkt und
e begriffen wurde, immer aber mit der Zufälligkeit körperlicher
ewegungen entschuldigt und verdeckt werden konnte, wenn je der
charfblick des Untersuchungsrichters auf das Geheimnis gefallen
ar. Es ist sehr gut möglich, daß es schon mehrfache Systeme auf
eser Grundlage gegeben hat.

Wie in allen Begegnungen des Gaunertums, so gilt es auch hier,
e größte Aufmerksamkeit und Vorsicht anzuwenden. Scharfe Be=
achtungen werden glückliche Erfolge liefern und den Fingerzeig
r Verhütung von Verbindungen geben, die auch bei den besten
inrichtungen doch immer noch möglich bleiben.

Um demjenigen, der noch keine eigenen Beobachtungen hat anstel=
n können, ein Beispiel zu geben, wie nach obigem System etwa
r aus dem Verhör zurückkommende Gauner, der dem neben, unter
er über seiner Zelle befindlichen Komplizen mitteilen will, daß er
chts eingestanden habe, sich durch Klopfen verständlich macht, stehe
er als Beispiel die hier einschlagende Redensart: „Ich bin unschul=
g." Dies drückt der Gauner entweder im unterschiedlichen Wechsel
on weichen Schlägen (mit dem unteren weichen Teil der Faust),
ozu als Bezeichnung der Strich (-) dient, und von harten kurzen
chlägen (mit dem Fingerknöchel), wozu der Punkt (.) dient, durch
lopfen an die Tür, an die Wand oder auf den Fußboden so aus:

.. ---- -... .. -. .. - . ... ---- ..- . -.. -. .. --.

    i ch   b i n u n s ch u l b i g.

der auch, ohne weichen und harten Wechsel, mit eintönigen Schlä=
en eines und desselben harten Gegenstandes, wie eines Stück Hol=
s oder des Pantoffelabsatzes gegen Fußboden, Wand, Türe, oder
it dem Finger gegen die Fensterscheibe, so daß zwei einander rasch
lgende Schläge den weichen Schlag ersetzen:

.. ..

    ch   b i n u n s ch u l b i g.

Man erkennt hieraus, auf wie mancherlei Weise eine Verständigung
urch das Klopfen möglich ist, wie aber auch aus der Ferne her in
as Gefängnis hinein durch weitschallende Tonmittel, z. B. durch
eine Trompete, Pfeife, Hupe, Trommel, Glocke oder Metallzungen=

inſtrument eine Verſtändigung eröffnet werden kann, und welche Aufmerkſamkeit man anwenden muß, um in Unterſuchungs= und Strafgefängniſſen und in deren weiteſter Umgebung Verſtändigungen zu verhüten.

Dreiunddreißigſtes Kapitel

Das Baldowern

Baldower (von בַּעַל, Baal, Herr, Beſitzer, Mann, Sachkundi= ger, Künſtler, abgeleitet von בַּעַל, er hat beſeſſen, geherrſcht [ge= heiratet], und דָּבָר Dabar, Wort, Sache uſw.) bedeutet zunächſt: den Herrn einer Sache, der eine Sache in der Gewalt hat, der ein Unternehmen leitet, daher den Anführer eines Unternehmens, der die Rollen austeilt, die weſentlichſte Tätigkeit übernimmt und die Beute verteilt.

Da aber dieſe Leitung eine genaue Kenntnis des Ortes und der Gelegenheit vorausſetzt, ſo hat Baldower auch ganz beſonders die Bedeutung des Ausſpähers, Kundſchafters erhalten, und baldowern bedeutet daher vorzüglich: eine Diebſtahlsgelegenheit ausſpähen, erkun= den und den Gannern mitteilen. Zu dieſer Bedeutung iſt der Aus= druck „baldowern" ſo weſentlich übergegangen, daß für den primi= tiven Begriff des Baldowers der eigene Name Balmaſſematten (von בַּעַל Baal, und מַשָׂא דמַתָך Maſſo Umattan, Diebſtahl, Dieb= ſtahlsobjekt), als Herr, Leiter und Ordner des Diebſtahls, Anführer der Genoſſenſchaft und Verteiler der Bente aufgekommen iſt und Bal= dower jetzt nur noch den Ausſpäher, Gelegenheitsmacher zum Steh= len bedeutet.

Vollkommen gleichbedeutend mit baldowern iſt noch der Ausdruck auskochen, richtiger wohl auskochemen, von Cochom; ein ausgekoch= ter Maſſematten iſt gleich dem baldowerten Maſſematten, ein voll= ſtändig ausgekundſchafteter Diebſtahl. In Berlin nennt man einen mit allen Salben geſchmierten Menſchen einen ausgekochten [1], was ganz gut mit Chochom in Verbindung zu bringen iſt. Auch wird auskochen noch beſonders für Blindemachen gebraucht [2].

1) Prof. Hans Meyer, Der richtige Berliner, V. Aufl. 1904, S. 11.
2) Thiele I, S. 228.

Das Baldowern ist die Einführung der praktischen Gaunerkunst in das Verkehrsleben. Es ist der feinste Teil des Gewerbes; es ist die Psychologie und Logik der Gaunerei, die beobachtet und Schlüsse zieht, um dann handeln zu können.

Eine genaue Kenntnis der Örtlichkeit, der Personen und Verhältnisse des Bodens, auf dem der Gauner seine verderbliche Tätigkeit entwickeln will, ist daher seine erste Aufgabe. Schon Delrio wundert sich bei dem Zigeunerhäuptling, den er in Spanien traf, welche genaue Kenntnisse aller Personen und Verhältnisse, aller Hilfsquellen und aller Schlupfwinkel Spaniens er besaß, und wie er sogar das Spanische trotz des geborenen Toledaners sprechen konnte. Welche Geheimnisse, Örtlichkeiten und Personalverhältnisse lernt nicht aber noch heutzutage der Polizeimann gerade durch das Gaunertum kennen, die unter anderen Umständen ihm durchaus unbekannt geblieben wären. Er wird in eine ganz neue Welt eingeführt, die Millionen Menschen gänzlich verschlossen bleibt.

Es gibt keinen besseren Topographen und Statistiker als den Gauner. Nicht nur jedes Land, jeden Ort, an dem er nur kurze Zeit verweilt hat, kennt er genau; er weiß auch alle Schlupfwinkel, kennt die Einrichtung jedes Hauses, das er betreten hat, und hat genaue Kunde von den Verhältnissen seiner Bewohner. Er kennt das Gerichtsverfahren, das Magistratspersonal, die Richter, die Polizei und wie viel oder wie wenig er von ihnen zu fürchten hat, die Gefangenanstalten, Gefangenwärter, die Hausordnung, Behandlung der Gefangenen usw. Denn niemals unternimmt der Gauner irgend etwas, wenn er nicht sicher ist, daß ihm die Tat vollständig gelingt, und er selbst unentdeckt bleibt, bis er sich zurückgezogen hat. Was der eine Gauner erkundet hat, das weiß auch seine Genossenschaft, denn die Kenntnis des einen ist Gemeingut des Ganzen. Unzählige Vorwände dienen ihm, diese und jene Kenntnis zu erlangen.

Sowie ein Gauner in einen Ort kommt, so erkundigt er sich nach allen Personen und Verhältnissen, die er ausbeuten kann. Eine der ersten Fragen im Wirtshaus ist die nach dem Adreßbuch oder Staatshandbuch. Fast alle fremden Gauner, die ich verhört habe, hatten nach sehr kurzem Aufenthalt schon eine ganze Liste distinguierter Personen notiert; manche Wohnung war nach einer alten Ausgabe des

Adreßbuches mit der früheren Straße und Hausnummer aufgezeich=
net. Häufig kommen Gauner schon mit solchen Listen an, die sie be=
reits auswärts nachgewiesen erhalten hatten.

Jede Schwäche, die von einem Gauner entdeckt wurde, wird auch
von mehreren gekannt. Der vornehme alte Lüstling, der eine Mä=
treffe bezahlt hat, kann darauf rechnen, daß er auch von fahrenden
Dappelschickfen heimgesucht und betrogen wird, die sich ihm als
pauvres honteuses, unglückliche Beamten= oder Offizierswitwen,
durchreisende Gouvernanten oder Künstlerinnen vorstellen. Es gibt
Stellen, wo junge Mädchen als Bonnen, Erzieherinnen und Gesell=
schafterinnen erzogen und mit guten und gefälschten Papieren und
Empfehlungen fortgeschickt werden, um in weiter Ferne ein Unter=
kommen zu erlangen, dem Hauptzwecke nach aber, um Massematten
zu baldowern, die denn auch durch ihren Nachweis und mit ihrer
Hilfe gehandelt werden, ohne daß auch nur der Schein des Verdachtes
auf die verkappte Gaunerin im Hause fällt. Die menschenfreundliche
christliche Werktätigkeit der inneren Mission ist zum Gegenstand
ihrer eigenen Spekulation geworden. Liederliche Dirnen verlassen das
Bordell, spielen die Reuige, werfen sich der inneren Mission in die
Arme, werden bald als gebessert entlassen und erhalten nun Empfeh=
lung und Unterkommen in Familien, wo sie bald ihren Genossen die
alten Dienste durch Baldowern leisten und auch wohl gar endlich mit
ihnen verschwinden. Der Kolporteur, der Bettler, der Krüppel, der
Sieche, der Blinde mit sehenden Augen, der sich von einem Kinde
führen läßt, geht in die Häuser, um die Lokalität und die Schlösser
zu besehen, ob dieser oder jener Klamonis anzuwenden ist. Das wei=
nende Kind, das von der Not der Eltern erzählt; der kecke Knabe,
der mit schlauem Lächeln den Fremden im Gasthofe fragt, ob seine
Schwester oder Kusine ihn besuchen darf; das schüchterne junge
Mädchen, das ihn um Weißzeugnäherei oder Wäsche bittet, um eine
alte Mutter und die Geschwister durchzubringen, baldowert, selbst
auch wenn ihre Schüchternheit plötzlich in Preisgebung umschlägt.
Der verkappte Polizeidiener, der nach den Papieren des Reisenden
fragt; der Kommissionär, der seine Vermittlung zu Geschäften, der
Lohndiener, der seine Dienste anbietet, will nichts weiter als den
Platz erspähen, wo Koffer und Kaffe des Fremden steht. Das alte

Mütterchen, das beim Wechsler einen Kassenschein umsetzt, ersieht, wo und wie die Geldladen stehen, und zählt im Davontrippeln die Schritte vom Fenster nächst der Lade bis zur Tür. Der Handels= reisende, der mit dreisten Manieren dem Geschäftsmann im Kon= tor oder Verkaufsladen Proben anbietet; der Handwerksbursche, der halb erstarrt beim Wirte um Quartier bittet; der Fleischer oder Viehhändler, der bei dem Landmann Vieh erhandelt; der Aufkäufer, der mit dem Müller oder Gutsbesitzer Korngeschäfte anbahnt, bal= dowert unter dem Schein des täglichen Verkehrs, Handels und Wandels usw. 3).

Nicht minder kennt der Gauner alle Jahrmärkte und Messen, wo es besondere Gelegenheit zum Handeln gibt. Er kennt auch die He= bungs= und Zahlungstermine, zu denen Pächter, Förster, Kassen= führer und andere Beamten größere Summen bereit halten; er weiß auf Woll= und Kornmärkten, welche Bankiers vorzüglich viel Geld zum Zahlen stehen haben, und wer davon Geld mit in die Heimat bekommt; er erspäht, wer mit der Post und den Dampfschiffen Be= träge empfängt und weiß, wo eine Hochzeit nahe ist und wo die Aussteuer dazu liegt, da, wenn er nicht selbst heimlich die Beobach= tung gemacht hat, seine vertrauten Genossen und Bekannten, platte Leute, meistens am Orte oder in der Nähe wohnende Gaunerwirte, alte abgestumpfte, zum Stehlen nicht mehr taugliche Gauner und deren Angehörige und Bekannte ihn davon unterrichten, wo ein Massematten steht.

Zum Baldowern gehört auch die genaue Erspähung, wie viele männliche und weibliche Bewohner das zu bestehlende Gebäude hat, ob Eheleute, die zeitig das Bett aufsuchen und bald einschlafen, ob un= ruhige kleine Kinder, alte Leute, die an Schlaflosigkeit leiden, darin wohnen; ob Widerstandswaffen zur Hand sind; wo die Schlafstuben liegen; wie weit diese vom Platz, wo das Geld oder die Ware liegt, oder von den gelegensten Einbruchsstellen entfernt sind; wo Knechte und Mägde schlafen; ob Hunde im Hause oder in dessen Nähe sind; ob und welche Nachtwächter im Orte, ob sie jung oder alt sind; ob

3) Es braucht nicht betont zu werden, daß aus dem eben aufgestellten Verzeich= nis der Fanatismus des eingefleischten Polizisten hervorsieht, der in allem und jedem ein Verbrechen oder den Verbrecher wittert.　　　　B

im Orte starker und später Wirtshaus= oder Gesellschafts= und Post=
verkehr ist usw.

Unzählig sind die verschiedenen Formen des Baldowerns; sie sind
dazu so unauffällig wie die meisten Ereignisse des alltäglichen Le=
bens, und behalten um so mehr die Unscheinbarkeit, je fester der Grund=
satz steht, daß der Baldower selten oder niemals den baldowerten
Massematten selbst handelt, und daß er zwischen Baldowern und
Handeln längere Zeit, oft Jahre verstreichen läßt, um allen Verdacht
schwinden zu lassen. Dafür geht der Gauner denn auch bei seinem
Vorhaben so sicher, daß er oft einen schon erreichten Massematten
längere Zeit liegen läßt und davongeht, bis er vermuten kann, daß
er sich gebessert hat und der Mühe mehr verlohnt. Beispiele der Art
sind nicht selten 4).

Häufig wird auch beim Baldowern schon ein indirekter Anfang
des Diebstahls selbst unternommen, z. B. ein Schlüssel abgezogen
oder ein Wachsabdruck von ihm oder vom Schlüsselloch gemacht,
ein Überfallhaken von irgendeinem Fenster abgehängt, eine zum
Einsteigen passende Fensterscheibe wie durch Zufall oder Ungeschick=
lichkeit eingestoßen, um bald darauf den frischen Kitt der neuein=
gesetzten Scheibe desto leichter mit dem Messer lösen zu können, ein
Hund vergiftet, Entfernungen mit Schritt und Auge gemessen. Um
eine möglichst genaue Kenntnis der ganzen Gelegenheit und die
möglichste Sicherheit des Unternehmens zu gewinnen, wird unmittel=
bar vor der Ausführung des Diebstahls ein Mitglied der Chawrusse,
oft auch eins nach dem andern, an den Ort des Diebstahls geschickt,
um eine Blinde zu machen, d. h. nochmals überall genau nach=
zusehen, und eine Probe abzuhalten, wie nun unmittelbar vor der
Ausübung die ganze Lage ist. Der Ausgeschickte beginnt den Schein=
angriff, um zu sehen, ob alles für das Unternehmen gesichert ist,
klopft leise an der Einbruchsstelle oder an den Fensterschaltern
(Blinden), ob jemand erwacht oder bei der Hand ist, und wie es
überhaupt augenblicklich mit der Bewachung des Hauses und seiner
Umgebung durch Wächter oder Hunde aussieht. Ist die Überzeu=
gung des Gelingens gewonnen, so wird rasch an das Werk ge=
gangen. Scheint die Gelegenheit bedenklich, so machen sich mehrere

4) Thiele I, S. 37.

oder wohl auch alle Genossen der Chawrusse nacheinander daran, die Blinde zu machen. Gewöhnlich entscheidet darauf die Mehrheit für oder gegen die Ausführung des Handels. Der gefaßte Beschluß bindet dann auch die Minderheit, obschon nicht selten ein heimliches Davonschleichen vorgekommen ist, immer aber auch schwer gestraft wird. Ein in solcher Weise sicher gestellter und als ausführbar erkundeter Diebstahl heißt „ein ausgekochter (ausgekochemter) Maffematten".

Vierunddreißigstes Kapitel

Die Kawure

Die Kawure (jüdisch=deutsch: kwuro, von קֶבֶר, keber, Grab, Grube) bedeutet im Jüdisch=Deutschen das Begräbnis, Grab, Grabmal, wird aber in der Gaunersprache für jeden Versteck, Versteckort und für das Versteckte selbst gebraucht. Kawure legen heißt daher: verstecken, verbergen, verscharren; die Kawure erheben heißt: das Versteckte, Vergrabene hervorholen, herausgraben.

Dem Gauner muß natürlich daran liegen, die Tat mit ihren Anzeichen zum mindesten bis zur Beseitigung der Gefahr zu verbergen. Da er die Gewichtigkeit der Anzeichen vor, bei und nach der Tat kennt, so richtet er besonders seinen Scharfblick darauf, daß er sich aller seiner Diebsinstrumente entäußert und in gleicher Weise auch das Gestohlene kawure legt.

Dieses Kawurelegen geschieht auf die verschiedenartigste Weise. Keinen Teil des Hauses von der Krone des Schornsteins bis zum Brunnen im Keller, keine Wand, keinen Stein, keinen Balken, keinen Fußboden, keine Fußplatte, keinen Abort, keinen Stall, keine Scheune, keinen Stroh= und Misthaufen, keinen Graben, keine Brücke, kein Hausgerät bis zum Blumentopf und Vogelbauer, kein Kleidungsstück, ja kaum eine Körperöffnung oder Körperhöhlung gibt es, die nicht zur Kawure benutzt werden könnte. Man bekommt einen Begriff von den tausend und aber tausend Gelegenheiten, wenn man erst mehrere Untersuchungen mitgemacht hat. Die Gelegenheit der Kawure ist meistens so unscheinbar, daß man oft kaum begreift, wie der

Gauner einen solchen Versteck wählen konnte, wie man andererseits sich wundern muß, daß man an jenem Ort das Versteckte finden konnte. Aber aus der Gelegenheit des Fnudes und Verstecks begreift man fast immer die ganze Situation des Verbrechers beim Diebstahl. Man kann auch aus der Kombination der bei dem Verbrechen und dem Orte des Verbrechens hervortretenden Umstände ziemlich sichere Schlüsse auf die Täterschaft und Kawure ziehen, obwohl sich dabei keine anderen Regeln geben laffen, als den scharfen Blick auch auf das Unscheinbarste zu richten und sich keine Mühe verdrießen zu laffen.

Die auffällige Gegenwart eines fremden Menschen auf einem Vorplatze oder in einem verschloffen gehaltenen Raume gibt Verdacht gegen ihn, und fogar wohl Anlaß, ihn zu untersuchen.

Das weiß der Makkener und hat daher den Grundsatz, feine Klamoniß, sobald er damit einen Verschluß geöffnet hat, kawure zu legen. Die Durchsuchung der dem geöffneten Verschluß nächsten Umgebung, der hohlen Füße unter den Schränken, der Gurte unter Stuhlpolstern, der Tischschubladen usw., wohin der vorsichtige Gauner die Schlüssel für den Fall des Aufstoßes hinlegt, um sie beim ungefährdeten Hinweggange wieder mitnehmen zu können, ist daher ebenso notwendig wie die persönliche Durchsuchung.

Die Kawure an feinem Körper ist dem Gauner die nächste und behendeste. Sie gewährt ihm zugleich den Vorteil, in der dringendsten Gefahr die verdächtigen Sachen am unauffälligsten verstecken zu können, ohne auch darum die Hoffnung auf die Wiedererlangung aufgeben zu dürfen. Der letztere Umstand macht daher den Transport von Gaunern, bevor sie durchsucht sind, namentlich im Dunkeln sehr bedenklich, da sie auf dem Wege zum Gefängnis, sobald sie nicht zu entkommen hoffen können, heimlich alles Verdächtige von sich werfen. Man kann daher nie genug die Aufmerksamkeit der Unterbeamten auf die schleunigste und gründlichste Durchsuchung gefangener Gauner lenken. Das Durchsuchen der Taschen eines Kleidungsstückes genügt nicht allein: das Futter, jede Naht, jeder Rockkragen und jede Falte, Stiefel= oder Schuhsohle, jeder Strumpf, Handschuh, Hut und Mütze, besonders aber die zum Versteck von Feilen, Sägen und Klamoniß sehr geeigneten Bruchbänder müssen auf das sorgfältigste nachgesehen werden, da namentlich Geld und die zur äußersten Fein=

heit gearbeiteten Sägen und Feilen darin verborgen fein könnten. Be=
fonders wichtig ift eine genaue Unterfuchung der Knöpfe, da durch fie
vorzüglich Geld, namentlich Gold, zur Beftechung der Gefangenwärter
in die Gefängniffe kommt. Ein Louisdor auf einen Knopf gelegt, der
mit einem Stück Lafting, Seide oder Tuch gefchickt übergebunden
oder überzogen wird, ift unter diefer Hülle ficher geborgen, wenn
man nicht den Knopf auffchneidet. Ebenfo find vorzüglich die Stiefel=
fohlen, befonders wenn fie nicht mit Stiften geheftet, fondern genäht
find, fo auch die Binfennähte und Kappen forgfältig zu durchfuchen,
da in ihnen meiftens Geld, Feilen, Sägeblätter und Klamoniß ver=
borgen werden. Befondere Aufmerkfamkeit ift dabei auch auf die Be=
kleidung der den verdächtigen Gauner begleitenden Kinder zu ver=
wenden. Auch im doppelten Boden der Reifekoffer und Tafchen, in
hohlen Stöcken, in Schirmen und Schirmüberzügen, in verfiegelten
Geld= und Goldrollen, Rafier= und Reifebeftecken finden fich viel=
fache Verftecke für Diebsinftrumente, die auch in Geldbeutel und
Portemonnaies angebracht werden können. Von den verfchiedenen
Tafchen männlicher Kleidungsftücke und auch von den Fuhren und
Golen der Weiber wird beim Schottenfellen noch die Rede fein. Kein
Widerwille und Ekel darf den Beamten abhalten, alles, auch das
fchmußigfte Stück Leibwäfche nachzufehen. Namentlich rechnen Wei=
ber darauf, daß ihre in ekelhafter Weife befudelte Leibwäfche, die fie
oft monatelang ungewafchen im Gepäck oder am Leibe führen, aus
Zurückhaltung oder Ekel nicht fcharf genug unterfucht werde, wes=
halb fie denn meiftens folche Wäfche zur Kawure gebrauchen.

Jedoch nicht die Kleidung allein, fondern auch der nackte Körper
dient zur Kawure. Nicht nur unter Toupets, Perücken, falfchen
Locken und Flechten wird Geld und Diebsgeräte verfteckt, auch im
natürlichen Haar und Bart kann im Nu ein feines Laubfägenblatt
mit behendem Drehen fo gut befeftigt werden, daß fogar beim Durch=
kämmen des Haars häufig die Säge durch den Kamm gleitet und
unentdeckt bleibt, weshalb denn auch immer gegen den Strich ge=
kämmt werden muß. Ebenfo werden folche Gegenftände in den Ohr=
mufcheln, Nafenlöchern, im Munde, unter den Achfelhöhlen, unter
den gekrümmten Fußzehen, an und in den Gefchlechtsteilen, befon=
ders in der Vagina und im After verborgen. Vor nicht langer Zeit

kam mir der Fall vor, daß ein auf Verdacht eingezogener Dieb einen
kleinen ledernen Beutel mit Kurantgeld und vier Stück preußischen
Talern mit einer ledernen Zugschnur auf eine gefährliche Weise fest
hinter das Scrotum gebunden hatte.

Die niederländischen Räuber hatten tagelang Schlüssel, Feilen und
Sägen im After, und hauptsächlich Damian Heßel ertrug dabei die hef=
tigsten Schmerzen mit standhaftem Mute. Die besonders jetzt in
Masse und zu verschiedenen Zwecken immer mehr gefertigten Kaut=
schukröhren dienen für kleinere Feilen, Sägen und Geldstücke zu be=
quemen Futteralen, um eine schmerzhafte Verwundung und Ent=
zündung der inneren Teile zu verhüten.

Meistens verrät sich diese Versteckweise am geschränkten langsamen
Gange, am zurückgehaltenen Atem, und noch deutlicher beim unbe=
hilflichen Niedersetzen, das stets langsam und nach der Seite hin ge=
schieht. Dieser Versteck dauert fo lange, bis die Untersuchung vorüber,
oder im Gefängnis ein Ort ermittelt ist, wo jene Gegenstände sicher
verwahrt werden können. Der Versteck wird jedoch bald entdeckt,
wenn man den Gefangenen gleich bei der Verhaftung nicht aus den
Augen läßt, namentlich sobald er ein Bedürfnis befriedigt, das man
bei dringendem Verdachte sogleich durch Anwendung eines Klistiers
mit etwas Essig oder schwacher Tabakeinflösung befördern kann, —
ein Mittel, das auch schon Rebmann 1) empfiehlt.

Reisen Gauner mit eigenem Fuhrwerk, fo haben sie am Wagen
unter den Achsen, an deren Seite zwischen dem doppelten Boden,
mancherlei Verstecke angebracht, nach denen ebensogut gesucht wer=
den muß, wie nach denen am Pferdegeschirr. Selbst unter den häu=
fig zierlich aufgeflochtenen Mähnen und in den aufgeknoteten Schwän=
zen der Pferde kann man Klamoniß finden. Nichtsdestoweniger bleibt
der Raum hinter der Pferdekrippe immer zu beachten, da trotz der
mannigfachen Entdeckungen doch diese Stelle beständig ihren alten
ersten Rang unter den Kawuren behauptet.

In den Gefängnissen bieten schlechtgearbeitete oder schadhaft ge=
wordene Fußböden, besonders an den Enden, Seiten und da, wo sie
gegen die Wand stoßen, sowie auch die Rahmen und Füße von Öfen
Gelegenheit zum Kawure legen. Hauptsächlich sind aber die Stroh=

1) „Damian Heßel", S. 81.

lager und Strohsäcke den Gefangenen sehr willkommene Versteck=
mittel. Unglaublich ist die Behendigkeit gefangener Gauner, aus Stroh
derbe und dauerhafte Stricke zu flechten. Damian Heßel befreite sich
aus dem mehr als sechzig Fuß hohen Turm von Überlingen mittels
eines von ihm „in den ersten Augenblicken seiner Einsamkeit“ zu
einer gleichen Länge geflochtenen Strohseiles.

Man sollte deshalb alle Strohlager und Strohsäcke, schon der
Kostspieligkeit wegen, aus den Gefängnissen verbannen. Zudem ist
das Stroh eine stete Schmutzerei im Gefängnis und sehr schwierig
zu durchsuchen, so daß bequeme Gefangenwärter höchstens die obere
Schicht nachlesen und auflockern, während das Stroh in den Ecken
zu dichtem feuchtem Mist zusammenfault. Auch ist das Auftrennen
und Durchsuchen der Strohsäcke eine zu umständliche Arbeit, als daß
es täglich vorgenommen werden könnte.

Ausgezeichnet bewähren sich die in den Hamburger Gefangen=
anstalten schon seit Jahren eingeführten Säcke mit Buchweizenspreu.
Diese halb mit dieser gutgesiebten Spreu gefüllten Säcke können
äußerst leicht nachgesehen und durchwühlt, bei jeder Ronde des Nachts,
wo der Gauner sich sicher fühlt, umgetauscht werden, und eignen sich
deswegen sehr schlecht zum Kawure legen. Sie sind zudem sehr elastisch
weich und bequem, und das beste Material für Gefängnisse, da sie
überaus lange vorhalten und auch sehr wohlfeil herzustellen sind.

Von der Kawure am Körper anderer Personen und an Tieren,
die von dem gefangenen Gauner im geheimen Einverständnis er=
hoben wird, ist schon beim Zuplanten gesprochen worden.

Der Schärfenspieler und Kochemerspieße, die dem Gauner das
Gestohlene abnehmen und somit eigentlich die lebendige Kawure der
handelnden Gauner bilden, wird ebenfalls noch besonders gedacht
werden. Das Untermakeln (das Unterschlagen von Diebsbeute), das
dem Sflichenen gleichgestellt und bestraft, dennoch aber fast immer
entweder schon beim Diebstahl oder bei der Teilung der Beute ge=
handhabt wird, beruht wesentlich auf der Geschicklichkeit, den Kame=
raden gegenüber, etwas geschwinde Kawure legen zu können, oder
wenn es, was seltener gewagt wird, im Einverständnis mit einem
anderen versucht wird, im geschickten Zuplanten. Von der blutigen
Ahndung solcher Wagnisse sind schon Beispiele angeführt worden

C. Die Gaunerpraxis

Fünfunddreißigstes Kapitel

Die allgemeine Praxis und Terminologie

Die bisher dargestellten allgemeinen Grund- und Charakterzüge des Gaunertums geben weniger Zeugnis von einer wirklichen Eigenart des Gaunertums, als von seiner Befähigung und Bestrebung, das bürgerliche Leben objektiv aufzufassen und auszubeuten. Dasselbe ist auch mit der Technik des Gaunertums der Fall. Es gibt eigentlich keine wirklich eigenartige Technik und keine besondere Kunstoriginalität im Gaunertum. Die armselige, ohnehin der Vogelleimrute ähnliche Stipprute ist beinahe schon veraltet. Das Gaunertum kann es auch mit technischen Mitteln nicht wagen, in irgendeiner offenen Originalität aus seinem Versteck hervorzutreten. Es beutet nur die Technik des gewerblichen Lebens aus, hat diese aber in vieler Hinsicht so fein ausgebildet, daß es sie in ihrer bürgerlichen Praxis weit hinter sich gelassen hat, und daß man gerade nur in dieser Verfeinerung die gaunerische Tätigkeit erkennt. Insofern kann aber allerdings von einer eigenen Gaunertechnik die Rede sein. Eine gesonderte Darstellung dieser Gaunertechnik würde aber auch eine Darstellung der ganzen Gewerbstechnik erforderlich machen und somit die dem vorliegenden Werke gesetzte Grenze weit überschreiten. Die Technik erklärt sich am kürzesten und deutlichsten in ihrer Anwendung bei den einzelnen gaunerischen Unternehmungen, deren Darstellung nunmehr erfolgen soll.

Alle praktische gaunerische Tätigkeit wurde ursprünglich mit dem Ausdruck Fetzen bezeichnet. Im Liber Vagatorum finden sich die verschiedenartigsten Zusammensetzungen wie Claffotfetzer, Schneider; Fladerfetzer, Pflastermacher; Bader, Barbier; Schöcherfetzer, Wirt; Klingfetzer, Leiermann; Bosserfetzer, Schlachter usw. Die Ableitung vom lateinischen facere ist ohne Zweifel richtig. Auch im Calao, der

Überfall durch Straßenräuber im 17. Jahrhundert
Kupferstich von R. Meyer.

portugiefifchen Gaunerfprache, hat das Wort faxar ganz die Bedeutung des facere und fetzen. Von fetzen bildete fich im fechzehnten und fiebzehnten Jahrhundert der volkstümliche Ausdruck pfetzen, pfitzen, mit der Bedeutung zupfen, kneifen, abkneifen, klemmen, ftehlen, die noch fpäter auf das fpezififch=gaunerifche Fetzen übergegangen zu fein fcheint1). In der heutigen Gaunerfprache ift der Begriff jedoch fehr befchränkt, indem Fetzen nur noch das Lostrennen, Losfchneiden einer Sache zu ihrer Habhaftwerbung oder Vernichtung, alfo fchneiden, ftechen, ermorden, abfchneiden, zerfchneiden ufw. bedeutet. Statt deffen ift aber das Wort Handel als deutfche Überfetzung des facere aufgekommen, und Handel heißt daher allgemein jedes Raub= oder Diebftahlsunternehmen, einen Handel machen oder handeln heißt ftehlen. Dazu kommt noch in ganz gleicher Bedeutung der fchon angeführte jüdifch=deutfche Ausdruck Maffematten, der jedoch neben der Bedeutung des Diebftahls felbft auch noch die des Diebftahlsobjekts hat und in der pleonaftifchen Zufammenfetzung einen Maffematten handeln (einen Handel handeln), ftehlen, am häufigften vorkommt. In etymologifcher Hinficht ift noch zu bemerken, daß auch durchgehends der Plural Händel in diefer Bedeutung bei frühern Juriften gebräuchlich gewefen ift, z. B. bei Steigerwald in den „Res furciferorum und allerlei Diebshändel", ebenfo im „Schauplatz der Betrüger", ohne daß der Begriff von Streitigkeit damit verbunden ift, der im Grund genommen auch nicht einmal in den noch heute gebräuchlichen Ausdrücken: Rechtshändel, Kriegshändel, politifche Händel ufw. liegt, fondern nur allgemein die Tat und Tätigkeit bezeichnet. Doch ift der Plural Händel als Bezeichnung einzelner Gaunerinduftriezweige in der Gaunerfprache nicht gebräuchlich. Überhaupt geht der Gaunerfprache die fubftantivifche Bezeichnung für den allgemeinen Begriff des Metiers faft ganz ab. Maffematten heißt allgemein der Diebftahl und das Diebftahlsobjekt, im Gegenfatz von Efek oder Eifek, das Gefchäft, die Arbeit, der Fleiß, Gewinn, Anteil im ehrlichen Sinne. Jeder einzelne Gauner hat vielmehr nach feinem befonderen Induftriezweig befondere Namen, z. B. Schränker, Makkener, Kittenfchieber ufw., und fein Beruf wird paraphrafifch bezeichnet, indem er fagt: Ploni, פלוני, ift

1) Stieler, Sprachfchatz, S. 1442; Schottelius, S. 1373.

St. II

Kittenschieber, Makkener, oder handelt als Schränker oder Makkener usw.

Selten oder wohl gar nie handelt ein Gauner in einem Industriezweige allein, wenn er auch einen speziellen Zweig mit besonderer Liebe und Geschicklichkeit kultiviert; er ist vielmehr bereit, alle und jegliche Gelegenheit auszubeuten, die sich ihm darbietet, und kaum gibt es einen Gauner, der nicht fertig mit den Klamoniß umzugehen wüßte und nicht solche fast immer bei sich führte.

Zur Bezeichnung der gaunerischen Tätigkeit gibt es eine Menge Stammworte, die in der Zusammensetzung mit anderen Worten je nach Zeit, Tätigkeit und Ort eine bestimmte Gaunerindustrie bezeichnen.

Dahin gehört: Gänger, Geier, oder jüdisch=deutsch: Halchener, Lekicher, Latchener, Springer, Hopfer, z. B. Chassnegänger, der mit Gewalt einbrechende nächtliche Räuber; Lailegänger, Fichtegänger, der Dieb zur Nachtzeit; Tchillesgänger, Erefhalchener, der Dieb zur Abendzeit; Trararumgänger, Postdieb; Zefirogänger, Dieb zur Morgenzeit; Schuckgänger, Marktdieb; Medinegeier, Landhausierer; Jomlekicher, Dieb bei Tage; Ssussimlatchener, Pferdedieb; Scheinlatchener, Dieb zur Tageszeit; Scheinspringer, ebendasselbe; Golehopfer, der Dieb, der die Koffer von den Wagen während des Fahrens schneidet. Ferner: Händler, Fetzer, Spieler, Macher, Makker, Melochner, Zieher, z. B. Schwärze= oder Fichtehändler, Nachtdieb; Jeridhändler, Marktdieb; Jaffehändler, Kirchendieb; Tchilleshändler, Dieb zur Abendzeit; Kracherfetzer, Kofferdieb; Reiwechfetzer, Schwindler, Beutelschneider; Stoßenspieler, Schärfenspieler, Ankäufer gestohlener Sachen; Vertußmacher, der Gauner, der dem Genossen Gelegenheit zum Diebstahl macht; Fallmacher, der zum Spiel anlockt; Jommakker, Dieb zur Tageszeit; Kassiwe= oder Fleppemelochner, der Anfertiger falscher Pässe; Cheilefzieher, Taschendieb. Ferner Schieber und Stappler (Stabuler des Liber Vagatorum, von Stab, Stecken), z. B. Kittenschieber, Hauseinschleicher; Hochstapler, Bettler von angeblichem Stande 2); Linkstapler, Bettler auf falsche Papiere. Endlich wird auch noch zur Bezeichnung der gesamten gaunerischen Tä-

---

2) Das Wort Hochstapler findet sich zum erstenmal in „Liste derjenigen Hochstablers=Bande, so sich im Hochlöbl. Fränk= und Schwäbischen Creyß auffhalten solle .... de Anno 1727“.   B.

tigkeit zu einer besonderen Zeit oder an einem bestimmten Ort der Ausdruck Abhalten gebraucht, z. B. den Schuck, den Jerid abhalten, den Markt oder die Messe wahrnehmen, auf ihnen gegenwärtig sein, etwas machen 3).

In den folgenden Abschnitten folgt nun die Darstellung der wichtigsten Gaunerindustriezweige, wie solche heutigen Tags in Brauch und Blüte sind.

Die spezielle Praxis

Das Schränken

Sechsundbreißigstes Kapitel

Der Verschluß im weiteren Sinne

Schränken, vom deutschen Worte Schranke, heißt das gewaltsame Angreifen einer Schranke, um eine durch diese Schrauken geschützte Sache zu stehlen, daher mittels Einbruch stehlen, und Schränker: der Einbrecher. Noch ziemlich tief in den Anfang des neunzehnten Jahrhunderts hinein wurden alle Räuber Schränker genannt, weshalb die Einbrecher, die keine Gewalt an Personen verübten, zum Unterschiede zierliche Schränker genannt wurden. Diese Bezeichnung ist jedoch veraltet 1).

Das Recht und der Wille des Menschen, sein Eigentum gegen fremde Angriffe zu schützen, hat ihn dazu geführt, durch technische und mechanische Mittel sein Eigentum so zu umgeben, daß jeder Dritte von ihnen abgehalten werden kann, sobald die schützende persönliche Gegenwart dazu nicht vorhanden und möglich ist. Jeue Mittel werden als Verschluß bezeichnet. Verschluß im weiteren Sinne ist die technische Umgebung durch Mauern, Wände und Geländer, die den Zugang verhindern; Verschluß im engeren Sinne der mechanisch bewegliche Teil des weiteren Verschlusses, durch den der Zugang zum eingeschlossenen Eigentum hergestellt wird.

3) S. auch Bettlerliste von 1742, Kluge, Rotwelsch, S. 209 ff.
1) Thiele I, S. 311, Note.

Siebenunddreißigstes Kapitel

Der Einbruch, Unterkabber, Aufbruch und die Hilfs= mittel dazu

Niedrige Verschlüsse, Mauern, Holz= und Plankenwerk, Geländer, die leicht zu übersteigen und nicht mit eisernen Zinken oder Stachel= walzen geschützt sind, bieten dem Schränker keine Hindernisse. Hohe hölzerne geschützte Planken sind dies schon eher, und werden daher, wenn nicht einzelne Bretter sich geräuschlos abreißen lassen, mit dem Bohrer und dem Messer durchschnitten und eingelegt, so daß schon in dieser Weise vom Einbruch, Lekiche, die Rede sein kann. Lekiche, von לָקַח (lokach), nehmen, vorzüglich von Feindes Bente, heißt eigent= lich jeder Diebstahl, besonders aber der gewaltsame Diebstahl mit Einbruch, wofür übrigens noch der besondere Ausdruck: Lekiche be= kauach, verderbt: perkooch, vom jüdisch=deutschen כּוֹחַ (kauach), Stärke, Kraft, Gewalt, daher Lekiche machen oder außenen stehlen, mit Einbruch stehlen. Ebenso lekichnen, was aber besonders in Zu= sammensetzungen auch nehmen heißt, z. B. Schauchad lekichnen, Geschenke annehmen zur Bestechung. Lekicher=Dieb, Lekicher perkooch, Einbrecher, Schränker. Pessuch (von פָּתַח) ist gleichfalls die Öff= nung, der gewaltsame Einbruch, während Passung allgemein den Eingang, sei es durch Einbruch oder mit Nachschlüssel, bedeutet. Pessuch melochnen heißt daher einbrechen, Passucher, Einbrecher, Passung machen, einen Eingang auf eine oder die andere Weise herstellen.

Ernsteren Widerstand bieten die Mauern. Die sogenannten Schacht= wände (Leim=Chaume, Leim=Kaußel, Leim=Kir), die besonders im nördlichen Deutschland, namentlich bei Scheunen und Ställen, aber auch bei Wohnhäusern der Leichtigkeit und Billigkeit wegen zu Wän= den gebraucht werden, bereiten dem Schränker geringere Schwierig= keit. Sie bestehen aus Holzstäbchen (Schächten, Staken), die in den Ständer und Riegel des Gebäudes eingeklemmt und mit einem An= wurf von Lehm und kurzem Stroh versehen werden. Sie sind die schlechtesten Umfassungsmauern und verraten sich, selbst wenn sie mit Kalk übersetzt sind, durch die überall hervortretenden Strohhalme, können auch sehr leicht durch das Wegkratzen des bröckligen und mür=

ben Lehms mit einem Brecheisen oder spitzen Stück Holz und durch Herausbiegen oder Zerschneiden der Holzstäbe mit dem Messer 1) eingelegt werden. Die Wände sind daher immer die bevorzugten Angriffsstellen der Schränker. Man sollte diese Wände ganz verwerfen, da sie obendrein der Witterung schlechten Widerstand leisten. Mit kaum geringerer Leichtigkeit sind die Fachwände, namentlich wenn sie mit ungebrannten Ziegelsteinen (Klutsteinen) hergestellt sind, einzulegen. Das Fach einer solchen Wand wird Schild genannt. Das Herausnehmen oder Herausbrechen eines solchen Faches: Schild einlegen, was überhaupt auch für Einbrechen genommen wird.

Selbst tüchtig gebrannte Ziegelsteine sichern, besonders wenn sie mit Lehm statt des Kalks vermauert sind, wenig gegen den Schränker, da der bündige Zusammenhang zwischen dem Holzwerk und den Steinen fehlt: das Holzwerk wirft sich, schwindet oder fault zusammen, wodurch an den Seiten der Ständer und namentlich unter den Riegeln mehr oder minder breite Fugen entstehen, die das Herausnehmen der Steine mit dem Brecheisen wesentlich erleichtern. Fast immer fängt der Schränker den Einbruch einer Fachwand unterhalb des Riegels an und nimmt die Steine von oben nach unten heraus, und zwar so, daß eine Ständerseite ganz freigelegt wird und die Einbruchstelle die Gestalt eines rechtwinkeligen, auf einen spitzen Winkel gestellten Dreiecks gewinnt. Nur wenn keine Tür oder kein Fenster von innen zur Flucht oder zum Transport größerer Sachen geöffnet werden kann und die Einbruchstelle die einzige Durchgangsstelle bleibt, wird ein ganzes Fach (Schild) eingelegt.

Der erfahrene Schränker schichtet auch die behutsam gelösten Ziegel neben der Einbruchstelle gegen die Wand auf, teils um die Aushebung des Fachs für den etwa herzutretenden Wächter oder sonstigen Dritten als die unvollendete Tagesarbeit eines Maurers erscheinen zu lassen, teils um das Poltern der unordentlich übereinander liegenden Steine zu verhüten, besonders aber, um auf der Flucht kein Hindernis an der Einbruchstelle zu finden. Nur dann dürften Fachwände eine größere Sicherheit bieten, wenn man an die gegen Riegel

---

1) Im Jüdisch-deutschen: Sfa Kin; davon verderbt: Sackum, Sackem, Sacken, Zackum, Zacken; auch besonders Kaut, Hertling, Herterich, Kanif, oder das zigeunerische Tschurin oder Tschuri.

und Ständer zu vermauernden Steine Zapfen anhaut und diese in
Nuten des Holzwerks hineinlegt, oder Holzwerk und Steine da, wo
sie sich berühren, durch Federn oder Zapfen von tüchtigem Holz ver=
bindet.

Massive Mauern (Ewen=Chaume, Ewen=Kaußel, Ewen=Kir) bieten
den meisten Widerstand, besonders wenn sie mit gutem Mörtel auf=
geführt sind. Sind sie jedoch mit Lehm vermauert, so lassen sich die
Steine sogar mit einem spitzen harten Stück Holz aus den Fugen
lösen. Der Angriff einer gut in Mörtel aufgeführten Wand erfordert,
wenn nicht das große Brecheisen, den Krummkopf, Reb=Mausche,
Reb=Tauweie (beides von רַבָּה [rabbo], groß, viel; Mausche, von
מָשַׁל [moschal], es hat geherrscht, und תָּבַע [towa], er hat mit
Gewalt gefordert), auch Groß=Klamoniß, doch wenigstens das
kleine Brecheisen, Schabber, Jadschabber (Schabber, von שָׁבַר
[schobar], er hat zerbrochen, abgebrochen, und יָד [Jad], die Hand),
Groß=Purim, Kleinklamoniß. Der Schabber ist ein gewöhnliches klei=
neres Maurerbrecheisen, ein Stemmeisen, das besonders auch bei
Aufbrechen von Schränken, Koffern, Kisten und kleineren Verschlüssen
vielfach in Anwendung kommt. Der Krummkopf dagegen ist eine
derbe, dicke eiserne Brechstange von verschiedener Größe, unten spitz
zulaufend, oben im Kopf in breiter hakenförmiger Gestalt gebogen
und gewöhnlich in der Mitte des Kopfes mit einem Einschnitt versehen,
der dem Kopf das Ansehen einer Rindklaue gibt, weshalb in Nord=
deutschland eine solche Stange auch Kuhfuß genannt wird. Mittels
des Einschnittes lassen sich sehr starke Nägel, Hängen und Krampen
leicht fassen und ausziehen. Der Krummkopf in seiner eigentümlichen
Konstruktion ist eine fruchtbare Waffe sowohl zum Herausbrechen
von Steinen, wie auch besonders zum Aufsprengen von Verschlüssen.
Mit Kopf oder Spitze läßt sich leicht ein Loch oder eine Spalte her=
stellen, wodurch der Krummkopf einen Stützpunkt für seine unge=
heure Hebelkraft gewinnt. In Seestädten werden vorzüglich noch die
sogenannten Marmelpfriemen, starke, stählerne, sehr spitz zulaufende
runde, glatte, gegen ein Fuß lange, oben drei bis vier Zoll im Umfange
haltende Pfriemen, deren sich die Matrosen zum Ansplissen von Ka=
beln und beim Segelwerk bedienen, zum Schränken gebraucht. Sie
sind ihrer Spitzigkeit, Rundung und Stärke wegen ein höchst ge=

fährliches Schränkwerkzeug, mit dem Hängeschlösser leicht abgewürgt und Bretter und Mauern rasch und sicher weggebrochen werden können. Sie sind meistens mit einem Knopf oder Loch am Kopfende versehen.

Mit solchen gefährlichen Instrumenten beginnt der Schränker, ganz anders wie bei der Fachwand, die Erdenchaume von unten, wo am Fundament die Steine — mit Granit fundamentierte Mauern bieten daher größeren Widerstand — gewöhnlich am ehesten verwittern, zu durchbrechen, indem er zuerst einen einzelnen Stein, dann die seitlichen Steine heraushebt und nun von unten nach oben das Loch (Pessuch, Passung, auch Nekef) zum Durchgange erweitert. Ist die Wand in dieser Weise durchbrochen, so bieten etwa vorhandene Panälwände (verkroschente [von קרש, Keresch; Plural: Kroschim], Brett oder vertäfelte Wände) noch einen Widerstand, der dadurch beseitigt wird, daß mit dem Bohrer, Brunger, in das Holzwerk ganz nahe nebeneinander Löcher im Umfange der Einbruchstelle gebohrt und die Zwischenräume zwischen den Bohrlöchern mit dem Messer durchschnitten werden, so daß eine entsprechende Öffnung, Lewone, im Holzwerk zum Durchgange hergestellt wird. Von der Brauchbarkeit des Brungers, der übrigens jetzt meistens als Zentralbohrer angewandt wird, hat schon der berüchtigte, am 6. Januar 1720 zu Frankfurt a. O. hingerichtete Kirchenräuber Jakob Neumann durch eine lange Reihe der schwierigsten und verwegensten Einbrüche Zeugnis abgelegt. Der Brunger ist bei der Geräuschlosigkeit, Geschwindigkeit und Kraft seiner Wirksamkeit zweifellos eines der furchtbarsten Instrumente in der Gaunerhand, die im Nu jedes Schloß zu umbohren weiß. Ich habe oft die schönsten Möbelstücke auf diese Art ruiniert gefunden.

Die Panäle bieten nur dann vollkommenen Widerstand, wenn sie, was man niemals in Kassengewölben und Kontoren vernachlässigen sollte, mit Eisenblech oder Bandeisen gefüttert sind. Die geübtesten Schränker haben erklärt, daß sie nicht imstande sind, diese deshalb sehr empfehlenswerte Sicherung zu vernichten.

Haben die Schränker den Krummkopf oder Schabber nicht zur Hand, oder wollen sie die Wand nicht durchbrechen, so versuchen sie, wenn jene leicht fundamentiert und auf der anderen Seite kein festverbundener Fußboden befindlich ist, einen Unterkabber zu machen oder die Wand zu unterkabbern, d. h. mit dem Spaten, Gruber, hart an der Wand ein Loch zu graben, um unter der Wand hindurch auf die andere Seite zu gelangen. Dies geschieht meistens bei Gartenmauern, die auf der anderen Seite mit Spalieren besetzt sind, oder bei dicken Plank- und Palissadenwänden, sowie bei Blockwänden, die nur langsam und mit zu großer Anstrengung und zu großem Geräusch zu durchbrechen oder zu durchsägen sein würden.

Einen merkwürdigen Unterkabber, durch den ein in Untersuchung befindlicher Räuber seine Flucht bewerkstelligt hatte, habe ich in einem benachbarten Patrimonialgefängnis gesehen. Der Räuber hatte den mit Urin gefeuchteten Bretterfußboden mit einem Nagel durchschnitten, die Erde unter dem Mauerfundament in einer Nacht herausgegraben, und das außen befindliche Erdreich von unten in die Höhe gehoben, indem er rückwärts in das Loch gekrochen war und mit dem Gesäß gegen das Erdreich gedrückt hatte.

Soll eine Tür gebrochen werden, so wird, wenn sie nur von innen verriegelt oder verknebelt ist, durch Drücken in den äußeren Ecken untersucht, wo die Hängen und wo die Riegel (Manul, zigeunerisch: Glitschin, Glitsch) sitzen. Durch dieses Drücken erforscht der Schränker zugleich, ob der Riegel stark oder schwach ist; im letzteren Falle wird durch geräuschloses fortgesetztes Drücken häufig ein schlecht angenagelter Riegel oder Knebel gelöst, oder auch mit durchgestecktem Kaut oder Schabber zur Seite oder in die Höhe gehoben. Sonst wird der Riegel lewone gelegt, d. h. das Holz ringsumher wird mit dicht nebeneinandergesetzten Löchern durchgebohrt und mit dem Messer ausgeschnitten, so daß der Riegel mit dem Holz, woran er befestigt ist, herausfällt. Dasselbe geschieht bei Schlössern, Haken und Knebeln, um sie aus der Tür zu lösen. Im Niederdeutschen existiert dafür der eigentümliche Ausdruck Jökeln, offenbar vom lateinischen Jocus, da jökeln besonders scherzen, Albernheiten begehen, heißt.

Häufig wird in der Nähe der Stelle, wo ein Riegel oder Haken vermutet wird, eine Lewone 2) gelegt, um mit dem Arm nach innen

---

2) Lewone, Mond, Mondschein, von לָבָן (lewon) weiß. Wird ein Stück Brett an der Kante nur von drei Seiten ausgebohrt, so heißt die ausgebohrte Stelle Halbe oder Choze-Lewone; wird aber mitten im Brett oder der Tafel ein

langen und den Riegel aufziehen zu können. Bei den rheinischen und späteren Räuberbanden, die durch ihre Masse offenen Trotz bieten konnten, wurden mit dem nächsten besten Stück Bauholz, Balken oder Hebebaum, dem Drong (von Drang, bringen), die Türen durch heftiges Stoßen.auf das Schloß gewaltsam aufgesprengt und ganze Fachwände eingerannt, was jetzt höchstens noch bei ganz abgelegenen Gebäuden und auch da nur sehr selten gewagt wird.

Soll das Eindringen durch Fenster (jüdisch=deutsch Challon; Plural Challauneß oder Gallones, Scheinling, Scheibeling, Feneter und Fenette genannt) bewirkt werden, so kommt es zunächst darauf an, die Überfallhaken von innen abzuhängen. Hat das Fenster Bleifassung, so wird das Blei um die Scheibe, Blöde, mit dem Messer zurückgebogen und ausgeschnitten, die Scheibe herausgenommen und durch die Öffnung mit durchgesteckter Hand, oft noch mit dem Stocke der Überfallhaken abgehängt.

Eingekittete Fensterscheiben werden mittels eines auf die Scheibe gebreiteten, mit fettigen Substanzen (Talg, Teer, Lehm, Kot, frischem Kuhdung, namentlich Schmierseife) bestrichenen Lappens oder Papierbogens eingedrückt, um das Klirren des springenden Glases zu dämpfen. Erfahrene und geübte Gauner vermeiden jedoch das Eindrücken, da es keineswegs leicht ist, ohne festen kurzen Druck, den man mit der freien Hand nur sehr schwer bewirken kann, die elastische Scheibe zum Springen zu bringen. Dies ist nämlich immer unter allen Umständen von einem dumpfen Knall begleitet, den man deutlich hören und unterscheiden kann. Dieser Knall macht es nötig, daß der Schränker eine Zeitlang warten muß, um zu erforschen, ob nicht etwa das Geräusch von den Hausbewohnern gehört worden ist. Dieselbe Vorsicht ist auch bei dem Herausnehmen der Glasscherben aus dem Rahmen nötig, da die Scherben fast immer lebhaft dabei knistern und beim Herausbrechen laut klingen. Der gewiegte Schränker zieht es daher vor, die Scheibe ganz herauszunehmen, indem er den entweder frischen oder verwitterten und namentlich auf dem Lande besonders nach der Sonnenseite hin bald mürbe und brüchig werdenden Kitt mit dem Kant losschneidet, wobei ihm die elende Verstiftung

meist kreisförmiges Loch gebohrt und ausgeschnitten, so heißt die Stelle eine volle Lewone oder schlechthin Lewone.

der Scheiben mit dünnen Drahtstiften faſt gar keine Schwierigkeit darbietet. Beim Baldowern ſind die Fenſter mit ihrer Verkittung ſchon immer ein Gegenſtand ſcharfer Beobachtung. Vielfach werden aber auch die Überfallhaken der Fenſter mit dem Brunger ausgebohrt, was ſich raſch und leicht bewerkſtelligen läßt.

Werden die Fenſter durch Schalter von außen geſichert, die von innen abgeſchraubt werden, ſo werden die Schraubenmuttern, wenn ihre Niete oder Stifte nicht mit der ſcharfen Kneifzange, dem Beißer, abgekniffen und mit der Mutter abgedreht werden können, lewone gelegt. Schalter mit durchlochten Querſtangen, die mit Bolzen und Splinten von innen befeſtigt werden, bieten ſehr große Schwierig= keiten, namentlich wenn die Bolzen innen durch gute Schnappfedern gehalten werden, oder wenn die Splinte gut gefedert ſind, oder zwi= ſchen Stiften laufen, daß ſie nicht durch Drehen des Bolzenknopfes zum Herausfallen gebracht werden können. Der Schränker hat ſelten ſoviel Zeit, unbeachtet unter der Stange eine Lewone zu legen, die Scheibe einzudrücken und die Splinte mit der Hand auszuziehen, obgleich dieſe ſchwierige Operation nicht ſelten mit raſcher Kunſtfer= tigkeit gewagt wird, ſobald nur der Schränker ſich einigermaßen ſicher weiß. Sind die Schalter von innen angebracht, ſo können die von innen übergelegten Riegel oder Stangen nach Öffnung des Fen= ſters leicht mittels einer Lewone oder mit dem Kant oder Schabber in die Höhe geſchoben werden.

Ein weit gefürchteteres Hindernis bieten aber die auf den Fenſter= bänken befindlichen Blumentöpfe, die beim Zurückſchieben der Schal= ter herunterfallen und durch ihr Geräuſch die Schränker verraten. Man ſollte deshalb nie verſäumen, abends nach Schließung der Schal= ter die Blumentöpfe wieder auf die Fenſterbänke zu ſtellen.

Iſt das Fenſter mit Eiſenſtäben oder Gittern, Barſel, (Eiſengit= ter), Barſeilm (בַּרְזֶל [barſel], das Eiſen, eiſernes Werkzeug, eiſerne Feſſel, Gitter) verſehen, ſo werden dieſe entweder gewalt= ſam herausgebrochen, geſchwächt, oder auch, wenn die Zeit und Ge= legenheit es erlaubt, mit der Säge, Magſeira (מַגְזֵרָה [mag= fera], eigentlich die Art zum Holzfällen), Megerre, Maſcher oder der Feile, Pezire (פְּצִירָה, eigentlich Stumpfheit, Scharte, ſchar= tiges, ſtumpfes Schwert), Barſelſchärfe, geſetzt, d. h. durchſchnit=

ten; das Schwächen wird besonders dann vorgenommen, wenn das Gitter außerhalb der Fensterscheiben angebracht ist. Ein tüchtiger Strick (חֶבֶל, chebel [Kabel], Gewel, Kabohl, Längling, Regierung), den sich der Schränker gewöhnlich unter dem Rock um den Leib wickelt, und unter dem sie auch wohl die zum Wegtragen des gestohlenen Gutes dienenden Säcke, Kissimer (von כִּיס [Kis], Beutel) legen, wird durch die Mitte des Gitters geschlungen, um einen tüchtigen Hebebaum oder Wiesenbaum (Drong) geknüpft und das Gitter durch Wuchten des Baumes herausgerissen, wobei entweder das Gitter aus der Zarge bricht oder die Zarge mit herausreißt. Diese Prozedur geht bei der ungeheuren Hebelkraft des Drong meistens ohne große Schwierigkeit vor sich und wird teils durch die schlechte Vermauerung der Gitter und Zargen, teils durch die schlechte Befestigung der Gitter in den Zargen selbst sehr erleichtert. Einzelne Stangen lassen sich noch leichter herausbrechen.

Am sichersten wählt man verbundene Gitter, bei denen das Eisenwerk sich gegenseitig steift und trägt, verwirft die hölzernen Zargen ganz, wählt dafür eine steinerne Einfassung, oder vermauert die dicken hölzernen Zargen wenigstens so, daß sie gehörig tief und in der Mitte des Mauerwerks zu stehen kommen, um weder nach innen noch nach außen bewegt werden zu können. Zu aller Vorsicht ist es gut, das Eisenwerk stets in Ölfarbe zu halten, da der geübte Blick des Schränkers an dem matten faserigen Aussehen das gute und an dem glänzenden Aussehen das schlechte Eisen sehr wohl zu unterscheiden weiß.

Soll ein Vorhängeschloß, eine Tole (von תָּלָה [tolo], aufhängen), erbrochen werden, so wird der Schabber oder Krummkopf durch den Hals oder Bügel gesteckt und das Schloß, dessen Riegel und Niete leicht der großen Gewalt nachgeben, abgedreht, gewürgt. Bei sehr starken und schweren Schlössern, die dieser Gewalt etwa Widerstand leisten sollten, wird der Bügel mit der Säge durchschnitten oder mit der Feile durchgefeilt. Die Feinheit, mit der die Feilen jetzt gearbeitet werden, macht es möglich, daß die Schränker, die früher selbst aus Uhrfedern nur unvollkommene Sägen zurichteten oder sich mit den groben Feilen oder Bruchstücken davon behelfen mußten, mit den verschiedensten Sorten feiner Feilen und Sägen reichlich versehen sind, die sie mit Leichtigkeit verstecken können. Die feinen Laub-

ſägenblätter, die man in den verſchiedenſten Sorten in jedem Eiſen=
warenladen kanfen kann, ſind äußerſt gefährliche Inſtrumente, da
man mit ihnen, wie ich das ſelbſt verſucht habe, in kurzer Zeit zoll=
dicke Eiſenſtangen ſehr behende durchſchneiden kann.

Zum Aufbrechen von Verſchlüſſen aller Art dient ferner noch das
den Krummkopf und Schabber vielfach erſetzende Kardem (קַרְדֹּם
[kardom, Beil, Art], auch Kotener Kardem, von קָטֹן [Koton],
klein) oder Kotener Mühlkracher genannt. Das ſcharfe, mit einem
ſtarken Stiel von Weißbuchen= oder Apfelbaumholz verſehene Kardem
wird als Hebel zum Einſetzen in Spalten und Fngen, wie zum Weg=
brechen und Wegſchneiden von Verſchlägen, Schlagleiſten u. dergl. ge=
braucht, und läßt ſich viel bequemer führen als Krummkopf und Schab=
ber, indem es unter dem Rock mit dem Stiel durch das Weſtenärmelloch
geſteckt wird, ſo daß das eiſerne Blatt flach gegen die Bruſt liegt. Dadurch,
daß ſich das Beil auch leichter und unverdächtiger wegſetzen läßt und
auch im Notfall zu einer gefährlichen Verteidigungswaffe wird, fin=
det es bei dem Schränken immer größere Aufnahme und Anwendung.

Zum Aufbrechen von Geldkiſten, deren Transport auf das freie
Feld nicht möglich iſt, um ſie dort mit der Art oder ſchweren Steinen
zuſammenzuſchlagen, bedienten ſich in früherer Zeit die Schränker 3)
der Kaffeemühle, d. i. einer gewöhnlichen Wagenwinde, mit der die
Deckel der Kiſten aufgeſchraubt werden. Schon der umſtändliche und
auffällige Transport dieſes ſchwerfälligen Inſtruments macht ſeine
Anwendung ſchwierig und bedenklich. Die Kaffeemühle ſcheint ſeit der
Beſeitigung offener Räuberbanden gänzlich abgekommen zu ſein.

Gilt es, wenn keine Nachſchlüſſel oder Dietriche zur Hand ſind,
nach Abdrehung oder Abſchneidung der Tolen den Deckel der Lade
zu erbrechen, ſo wird an einer Ecke der Verſuch gemacht, mit dem
Schabber, Krummkopf oder Kardem unterzufaſſen, was bei ſehr vie=
len Geldladen gelingt. In die entſtandene Spalte wird der Schenkel
der Kneifzange oder ein Schabber oder auch ein keilförmiges Stück
Holz, der Vorleger, geſteckt und mit dem Brechinſtrumente weiter
vorgefaßt. Iſt übrigens der Deckel nur ein wenig auf einer Seite ge=
hoben, ſo können die Schließriegel und Haken der furchtbaren Hebel=
gewalt des Krummkopfs ſchwerlich lange widerſtehen. Das ſogenannte
3) Thiele I, S. 79.

Zusammendrücken der Geldladen 4) wird von den Schränkern mit richtigem Blick auf den Umstand, daß die eisernen Bänder und vielen Nieten das Holzwerk der Laden für den Druck von außen nach innen eher schwächen als verstärken, und daß das dünne Eisen der Ladewände sich nach innen biegen läßt, während es durch den übergreifenden Rahmen des Deckels eigentlich nur vor dem entgegengesetzten Druck geschützt wird, desto eifriger geübt. Das Zusammendrücken mittels eines um die Lade gelegten und durch Drehen eines eingesteckten Knittels zusammengezogenen Tanes setzt allerdings eine schwache Konstruktion der Lade voraus. Neuerdings sollen auch starke, durch eine mit Stricken um die Geldlade befestigte Flügelmutter laufende eiserne Schrauben, die gegen das Schlüsselloch gesetzt werden, zum Zusammendrücken von Geldladen gebraucht worden sein. Eine eiserne Schraube von eineinhalb Fuß Länge und eineinhalb bis zwei Zoll Dicke müßte schon eine unwiderstehliche Gewalt auf die Geldladenwand üben.

Die Durchziehung einer Mittelwand innerhalb der Geldlade und die Besetzung des Deckels mit einem inneren Rahmen, gegen die der von außen bewirkte Druck der Ladenwände sich lehnt, scheint ein ziemlich sicheres Schutzmittel gegen diese neuauftauchende Methode zu sein.

Die vorstehend genannten Gerätschaften werden unter dem Sammelnamen S c h r ä n k z e u g begriffen. Wahl und Gebrauch des Schränkzeuges nach der dargestellten Methode wird schon bei dem Baldowern bestimmt, und besonders auch noch, wenn die Blinde gemacht wird, das heißt, wenn kurz vor der Ausführung des Diebstahls eine nochmalige eingehende Übersicht und Durchforschung der ganzen Örtlichkeit und Gelegenheit durch eines oder durch mehrere Mitglieder der Chawrusse genommen wird.

Oft wird das Schränkzeug nur wenig oder gar nicht gebraucht, je nachdem sich eine andere günstige Gelegenheit darbietet. Die Katzenlöcher in den Türen, besonders auf dem Lande, sparen den Schränkern manche Lewone, da durch diese Löcher mittels eines Stockes die hinderlichen Knebel, Riegel und Haken leicht weggeschoben werden können. Die Schränker finden auch auf dem Lande vielfach Gelegen-

4) Thiele, S. 85.

heit, mit Wagenleitern oder anderen Bodenleitern in offenstehende
oder schlecht verwahrte Fenster und Speicherluchten einzubringen,
oder auf Dachrinnen zwischen Gebäude zu gelangen, von denen sie
durch Zurückschieben oder Aufheben der inneren Knebel und Haken
der gewöhnlich schlecht und lose schließenden Luchten mit dem Kaut
oder Schabber in die Gebäude dringen, somit Arbeit und Zeit sparen
und dabei auch der Gefahr der Entdeckung leichter entgehen. Oft
werden von den Dachrinnen aus Dachziegel zum Einsteigen genommen. Dazu wird auch zuweilen der Weg über das Dach eines
oder mehrerer benachbarter Häuser gewählt, wenn an das zu bestehlende Haus nicht sicher anzukommen ist. Letzteres geschieht besonders
dann, wenn das Haus von guten Hunden bewacht wird, denen kein
Gift beizubringen ist.

Achtunddreißigstes Kapitel

Das Pegern

Gewöhnlich versuchen die Schränker oft schon mehrere Tage vor
dem Diebstahl, die ihnen hinderlichen Hunde zu pegern, d. h. zu vergiften. Der den Hunden vorgeworfene vergiftete Teig, Kuchen oder
sonstiges Gebäck, namentlich auch Fleisch und am häufigsten Wurst
wird sam (סם, Gewürz, Gift) oder Peiger genannt (von פֶּגֶר
Leichnam, Aas, Luder).

Das Gift besteht nicht immer aus der allerdings am leichtesten
von allen Giften aus Drogenhandlungen und Apotheken unter irgendeinem Vorwande zu kaufenden Nux vomica, sondern auch aus
Kupferoxyd, das leicht aus schmutzigem Messing- oder Kupfergeschirr
zusammenzukratzen oder auch aus trockenen giftigen Farben zu gewinnen ist. Die tödliche Eigenschaft der phosphorhaltigen Schwefel-
hölzer ist gleichfalls den Schränkern wohlbekannt. Häufig werden
auch, wenn es nicht auf eine sehr rasche Tötung ankommt, die
Hunde mit Badeschwamm, der in Stücke geschnitten und mit Fett
und Salz zusammengebacken ist, getötet, wie man ja denn auch in
dieser Weise den Ratten und Mäusen einen qualvollen Tod bereitet,
in deren Eingeweide der mit den Verdauungssäften durchzogene
Schwamm wieder aufquillt.

Neunundbreißigstes Kapitel

Die Zeit, die Kohlschaft und die goldene Chóschech

Die Wahl der günstigsten Zeit für die ausführenden Schränk=
massematten ist von großer Wichtigkeit. Es gibt im allgemeinen eine
Gaunerjahreszeit, nämlich die Monate im Herbst und im Frühling,
die lange finstere Nächte, Stürme und Regenschauer bringen, und
wegen dieser ihrer günstigen Gelegenheit die Kohlschaft (קָהָל,
kohol, die Versammlung, Gemeinde), d. i. die Versammlungszeit,
Gaunersaison, oder auch wegen ihrer Ergiebigkeit die goldene Cho=
schech (חֹשֶׁךְ, die Finsternis) genannt werden. Zum Handeln des
einzelnen Massematten wird jedoch die günstigste Zeit und Gelegen=
heit mit bestimmter Berücksichtigung aller Umstände abgewartet.
Kein Moment wird außer acht gelassen, in dem der Freier nicht ge=
neigt und befähigt ist, seine Aufmerksamkeit auf die äußere Umge=
bung zu richten, wie bei Erkrankungen oder sonstigen trüben Ereig=
nissen, von denen der Baldower Kunde erlangt hat. „Ein geschickter
Dieb muß wissen, wo die Leute schlafen, ob sie alt oder jung sind,
denn alte Leute wachen leicht auf, zumal nach Mitternacht; jungen
Eheleuten hingegen kann man eine Stunde nach dem Schlafengehen
ohne Furcht eine Visite abstatten 1)." Mehr als einmal ist es daher
vorgekommen, daß Schränker in eine Wochenstube oder in ein Lei=
chenzimmer geraten sind. Aber auch dann besonders, wenn freudige
Ereignisse oder gesellschaftliche Erheiterungen, wie eine Soiree oder
ein Ball, die Hausbewohner und Dienerschaft auf einen bestimmten
Teil des Hauses rufen, vorzüglich aber unmittelbar nach solchen Fest=
lichkeiten, wenn alles im Hause sich ermüdet zurückgezogen hat und
das meiste unordentlich und unverwahrt umherliegt, werden die
meisten Einbrüche mit Erfolg verübt. Alle einzelnen Situationen und
Gelegenheiten, selbst die persönlichen Eigenschaften, Alter und Zahl
der Hausbewohner, von denen schon oben beim Baldowern die Rede
gewesen ist, werden mit scharfem Blick aufgefaßt, um auch das un=
scheinlichste Moment ausbeuten zu können.

Selten und nur unter ganz günstigen Umständen wird bei Tage,

1) Rebmann, Damian Hessel. 3. Aufl., S. 117.

bei Schein, bajom (יום, der Tag), in der Regel bei Nachtzeit, ba leile (ליל lail, die Nacht), oder wie es auch heißt, Baischon lailo (כאישרך לילה), in der schwarzen Nacht, oder bei Schwärze oder in der Fichte geschränkt.

Vierzigstes Kapitel

Die Schmieren und Lampen

Eine Hauptaufgabe ist, die als günstig erkannte Gelegenheit so lange günstig zu erhalten und jede Störung von ihr fernzuhalten oder den handelnden Chawern sofort mitzuteilen, bis der Massematten gehandelt und der Rückzug gedeckt ist. Diese schwierige Aufgabe haben die Schmieren zu erfüllen, zu denen für jeden einzelnen Massematten gewöhnlich die erfahrensten und gewandtesten Ganner von dem Balmassematten gewählt werden. Die rohe Auffassung des Wortes Schmiere (vom jüdisch-deutschen Schmiro, Schmiruß [von שמר, er er hat bewacht, behütet], die Wache, Wacht, Wachthaus, Wachtposten, Laileschmier, der Nachtwächter) hat nicht nur die falsche Schreibweise Schmiere fest eingebürgert, sondern auch in diesen sinnverwandten Wörtern Butter und Käs (auch sogar Chäs) mit gleicher Bedeutung von Schmiro geschaffen, so daß man für den Begriff Wache stehen und Wache ausstellen ebensowohl sagen kann: Schmiere stehen, Schmiere stellen, als Butter oder Käs stehen oder stellen. Je nachdem Örtlichkeit und Gelegenheit es vorschreibt, stellt sich die Schmiere offen in der Gegend des Einbruchs zur Beobachtung der etwa zu befürchtenden Störung auf, und hat dabei die Aufgabe, die Störung aufzuhalten und wie z. B. durch das Meistern, wovon schon oben gesprochen ist, zu hintertreiben, aber auch, wenn das nicht gelingen will, den verabredeten Zinken zum Rückzug zu geben.

Sehr oft müssen sich aber die Schmieren versteckt aufstellen. Diese versteckten Schmieren werden mit dem Kunstausdruck „betuchte Schmieren" bezeichnet (von בטח [betach], Vertrauen, Sicherheit, wovon das jüdisch-deutsche Adjektiv betuach, sicher zuverlässig, geborgen). Von den Zinken, die gegeben werden, wenn ein Wächter,

Landstreicher
um die Wende des 16. Jahrhunderts
Kupfer von Heinrich Ullrich.

der Bestohlene oder ein Dritter, ein Lampen, herzukommt, ist schon oben im Abschnitt vom Zinken gesprochen worden.

Die Zinken werden, wenn sie nicht schon in einer Chawrusse ein für allemal oder für eine bestimmte Zeit festgesetzt sind, vor Beginn des Unternehmens verabredet, fo daß ein Zinken, gewöhn= lich ein Schnalzen mit der Zunge, den von ferne nahenden Wächter oder Bestohlenen als „stillen Lampen", ein anderer Zinken den schon nahen und Unternehmen und Unternehmer ernstlich be= drohenden Wächter usw. den „vollen Lampen", bezeichnet, bei dem letzteren Zinken, der gewöhnlich in dem lauten Rufe „Lampen" be= steht, alles die Flucht ergreift. Das Gestörtwerden des Unternehmens in dieser Weise nennt der Schränker „Lampen bekommen". Lampen, eigentlich Lamden (von לָמַד, er hat sich gewöhnt, gelernt), wo= von das jüdisch=deutsche Lambon, der Gelehrte, Geweckte, Aufpasser; aber auch der verfolgende Bestohlene (Balhei) und jede andere ver= folgende Person.

Einundvierzigstes Kapitel

Das Massemattenhandeln

Sowie der Einbruch hergestellt, durch die Schmieren gedeckt und der Eingang in das Gebäude gewonnen ist, begeben sich die Schrän= ker auf Strümpfen, in Filzschuhen oder auch wohl barfuß in das erbrochene Gebäude. Die Behendigkeit ist fabelhaft, mit der sich ge= übte Schränker unbemerkt an Schläfern und fogar Wachenden vorbeischleichen können[1]. Bei einem Einbruch in der Nähe von Lü= beck faud ich, daß der Schränker eine Uhr von der Fensterbank weg= geholt und den Weg zum Fenster und von da zurück durch die ganze Schlafstube zwischen den nur vier Fuß breit voneinander getrenn= ten Betten des bestohlenen Ehepaars hindurchgenommen hatte. Noch dazu war das Kind des Bestohlenen krank und eine Wärterin schlief im Vorzimmer, durch das der Schränker gehen mußte.

Nicht selten, namentlich wenn die Besorgnis vorhanden ist, daß die Schränker im Hause belauert werden, wird auf einem Stocke zu=

[1] Thiele I, S. 164.

nächst eine Mütze durch die Einbruchstelle gesteckt, um zu erwarten, ob etwa ein Hieb auf diese geführt wird. Diese Vorsicht, die der Konstanzer Hans einmal auf den Rat des berüchtigten Schleiferbärbele bei einem Einbruch anwandte, bei dem im Dunkeln ein schwerer Hieb auf seine durchgesteckte Mütze fiel, rettete dem Konstanzer Hans das Leben. Das war auch der Anlaß, warum der dankbare Räuber sich an das Schleiferbärbele gebunden erachtete, das auf sein ganzes Leben einen fast unbegreiflichen Einfluß übte.

Ist alles so weit sicher, so besteht die erste Sorge der durchgekrochenen Schränker darin, den schleunigen Rückzug auf alle Fälle dadurch zu ermöglichen, daß die Haken und Riegel gelegener Türen und Fenster abgehängt und zurückgeschoben werden. Das hat den Zweck, daß, wenn erforderlich, die draußen befindlichen Chawern Eingang finden, oder die gestohlenen Sachen in Empfang nehmen und nötigenfalls mit ihnen sofort entfliehen können. Zum behenderen Durchgang durch das Fenster wird gewöhnlich von innen ein Stuhl unter die Fensterbank gestellt.

Naht sich im Hause ein Widerstand, so ziehen sich die Schränker zurück, sobald sie eine Überlegenheit oder einen Gegner zu fürchten haben. Fühlen sie sich dem Widerstande gewachsen, so wird auch zur Gewalt geschritten, der Widerstand Leistende zu Boden geworfen, geknebelt und ihm unter schweren Drohungen Schweigen geboten, und dies auch wohl durch Verstopfen des Mundes mit einem Tuche erzwungen.

Obwohl der Schränker auf alles gefaßt ist, auch fast immer Waffen führt, so kommen absichtliche Tötungen jetzt nur selten vor. Die meisten Todesfälle sind nur die unbeabsichtigte Folge erlittener Mißhandlungen bei der Gegenwehr oder starken Aufregung der Überwältigten, die meistens in leichter Nachtkleidung geknebelt auf dem Fußboden oder im Hausflur zurückgelassen werden. Ein Schräuker, dessen Hinrichtung ich beiwohnte, hatte mit seinen Chäwern in einer kalten Novembernacht eine alte Frau mit ihren Strumpfbändern geknebelt und im Hemd auf den Hausflur hingelegt, wo sie morgens, wahrscheinlich vom Schlage gerührt, tot aufgefunden wurde.

Kaum sind die Schränker, wie das doch früher immer der Fall war, jetzt irgend einmal mit Knebelstricken versehen. Strumpfbänder, abgeschnittene Uhrschnüre, Waschleinen, Handtücher, Pferdehalter und dergl. werden bei dem unvermutet gefundenen Widerstand meistens im Hause selbst angetroffen und benutzt.

Eine oft befolgte Vorsicht der Schränker ist, die Schlafstubentüren leise zu versetzen durch vorgestellte Tische, Koffer, Kisten oder auch dadurch, daß sie eigene Schmieren davorstellen, obgleich sie sehr wohl wissen, daß sie im Hause bei weitem weniger Gefahr laufen als bei dem Einbruch von außen her, weshalb dann auch die Schmieren mit großer Vorsicht gewählt werden und zu Werke gehen. Die Schränker zählen nicht mit Unrecht darauf, daß derjenige, der im Hause ihre Anwesenheit merkt und in der Dunkelheit über ihre Zahl und Stärke sich nicht unterrichten kann, lieber sein Hab und Gut auf das Spiel setzt als sein Leben und seine Gesundheit. Kaum glaublich erscheinen die vielen Fälle von Mutlosigkeit auf der einen und der dadurch hervorgerufenen übermütigen Dreistigkeit auf der anderen. Kaum ein Hilferuf aus dem Fenster in die Nachbarschaft wurde gewagt, während die Schränker in den Stuben sich gütlich taten mit Speisen und Getränken, die sie sich zusammengetragen hatten.

Sobald nun die Vorbereitungen so weit getroffen sind, wird an den Massematten selbst gegangen. Die Verschlüsse werden mit dem Klamoniß geöffnet, mit dem Schabber gesprengt oder mit dem Brunger lewone gelegt. Meistens sind die Verschlüsse schon bei dem Baldowern den Schränkern genau bekannt geworden. Die bei den niederländischen Räubern durchgängig gebräuchliche Beleuchtung der Gebäude mit eigens dazu vorgerichteten Lichtern, Neireß (vom hebräischen נר ner, Plural: neroß, jüdisch-deutsch neireß), ist mit dem offenen Überfall und Sturm jetzt beinahe gänzlich aus der Praxis der Schränker verschwunden, und kommt nur noch da vor, wo noch offene Räuberbanden vorhanden sind.

Ist etwas seit dem Baldowern verändert oder versetzt, so wird mit dem Streichholz behutsam hingeleuchtet oder auch ein Stümpfchen Talglicht angesteckt. Finden die Schränker nichts von dem Massematten vor, so wird oft aus Rache und Übermut alles im Hause auf vandalische Weise gesprengt und zerstört, auch wohl der Freier mit Drohungen und Mißhandlungen zum Nachweis des Verborgenen gezwungen. Das Gefundene wird in Säcke, Kissimer,

auch wohl Klumnick, verpackt und den Chawern zugelangt, die da=
mit zum Zinkplatz eilen oder es auch sofort kawure legen.

Ist der Massematten gehandelt, so wird der Rückzug angetreten,
Tür und Fenster angelehnt und überhaupt jede Spur des Einbruchs
so gut wie möglich verwischt, um die Entdeckung möglichst lange
aufzuhalten und Zeit zur Bergung der Person und des Gestohlenen
zu gewinnen. Früher wurde der Zinken eines der handelnden Schrän=
ker aus Übermut oder zur Notiz für die abwesenden Genossen bei
der Einbruchstelle hingemalt.

Für den Fall, daß der Schränker im Hause gesehen oder beobach=
tet werden sollte, pflegen die Gesichter mit Kohle oder Lampen=
schwärze, durch angeklebte Bärte, an deren Stelle auch ein dunkles
Tuch oder auch ein dunkler wollener Strumpf wie ein Backenbart
vom Kinn bis zu den Ohren gebunden wird, seltener durch schwarze
Wachstuchlarven unkenntlich gemacht zu werden. Auch werden die
Stimmen verstellt und womöglich fremdartige Dialekte affektiert,
Brocken fremdländischer Sprachen, auch wohl Gaunerausdrücke ein=
gemischt, und niemals Namen, sondern immer die Ausdrücke „Ka=
merad, Bruder, Junge" usw. gebraucht. Doch wird zuweilen ein
ortsbekannter Name genannt, um den Verdacht des Diebstahls auf
nahe Ortseingesessene zu lenken.

Zweiundvierzigstes Kapitel

Der Rückzug

Haben die Chawern Lampen bekommen, so flüchtet sich jeder so
gut er kann, und sucht den Zinkplatz zu erreichen, auf dem das Fuhr=
werk hält, um die dort zurückgebliebenen Genossen zu warnen. Wer=
den die Schränker versprengt, so finden sie sich an einem anderen ein
für allemal oder speziell verabredeten Zinkplatz leicht wieder zusam=
men. Bekommen sie Nachjagd, das heißt, werden sie verfolgt vom
Bestohlenen, Balhei, oder von sonstigen Personen, Lamden, so halten
sich die Schränker zum Widerstande und zur gegenseitigen Befreiung
zusammen, bis die Verfolgung und Gefahr aufhört. Zu diesem
Zwecke werden besonders die Waffen geführt und um jeden Preis

für die Befreiung angewandt. Die Geschichte des Gaunertums enthält zahlreiche Beispiele sowohl der mutigsten Gegenwehr, wie auch der verzagtesten Feigheit und gemeinsten Treulosigkeit.

Einer der merkwürdigsten Fälle von Gegenwehr war die unter Leitung von Adolf Weyers, Overtusch, Damian Hessel und Karl Heckmann bei dem Einbruch in Daden gegen etwa tausend Bauern und französischen Soldaten gelieferte zweistündige Schlacht im Mai 1798, bei der zwanzig der berüchtigsten Räuber gefangen wurden. Ebenso großartig war die Verteidigung des bayrischen Hiesel, als er am 14. Januar 1771 im Wirtshaus von Oberzell von fürstlich Dillingischen Truppen belagert und gefangen wurde 1).

In allen Zügen erkennt man aber nur den nackten Egoismus, der in der Kamerabschaft nur die eigene Person zu sichern sucht und keine Spur von wahrer Freundschaft verrät. Die Verhaftung von Gaunern, namentlich durch den einzelnen, nicht weiter unterstützten Beamten, ist jener oft verzweifelten Gegenwehr wegen äußerst schwierig, und sollte vom Vorgesetzten immer anerkannt werden, der hinter dem Verhörtisch kaum einen Begriff davon hat, wie gefährlich die Verhaftung der ihm vorgeführten Arrestanten war.

Dreiundvierzigstes Kapitel

Die Kawure, der Intippel und die Cheluke

Das Gestohlene wird so rasch und weit wie möglich vom Diebstahlsorte in Sicherheit gebracht. Häufig erlaubt die Menge und Schwere des Gestohlenen, namentlich wenn kein Fuhrwerk zur Hand ist, keinen weiten Transport. Die nächste Chessenpenne bietet daher die erste Zufluchtsstätte, bis die Schränker anderweitige Verfügungen über das Geborgene treffen. Häufig wird aber auch das Gestohlene hinter Zäunen, in Stroh- und Heudiemen, in Mist, in Waldungen, Buschkoppeln, hohlen Bäumen, Wegesielen, Gräben, Brücken, Mergel- und Sandgruben, Fuchs- und Dachsbauten vorläufig kawure gelegt, nicht selten aber auch in Teiche und Sümpfe versenkt, bis die Gelegenheit zum Hervorholen und Teilen sicher geworden ist.

1) Der bayrische Hiesel, S. 126 f.

Der Ort, die Cheffen= oder Kochemerpenne, Spieße, wohin die Beute geborgen und geteilt wird, heißt der Intippel, wovon Intippeln, sich mit dem gestohlenen Gute in den Intippel oder Eintippel begeben. Tippeln kommt vom טָפַף (טַף), (tapaph), schnell beweglich sein, kleine schnelle, kokette Schritte machen, besonders von Frauen, wovon das jüdisch=deutsche טִפָּה (tippo), der Tropfen, dann das gaunerische Gehen, Laufen, Fallen. Damit hängt zusammen Tippel, die Fall= sucht. Dappel=(Tippel=)schickse, die Lustdirne, tippen, concum= bere usw.

Die Teilung, Cheluke (von חֵלֶק [chelek], Teil, Anteil, besonders an der Kriegsbeute; Cheluke halten und Melkenen teilen), geschieht zu gleichen Teilen, wobei auch der Wirt, der Cheffenspieß, und der Baldower berücksichtigt werden. Der Chelek, den ein solcher Chawer erhält, der nicht selbst mitgestohlen hat, heißt Schibbauleß (שִׁבֹּלֶת, die Kornähre). Gewöhnlich wird das Gestohlene an den Cheffenspieß, der fast immer auch Schärfenspieler ist, oder an bestellte Schärfen= spieler verschärft und das Geld geteilt. Seltener ist die Naturalteilung, bei der jedes einzelne Stück abgeschätzt, auch wohl dem Meistbieten= den zugeschlagen wird. Häufig entscheidet der Würfel, das Los oder der Messerwurf. Ein größerer Anteil des Balmassematten kommt ihm gewöhnlich nur dann zugute, wenn er beim Baldowern oder beim Handeln selbst besondere Dienste geleistet hatte.

Ungeachtet der blutigsten Rache und Strafe wird bei fast allen Massematten, die von mehreren Chawern gehandelt werden, das eine oder andere untermakkelt, da jeder möglichst seinen Vorteil wahr= nimmt. Wird einem Chawer nach der Teilung sein Anteil von Gen= darmen oder Polizeibeamten abgenommen oder von andern gar ge= stohlen, so erhält er, oder wenn er krank (gefangen) ist, seine Familie, einen verhältnismäßigen Ersatz. Der Gewinn wird mit sinnloser Ver= schwendung und in brutaler Völlerei rasch vertan, so daß der Schrän= ker sehr bald so arm wird, wie er vor dem Massematten war. Die größten Vorteile von dem Massematten haben die Schärfenspieler, denen das Gestohlene immer um ein wahres Spottgeld zuge= schlagen und bei denen, als Cheffenspießen, meistens auch das Geld von den Chawern vertan wird.

Vierundvierzigstes Kapitel

Besondere Arten und Terminologien des Schränkens

Übersieht man nun die dargestellte, in voller Blüte stehende Praxis der Schränker, so muß man gestehen, daß, wenn auch die sprachliche Unterscheidung zwischen Schränken und zierlichen Schränkern veraltet ist, doch im Wesen und Tat das ganze alte Räubertum fortbesteht, nur mit dem Unterschied, daß, wo früher die Räuber mit offener Gewalt und in frechem offenen Auftreten die Häuser stürmten, jetzt der Räuber heimlich hineinschleicht und heimlich dasselbe Verbrechen gegen das Eigentum und gegen die widerstandleistende Person ausübt, das die Räuber vor einigen Jahrzehnten mit lautem Getümmel im Sturmangriff verübten. Dies auch noch heute andauernde Vorhandensein derselben geschichtlich nachgewiesenen Elemente ist nicht wegzuleugnen. Sie sind von manchen trefflichen Einrichtungen der Polizei, namentlich von der Gendarmerie, nur im offenen Treiben behindert, nicht aufgehoben, sondern nur versprengt; sie haben sich als Schmarotzer an das Bürgertum gehängt, und haben für dessen Schwächen ihre augenblickliche Bereitschaft zum alten offenen Angriff, so daß man sich nicht wundern darf, wie rasch und wie nachhaltig die Räuberbanden vor unseren Augen zusammentreten, sobald irgendeine große oder stürmische Bewegung den mühsam und mit großen Opfern aufrechterhaltenen Gang der gewohnten Ordnung unterbricht. Trotz der gegenstandslos gewordenen Unterscheidung zwischen Schränkern und zierlichen Schränkern existieren, zum Zeugnis der unvergessenen Praxis, alle Räuberterminologien fort, von denen hier noch die wesentlichsten angeführt werden sollen.

Chaßne, eigentlich Chassune (vom hebräischen חֲתֻנָּה, Vermählung, Hochzeit und Kofcheß, nach dessen Zahlenwert [28] der nächtliche Einbruch auch Achtundzwanziger genannt wird, Initialbuchstaben [krumme Kof, כ, Krummkopf, und Cheß, ח], von Cheffen oder Chaßne), ist der lärmende nächtliche Überfall, wie er von den rheinischen Baudeu verübt wurde durch Einrennen der Türen mit dem Drong, mit Erleuchtung des erstürmten Hauses durch

Lichter, Neireß, und mit Knebelung, Mißhandlung oder Ermordung
der Bewohner. Chaßnegänger sind die Räuber, die auf diese Weise
verfahren. Koochegehen (von Kauach, die Gewalt), auf nächtlichen
Einbruch, auf Räuberei ausgehen. Perkoochhändler, Peßucher, Ein=
brecher, Schränker. Gaslan (von, גָּזַל wegreißen, rauben), ist
allgemeiner Ausdruck für Räuber; Gafel, der Raub; Gaslonuß, die
Räuberei. Kuffer (von Kippe, Kuppe, Schrank, Verschluß) ist allge=
meiner Ausdruck für Räuber, aber auch für Nachschlüsseldieb (vgl.
Makkener, Kapitel 47). Dorfkuffer ist der Einbrecher auf dem Lande;
Rozeach, Rezeich (von רָצַח, totschlagen), der Raubmörder; Re=
zach oder Roziche, der Raubmord; Serfer oder Sarfener (von
שָׂרָף [saraf], brennen), der Räuber, der Fener anlegt, um im
Feuertumult zu stehlen; Rezichesarfener, der Mordbrenner; Strabe=
kehrer, vom niederdeutschen Straad, die Straße, Landstraße, der
Straßenräuber; Strabekehren, Straßenraub treiben, wohl zu unter=
scheiden von Strabehandeln, auf der Strabe handeln und Strabe
halten.

Fünfundvierzigstes Kapitel

Das Pleitehandeln und das Challehandeln

Endlich gehört noch hierher das Pleitehandeln (von פָּלַט [polat],
flüchten, davongehen), das vorzüglich auf dem Lande und in Wirts=
häusern geschieht. Finden die Schränker keine Gelegenheit zum Ein=
bruch, so sucht ein Chawer ein Nachtquartier in dem zu bestehlenden
Haufe zu bekommen. Dieser ist ihnen dann des Nachts behilflich,
durch Öffnen der Verschlüsse in das Haus zu gelangen und geht
nach vollzogenem Diebstahl mit ihnen von dannen. Ist die Dieb=
stahlsgelegenheit derart, daß der Quartiernehmer den Hausbesitzer
heimlich und allein bestehlen kann, so geht er erst andern Morgens
mit Wissen des Besitzers und mit Zahlung der Zeche fort. Diese Art
des Stehlens und Verabschiedens wird „eine Challe handeln" genannt,
von חַלָּה, der Opferkuchenteig. Von dem Kuchen wird bekannt=
lich ein Stück abgebrochen und ins Feuer gelegt zum Opfer, während
das übrige zum Genusse verbleibt. Im gleichbedeutenden Sinne ist

die Redensart „eine Challe backen" gebräuchlich, d. h. heimlich, unbe=
merkt so viel stehlen, daß es der Bestohlene nicht gleich merkt, also
auch: nicht alles stehlen, sondern etwas übrig lassen. Ebenso gibt es
„eine Challe schlagen", gleich untermakkeln, d. h. von der Diebsbeute
den Genossen etwas entwenden, verheimlichen, unterschlagen.

Sechsundvierzigstes Kapitel

Der Schutz gegen das Schränken

Bei der Frage nach den Mitteln, mit denen dem gewaltsamen
Überfall und Einbruch wirksam entgegenzutreten sei, möge man, statt
aller Erörterungen über das offenliegende und vielbesprochene Miß=
verhältnis der Polizei zum Bürgertum, einmal einen kurzen Blick in
die Geschichte zurücktun.

Sehr merkwürdig sind die alten einfachen Bauordnungen, die
vorzüglich auf eine derbe und solide Konstruktion der Häuser hin=
wiesen und schlicht und recht das Bürgerhaus als Burg und Hort
der Familie darstellten. Zur Befestigung dieses seines Hauses trug
der Bürger nun auch gern das Seine bei, erbaute Mauern, Türen und
Fenster fest und stark und versah alles mit derben Schlössern, Rie=
geln und Gittern. Der ganze wesentlich veränderte Verkehr, die bil=
lige fabrikmäßige leichte Arbeit an Stelle der alten zünftigen, das
künstlerische Leben, die große Lebenslust und die vielen Lebensgenüsse
haben jene solide freiwillige bürgerliche Zutat, zum eigenen Nachteil
des Bürgers, bedeutend, ja fast gänzlich beseitigt und damit dem
Verbrecher durch die leichtgearbeiteten Fenster mit großen Fenster=
scheiben, durch die dünnen Türen von Föhrenholz mit leichten Fül=
lungen und schlechten Fabrikschlössern den Weg in das Haus ge=
bahnt, bei dessen Festigkeit in früherer Zeit der Räuber vorüberging,
ohne an Einbruch zu denken. Die heutigen Bauordnungen stehen
wesentlich auf denselben alten soliden Grundlagen, sind aber doch
auch wieder im Rückstande geblieben. Von der einen Seite sind die
Bauordnungen strenge, in anderen Beziehungen sind dagegen manche
alte wohlbedachte Einrichtungen und Rücksichten geschwunden, und
für das Geschwundene nichts Ausreichendes gesetzt worden. So sind

mit der früheren Verpflichtung zur festen und sicheren Bauart der
Häuser die strengen Nachbarrechte als lästige Beschränkungen fast
gänzlich aufgehoben worden, ohne daß man bedeutend in Anschlag
brachte, daß jene allen gemeinsamen Rechte gerade auch allen gemeinsame Pflichten enthielten und auf gegenseitigen Schutz berechnet
waren. Wenn ein Hausbesitzer jetzt sein leichtgebautes Haus schlecht
in Verschluß hält und dem Diebe Gelegenheit gibt, in sein Haus
und durch dieses an und in des Nachbars Haus zu bringen, so wird
letzterer ebensosehr durch die Nachlässigkeit des ersteren an Hab und
Gut bedroht, wie wenn er selbst nachlässig und feuergefährlich baute
und wirtschaftete? Welchen Schutz gewährt der Staat dem Bürger
gegen die schlechte Bewachung seines Nachbarhauses, das für die
ganze Nachbarschaft ebenso gefährlich sein kann, wie eine allerdings
gemeingefährliche Feuersbrunst, die doch aber auch immer zunächst
die Nachbarn bedroht? Ein Weitergehen der Bau- und Wohnungs-
polizei, mindestens in bezug auf die äußere Solidität und Bewachung des Hauses, ist dringend notwendig, zumal der Bürger,
der sein Haus nicht fest genug gegen den Einbruch sichert, beständig
und ungestüm von der Polizei Schutz gegen den Einbruch fordert,
und sie laut und scharf in ihren Einrichtungen tadelt, wenn ein Einbruch geschehen ist. Mit welcher Empfindlichkeit wird aber jede Warnung oder gar Bestrafung von demjenigen zurückgewiesen, der über
Nacht sein Haus oder sonstige Verschlüsse offen ließ und sich und
die Nachbarschaft in Gefahr setzte! Unzweifelhaft darf der Staat aus
denselben Gründen, mit denen er gegen den Verschwender, Trunken-
bold und Geistesschwachen einschreitet, dem Bürger zur Pflicht machen, daß er das stets von ihm eifersüchtig in Anspruch genommene
hausherrliche Recht auch wirklich und wenigstens insoweit ausübe,
daß er dadurch das Interesse Dritter oder des Ganzen nicht in Gefahr bringt.

Auch der nächtliche Schutz des Bürgerhauses und der städtischen
Gemeinde, die früher der Bürger selbst sich dringend angelegen sein
ließ, ist gegen früher ganz vernachlässigt. Seitdem der Potestas zu
Bologna 1271 die zünftigen Waffenausschüsse vermochte, sich der
öffentlichen Sicherheit und Wohlfahrt anzunehmen und jene Fähn-
lein der „Lombarden", „von der Klaue" und „vom Greiffen" bil-

bete, fand diefe rühmliche Einrichtung auch in Deutfchland rafche
Verbreitung und bis in die neuere Zeit eine fo ftändige Beibehaltung,
daß fogar die mittelalterliche Bewaffnung der Nachtwachen mit Helle=
barde oder Spieß ufw. an vielen Orten fich noch bis auf den heutigen
Tag erhalten hat. Diefe Beteiligung des Bürgertums an der öffent=
lichen Sicherheit hat gänzlich aufgehört. Dafür fordert der Bürger
fogar vom Staate auch den äußeren Schutz feines ohnehin leicht oder
nachläffig gebauten und verfchloffenen Haufes, und betrachtet es als
eine läftige und unberechtigte Forderung, wenn ihm zugemutet wird,
daß er im Gemeindeverbande felbft für die nächtliche Sicherheit forge.
Immer genügt er diefer Forderung denn nun auch zum eigenen Scha=
den läffig und unwillig, und nur dann, wenn er ihr nicht aus=
weichen kann. Nirgends kommen häufiger Einbrüche vor, als in
kleinen Städten und Dörfern, nicht fo fehr, weil diefe Ortfchaften
offen liegen, als weil die Nachtwache fchlecht eingerichtet ift und
häufig aus einem einzigen alten ftumpfen, halb blödfinnigen Hirten=
knecht befteht, der für einen erbärmlichen Lohn fich dazu hergibt,
einige Male des Nachts in der Dorfgaffe auf und ab zu gehen. Wie
wenig Widerftand findet das Verbrechen mit feiner Verwegenheit,
wie reichlich kann es fich nähren von der fo vielfach gebotenen Ge=
legenheit, und wie wenig darf das Bürgertum die Ausrottung der
Verbrechermaffe hoffen, wenn es fich nicht bald mit der Polizei ver=
ftändigt, wozu die fchon immer mehr begriffene Not beider Teile zu=
letzt doch noch zwingen wird.

Siebenundvierzigftes Kapitel

Das Makkenen

Der Verfchluß im engeren Sinne. Das Makkenen und feine Terminologien

Der Verfchluß im engen Sinne, d. h. der mechanifch bewegliche
Teil des bisher dargeftellten Verfchluffes im weiteren Sinne, durch
den der Zngang zu der verfchloffenen Sache vermittelt ift, wird vor=
zugsweife durch das Schloß hergeftellt, deffen Gebrauch man fchon

bei den alten Griechen und Römern kannte. Seine allmähliche Ver=
besserung ist ein interessanter Beweis von dem rastlosen Fortschreiten
des Gaunertums, das gerade in seiner unablässigen Arbeit gegen
das Schloß wesentlich die Kunst hervorgerufen hat, die man am
Schlosse bewundert. Dennoch ist der Sieg der Schlosserkunst, ganz
abgesehen von der Gewalt, der jedes Schloß zuletzt doch unterliegen
muß, bis auf die neueste Zeit noch sehr zweifelhaft geblieben, wie
das aus der Darstellung des Nachschlüsseldiebstahls hervorgehen wird.

Das Makkenen ist der Diebstahl aus Verschlüssen — ohne Ein=
bruch oder ohne ganze oder teilweise Zerstörung der Verschlüsse —
mit Anwendung von Schlüsseln, die dem für das Schloß ursprüng=
lich gearbeiteten Schlüssel mehr oder minder vollständig nachgear=
beitet sind und daher Nachschlüssel, Diebsschlüssel oder auch Dietriche
genannt werden. Die Knust des Makkenens hat daher auch die zwie=
fache Aufgabe: die Herstellung der Nachschlüssel und die heimliche und
geschickte Anwendung der Nachschlüssel. Beide Aufgaben weiß das
Gaunertum vollständig zu lösen. Keine gaunerische Kunst ist ver=
lässiger und ergiebiger, keine Kunst hat eine einfachere Grundlage
und eine breitere Kultur als das Makkenen. Es ist wohl das Gau=
nertum gewesen, das zuerst über das Prinzip des Schlosses und sei=
ner einfachen Bewegung nachgedacht hat, während der bürgerliche
Betrieb das alte, durch viele Jahrhunderte auf die neueste Zeit ge=
langte Gewerbe wie eine alte Erbschaft hingenommen hat, ohne es
für die Anforderungen des inzwischen in materieller und sittlicher
Hinsicht unendlich künstlicher gewordenen Verkehrs genau und aus=
reichend zu berechnen und auszubeuten. Eine einfache Beschreibung
des Schlosses, seiner Konstruktion und Bewegung wird den Scharf=
blick des Gaunertums, aber auch die Einfachheit des Makkenens in
ein helleres Licht treten lassen. Vorher jedoch eine kurze Erläuterung
der wesentlichsten, beim Makkenen vorkommenden gaunertechnischen
Ausdrücke.

Makkenen ist der allgemeine Ausdruck für den Nachschlüsseldieb=
stahl überhaupt, sowie für das Öffnen von Verschlüssen mit Nachschlüs=
seln; Makkener, der Nachschlüsseldieb, beides von נָכָה (nacho),
Hiphil הִכָּה (hikko), er hat geschlagen, davon מַכָּה (makko), der
Schlag, Streich, Plage, Sünde, Fehler, falscher Stich der falschen

Spieler (Freischupper) im Kartenspiel; daher auch im Kartenspiel: makkenen, das Stechen einer Karte, besonders das falsche Stechen. Ferner Jommakkener, auch Jommakker (von יום, iom, der Tag), der Dieb, der bei Tage (mit Nachschlüsseln) stiehlt, im Gegensatz von Lailemakkener, der Makkener zur Nachtzeit; Kaudenmakkener, Zefiromakkener, Nachschlüsseldiebe, die zur frühen Morgenzeit, Erefmakkener, Tchillesmakkener, Nachschlüsseldiebe, die zur Abendzeit handeln; Dorfmakkener, Nachschlüsseldiebe, die auf dem Lande, Erntmakkener, Nachschlüsseldiebe, die besonders während der Erntezeit, wo alles auf dem Felde beschäftigt ist, handeln.

Klamoniß (von כלי [keli,] das Gerät, und אומנות [umonoß], das Handwerk), allgemeiner Ausdruck für alles beim Makkenen gebräuchliche Gerät, besonders für Nachschlüssel, Diebsschlüssel, Dietriche, Haken und Abstecher. Speziell wird aber das große Brecheisen (Krummkopf, Rebmausche, Rebtauweie) noch Großklamoniß genannt, im Gegensatz von Kleinklamoniß, dem Schabber, kleineren Brecheisen, Jadschabber, Abstecher, Nachschlüssel; Schaß-Klamoniß, das vollständige Bund Diebsschlüssel aller Art durcheinander.

Klein-Purim, im Gegensatz von Groß-Purim (das das zum Schränken erforderliche kleine Brecheisen [Schabber, Jadschabber] Kleinklamoniß bedeutet), ist, wie das Schaß-Klamoniß, ein Bund Diebsschlüssel, deutet jedoch, ohne Rücksicht auf die Vollständigkeit, mehr die Verschiedenartigkeit der Schlüssel an.

Taltal (תלתל [taltal], hin und her bewegen, davon Plural: taltalim, die schwankenden Palmenzweige, z. B. im Hohenliede 5,11), allgemeiner Ausdruck für Nachschlüssel, Taltalmisch (איש [isch], der Mann), der Nachschlüsseldieb, Makkener. Taltel-Nekef (נקב [nekef], Loch), das Schlüsselloch.

Ein Zeitwort von Taltel gibt es nicht; dafür ist, nach der Übersetzung des Taltel mit Drehrum, der Ausdruck: auf Drehrum handeln, mit Nachschlüsseln stehlen; auf Drehrum bei Schwarz handeln, mit Nachschlüsseln bei Nachtzeit stehlen. Dem Taltel entspricht das zigeunerische Glitsch, Schlüssel, Riegel; glitschinèskero cheachhém, Schlüsselloch, wovon Glitscher, Nachschlüsseldieb, glitschen, schließen, mit Nachschlüsseln stehlen.

Echober, Echeder (von אחד [echob], Eins, der Eine), ist der

der am Rohrende ſtatt des Bartes mit einem einfachen Stifte oder Haken verſehene Schlüſſel, Dietrich; Deutſch-Echeder, auch Aſchkenas-Echeder, der Dietrich mit hohlem Rohr; Welſch-Echeder, auch Zarfeß-Echeder, der Dietrich mit vollem Rohr zu franzöſiſchen Schlöſſern. Je nachdem der Stift in eckigem Winkel nach vorn oder nach hinten gebogen iſt, wird er Vorderſchieber oder Hinterſchieber genannt, mit dem Zuſatz Welſch oder Deutſch, je nachdem das Rohr voll oder hohl iſt. Ebenſo wenn der Stift in rundem Haken gebogen iſt: Hinterbogen, Vorderbogen, Deutſch-Vorderbogen, Welſch-Hinterbogen.

Dalmer und Dalme, allgemeiner Ausdruck für Schlüſſel, Nachſchlüſſel; Dalmerei, das Schloß; Dalmernekef, das Schlüſſelloch. Dalme iſt weder deutſchen noch jüdiſch-deutſchen Urſprungs, ſcheint aber doch mit dem hebräiſchen (tolo), hängen, oder דָּלָה (bolo), oder דֶּלֶת (deleß), Tür, zuſammenzuhängen.

Mafteach (מַפְתֵּחַ), ſpezifiſch-hebräiſcher und jüdiſch-deutſcher allgemeiner Ausdruck für Schlüſſel, der aber auch in die Gaunerſprache übergegangen iſt; von פָּתַח (poſſach), er hat aufgetan. Gleiche Ableitung hat Peſſach, die Tür, auch das Gelaß, in das die Tür führt, Kammer, Stube; Peſſiche, das Schlüſſelloch, aber auch das Schloß, verdorben; Beſiche, Beſeiach, auch platte Beſiche; Miftoch, die Öffnung, Schlüſſelloch; poſſchenen, ſchließen, beſonders mit dem Nachſchlüſſel ſchließen; Poſſchener, Nachſchlüſſeldieb; Mafzer und Mifzer, das Schloß; Paſſung, der durch den Einbruch oder durch Nachſchlüſſel bewirkte Zugang; Paſſung machen, den Zugang durch Einbruch oder durch Nachſchlüſſel bewirken; vgl. oben unter Schränker: Peſſuch.

Von Sſauger fein (סָגַר [ſſogar], er hat geſchloſſen), zuſchließen, verſchließen; Maßger, der Verſchluß; meſſager, der Schloſſer, wofür meiſtens Barſelmelochner, Taltelmelochner und Duſſemelochner gebraucht wird. Zigeuneriſch von buklo, Schloß; buklengero gatſcho, der Schloſſer.

Tole (von תָּלָה, er hat gehängt), das Vorhängeſchloß. Duſſe, das Schloß, Hängeſchloß; duſſen, ſchließen; Duſſemelochner, der Schloſſer; Chozer (eig. das Vorhaus), das Schloß.

Abſtecher (jüdiſch-deutſch מרצע [marzea]) iſt ein Spitzbohrer oder ſtählerner Pfriemen, der meiſtens als Pfeifenräumer an Taſchenmeſſern oder Feuerſtählen angebracht iſt, und zur Sonde der

Schlösser, vorzüglich aber zum Schieben des Schloßriegels von außen am Stulp gebraucht wird, wenn die Zuhaltung des Schlosses durch den Echober aufgehoben ist.

Endlich sind beim Makkenen zu bemerken die jüdisch-deutschen Ausdrücke Oron, auch Orum oder Orehm, der Schrank, Kasten, die Truhe, Lade, Kiste, Kippe, Kise, Kuppe, Kuffe und Kuff; nieder-deutsch: Kuf=Kleines, Wirtshaus, Bordell, Bett, besonders das Schrank-bett, der Kasten, Koffer, Kramladen, Handelsgewölbe. Mooskuppe, der Geldkasten. Kuffer, der Nachschlüsseldieb. Chenwene, der Kram, die Kramkiste, Kramladen, besonders die Jahrmarktsbude. Tiefe, Schrank, Kasten, Kiste, Koffer. Schilchener, Schrank, Kasten, Schub-lade. Lesfinne, der Ladenschubkasten, in dem sich das Geld befindet, Ladenkasse.

Schon aus der weiten und unbestimmten technischen Termino-logie ersieht man, daß von einer genau bestimmten Anzahl von Kla-moniß beim Makkenen nicht die Rede sein kann und daß es kein vollständiges „Schaß=Klamoniß von achtundzwanzig oder dreißig Schlüsseln" gibt. Die Größe oder Kleinheit der Schlösser, ihre Kon-struktion und Besatzung sind die wesentlichsten Grundlagen, nach denen die Klamoniß angefertigt werden. Ebenso unmöglich ist das Vorhan-densein von eigenen chessen Taltelmelochnern, die ausschließlich die Klamoniß anfertigen und sich ihr Fabrikat mit Geld aufwiegen lassen sollen, wie in Norddeutschland der Glaube herrscht, daß namentlich in Posen und Stuttgart ausgezeichnete Barselmelochner existieren sollen. Der Makkener von Fach macht seine Klamoniß selbst aus alten abge-zogenen oder bei dem Trödler erhandelten, oder auch aus den in den Eisenwarenhandlungen nach allen Größen für sehr billiges Geld ver-käuflichen Schlüsseln mit unausgearbeiteten Bärten, deren Verkauf nicht allein der Schlosserei großen Abbruch tut, sondern auch die Ver-suchung überall weckt und die Sicherheit des Eigentums sehr be-deutend gefährdet. Wer die Feile und Laubsäge nur einigermaßen handhaben kann, begreift am besten, wie leicht jene keineswegs künst-lichen, sondern höchst einfach gestalteten Klamoniß sich herstellen lassen.

Es genügt aber auch schon ein Blick auf das Bund Dietriche, das jeder Schlosser führt, um mit diesen einfachen Instrumenten seine

künſtlich und mühſam gearbeiteten Schlöſſer behende zu öffnen und
damit ſelbſt ſeine eigene Kunſt zu paralyſieren.

Das Schloß, der Schlüſſel und ſeine Bewegung

Der Mechanismus des Schloſſes beſteht in der horizontalen oder
vertikalen Bewegung des Schloßriegels, um die bewegliche Tür
oder den Deckel eines Verſchluſſes mit dem ganzen Verſchluſſe zu
verbinden. Die Kunſt dieſes Mechanismus beruht aber darauf, die
durch den Schlüſſel bewirkte Bewegung des Riegels für jede andere
Bewegungskraft außer dem dazu beſtimmten Schlüſſel untunlich zu
machen. Um hiervon einen klaren Begriff zu bekommen, bedarf es
einer näheren Kenntnis der Konſtruktion und Bewegung eines Schloſ=
ſes. Auf der nebenſtehenden Tafel befindet ſich Fig. 1, die Zeichnung
eines von einem tüchtigen Meiſter verfertigten gewöhnlichen, ſoge=
nannten eingeſteckten Zimmertürſchloſſes mit abgehobener Decke;
Figur 2 iſt der dazu gehörige Schlüſſel.

ABDE iſt das Schloßblech, auf dem der ganze Mechanismus be=
feſtigt iſt. Das Schloßblech iſt von BAED mit einem Blechrahmen,
dem Umſchweif, umgeben, um Staub und Holzſplitter vom Schloſſe
abzuhalten. An dem vorderen Streif CC, dem Stulp, iſt das Schloß=
blech befeſtigt. Der durch Schrauben bei zz in das volle Holz des
Rahmens geſchraubte Stulp dient zur Befeſtigung des Schloſſes
und läßt durch eine entſprechende Öffnung die Falle F und den
Schloßriegel K durchlaufen, damit dieſe in die entſprechenden Öff=
nungen des in der Türzarge befeſtigten Schließbleches eingreifen
können. Auf das Schloßblech wird zu gleichem Zwecke vorn ein ent=
ſprechendes Blech, die Decke, aufgelegt und angeſchraubt. Zur Ein=
führung des Schlüſſels befindet ſich in der Decke ein Schlüſſelloch,
das dem Schlüſſelloch im Schloßbleche L entſpricht.

Der obere Teil des Schloſſes enthält die Vorrichtung zum Öffnen
der Türe durch Zurückziehen der Falle F. Die Falle bewegt ſich im
Stulp und in dem Einſchnitt des feſtgenieteten Hinterſtudels G. Sie
wird durch die unter dem Riegel und der Zuhaltung flach auf dem

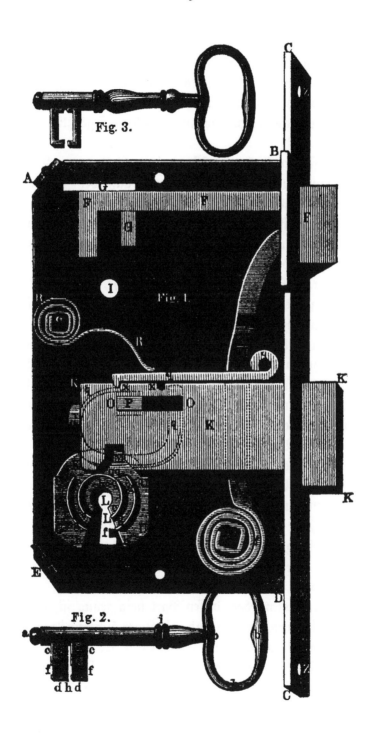

Fig. 3.

Fig. 1.

Fig. 2.

Schloßblech laufende Feder ff stets nach außen gedrückt und durch Drehung der Nuß, durch die in der Öffnung I die Stange des Türgriffes läuft, nach der entgegengesetzten Seite geschoben. Die Bewegung der Falle enthält also nichts besonders Künstliches und kann selbst dann durch ein bei I eingeschobenes eckiges Eisen oder Stück Holz hervorgebracht werden, wenn der Türgriff gänzlich abgenommen ist.

Desto künstlicher ist aber der Mechanismus des unteren Teiles. Der Riegel K läuft durch den Stulp CC und außerdem mittels der in ihn gefeilten Öffnung OO auf den Zapfen P, der auf dem Schloßblech festgenietet ist, so daß der Riegel frei seitwärts hin und her bewegt werden kann. Diese Bewegung wird nun durch die zirkelförmige Bewegung des durch das Schlüsselloch L gesteckten Schlüssels oder vielmehr des Schlüsselbartes hervorgebracht, der in den Riegeleinschnitt M eingreift und dadurch instand gesetzt ist, den Riegel willkürlich hin und her zu schieben. Um nun aber dem Stande des Riegels Festigkeit zu geben und zu verhüten, daß der Riegel nicht willkürlich hin und her geschoben werden oder schlottern könne, ist unmittelbar über dem Riegel die in dem Zapfen S sich bewegende, durch die Feder R fest niedergehaltene Zuhaltung q angebracht, die bei x einen in die Riegeleinschnitte einfallenden Haken bildet und von diesem an abgeflacht in einer Bogenlinie hinter dem Riegel ausläuft, die die vom Schlüsselbart beschriebene Kreislinie schneidet, so daß also der Bart, indem er in den Einschnitt M des Riegels K eingreift, um diesen wegzuschieben, zugleich auch die Zuhaltung q mit dem Haken oder Zapfen bei x, der durch sein Eingreifen in den Einschnitt x die Bewegung des Riegels hindert, in die Höhe hebt und somit der Bewegung des Riegels freien Spielraum gewährt. Diese zweifache Operation kann demnach ohne besondere Vorrichtung von jedem Schlüssel verrichtet werden, dessen Bart lang genug ist, um in den Einschnitt M hineinzureichen und mit seiner äußeren Kreislinie den Bogen der Zuhaltung q bei qq zu schneiden. Es würden dazu eine Menge Schlüssel imstande sein, die nötigenfalls schon nach bloßem Augenmaße der Form des Schlüsselloches mit leichter Mühe angepaßt werden könnten. Die in ihrer Weise geistreiche Erfindung der sogenannten Besatzung verhindert jedoch, wenn auch nicht immer, so doch meiſtens, die Anwendung jeglichen Schlüſſels, deſſen Bart auch die foeben dargeſtellte äußere Form und Länge hat.

Ehe jedoch von der Beſatzung geredet werden darf, müſſen die Beſtandteile des Schlüſſels bemerkt werden. In Figur 2 iſt b die Reithe, die beim Schließen mit der Hand gefaßt wird. Die Länge a—bb iſt das Rohr, das entweder hohl oder, wie Figur 2, dicht (voll) iſt. Das Eude des Schlüſſels a heißt der Knopf. Der Teil ccdd heißt der Bart, deſſen Länge von d bis zum Rohr die Höhe und von c—c die Breite genannt wird. Die Einkehlung des Rohres bei i, das Geſenk, iſt mehr Zierat und nicht ſo weſentlich wie bei den ſogenannten engliſchen Schlüſſeln der Anſatz, das heißt die in einiger Entfernung vom Bart am Rohre angebrachte Verſtärkung des Rohres, um das zu tiefe Eindringen des Schlüſſels in das Schloß zu verhindern.

An dem Barte des Schlüſſels, Figur 2, bemerkt man mehrere Einſchnitte. Zunächſt iſt der in der Mitte bei h bis an das Rohr der Höhe nach mit einem geraden Einſchnitte, dem Mittelbruch, verſehen. Sodann finden ſich zu beiden Seiten des Mittelbruchs die Einſchnitte (Kreuze) ee und gg. Dieſe ſämtlichen Einſchnitte dienen dazu, den Schlüſſel für die durch die Beſatzung gegebene beſondere Konſtruktion des Schloſſes geeignet zu machen. Um nämlich die Bewegung jedes der äußeren Form nach zum Schloſſe paſſenden Schlüſſels zu ver= hindern, wird ein zu beiden Seiten rechtwinklig gebogenes Stück Blech U in der Höhe einer halben Bartbreite über dem Schlüſſelloch angebracht und bei W an dem Schloßblech vernietet, auch über dem Schlüſſelloch L in geeigneter Weiſe hhh ausgeſchnitten, ſo daß, wenn der Schlüſſel in das Loch geſteckt und umgedreht wird, dies ſo an= genietete Blech, der Mittelbruch genannt, in den mittelſten langen Einſchnitt des Bartes, der auch Mittelbruch genannt wird, gerät, der ſo zweigeteilte Bart ſich zu beiden Seiten dieſes Bleches bewegt und das zwiſchen dieſem Mittelbruch und der Decke befindliche Bartſtück den Riegel in dem Einſchnitt M faßt und hin und her ſchiebt. Der Mittelbruch hindert alſo ſchon den Gebrauch jedes Schlüſſels, der nicht mit dem ihm angepaßten Einſchnitt (Mittelbruch) verſehen iſt. Da nun aber dieſer Einſchnitt ſehr leicht mit der Bogenfeile oder Laubſäge in den Bart zu machen iſt und ſomit nur ein geringes Hin=

dernis bietet, so hat man den Mittelbruch noch mit anderen Vor=
richtungen versehen, welche die Bewegung jedes fremden Schlüssels
verhindern. Diese Vorrichtungen, Besatzungen, sind überaus zahlreich
und künstlich und lassen der Erfindung reichen Spielraum. Da es
sich aber hier nur darum handelt, einen Begriff von der Bestimmung
und Konstruktion der Besatzung zu geben, so wird hier nicht einmal
die allgemeinste Einteilung der Besatzungen angeführt, sondern nur
einfach die Besatzung der Figur 1 deutlich gemacht. Auf und unter
dem Mittelbruch LL sind nur die kreisrunden Stückchen Bleche e und
g so genau aufgelötet, daß die Kreuze ee und gg des bewegten
Schlüssels in sie eingreifen. Somit wird für jeden fremden Schlüssel,
der nicht mit dem Mittelbruch und mit den Kreuzen genau nach
der ganzen Besatzung eingerichtet ist, die Bewegung im Schlosse un=
tunlich gemacht. Diese Besatzungen werden nun auf höchst mannig=
fache und zum Teil sehr künstliche und sinnreiche Weise angebracht.
Auch sind sowohl auf dem Schloßbleche selbst, als auch auf der Decke,
ähnliche Besatzungen aufgelötet, so daß äußerlich auf beiden Breiten
des Schlüsselbartes entsprechende Einschnitte sich befinden.

Eine andere Vorrichtung, den Eingang eines fremden Schlüssels
in das Schloß zu verhindern, besteht darin, daß man die Figur des
Bartes, vom Knopf aus gesehen, so gestaltet, daß die Bärte mit ge=
raden, in Winkeln gebogenen Linien, oder auch mit rundgebogenen
Linien, geschweift werden. Die Schlüsselbärte erhalten dadurch eine
bunte Form, und die Spielerei hat auch hier sich darin gefallen, den
Bärten die Gestalt von Zahlen und von Buchstaben zu geben. Diese
Gestaltung hat jedoch nur Wert in bezug auf das Eindringen des
Schlüssels durch die Decke oder durch das Schloßblech, durchaus
aber nicht für seine Bewegung im Schlosse selbst. Schloßblech und
Decke werden der Form des Bartes entsprechend ausgefeilt, und bie=
ten in ihren Schweifungen ein nur beschränkteres Hindernis, das sich
leicht durch Ausbiegen oder Wegfeilen beseitigen läßt, wenn gar diese
eigentümliche Form dem Eingang des Echeder, Klamoniß oder Ab=
stechers überhaupt ein wirkliches Hindernis ist. Endlich hat man noch
für die hohlen deutschen Schlüssel, die mit dem Rohre über einem
auf das Schloßblech des selbstverständlich nur von einer Seite schlie=
ßenden Schlosses aufgenieteten Stift, dem Dorn, sich drehen, außer

den einfachen runden Dornen auch noch runde und überdies noch
eckige, besonders dreieckige oder achteckige Röhren, nach denen das
Schlüsselrohr entsprechend eingekeilt ist. Diese eckigen Röhren drehen
sich mit dem eingebrachten Schlüssel herum und bieten, ebenso wie
die Dorne selbst, bei weitem nicht solche Hindernisse wie tüchtige Besatzungen, da sie leicht mit einer Drahtzange oder einem Abstecher
oder Jabschabber ausgebrochen werden können.

Das auf der Tafel dargestellte Schloß ist von beiden Seiten
schließbar. Die zu Schränken, Kasten usw. dienenden Schlösser sind
natürlich nur von der einen Außenseite her verschließbar. Ihre Einrichtung entspricht aber der in der Figur dargestellten Konstruktion.
Nur hat das Schloßblech nicht den Einschnitt des Schlüssellochs wie
bei der Decke, sondern nur ein rundes Loch, in dem der Schlüssel
mit dem Knopf sich dreht, oder auch, wenn der Schlüssel ein hohles
Rohr hat, einen Dorn, über den der Schlüssel greift und sich bewegt.
Auch die Vorhängeschlösser haben im allgemeinen die entsprechende
Bauart, obgleich auch bei ihnen vielerlei Kunst angewandt wird, die
aber in bezug auf den Gauner insofern verschwendet ist, als ihr durch
Krampen, Stangen oder Riegel gezogener freiliegender und selten
über einen halben Zoll Dicke hinausgehender Bogen oder Hals stets
mit der Laubsäge behende und rasch durchgeschnitten werden kann,
wodurch das oft mühsamere und zeitraubendere Aufschließen ge-
spart wird.

Neunundvierzigstes Kapitel

Die Kunst und die Kunstmittel der Makkener

So künstlich und sinnreich auch alle oben angedeuteten Vorrichtungen sind, so können sie doch sämtlich durch die einfachsten Mittel
vom Makkener hinfällig gemacht werden. Der Grund dazu liegt darin,
daß die Bewegung des Schloßriegels immer die alte einfache geblieben ist, während die Schlosserkunst sich besonders darauf beschränkt
hat, die Einbringung und Bewegung des Schlüssels im Schlosse
durch die kunstreichsten Zusammensetzungen zu erschweren. Der
Schlüssel ist ein einfacher Hebel, dessen Stützpunkt im Rohre a—bb

(Fig. 2) und deſſen Endpunkte in der Reithe bei bbb und am Ende der Barthöhe bei dd liegen. Die Zuhaltung q wird durch den Schlüſ= ſelbart gehoben und zugleich der daduch völlig frei und beweglich gemachte Riegel hin und her bewegt. Um nun die Zuhaltung zu he= ben, bedarf es nur eines Druckes von unten. Dieſer Druck wird am leichteſten durch den Echeder (Dietrich) bewirkt.

Der Echeder iſt eine in einen rechten Winkel gebogene Eiſendraht= ſtange, die ſich leicht in das Schlüſſelloch und durch die Beſatzung hindurch gegen die Zuhaltung bringen läßt, um dieſe zu heben und dann zugleich durch Drehen den Riegel zu bewegen. Oft aber reicht der Echeder nur dazu aus, die Zuhaltung allein zu heben. Dann wird gewöhnlich mit dem Abſtecher entweder im Schloſſe ſelbſt oder außerhalb durch die Türſpalte, die ſich bei dem Stulp befindet, der durch Aufhebung der Zuhaltung beweglich gemachte Riegel zurück= geſchoben, während die eine Hand mittels des Echeders die Zuhal= tung in die Höhe gehoben hält. In dieſer Weiſe können auch die be= ſten Türſchlöſſer ungemein behende geöffnet werden. Ich habe Echeder ganz vorzüglich aus dünnen Fenſterſtangen (Windeiſen) ohne beſon= dere Reithe improviſiert geſehen in der Geſtalt:

Auch läßt ſich jeder Sturmhaken oder, ſehr unverdächtig, jeder Stie= felhaken ſehr leicht zum Echeder umgeſtalten, während bei kleinen Kaſſenſchlöſſern häufig ſchon ein Nagel oder bloßer Eiſendraht aus= reicht, der meiſtens erſt bei dem Diebſtahl ſelbſt vor dem Schloſſe mit der Drahtzange zurechtgebogen wird.

Das Heben und Halten der Zuhaltung erfordert den beim Makkenen überhaupt wichtigen Handgriff, daß man den mit der rechten Hand gefaßten und in das Schlüsselloch eingebrachten Echeder in das erste Gelenk des hart an das Schlüsselloch gedrückten Zeigefingers der linken Hand legt und mit diesem Zeigefinger den Echeder fest in die Höhe gegen den oberen Teil des Schlüsselloches drückt, wodurch der Echeder eine feste Lage und seine Bewegung große Sicherheit gewinnt, auch die einmal gehobene Zuhaltung stehen bleibt, so daß die rechte Hand frei wird und mit dem Abstecher oder schmalen Stemmeisen frei arbeiten und den Schließriegel zurückschieben kann. Dieser äußerst sichere Handgriff läßt sich schon durch geringe Übung erwerben, und macht auch die Echeder mit hohlem Rohr (deutsche Echeder) immer entbehrlicher und seltener, da die Dorne mit leichter Mühe mittels einer spitzen und inwendig platten Drahtzange weggebogen werden können, wenn nicht der Echeder schon allein den Dorn beim Einbringen umgeht, wegbiegt oder wegbricht. Hat das Schloß keine besondere Zuhaltung, sondern, wie meistens bei kleineren und namentlich bei Fabrikschlössern der Fall ist, eine einfache Feder über dem Riegel, so schließt schon der Echeder allein das Schloß mit vollkommener Leichtigkeit auf und es bedarf des Abstechens und einer anderen Operation nicht weiter. Der Echeder hat auch noch den Vorteil, daß mit ihm besonders leicht der Riegel auf halben Schluß gestellt, d. h. nur so weit zurückgeschoben werden kann, daß das Schloß zwar geöffnet wird, die Zuhaltung aber nicht in den zweiten Riegeleinschnitt fällt, indem der Riegel nicht völlig bis zum Einfallen des Zuhaltungshakens zurückgeschoben wird. Somit kann nach vollendetem Diebstahl die Hauptaufgabe des Makkeners, das Wiederzuschließen des Schlosses durch einfaches Vorschieben des Riegels leicht bewirkt und die Entdeckung des Diebstahls sehr hingehalten und erschwert werden.

Kann der Echeder nicht selbst zum Heben der Zuhaltung oder zum Schieben des Riegels verwendet werden, so bleibt er doch immer die beste Soude eines Schlosses, mittels der man sich durch das bloße Gefühl ziemlich genau von der inneren Konstruktion und Besatzung eines Schlosses unterrichten kann. Zum Sondieren ist schon der Abstecher oder auch ein dünner Echeder von Draht am geeignetsten,

um zu beſtimmen, welcher Nachſchlüſſel zur Anwendung kommen
kann.

Geübte Makkener wiſſen jedoch ſchon gleich mit dem bloßen
Echeder hinlänglich zu ſondieren, und überlaſſen die Drahtſonde den
minder Geübten, die indeſſen ſehr bald die Konſtruktion des aufzu=
ſchließenden Schloſſes begreifen und überhaupt auch ſchon bei dem
Baldowern ſich möglichſt genau davon zu unterrichten ſuchen.

Hat der Makkener ſich überzeugt, daß nur der Mittelbruch eine
Beſatzung hat, ſo ſchließt er ſchon mit dem Echeder das Schloß auf.
Iſt der Echeder aber vielleicht zu kurz oder zu dünn im Bart, Win=
kel oder Rohr, oder überhaupt nicht anwendbar, ſo wählt der Schrän=
ker bei dieſer Beſatzung den Hauptſchlüſſel (Engliſch=Welſch, Haup=
ter).

Der Bart eines Haupters iſt inwendig ausgefeilt, und hat nur
Seitenſchenkel, die auf der Höhe des Bartes im Winkel zuſammen=
ſtoßen und nur für den Mittelbruch durch einen Einſchnitt d getrennt
ſind. Beim Drehen greift der Schlüſſel durch den Einſchnitt (Mittel=
bruch) zu beiden Seiten des Mittelbruchs, geht aus dem ausgefeilten
Raume c über die ganze Beſatzung des Mittelbruchs fort, hebt mit
der Höhe d die Zuhaltung und ſchiebt den Riegel mit großer Leichtig=
keit hin und her. Die Verbindung zweier Hauptſchlüſſelbärte an einem
Rohr, die ſich gegenſeitig zur Reithe bienen, iſt ſehr bekannt und
üblich:

Die ſehr beliebten, mit Ausnahme von Kunſt= und Gaunerhand
nicht leicht zu öffnenden billigen Schlöſſer ohne Mittelbruch, jedoch

mit Besatzung auf dem Schloßblech und der Schloßdecke, die einen Schlüsselbart, etwa von der Gestalt der Figur erfordern

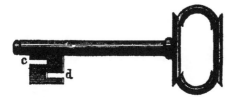

sind, wie man sieht, durch den Echeder nicht leicht zu öffnen, da die durch c laufende Besatzung des Schloßbleches durch die Besatzung der Decke bei d gedeckt wird. Es bedarf daher eines eigenen Nach=schlüssels, der folgende Gestalt hat, also dem Barte der obigen Figur

im Äußeren gleicht, jedoch die Einschnitte c und d bedeutend erwei=tert hat, wodurch er aber auch für mehrere Schlösser ähnlicher Größe anwendbar ist. Liegt die Besatzung der Decke höher als die des Schloßblechs, so hat der Klamoniß die umgekehrte Gestalt:

Hat nun ein Schloß ohne Mittelbruch die Besatzung nur auf einer Seite, so ist zu unterscheiden, ob die Besatzung auf der Decke oder auf dem Schloßblech ist. Im ersteren Falle wird der Hinterschieber gebraucht von dieser Form,

der gleich dem Englisch=Welsch in den ausgefeilten Raum c über die Deckenbesatzung sich wegdreht. Hat das Schloßblech allein die Besatzung, so wird der Vorderschieber gebraucht, dessen leerer Raum c über die Schloßblechbesatzung sich dreht.

Hinter- und Vorderschieber werden auch in sehr praktischer Weise an einem und demselben Rohr vom Makkener konstruiert. Der nachstehende Klamoniß a b hat nämlich durch das Rohr bei c ein rundes, besser viereckiges Loch. Das Rohrende a c ist mit einem Schraubengewinde versehen, in das die Schraube a c paßt, die im

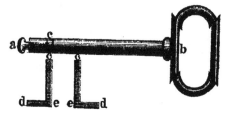

Knopf a einen Einschnitt zum Schrauben hat. Der Winkel (Bart) d e c wird in das Loch c gesteckt und mit der Schraube festgeschraubt und bildet so den Vorderschieber. Umgekehrt kann er auch in der anderen Figur c e d eingesteckt und festgeschraubt werden und bildet so den Hinterschieber. Die wesentlichsten Vorteile hierbei sind, daß die Bärte mittels Hin- und Herrückens durch c verlängert und verkürzt werden können, soweit der obere Teil des Schlüsselloches beim Einschieben des Schlüssels dies gestattet. Ferner erspart man sich dadurch das verräterische Führen eines größeren Schlüsselbundes, da sich in dieser Weise eine Menge Bärte, die leicht im Geldbeutel oder in den Uhr- und Westentaschen zu verbergen sind, auf ein einziges Schlüsselrohr anbringen lassen. Selbstverständlich läßt sich durch Einsetzen eines bloßen Stiftes jeder beliebige Echeder an diesem Rohr herstellen.

Man hat auch Schlüssel, die vorn am Kopfende mit einem Schraubengewinde versehen sind, in das sich die einzelnen Bärte hineinschrauben lassen. Sie haben bei dem Transport und Versteck der Schlüssel dieselben Vorteile, die oben gezeigt sind, bei der Anwendung aber den Übelstand, daß sie zwar die Schlösser aufschließen, nicht aber (wenn jene nicht sehr leicht schließen), daß sie die

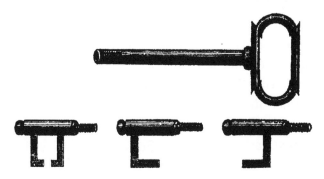

Schlösser wieder ebenso leicht zuschließen, da, je nach dem Schnitt der Schraube, die Bärte rechts oder links sich leicht abschrauben. Auch bedarf es stets zweierlei solcher Schraubenschlüssel mit den passenden Bärten, je nachdem die Schlösser links oder rechts schließen. Übrigens habe ich gerade in dieser Art äußerst sauber gearbeitete Schlüssel gefunden.

Hat ein Schloß gleichzeitig Besatzungen auf dem Schloßblech oder der Decke, um den Mittelbruch, oder alle drei zugleich, so wird dem Nachschlüssel immer die Grundform des Hauptschlüssels gegeben und dabei die Form der Bartschenkel nach den Besatzungen geschweift. In solcher Weise können die mannigfachsten Schlüssel hergestellt werden, je nach Beschaffenheit der Schlösser, deren genaues Studium eine Hauptaufgabe der Makkener ist. Dazu werden alle möglichen Schlösser zum Studium ihres Mechanismus und ihrer Zusammensetzung auseinandergenommen, wie z. B. Damian Hessel und Fetzer sich tagelang übten, Schlösser mit Dietrichen, Nägeln und Haken zu öffnen. Hessel öffnete zum Beweis seiner Fertigkeit mit einem Bindfaden und einem Stückchen Holz die innere starke Tür seines Kerkers [1]. Das scheint schwer glaublich. Und doch habe ich ebenfalls von einem Raubmörder gesehen, daß er mit einem zusammengedrillten Bindfaden ein sogenanntes Schneckenschloß wie im Nu öffnete, so daß er in Fesseln geschmiedet werden mußte.

[1] Rebmann, Damian Hessel, 2. Ausgabe, S. 15.

Die Anfertigung solcher Schlüssel, über deren Einfachheit man erstaunen muß, wenn man sie mit der künstlichen und mühsamen Arbeit des Schlosses und Schlüssels vergleicht, den jene überwinden, ist sehr leicht mit einigen guten Feilen und einer Laubsäge zu erreichen. Die Hauptrücksicht beim Anfertigen von Klamoniß ist: die Barthöhe als Endpunkt des einen Hebel bildenden Schlüssels muß notwendig in fester Verbindung mit dem Stützpunkt und dem anderen Hebelende stehen. Es kommt nur darauf an, diesen, wie gezeigt ist, leicht zu findenden Verbindungsgang zu ermitteln, der bei allen Schlössern vorhanden ist und sich leicht passend herstellen läßt. Meistens findet man, wie schon oben erwähnt, bei den Tröblern eine Menge alter Schlüssel vorrätig, bei deren passender Auswahl man schon viel vorgearbeitet finden kann. Es ist bemerkenswert, daß man unter den bei Schränkern angetroffenen Schlüsseln selten andere als alte Schlüssel findet, mit vorn dünn gefeiltem Rohr und eigens zugefeiltem Bart. Ich habe in meiner Praxis im ganzen nur wenige Schlüssel gefunden, die gleich von Anfang an zu Nachschlüsseln gearbeitet zu sein schienen. Auch kann man bei jedem Eisenwarenhändler Schlüssel aller Größen mit nicht ausgearbeitetem Bart, die in den Fabriken unter Druckschrauben zu vielen Tausenden hergestellt oder gegossen werden, bekommen, um sie zum beliebigen Gebrauch zuzurichten.

Bei der Billigkeit und flüchtigen Arbeit der Fabrikschlösser bedarf es oft nur weniger Feil- oder Sägenstriche, um die Nachschlüssel zu verfertigen. Die Einförmigkeit der Schlösser und Schlüssel, die in den Fabriken zu Tausenden nach einem und demselben Modell gemacht werden, spart dem Makkener viele Mühe und bahnt ihm den Weg in unglaublich viele Verschlüsse. Die Nachteile, die somit auch in dieser Rücksicht aus den Fabriken für die Sicherheit des Eigentums und auf die Moralität entstehen, sind außerordentlich groß, und schon scheint es zu spät zu sein, durch eine rege Begünstigung und Förderung der Schlosserkunst und durch ihre Wiedereinsetzung als Kunstgewerbe gegen den leichtfertigen und demoralisierenden Behelf der massenhaften Fabrikproduktion dem Unheil zu steuern. Die Schlosserei hat ihren wesentlichsten Verlaß nur noch in ihrer reelleren Arbeit, und ihre Hauptkunst besteht nur noch in Anbrin-

gung von Vexieren und anderen Künsteleien, die jedoch vom Scharf=
blick des professionierten Makkeners bald durchschaut werden.

Endlich sei noch eines praktikalen Klamoniß erwähnt, der bei einer
Untersuchung in Lübeck einem Makkener abgenommen wurde, der
selbst Barselmelochner war. Dieser Klamoniß hat diese Gestalt:

Durch die viereckige, mit einer Flügelschraube b versehene Nuß a lie=
gen zwei nach außen abgerundete, inwendig platt gegeneinanderlau=
fende Stangen c d und e f, die bei c und e in einen rechten Winkel
zu Echedern, bei d und f ebenfalls in rechte Winkel gebogen, mit
einem nach innen gerichteten Haken versehen sind und beliebig neben=
einandergeschoben werden können, sobald die Flügelschraube b gelöst
ist. Die Stange c d ist bei l etwas geschweift, ebenso die Stange e f bei
m, damit die Winkel respektive bei c und f in gleicher gerader Linie
mit den Winkeln e und d stehen. Es kann dadurch auf beiden Sei=
ten der Bart zu einer Menge von Hauptschlüsseln von verschiedener
Breite, z. B. g h i k, geschoben werden. Außerdem können die Stan=
gen c d und e f aus der Nuß herausgenommen und auf den Euden
c oder e zu Echedern, auf den Enden d und f zu Vorder= und Hin=
terschiebern gebraucht werden. Dieser Klamoniß ist sechsundeinhalb
Zoll lang und schließt, wie ich das oft selbst versucht habe, eine sehr
große Menge Schlösser. Einfacher ist der praktikable Hauptschlüssel.

In der hohlen Röhre a b, die unter a mit dem festen Bartschenkel
g und bei b mit dem Handgriff h i versehen ist, läuft die Stange c d,
die bei c in den Bartschenkel c e und bei d in den Handgriff d k
gebogen ist, aus dem Ausschnitt c f herausragt und in diesem Aus=

schnitt durch Hin= und Herschieben bei d bewegt und zu verschiedenen Breiten eines Hauptschlüssels gestellt werden kann.

Auf ähnliche Weise lassen sich noch eine Menge anderer Klamoniß je nach der Form und Einrichtung der Schlösser herstellen. Die Kla= moniß werden nach der Beschaffenheit des Schlosses gewählt, auch vorher eigens zu einem bestimmten Schlosse zugerichtet.

Der Makkener läßt sich nicht verdrießen, das zu bestehlende Lokal vorher zu besuchen, ehe der Massematten selbst gehandelt wird, um seinen Klamoniß gehörig zuzurichten. Er untersucht dabei das Schloß viel lieber mit dem Echeder, als daß er vom Schlüsselloch einen Ab= druck in weichgeknetetem Wachs nimmt. Dies Abdrücken des Schlüs= selloches in Wachs ist sehr untergeordnet und dient höchstens nur zur Messung der Höhe, Breite und Schweifung des Schlüsselbartes. Der erfahrene Gauner weiß, daß das Blech des künstlich ausgefeilten Schlüsselloches, wenn es nicht von ungewöhnlicher Dicke ist, sich leicht zurückbiegen oder sonst beseitigen läßt, und daß es nicht wesentlich darauf ankommt, die Schweifung des Schlüsselbartes zu kopieren, da man aus der bloßen Schweifung auch nicht entfernt auf den Mittel= bruch und die verschiedenen Besatzungen folgern kann. Vermag der Makkener nicht das Schloß mit dem Echeder gehörig zu untersuchen und sich durch das Gefühl von dessen Bau zu unterrichten, so über= zieht er den Bart eines in das Schlüsselloch passenden Schlüssels mit Wachs, oder schneidet, nachdem er die Tiefe des Schlosses gefunden hat, einen passenden hölzernen Schlüsselbart, überzieht ihn mit Wachs und dreht den in das Schloß gesteckten hölzernen Schlüssel gegen die Besatzung, die sich nun deutlich auf das Wachs abdrückt. Glückt es aber dem Schränker, beim Baldowern sogar den Schlüssel des zu öffnenden Verschlusses auch nur einen kurzen Augenblick in die Hand zu bekommen, so wird ein rascher Abdruck auf eine in der Handfläche verborgene weiche Wachsplatte genommen, was schon durch einen leichten Druck möglich wird, da es nicht auf ein vollständiges Mo= dellieren, sondern nur auf ein leichtes Andeuten der Form und der Einschnitte des Bartes ankommt. Es ist daher unvorsichtig, wichtige Schlüssel frei hängen zu lassen oder gar jemand auch nur einen Augen= blick in die Hand zu geben. Oft genügt schon der bloße Blick auf den

Schlüssel, um dem geübten Makkener zu zeigen, wie dem Schlosse beizukommen fei.

Wie bei den Schränken die Klugheit und die Standesehre erfordert, die Spuren eines Einbruchs möglichst zu verbergen, fo leidet auch die Makkenerehre nicht, daß der aufgeschlossene Verschluß, nachdem der Massematten gehandelt ist, unverschlossen bleibe. Die Schlösser werden daher vom Makkener soviel wie möglich geschont und wieder zugeschlossen. Zum rascheren Wiederzuschließen sucht der Makkener, wenn er mit dem Echeder gearbeitet hat, soviel wie möglich jedes, namentlich größere Schloß, auf halben Schluß, d. h. den Schließriegel fo zu stellen, daß die Zuhaltung beim Aufschließen nicht in den letzten Riegeleinschnitt fällt, worauf sich der Schließriegel viel rascher und leichter mit dem Echeder wieder zuschieben läßt. Wie endlich die Schränker immer mit Klamoniß versehen sind, fo führen auch die Makkener, namentlich wenn sie belaile handeln, wenigstens einen Jabschabber, oder auch einen Brunger, Vorleger oder Pezire und Magseire bei sich. Auch haben sie meistens um den bloßen Leib oder unter dem Rock Leilekissimer gewickelt und noch andere Schränkerwerkzeuge, die beim Baldowern etwa nützlich werden könnten.

Fünfzigstes Kapitel

Die Verbesserungen von Chubb, Bramah und Newell

In dem Wettkampf, in den die Schlossertüchtigkeit mit dem Makkener geraten ist, hat sie in neuester Zeit endlich eine Verbesserung gefunden, die, statt der bisherigen auf die Erschwerung der Schlüsselbewegung beschränkten Kunst, nunmehr auch die Bewegung des Riegels selbst genauer berücksichtigt und bei zunehmender Vervollkommnung einen immer vollständigeren Sieg über das Gaunertum verheißt. Es sind die Schlösser, die die englischen Mechaniker Chubb und Bramah, sowie der Nordamerikaner Newell (mit feinem Permutation bit-keys) erfunden haben. Alle drei Arten Schlösser haben ganz vorzüglich auf die Bewegung des Riegels geachtet, wobei der Schlüssel in höchst einfacher Konstruktion erscheint. Die nebenstehende Beschrei-

bung 1) gibt einen deutlichen Begriff von dem Bau des von Chubb er=
fundenen Schlosses.

„Das Chubbschloß besteht aus sechs verschiedenen und genau dop=
peltourigen Sperrungen (tumblers) [mit Hinzufügung eines An=
gebers, durch den jeder Versuch des Nachschlüssels beim Gebrauche
des rechten Schlüssels verraten wird. Die umstehende Abbildung ist
eine Darstellung eines nach folgenden Prinzipien gebauten Schlosses.

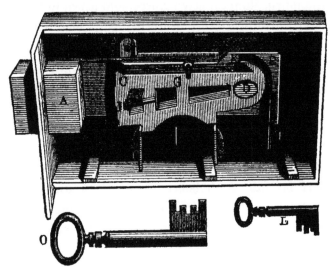

„A ist der Riegel, B die viereckige Stubel, die inwendig vernietet
ist und einen Teil des Riegels bildet; C sind die Sperrungen, sechs
an der Zahl, die sich auf den Zentralkegel D bewegen; sie sind eine
über die andere gelegt, aber vollständig isoliert und gesondert, um
jeder Sperrung zu erlauben, in verschiedener Höhe emporgehoben zu
werden; E ist eine geteilte Feder mit sechs verschiedenen Sprüngen,
die auf die Euden der sechs Sperrungen treffen; F ist die Anzeige=
feder. Es muß bemerkt werden, daß der Grundsperrer einen Zahn
nahe der Anzeigefeder hat; G ist eine Stubel oder Schraube, in=
wendig befestigt und einen Teil der untersten Sperrung bildend, und
O ist der Schlüssel.

Nun ist es ersichtlich, daß alle Sperrungen genau zu der verschie=
denen erforderlichen Höhe gehoben werden müssen, um der viereck=
gen Stubel B zu erlauben, durch die Längendurchschnitte der Sperrun=

1) Johann König, Grundriß der Schlosserkunst, S. 78.

gen zu paſſieren, ſo daß der Riegel fortgezogen werden kann. Wir brau=
chen nicht zu ſagen, was geſchieht, wenn eine oder die andere Sper=
rung zu hoch oder nicht hoch genug gehoben wird; noch weniger kann
die Kombination dieſer ſechs Sperrungen entdeckt werden, und wenn
ein falſcher Schlüſſel eingebracht wird und eine der Sperrungen ſollte
übermäßig gehoben werden, ſo fängt die Anzeigefeder F den Grund=
ſperrer C und hält ihn feſt, ſo daß der Riegel nicht paſſieren
kann, und bei der nächſten Anwendung des wahren Schlüſſels wird
man alſo bald ſehen, daß der Verſuch einer widerrechtlichen Offnung
des Schloſſes gemacht wurde, da man mit dem richtigen Schlüſſel
das Schloß nicht mit dem gewöhnlichen Verfahren auf einmal öff=
nen kann. Dreht man den Schlüſſel jedoch in umgekehrter Weiſe, ſo
wird der Sperrer wieder in ſeine vorherige gewöhnliche Lage kom=
men, dem Riegel erlauben, ſich vorwärts zu bewegen und die Stu=
del B in die Kerbe I zu faſſen. Der abgeſchrägte Teil des Riegels A
wird ſodann die Anzeigefeder aufheben und dem Bodenſperrer C er=
lauben, in ſeinen alten Platz zu fallen. Das Schloß iſt nun zu ſeiner
gewöhnlichen Stellung zurückgebracht und kann wie ſonſt geſchloſſen
und geöffnet werden. Es iſt erſichtlich, daß, wenn das Schloß ange=
zeigt hat, es ſei falſch berührt, nur der wahre Schlüſſel es wie=
der in den gewöhnlichen Zuſtand bringen kann.

„Bei Schlüſſeln, nach dieſer Art konſtruiert, können ungemein
viele Wechſel der Formen angewandt werden. Der klein gezeichnete
Schlüſſel L, der aus ſechs Stufen und Einſchnitten beſteht, iſt ſieben=
hundertundzwanzig Abänderungen fähig, während dabei den größeren
Schlüſſeln dieſe Zacken dreißigmal und die Riegeleinſchnitte zwanzig=
mal verändert werden können, ſich die Summe von 7776000 mög=
licher Abänderungen ergibt.‟

Das Chubbſchloß iſt 1846 und noch ſpäter vom Erfinder verbeſ=
ſert worden, wie aus der von König gemachten Beſchreibung hervor=
geht. Die Verbeſſerung beſteht zunächſt in einem aus vier verſchie=
denen Schlöſſern zuſammengeſetzten Schloß, das durch einen mit
vier verſchiedenen Bärten verſehenen Schlüſſel geſchloſſen wird,
und ferner in der Anbringung einer Metallblende, die im Innern her=
vortritt, und das Schlüſſelblech und Werk deckt, ſobald ein falſcher
Schlüſſel eingebracht wird.

Das von Bramah erfundene Schloß ist der Kleinheit wegen be=
sonders zu Schreibtischen, Kästchen, Dokumententaschen, Vorhänge=
schlössern usw. geeignet, und hat eine ganz eigentümliche Riegelbe=
wegung und Zuhaltung, auf der die großen Vorzüge des ganzen
Schlosses wesentlich beruhen 2).

Auf ähnlicher Grundlage hat Newell feine Permutation bit=keys
zusammengestellt, zugleich aber dadurch, daß er auch den Schlüssel=
bart teilweise beweglich machte, das Vollkommenste erreicht, was bis
jetzt die Schlosserkunst aufzuweisen hat. Der Bart des Schlüssels
(Fig. 1 u. 2, a c, b d) ist vorn am Rohre festgeschweißt. Durch den

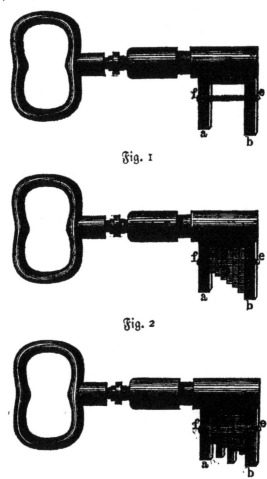

Fig. 1

Fig. 2

Fig. 3

2) König, a. a. O., S. 82 f.

Vorderzapfen b d geht bei e eine Schraube bis in f auf den Zapfen
a c. Die mit einem Schraubenloch versehenen sechs Zapfen von ver=
schiedener Länge sind zum Herausnehmen und können zwischen e
und f in den verschiedensten Kombinationen willkürlich versetzt und
festgeschraubt werden, wie z. B. in Figur 3. Das mit einer bestimmten
Bartzapfenstellung geschlossene Schloß, wie z. B. in Figur 3, läßt
sich auch nur mit derselben Zapfenstellung aufschließen. Bei dem
Versuche, mit einer anderen Zapfenstellung aufzuschließen, springen
die Federn (Indikators) vor und vereiteln nicht nur das Aufschließen,
sondern schließen auch nicht einmal mehr auf die richtige Zapfenstel=
lung des richtigen Schlüssels, wenn nicht mit dieser die Drehung so
gemacht wird, als solle das zugeschlossene Schloß nochmals zuge=
schlossen werden, worauf die Federn in die richtige Lage springen und
somit das Aufschließen möglich wird. Die Kombinationen dieser
Schließweise sind, wie bei den Chubbschlössern, außerordentlich zahl=
reich, namentlich da es Schlüssel gibt, die statt der dargestellten sechs
Zapfen acht und zehn Zapfen enthalten, also um so mannigfacher
gewechselt werden können. Selbst der völlig gleich nachgebildete
Nachschlüssel vermag nicht, das Schloß zu öffnen, wenn nicht dabei
die Zapfenstellung bekannt ist, die der Schlüssel beim Zuschließen
hatte.

Einundfünfzigstes Kapitel

Das Makkenen auf Kittenschub

Allerdings sind diese wichtigen Verbesserungen noch zu neu und
zum Teil noch zu wenig bekannt, auch wohl noch zu teuer, als daß
sie schon die verdiente allgemeine Verbreitung gefunden hätten. Da=
bei wuchert das Makkenen denn auch noch immer als eine der ge=
winnbringendsten Künste fort, die ihren Jünger vollauf ernährt und
ihn häufig zum reichen Manne macht.

Die Leichtigkeit, mit der die Klamoniß herzustellen und anzuwen=
den sind, hat das Makkenen zur verbreitetsten Gaunerkunst gemacht,
und den Makkenern von Fach in der Person von Gesellschafterinnen,
Erzieherinnen, Hausgesinde, Kontorleuten, ja sogar Schülern und

kleineren Kindern eine Konkurrenz geschaffen, die den Makkener zwingt, sein so verkümmertes tägliches Brot mit mehr Wagnis, aber auch mit mehr Meisterschaft zu verdienen, und sich auf den Kitten- schub zu legen, um im Verkehrsgetümmel bei lichtem Tage die Sorg- losigkeit auszubeuten, die meistens nur für die Nachtzeit ernsterer Sorgsamkeit und Vorsicht weicht.

In Gasthöfen, und namentlich während der Messen und während der Badesaison, findet der Makkener denn auch die meiste Gelegen- heit, feine Kunst zu üben.

Meistens steigt er in den ersten Gasthöfen ab unter dem Namen eines Rittergutsbesitzers, Offiziers, hohen Beamten oder eines Ban- kiers, während seine Chawern unter ähnlichem Scheine in anderen Hotels wohnen und sich dort ebenfalls nach Gelegenheit umsehen, auch ihn besuchen, und mit ihm viel aufgehen lassen, um die Umge- bung zu blenden. Ist ein Massematten baldowert, so sucht der Mak- kener, meistens unterstützt von einem Vertusser oder einer Schmiere, die besonders den Freier zu meistern hat, die Zimmertüre des baldo- werten Massematten zu öffnen. Wird er dabei von einem Gaste oder Kellner betroffen, so weiß er sich das Ansehen eines der im Gasthofe logierenden Fremden zu geben, von deren Person bei dem großen Verkehrsgetümmel selten genauere Notiz genommen wird, so daß kaum einmal eine Anrede vorkommt. Hat er noch nicht das Zimmer aufgeschlossen und bemerkt er Aufmerksamkeit auf sich, so geht er dem Aufmerkenden entgegen, tut eine Frage, z. B. nach dem Bewohner des Zimmers, dessen Name und Staub er vorher erkundet hat usw. und entfernt sich für diesmal (er geht koscher oder kaschert sich). Eben- so verfährt er, wenn er gleich beim Eintritt in das Haus Verdacht bemerkt. Er geht dann in die Etage oder an das Zimmer, wo er stehlen will, jedoch womöglich ohne Klamoniß, falls er angehalten und untersucht würde, und begibt sich, ohne irgend etwas zu unter- nehmen, wieder fort, sucht aber sobald wie möglich heimlich wieder- zukommen, wenn er den Verdacht geschwunden glaubt. Ist die Tür aufgeschlossen, so legt er mit derselben Vorsicht die Klamoniß hinter den Füßen der meistens auf den Vorplätzen stehenden Schränke oder auf deren Gesimsen, oder auch in Tischschubladen oder sonst in der Nähe kawure, bis der Handel gemacht ist, worauf die Türe wieder verschlossen wird. Bekommt er im Zimmer Aufstoß, so hat er die Tür nachlässigerweise unverschlossen gefunden und fragt nach irgend= einer Person, die hier wohnen soll.

Bei dringender Gefahr ist hier auch wohl eine glänzende Gelegenheit zum Zuplanten oder Versarkenen. Beim Weggange beobachtet der Makkener alles, was ihm etwa begegnet, ob er etwa selbst beobachtet wird, wobei er auf der Straße nach den gegenüberliegenden Häusern blickt, ob er von dort aus bemerkt ist. Ist das der Fall, so kleidet er sich in seinem Quartiere oder in einer Chessenpenne um, oder entfernt sich wohl gar mit dem Gestohlenen aus dem Orte, wenn er es nicht platten Leuten anvertrauen oder kawure legen kann.

Handelt der Makkener ohne Vertusser oder Schmiere, oder hat, was selten der Fall ist, der Vertusser den Freier nicht meistern können und bekommt der Makkener nun Aufstoß, so hilft er sich mit großer Geistesgegenwart in der Weise, wie oben unter dem Kapitel von Meistern angeführt ist, bis er sich dann kaschern kann.

Zweiundfünfzigstes Kapitel

Das Kittenschieben: Erklärung und Terminologien

Kittenschieben, einen Kittenschub halten (von כִּסֵא [kisse], Ses= sel, besonders bedeckter Sitz, Thronsessel, tectum, Dach, Haus; im Niederdeutschen Kit, Femininum, ein gebräuchlicher Ausdruck für Krughaus, Bordell 1) [von כָּסָה, bedecken] und schieben [שׁוּב, schuf, zurückkehren, wiederkehren, umkehren, sich wenden], gehen, schleichen), bedeutet allgemein das Hauseinschleichen der Ganner in der Absicht zu stehlen, ohne besondere Rücksicht auf eine bestimmte Weise, wie der Massematten dabei gehandelt wird, und zu welcher Tageszeit dies geschieht. Ein Kittenschub kann daher zu jeder Tages= zeit, mit und ohne Schränken und Makkenen gehalten werden, und Kittenschieber ist daher allgemein der Hauseinschleicher. Gleich= bedeutend ist der Hofen (vom deutschen Haus, Häuser, hausieren), Hauseinschleicher.

1) Matth. Kramer, Hoch=Nieder= und Nieder=Hoch=Deutsches Dictionarum, 1719, S. 146.

Endlich ist gleich der allgemeinen Bedeutung Kittenschieber und Hosen der Ausdruck Zgocker, eigentlich Zugucker, vom deutschen Gucken, Sehen, Zusehen, zu unterscheiden von Zchocker, Spielen (vgl. Kap. 76).

Dreiundfünfzigstes Kapitel

Arten des Kittenschiebens: Die Zefirgänger

Nach der Zeit, in der der Kittenschub gehalten wird, unterscheidet man verschiedene Arten von Kittenschiebern. Die Kaudemhalchener (von קֶדֶם [Kedem], vorm. Osten, Ostwind, Sonnenaufgang, Morgen); Kaudemgänger oder Zefirhalchener (von צְפִירה [Zefier], Kopfschmuck, frühe Morgenzeit). Zefirgänger sind Diebe, die besonders früh am Tage sich in die vom Gesinde offengelassenen Haustüren schleichen und, während das Gesinde auf dem Gange zum Bäcker oder sonst innerhalb oder außerhalb der Wohnung beschäftigt ist und die Herrschaft noch im Bette liegt, aus den Zimmern, oft auch mit Makkenen, stehlen. Besonders arbeiten die Zefirgänger, die, wie alle gewerbsmäßigen Kittenschieber, mit leichtem Fußzeug bekleidet sind, in Gasthöfen, namentlich zur Meßzeit oder Badezeit. In der frühen Morgenzeit ist in den Gasthöfen die geringste Aufsicht. Somit gelingt es dem Zefirgänger leicht, auf den Korridor zu gelangen und entweder an eine Tür, wo ein Massematten baldowert ist, oder an die erste beste Tür anzuklopfen. Erfolgt kein Hereinruf auch auf das wiederholte Anklopfen, so öffnet er die Tür und tritt mit leisem Morgengruß ein. Den Blick beständig auf den Schlafenden gerichtet und mit gedämpfter Stimme den Morgengruß wiederholend, rafft er Geld, Uhr, Ringe, Brustnadeln, die der Reisende gewöhnlich auf dem Tische neben dem Bette liegen hat, zusammen, durchsucht auch die Kleidungsstücke, auch wohl die offene Schreibklappe oder Kommode und geht rückwärts langsam und mit beständigem Morgengruß und Blick auf den Schläfer aus dem Zimmer, dessen Tür er jedesmal wieder in die Falle klinkt. Der Reisende, der etwa im Halbschlummer und bei herabgelassenen Vorhängen den Eintretenden hört, ist gewohnt, daß frühmorgens der Hausknecht die Kleider zum Reini-

gen abholt und wiederbringt, weshalb er meistens unbekümmert um
die eintretende und dreist guten Morgen wünschende Person bleibt.
Ist der Reisende wach und fragt er nach dem Begehr des Eingetre=
tenen, so gibt er sich für einen bestellten Barbier, Leichdornschneider
und dergl. aus und führt deshalb auch wohl Scherbeutel bei sich.

Vielfach treten Frauenzimmer als Zefirgängerinnen auf, da nicht
leicht von einem vorübergehenden Kellner oder Fremden angenom=
men wird, daß ein Frauenzimmer, ohne bestellt zu sein, zu so früher
Zeit in ein Fremdenzimmer tritt, namentlich wenn sie die Attribute
einer helfenden Kunst halb verhüllt blicken läßt, oder wo die Lieder=
lichkeit eines Ortes oder die Schamlosigkeit eines Wirtes so weit gera=
ten ist, daß feile Dirnen ungescheut in die Fremdenzimmer gehen und
dort sich anbieten dürfen.

Unglaublich ist es, wie beständig und wie viel durch das Zefirhal=
chenen in Gasthöfen gestohlen wird, und wie die Sorglosigkeit der
Wirte so wenig auf den Ruf ihrer Gasthöfe, auf den sie sonst so
überaus eifersüchtig sind, in dieser Beziehung Rücksicht nimmt und
so wenig für den Schutz des Gastes tut. Die gedruckten Anzeigen in
den Gastzimmern, mittels derer sich der Wirt von seiner Haftung
aus dem receptum cauponis bequem zu befreien sucht, indem er
sich als besonderer Aufbewahrer anbietet und nur als solcher haften
will, können ihn rechtlich nicht von der allgemeinen Haftung befreien,
da der Gast ihm nicht allabendlich im Nachtkleide auch seine ihm für
die Nacht unentbehrliche Uhr oder seinen Geldbeutel und andere
Wertsachen übergeben und von ihm einen Empfangsschein dafür for=
dern kann. Eine eigene sichere Wache auf jedem Korridor, und deren
strenge Verpflichtung, jeden einlaßbegehrenden Fremden zu beobach=
ten und dem Inhaber des Zimmers zu melden, dürfte schon bessere
Abhilfe gewähren, und namentlich gegen die Gauner schützen, die
verkappt in demselben Gasthofe wohnen, des Nachts oder frühmor=
gens Besuche abstatten und sogar dabei den Nachschlüssel anwenden.
Am sichersten ist es, in Gasthöfen die Stube von innen abzuschlie=
ßen, den Schlüssel im Schlosse stecken zu lassen und durch die Reithe
des Schlüssels die Spitze des mit einem Bindfaden an den Türgriff
zu befestigenden Stockes oder Schirmes zu stecken, damit nicht der
Schlüssel von außen her mit einem Echeder oder einem gehärteten

hohlen, inwendig ausgezahnten Schlüsselrohr, das von den Makke= nern fest auf den Knopf des von innen einsteckenden Schlüssels ge= setzt wird, herumgedreht und aus dem Schlüsselloch in das Zimmer gestoßen werden kann, um dem Klamoniß Platz zu machen. Hirt 1) empfiehlt den auf Fußreisen in zweifelhaften Dorfgasthöfen abge= stiegenen Reisenden einen eisernen Keil und eisernen Winkel mit Schrauben zum Anschrauben an Stubentüren, die kein Schloß und Riegel haben. So zweckmäßig diese Vorrichtung auch erscheint, so umständlich ist doch immer die Anfertigung und der Transport. Ohnehin ist man nicht vor der Reise von der Notwendigkeit ihrer Anwendung unterrichtet, um diese Dinge anfertigen zu können, und zum Improvisieren von Verschlüssen oder Mitteln zum Wecken ist in jeder Lokalität genug Gelegenheit vorhanden, wie man ja durch Versetzen der Türe mit Stühlen, einer Bank, die man mit dem Schnupftuch oder einem Band oder Riemen fest an den Türgriff bindet, und vielleicht eine Flasche oder Wagschale auf Stuhl oder Bank stellt, um durch deren Herabfallen aus dem Schlaf geweckt zu werden, seine Besorgnis als Fußreisender einigermaßen beschwich= tigen kann. Will man eine einfache mechanische Vorrichtung für aus= und einschlagende Türen, so genügen zwei eiserne Ringschrau= ben von der Gestalt und Größe nachstehender Figur:

die man in jedem Eisenwarenladen und sogar bei jedem Landkrämer vorrätig findet und in der Westentasche oder am Schlüsselbunde leicht führen kann. Die eine Schraube wird in die Türzarge, die an= dere nahe dabei in die Tür selbst geschraubt und durch beide ein star= ker Bindfaden gezogen. Fürchtet man ein Zerreißen oder Durchschnei= den des Bindfadens, so biegt man durch die eine Schraube einen kleinen eisernen Haken, der bei einschlagenden Türen als Riegel sich steift, bei ausschlagenden Türen als Haken bindet.

<hr />

1) Der Diebstahl, dessen Verhütung und Entdeckung, S. 107.

Vierundfünfzigstes Kapitel

Die Erefgänger

Die Erefhalchener, Erefgänger, Erefhändler (von עֶרֶב [erew],
Abend, und חָלַךְ [halach], gehen), oder Tchilleshalchener, Tchilles=
gänger, Tchilleshändler, (תְּחִלָּה [techillo], der Anfang des Abends,
der Nacht), sind Kittenschieber, die zur Abendzeit in die Häuser schlei=
chen. Mit Eintreten der Dunkelheit pflegt man vorsichtshalber die
am lichten Tage bewachten und leicht zu beaufsichtigenden Haus=
türen in die Falle zu legen und sich bei Eintritt eines Fremden
auf die Haustürglocke zu verlassen. Eine Hauptaufgabe und Übung
der Erefhalchener ist daher, die Haustür so leise und vorsichtig zu
öffnen, daß der oben an der Haustür befindliche eiserne Arm an der
in schwingender Feder hängenden Haustürglocke vorbeistreicht, die
Glocke langsam zur Seite biegt, und daß nach Vorüberführen des
Armes die Tür mit dem Arm gegen die Glocke gedrückt wird, um
die beim Abgleiten des Armes entstehende Schwingung der freige=
wordenen Glocke zu verhindern.

Zur weiteren Vorsicht pflegt man abends die Haustürkette über=
zulegen, um das willkürliche und heimliche Eintreten in das Haus
zu verhindern. Häufig sind diese Ketten an sich so schwach oder so
schwach befestigt, daß sie bei einem festen Druck nachgeben; sie las=
sen sich auch oft mit der durchgesteckten Hand abhaken, oder sind zu
lang, so daß eine schlanke oder kleine Person behende unter der Kette
weg durch die klaffende Tür in das Haus gelangen und die Kette
von innen abhängen kann.

Man findet deshalb, daß die meisten Tchillesgänger junge Dirnen
und Buben sind, die übrigens auch vielfach von Erwachsenen zum
bloßen Durchkriechen und Abhängen der Kette verwendet und dann
fortgeschickt werden. Sehr oft werden diese Kinder aber auch unter
die Ketten durchgeschoben, um zunächst zu erkunden, ob und welche
Personen zu Hause sind, und ob mit oder ohne Gewalt ein Diebstahl
auszuführen ist. Die Anwesenheit solcher Kinder hinter zugehängten
Haustüren erheischt daher strenge Aufmerksamkeit.

Bei einem Aufstoß geben sich die Tchillesgänger meistens für ver=

fchämte Arme aus, oder fragen nach einem Rechtsanwalt, einem
Arzt, einer Hebamme, irgendeinem Beamten, Geiftlichen ufw., und
find keck und verwegen genug, wie die Zefirgänger auf das Gerate=
wohl an Stuben= und Küchentüren zu kopfen, und wenn keine Ant=
wort erfolgt, einzutreten und zu ftehlen.

Fünfundfünfzigftes Kapitel

Die Kegler

Eine befondere Art der Kittenfchieber find ferner die Kegler, rich=
tiger Gacheler, Gachler, auch Gackler, Kakler. Das Wort ift wohl
nur von dem hebräifchen Stammwort גָּחַל (gachal), er hat ent=
zündet, wovon Gecholim (גְּחָלִים), brennende Kohlen, abzuleiten.
Im Niederdeutfchen ift der Ausdruck kakeln, mit Licht oder Fener
kakeln, für „fpielen mit Licht, leichtfertig mit Feuer umgehen",
fehr gebräuchlich. Sie fuchen befonders in die Küchen und Dienft=
botenftuben zu gelangen, um das dort von den Domeftiken nach
den Mahlzeiten zum Reinigen hingelegte Silbergerät zu ftehlen, wäh=
rend die Bedienung außerhalb der Küche befchäftigt ift. Der Aus=
druck Gackler mag vielleicht auch die Urfache fein, daß der Suppen=
löffel mit den kleineren Eßlöffeln in der Gaunerfprache als „Glucke
mit Kücken" bezeichnet wird.

Sechsundfünfzigftes Kapitel

Die Merchitzer

Die verwegenfte Art der Kittenfchieber find die Merchitzer (von
Merchaz, das Wafchen, die Wäfche, und dies von רָחַץ [rachaz],
er hat gewafchen), auch Margitzer, Marchetzer, das heißt Hausein=
fchleicher, die fich durch das ganze Hans hinauffchleichen bis auf die
Böden, wo fie vorzüglich die zum Trocknen aufgehängte Wäfche
ftehlen. Gewöhnlich wird die vorn an der Treppe hängende Wäfche
an ihrem Platz gelaffen, damit man die hinten weggeftohlene Wäfche
nicht fogleich vermißt. Die geftohlene Wäfche wird in Bettfäcke ge=

packt und vom Merchißer rückwärts die Treppen hinuntergetragen, damit er beim Aufstoß sogleich die Treppe hinaufsteigen kann, als ob er einen Packen bringen wollte.

Nur in bezug auf diese Weise über die Treppe zu gehen wird der Kittenschieber auch Hockweiler genannt. Eine eigene Klasse der Kittenschieber bilden aber die Hockweiler nicht.

Einen lustigen Kittenschub verübte einmal der Gauner William Getting bei einem Arzte in Wils-Clone.

Getting hatte ein kostbares Bett aus einer Bodenkammer des Arztes zusammengepackt und fiel damit die Treppe hinunter. Er hatte, obgleich schmerzhaft gequetscht, die Geistesgegenwart, dem mit seinem Sohne auf das Geräusch herbeieilenden Arzt einen Gruß von einem Mr. Hugh Hen auszurichten und gebeten, die Last im Hause des Arztes zur Aufbewahrung ablegen zu dürfen. Der Arzt, der den genannten Herrn nicht kannte, wies ihn barsch zur Tür hinaus, wobei er ihm noch den schweren Packen auf die Schulter heben half[1].

Die höchst verwegenste Art, das ganze Haus zu durchgehen bis auf den Boden, hat den Namen Merchißer zu einem allgemeinen Ehrennamen gemacht, mit dem der Ganner jeden raffinierten und besonders geschickten Genossen belegt, wenn er auch nicht das Wäschestehlen als Spezialität betreibt.

Wie endlich der Kittenschub, je nachdem er in der Stadt oder auf dem Lande gehalten wird, als Kittenschub in Mokum oder auf der Medine unterschieden wird, so gibt es auch Kaudemhalchener, Zefirgänger, Tchilleshalchener, Erefgänger und Kegler in Mokum oder auf der Medine, je nachdem zur Morgenzeit oder Abendzeit in der Stadt oder auf dem Lande in einer oder der anderen Weise Kittenschub gehalten wird.

Siebenundfünfzigstes Kapitel

Das Schottenfellen

Schottenfellen, Schautenfällen (von שׁוֹטֶה [schoto], närrisch werden, wovon Schote, Schaute, der Narr, und dem wahrscheinlich

[1] Smith, Straßenräuber, S. 567f.

aus dem Lateinischen fallere herzuleitenden fallen [wovon Falle]1), herabwerfen, fangen, betrügen, also eigentlich Narrenbetrug) ist das Stehlen von Waren aller Art in offenen Handelsläden, Gewölben, Buden, Butiken vor den Augen des Verkäufers und während des Besehens und Behandelns von Waren; Schottenfeller, der Dieb, der auf die angegebene Weise stiehlt.

Das Schottenfellen ist eine schwere Steuerauflage, unter deren Druck die Kaufleute und Detaillisten ganz außerordentlich leiden. Die jährliche Ausbeute der Schottenfeller ist ungeheuer, obschon die von den Schottenfellern mit dem keineswegs schmeichelhaften Namen „Schaute" belegten Kaufleute ungern gestehen mögen, daß sie in ihrer Gegenwart und vor ihren Augen so arg bestohlen werden, wobei sie den unleugbar vorhandenen Lagerabgang bei der Jahresinventur auf jegliche andere Ursache schieben, nur nicht auf das Schottenfellen.

Kein Industriezweig des Gaunertums hat sich in das Handelsleben so tief eingebürgert wie das Schottenfellen, das ebensogut unter der Maske einer schlichten Bürgersfrau und manirierten Gouvernante betrieben wird, die Leinwand zu einer Schürze oder ein seidenes Kleid kaufen, wie von der Baronin oder dem Grafen, der in der Equipage vorfährt und um die teuerste Ware handelt.

Das Schottenfellen hat keinen sichtbaren technischen Apparat, keine Gewalttätigkeit, keine andere Manipulation als das geschickte heimliche Verschwindenmachen unter dem Gange des alltäglichen Scheines, Gespräches und Handelns.

Dieser Umstand gerade ist es, der dem Verkäufer noch immer Vertrauen zu rechtlicher Kundschaft und dem Schottenfeller so große Sicherheit gibt, daß er schon bei einiger Übung und Erfahrung den Vertusser oder Schrenker ganz beiseite läßt, und auf eigene Hand und Gefahr Schätze aus den Läden hebt, die in das Unglaubliche gehen, und von deren Umfang man eine Ahnung bekommen kann, wenn man auf die Spottpreise achtet, für die eine Unzahl der verschiedensten Waren aus den Läden wie auf der Hausiererkarre „unter der Hand, durch besondere Gelegenheit, unter Einkaufspreis, im Ausverkauf, als Bergegut, aus Assekuranzauktion", oder wie sonst die Redensarten lauten, verkauft wird.

1) Stieler, Sprachschatz, S. 424f. Schottelius, S. 1312.

Oft haben mir Kaufleute mit großer Zuversicht ausgesprochen, daß es ganz unmöglich sei, in ihrem Laden bestohlen zu werden, da sie mit ihren Angestellten bestimmte Zeichen verabredet hätten, um gegenseitig die besondere Aufmerksamkeit auf verdächtige Personen zu lenken. Dahin gehört das Zurufen einer scheinbaren Preisaus= zeichnung oder Preisangabe, wie z. B. D. C. S = die Canaille stiehlt! D. L. K = das Luder klaut! P. A. C = Paß auf (die) Canaille! u. dergl. Aber die raffinierten Schottenfeller geben sich gerade das unver= dächtigste Aussehen, wissen sehr genau, was alle jene Zurufe zu be= deuten haben und verdoppeln dabei nur ihre Geschicklichkeit erst recht.

Besonders wird das Schottenfellen von Frauenzimmern betrie= ben. Die meisten weiblichen Ganner sind Schottenfellerinnen. Doch vernachlässigen die Männer keineswegs diese ergiebige Erwerbsquelle. Gewöhnlich geht der Schottenfeller in Begleitung eines oder mehre= rer Genossen in die Läden. Der Routinierte ist sich indessen selbst genug. Sein Äußeres ist mindestens ehrbar und anständig. Er wünscht dieses oder jenes zu kaufen, läßt sich vom Kaufmann die Waren in verschiedenen Sorten und Mustern vorlegen, prüft, macht Ausstellun= gen, lobt, handelt, kauft und bezahlt auch etwas, verlangt noch mehr, und beschäftigt die Aufmerksamkeit des Verkäufers, der sich bei Vor= lage der verschiedenen begehrten Waren von einem Warenfache zum andern tummeln, bald sich bücken und bald dem Käufer den Rücken zuwenden muß. Diesen Augenblick nimmt der Schottenfeller wahr, um unvermerkt Waren vom Ladentisch in seine Tasche gleiten zu lassen, was um so unvermerkter und leichter gelingt, je mehr er den Tisch zwischen sich und dem Verkäufer voll Waren hat aufhäufen lassen.

Zum Verbergen der Waren an seinem Leibe hat der mit einem Mantel, Sackrock, Paletot oder langem Überrock bekleidete Schotten= feller in dem Unterfutter des Brustteils und der Schöße seiner Ober= kleidung weite und lange Taschen (Golen, Fuhren), in die sich eine Menge Pakete verbergen lassen.

Um das schwere Herunterhängen der Oberkleidung zu vermeiden, wodurch Verdacht entstehen könnte, fangen die Schottenfeller an, wie die Matrosen um den Leib einen Gurt mit einem kleinen Ringe an der Seite zu tragen, in den ein an der Tasche befindlicher Haken gehängt wird, so daß der Rock frei und leicht herunterfallend bleibt und vorn sogar aufgeknöpft werden kann, wenn auch die Tasche schwer gefüllt ist. Die weibliche Kleidung ist noch geeigneter, solche Golen zu verbergen. Gewöhnlich werden zwei Unterröcke zur Gole zusammengenäht und vorn im faltenreichen Oberkleide und im Unterrocke wird ein langer Schlitz gelassen, um die Ware einstecken zu können. Doch tragen auch erfahrene Weiber, besonders wenn sie Nachjagd fürchten, sehr häufig eine eigene sackartige, aus einer doppelten Schürze zusammengenähte, mit einem Schlitz und oben mit einem starken Bande zum Vorbinden um den Leib versehene Gole. Diese hat den Vorteil, daß sie rasch abgeworfen, versarkent, werden kann, wenn die Schottenfellerin sich bei Verdacht oder Verfolgung kaschern will.

Meistens geben sich die Schottenfeller als Standespersonen aus, lassen die behandelten Waren, von denen sie häufig, namentlich wenn sie meinen, Verdacht zu erregen, einen Teil bezahlen, zur Aufbewahrung bis auf den anderen Tag, oder zur Absendung in einen anständigen Gasthof zurück, entfernen sich mit aller Unbefangenheit, versprechen, das Geld dem Überbringer der Waren im Gasthofe auszuzahlen und ersuchen dazu immer, eine quittierte Rechnung mitzuschicken.

Um ganz sicheren Vertuß, namentlich in größeren Handlungen, zu machen, wo mehrere Verkäufer hinter dem Laden stehen, geht der Schottenfeller mit einem Châwer, zu dem auch, je nach Gelegenheit, noch ein dritter oder vierter nach und nach wie durch Zufall hereintritt, ohne daß einer die Bekanntschaft mit dem anderen irgendwie verrät, in den Laden. Bei dieser Verbindung macht der eine den Vertuß, indem er des Kaufmanns Aufmerksamkeit fesselt, weshalb er auch Vertusser oder Schrekener, Srikener, Schmuser (Sprecher) genannt wird, während der Begleiter als Schautenpicker (von Schaute, Narr und Picken = aufklauben, aufpicken, wie die Vögel die Körner aufpicken) handelt, d. h. die zur Hand liegenden Waren stiehlt und verbirgt.

Hat der Schautenpicker den Massematten gehandelt, so gibt er dem Schrekener einen Zink, worauf sich beide auf gute Manier entfernen.

Vielfach nehmen die Schottenfellerinnen außer männlicher Be=
gleitung auch wohl eine Gesellschafterin, Kammerjungfer oder am
liebsten eine als Amme gekleidete Genossin mit einem Kinde zum
Vertussen mit. Die Amme hat häufig die Aufgabe, durch geheime
Mißhandlung das Kind zum Schreien zu bringen, damit die Auf=
merksamkeit des Verkäufers auf Kind und Amme gerichtet wird
und die angebliche Herrschaft unterdes als Schautenpicker haudeln
kann. Das spielende oder weinende Kind wird von der Amme tän=
delnd auf den Ladentisch gesetzt, wo es mit seinem langen Kleide ein
Warenpaket bedeckt, das dann mit dem Kinde aufgenommen und
von dessen weitem Kleide vollkommen bedeckt wird. Auch größere
Kinder werden zu Unarten, Albernheiten und Unfug abgerichtet, um
dadurch Vertuß zu machen. Von der Schottenfellerin wird wohl auch in
gleicher Absicht eine verabredete Ohnmacht affektiert, wie denn die
Verschlagenheit der Gaunerei unzählige Gelegenheiten herbeizuführen
und auszubeuten versteht, die immer neu und originell sind. Kleinere
Pakete werden auch in den wie unabsichtlich auf den Ladentisch ge=
legten Muff oder in Schachteln und Körbe mit doppeltem Boden
gesteckt. Auch werden in die gegen die Ladentische gesetzten Regen=
schirme unglaublich viel Waren weggetragen, wie mir denn ein Fall
vorgekommen ist, in dem eine Schottenfellerin zwei ganze Stück
Wollmusselin, jedes von einigen dreißig Ellen, in ihrem Regenschirm
aus einem Ausschnittladen mitgenommen hatte. Die Mode der wei=
ten Rockärmel, mit locker gehefteten weiten Manschetten, dient eben=
falls den Schottenfellern zu geheimen Taschen für kleinere Ware,
namentlich Gold= und Silbersachen. Den gleichen Zweck haben klei=
nere Taschen innerhalb der Halsbinden, unter dem Rockkragen, inner=
halb der Weste, hinter dem Vorhemd und zwischen den gefütterten
Hosenträgern. Kleinere wertvolle Gegenstände werden von Schotten=
fellerinnen auch wohl heimlich auf die Erde geworfen, mit den Zehen
geschickt gefaßt und in den Schuh gelegt. Viele Schottenfeller besitzen
auch die angeübte besondere Geschicklichkeit, mit einem zwischen die
Schenkel gesteckten Pakete nicht nur behende gehen, sondern auch fo=
gar laufen zu können. Die Schottenfeller, die auf diese Weise Waren
transportieren, werden Rachwener (Reiter) genannt, von רָכַב (ra=
chaf), er hat geritten.

Je lebhafter der Verkehr in einem Laden, je dichter das Gedränge vor Meß= und Jahrmarktsbuden ist, desto leichter gelingt es dem Schottenfeller, Waren von den Verkaufs= und Schautischen herab= zulangen und in die Gole zu stecken.

Man kann nun vom Kaufmann, dessen ganze Aufmerksamkeit beim Verkaufe begreiflich nur eine sehr materielle Richtung hat, nicht verlangen, daß er psychologische Beobachtungen anstellt; indessen muß ihm doch jeder geschwätzige Fremde, der viel zu suchen und zu mäkeln hat, als verdächtig erscheinen, namentlich wenn er die erhan= delten Waren nicht gleich bezahlt, sondern zurücklegen läßt. Gewöhn= lich zieht der Schottenfeller gleich anfangs, sobald er sich Waren vor= legen läßt, den oft mit Kupfermünzen oder Jetons stark gefüllten Geldbeutel und legt ihn auf den Ladentisch, teils um mit einer wohl= gefüllten Börse zu prahlen, ganz besonders aber, um nicht beim Hineingreifen in die Beinkleidertaschen, wenn er etwas bezahlt, den Rock zurückschlagen zu müssen und die gefüllten Golen im Unter= futter zu zeigen. Meistens führen die Schottenfeller daher auch das Portemonnaie oder den Geldbeutel in der Brusttasche, und deren Hervorlangen aus dieser macht schon immer verdächtig. Die niedrigen Ladentische begünstigen aber auch das heimliche Wegziehen der Waren ungemein, indem mit Händen, Unterarm und Ellenbogen beim Über= beugen über den Ladentisch leicht ein Stück Ware zwischen die Schenkel oder gar schon direkt in die Gole des Schottenfellers ge= schoben werden kann. Reichen die Ladentische nur etwas über die Ellenbogenhöhe eines erwachsenen Menschen hinaus, was ohnehin das Bücken erspart und das Besehen der Ware erleichtert, so kann der Unterarm nicht leicht ohne augenfällige Bewegung des Oberarmes agieren. Namentlich ist dann der Mantel dem Schottenfeller hinder= lich. Aus einer Erhöhung der Ladentische entspringt für den Kauf= mann die Bequemlichkeit, daß er unter ihnen weite und geräumige Fächer einrichten kann zur Aufnahme von Waren, die mit den in den hohen Wandfächern gegenüber befindlichen korrespondieren, so daß er sich nicht nach den Wandfächern umzudrehen braucht, sondern das aus diesen Verlangte sogleich unter dem Ladentisch hervorlangen kann, ohne den verdächtigen Käufer aus den Augen zu lassen. Unerläßlich ist aber an Ladentischen die Anbringung eines Gesimses, einer Leiste oder eines kleinen Geländers von etwa ein bis zwei Zoll Höhe auf der Seite, wo der Käufer steht. Die etwaige Unbequemlichkeit läßt sich durch geschmackvolle Zierlichkeit der Anlage ausgleichen. Der Schottenfeller hebt niemals ein Stück Ware vom Ladentisch, sondern bringt es mit der Hand oder dem Unterarm zum Gleiten auf der glatten Fläche, indem er es leise zupft oder schiebt. Ist eine kleine Leiste vorhanden, so muß er das Stück heben und seine Manipulation schon bemerkbarer machen. Sehr zweckmäßig ist es, die Stücke aller weichen Stoffe, wie das meistens auch schon bei den französischen Seidenstücken geschieht, auf dünne Brettchen oder starke Pappen zu wickeln, weil dann die Stücke, anstatt auf der Käuferseite schlaff herunterzuhängen, beim Herabzerren der Steifigkeit wegen aufschlagen und viel schwieriger vom Tisch in die Gole zu bringen sind. Passend an den Wänden angebrachte und nicht durch Waren verdeckte Spiegel und Spiegelstreifen, wie man solche mit Geschmack und Geschick in den Gesimsen der Wandrepositorien anbringen könnte, so daß der Kaufmann den Käufer mit seinen Bewegungen im Auge zu behalten vermag, wenn er ihm auch den Rücken zuwendet, dürften dem Kaufmann manchen Verlust ersparen. Gardinen an Ladenfenstern sind geradezu Lockungen für Schottenfeller, die am liebsten solche Läden aufsuchen, deren Fenster mit Gardinen und zur Schau gestellten Stoffen verdunkelt sind. Erfahrene Kaufleute lassen mindestens die obere Hälfte der Fenster frei und hängen dabei nur dünne, durchsichtige Stoffe nach oben.

Wer übrigens seine Waren auf der Käuferseite oft sogar an oder inner- und außerhalb der Türe aufhängt, dem möchte es eine nicht unverdiente Strafe seiner Nachlässigkeit sein, wenn er bestohlen wird. Die erfahrenen Schottenfeller wenden solchen bis zur Türe drapierten Läden mit besonderer Vorliebe ihre Aufmerksamkeit zu, nicht so sehr, um die draußen hängenden, oft unbedeutenden Waren zu stehlen, wie darum, weil sie in dieser Ausstellung, oft wohl nicht ohne Grund, einen sorglosen Verkäufer erblicken, bei dem schon etwas zu unternehmen ist. In der Messen- und Jahrmarktszeit, oder wo ein lebhafter Ladenverkauf ist, lohnt sich die Anstellung eines Portiers und anderer Bedienung im Laden zur Aufbewahrung von Schirmen und zu sonstigen Handreichungen auf der Käuferstelle überreichlich, wie mir das auch schon, mit Dank für den gegebenen Rat, ausgesprochen worden ist.

Auch in Gold= und Silberläden, Konditoreien, Delikateßgeschäften usw. wird der Verkäufer hinter seinem Ladentische als „Schaute" behandelt und mit derselben Frechheit und Gewandtheit bestohlen, wie in den Schnittwarenhandlungen. Gewöhnlich bietet dabei des Abends die helle Erleuchtung der Läden Gelegenheit, den günstigen Moment von außen durch das Fenster zu erspähen, bevor der Schottenfeller in den Laden tritt.

Achtundfünfzigstes Kapitel

Das Chalfenen

Chalfenen, oder Chilfen und Chillefen (jüdisch=deutscher Ausdruck, von חלף [chalaf], er hat gewechselt, vertauscht, für wechseln im gewöhnlichen guten Sinne) ist in der Gaunersprache das Stehlen von Geld bei einem Geldwechselgeschäft vor den Augen des Wechslers, entspricht also dem Schottenfellen. Chalfan, Chalfen, Chilfer ist der Wechsler, jedoch in der Gaunersprache nur der Wechsler, der beim Wechseln stiehlt, nicht etwa der bestohlene Kaufmann oder der Bankier, obwohl Chalfen im Jüdisch=Deutschen immer auch der Wechsler im guten Sinne ist. In der deutschen Gaunersprache wird auch der Ausdruck Linkchalfenen, Linkchalfen gebraucht, wobei die Silbe Link den Betrug, den Diebstahl besonders bezeichnet. Auch ist der Ausdruck Linkwechseln, Linkwechsler als deutsche Übersetzung von Chalfenen, Chalfen, unter den Gannern gebräuchlich.

Das freche Manöver des Chalfen besteht darin, daß er den Wechsler dahin bringt, ihm einen Haufen Geld, besonders Gold, vorzulegen, aus dem er vor dem Auge des Wechslers heimlich Goldstücke herausstiehlt. Zu diesem Zwecke geht der Chalfen als ehrsamer Landmann, Viehhändler, als Kaufmann, Offizier usw. zum erkorenen Kaufmann an das Kontor oder vor den Laden und bittet, ihm ein bestimmtes Goldstück, Dukaten, Louisdor gegen Silbermünzen, die er, oft mit dem Anerbieten eines guten Agios, sofort aufzählt, wechseln zu wollen. Eine bescheiden und freundlich vorgebrachte Bitte schlägt man nicht leicht ab; der Kaufmann gibt das gewünschte Stück Gold her, bei dessen Anblick der Chalfen bittet, ihm doch ein anderes Goldstück, etwa einen Imperialen, Napoleondor, holländischen oder dänischen Dukaten usw., — kurz, ein Stück Gold von anderem Gepräge wie er erhalten hat, zu wechseln. Der gefällige und arglose Kaufmann durchsieht seinen Vorrat und schüttet die Kasse aus auf den Tisch, um das bezeichnete Goldstück zu suchen. Dies ist gerade das, was der Chalfen will. Im scheinbaren Suchen nach der verlangten Münze fährt er sortierend und emsig forschend im Goldhaufen mit dem Zeigefinger umher und weiß durch rasches und geschicktes Schnellen ein Goldstück nach dem andern gegen den Daumen und mit Hilfe des letzteren gegen den halb und beweglich gekrümmten Mittelfinger und sodann unter den lose geschlossenen vierten und fünften Finger zu bringen, die die in die Hand geschnellten Geldstücke festhalten. Übung und Geschicklichkeit machen dieses Manöver unmerklich. Eine wesentliche Förderung dabei ist aber die Stellung des Chalfen, der stets sich so hinstellt und die Hand so hält, daß der Bestohlene ihm nicht in und unter die Hand sehen, sondern nur die obere Handfläche von der Seite des kleinen Fingers her überblicken kann. Hat der Chalfen auf diese Weise gestohlen, so leert er die Hand in eine Tasche, zum Schein, nach der Börse, der Uhr, dem Taschentuch oder dem Schnupftuch greifend.

So verwegen und gefährlich dieser Diebstahl ist, so häufig gelingt und gewinnbringend ist er. Die Sicherheit des Chalfen wird aber noch gesteigert durch die leichte Möglichkeit, sich zu koschern, indem er das Gestohlene dem Kaufmann behende wieder zuplantet, d. h. wieder in den Geldhaufen fallen läßt, über dem er die Hand hält, in dem Augenblick, wo der argwohnschöpfende Kaufmann rücksichtslos und rasch die Hand des anständig gekleideten Fremden festhält, das das einzige, aber auch bei der angegebenen leichten Möglichkeit des Zuplantens gewagte und kompromittierende Mittel ist, den Chalfen zu entlarven, der sonst schon längst fort ist, wenn der Kaufmann feine Kasse durchzählt und seinen Verlust bemerkt. Wird der Chalfen angehalten und kann er den Diebstahl nicht verstecken, so hat er in der Regel vergoldete Jetons zur Hand, die er dem Kaufmann vor die Füße oder gar ins Gesicht wirft, der nun lieber sein Geld aufzu‑

sammeln als den sich losreißenden und davoneilenden Chalfen verfolgen wird.

Sieht der Chalfen, daß der Kaufmann eine Geldrolle zum Wechseln anbricht, also die Stückzahl in der Rolle weiß, oder merkt er, daß der Kaufmann den Bestand seines herbeigeholten Geldbeutels kennt, so bittet er ihn, das Geld zu zählen und abgezählt und eingesiegelt für seine Rechnung bis zum anderen Tage, wo er seine Kaffe bringen will, aufzuheben. Geht der Kaufmann darauf ein, so weiß der Chalfen bei dem Zuzählen, der Zwiere (von Ssire, auch Ssippur, jüdischdeutsch: die Zahlung, von, er סָפַר hat gezählt), des einzuwechselnden Geldes einen Teil wegzuchalfenen, sei es, daß er daß Geld selbst nachschießt oder auch sonst nur hilfreiche Hand beim Einwerfen in den Geldbeutel leistet.

Erfahrene Kaufleute, namentlich Wechsler, wissen schon, wen sie vor sich haben, wenn ein Fremder nach einem bestimmten Goldstück fragt. Sie lassen sich daher nicht auf das Geschäft ein, oder sie nehmen das Silbergeld mit dem Agio, geben das Gold ab und zeigen ihren Vorrat weiter nicht.

Desto schlimmer ergeht es aber den Unerfahrenen, namentlich Verkäuferinnen, die in den Putz- und Modeläden, Konditorläden u. dergl. als Verkäuferinnen die verschiedensten Geldsorten einnehmen und nebenbei nicht gleichgültig gegen die Galanterien höflicher Chalfen bleiben. Auch den Landleuten und Viehhändlern auf den Korn-, Woll- und Viehmärkten werden von Chalfen oft ganz bedeutende Summen abgechilft, da auch sie das angebotene hohe Agio nicht gern verschmähen. Der Gewinn, den der Chalfen von feinem Handel zieht, ist enorm, weil er meistens in Gold Geschäfte macht, obwohl er, je nachdem er die Gelegenheit dazu findet, auch in Silbergeld, vom Viergroschenstück bis fogar zu Doppel- und Krontalern, arbeitet, von welchen größeren Münzsorten er oft eine beträchtliche Menge in der Hand bergen kann. In der großen Berliner Untersuchung wird der Fall erzählt, daß Moses Simon Bernhardt am 22. November 1819 dem Krüger Hoffmann zu Peterwitz beim Geldzählen nicht weniger als achtzehn Taler in ein paar Sekunden weggechilft hatte, welchen Diebstahl, als er nach Jahren zur Sprache kam, der Bestohlene gar nicht bemerkt haben und zugeben wollte. Die Chalfen sind fo gewandt und sicher bei ihrem Betrieb, daß gerade das Chalfenen auf Reisen und bei augenblicklicher Verlegenheit das erste und sicherste Hilfsmittel ist, rasch zu Gelde zu kommen.

Häufig nehmen endlich die Chalfen noch einen Chawer als Vertuffer, Schrekener oder Schmuser mit, der dann ganz die Rolle zu spielen hat, die dem Schrekener beim Schottenfellen zugewiesen ist. Da jedoch in diesem Falle Cheluke gehalten werden muß, so operiert der nur einigermaßen sicherer Chalfen lieber auf eigene Faust, um die Früchte seiner Kunst allein zu genießen.

Neunundfünfzigstes Kapitel

Das Ennevotennemachen oder Chassimehandeln

Das Ennevotennemachen (von Pluralis עַיִן en, von עַיִן [ajin], das Auge, und אוֹת [ot, oß], Zeichen, Abzeichen, auch Chassimehandeln, von חָתַם [chassam], er hat gesiegelt, auch ein Puddelche handeln, wahrscheinlich verdorben vom Stammwort בָּדַל [bodal], er hat abgeteilt) ist der heimliche Umtausch versiegelter Wertsachen gegen wertlose oder geringfügige Gegenstände, die vom gleichen Äußeren oder mit gleichem Verschluß und Siegel wie jene versehen sind. Zu diesem Zwecke geht der Ennevotennemacher, oft mit einem Schrekener, Vertusser oder Schmuser, zu einem Juwelier oder Geldwechsler, behandelt diese oder jene Ware, oder wechselt eine Münzsorte ein, tut solche in ein mitgebrachtes Kästchen, Beutel oder Papierrolle, versiegelt diese Verschlüsse in Gegenwart des Verkäufers und bittet unter irgendeinem Vorgeben, daß z. B. seine Kasse nicht reiche und er nicht erst das Geld heute aus dem Gasthofe holen wolle, wobei er jenen oft noch durch Zahlung eines Angeldes oder Agios sicher macht, die so versiegelten Wertsachen bis zum anderen Tage zurückzulegen. Bei der Verhandlung weiß der Ennevotennemacher die versiegelten Gegenstände mit bereitgehaltenen, an Form, Packung und Siegel gleichen Behältern, die mit wertlosen Dingen gefüllt sind, geschickt zu verwechseln und jene Wertsachen an sich zu nehmen.

Dieses Manöver, das allerdings sorgfältige Vorbereitung und große Geschicklichkeit erfordert, ist, da es sich oft um bedeutende Schmucksachen und mehrere Goldrollen handelt, sehr gewinnbringend, und wird weit mehr als das Chalsenen von Frauenzimmern, und zwar immer in sehr eleganter Toilette und fast jedesmal mit Anwendung von Siegelringen, auf denen ablige Wappen graviert sind, besonders in Gold= und Silberhandlungen ausgeübt. Die Ennevotennemacher führen im Reisekoffer oft ganze Sätze von Kästchen oder Schachteln (jüdisch=deutsch Schkedele), in Dubletten bei sich, deren Besitz bei einer Durchsuchung immer mit der Benutzung zum Aufbewahren von Seide, Nadeln, Band u. dergl. von Frauen gerechtfertigt wird, während die Kasten von Männern gewöhnlich für Probekasten aus= gegeben werden.

Stiehlt der Ennevotennemacher bares Geld in dieser Weise, so wird dieser Handel mit dem Ausdruck Chassime chalfenen bezeichnet, da er ja auch mit dem Chalfenen viel Ähnlichkeit hat. Abgezählte Gold= und Silberrollen sind während des Geschäftes am geschick= testen zu chalfenen. Nicht selten sind aber Gauner, namentlich wenn sie von einem Vertusser gut unterstützt werden, verwegen genug, ziemlich schwere Geldbeutel mit Silbergeld gegen gleichgesiegelte mit Kupfergeld zu verwechseln.

Auch andere Privatpersonen, namentlich Wirte, die sich in argloser Gutmütigkeit dazu hergeben, Geld in Verwahrung zu nehmen, werden auf diese Weise oft um bedeutende Summen geprellt, wenn sie über die ihnen zugestellten Geldbeträge Empfangsscheine ausgestellt haben, da der verübte Betrug natürlich vom Gauner sogleich bei der Rücklieferung dem Depositar zugeschoben und die vollwichtige Summe nach dem Empfangsschein gefordert wird. Man tut daher am besten, sich in keiner Weise zum Depositar eines Fremden her= zugeben, ohne das erhaltene Geld genau nachzuzählen, zu prüfen und in Gegenwart von Zeugen oder mit einem Beamtensiegel oder aber auch mit des Fremden Siegel, jedoch immer nur selbst zu ver= siegeln und sofort sicher zu verwahren, niemals aber dem Fremden das Siegeln zu überlassen und niemals nach der Versiegelung ihm das Versiegelte in die Hand zu geben.

Sechzigstes Kapitel

Das Neppen

Das Neppen ist eine der ältesten Gaunerkünste, deren der Liber Vagatorum umständlich erwähnt, indem er Notabilie 7 vor den Wiltnern warnt, die „fingerlin von kunterfey gemacht", zum Verkauf als Silber anbieten, „desselben gleichen pater noster oder ander zeychen, die die vnder den mentlen tragen", und die sie besonders den „einfeltigen hutzin" anbieten. Ebenso hat die Ausgabe der „Rotwelschen Grammatik" von Dekk das Wort „Wietnern" in sein Vokabular aufgenommen.

Wiltner entspricht vollständig dem heutigen Nepper. Die Abstammung des Wortes ist vollkommen unklar. Vielleicht ist Wiltner mit dem mittelhochdeutschen wildenaer (Jäger), wegen der unsteten Lebensweise, in Verbindung zu bringen. Das Wort Wiltner ist vollständig außer Gebrauch. Dafür kam aber später der Ausdruck Feling (Krämer) des Liber Vagatorum auf, das Pott 1) von feil ableitet. Die Felinger spielten als umherziehende Tabulettkrämer und Hausierer schon am Schluß des Mittelalters eine außerordentlich große und gefährliche Rolle, die sich bis tief in das neunzehnte Jahrhundert hineinzog 2). Namentlich im siebzehnten und achtzehnten Jahrhundert trieben die Felinger den ärgsten Betrug als Quacksalber, Zauberer und Beschwörer.

Das Wort Neppen kommt zuerst bei Krüniz 3) und bei Grolman 4) vor. Letztgenannter bezeichnet mit Neppes Kostbarkeiten, Haarschmuck, Perlen, wonach es wohl mit dem französischen nippes und nipper zu verbinden sein würde. Grolman bezeichnet aber das Wort als jüdisch-deutschen Ursprungs, obwohl es im Jüdisch-Deutschen nirgend zu finden ist, wenn man nicht die schmutzige Bedeutung bei Krüniz gelten läßt und Neppe gleichbedeutend mit Naffke nimmt, das im Jüdisch-Deutschen die niederste und gemeinste Sorte der Prosti-

1) II, S. 37.
2) Schäffer, S. 84—132.
3) Enzyklopädie CXXVIII, S. 39.
4) Wörterbuch, S. 51.

tuierten bedeutet. In der französischen Gaunersprache ist qiet nep die
Bezeichnung einer gewissen jüdischen Gaunerabart 5). Barbieux 6)
kennt den Ausdruck aber nicht. Ebensowenig kommt das Wort in
einer anderen lebenden Sprache oder in der Zigeuner= oder irgend=
einer Gaunersprache vor. Neppen scheint direkt aus dem Hochdeutschen
hergeleitet werden zu müssen und identisch mit dem auch besonders im
Schwäbischen gängigen Nippen, necken, plagen, zu sein 7). Schmeller
führt auch noch noppen und noppeln und Hausnopper „als Cumpan
der Diebe, Mörder und Mausköpff" aus einem Ingolstädter Druck
von 1588 an 8).

Neppen ist die betrügliche Veräußerung unechter wertloser Gegen=
stände, Neppsschaure, von סָחַר (ßochar), im Lande umherziehen
in Handelsgeschäften, davon Sschore, Sschaure=Ware, als echte, wert=
volle Gegenstände, sei es durch Verkauf, Versatz, Verpfändung, Hin=
terlegung oder Tausch. Nepper ist der Gauner, der in dieser Weise
betrügt. Auch das Zeitwort neppen ist gebräuchlich, obwohl der Aus=
druck „eine Neppe handeln" geläufiger ist.

Während die bisher dargestellte Gaunerindustrie wesentlich auf
die gewaltsame oder heimliche Entwendung fremden Eigentums ge=
richtet ist, erscheint das Neppen als offenes Angebot von Gegen=
ständen des täglichen Bedarfs und Gebrauchs. Diese Gegenstände
sind jedoch an sich wertlos und nicht zu dem vollen Gebrauche ge=
eignet, zu dem sie nach der ihnen betrüglicherweise gegebenen äußeren
Form geeignet erscheinen und vom Nepper hergerichtet und ausge=
boten werden. Der Betrug liegt also in der Fälschung des dargebo=
tenen Gegenstandes, und findet seine häufigste und gewöhnlichste
Vermittlung im Schacher= oder Hausierhandel, wie dieser denn ja
auch seit Jahrhunderten von den Wiltnern, Felingern und Pasch=
kusenern in ausgedehntester Weise betrieben worden ist.

Die Feinheit und Sauberkeit, mit der, namentlich in gegenwär=
tiger Zeit, eine Menge Gegenstände des täglichen Bedarfs und Luxus

5) Franzisque Michel, Études de philologie comparée sur l'argot, Paris
1856, p. 291.
6) Antibarbarus der französischen Sprache, Frankfurt a. M. 1853.
7) Schmid, Schwäbisches Wörterbuch, Stuttgart 1831.
8) Schmeller, Bayrisches Wörterbuch, Stuttgart und Tübingen 1828. 2. Teil,
S. 699 f.

angefertigt werden, besonders die ausgezeichnete Verarbeitung von Bronze und Neusilber, dazu die kalte und galvanische Vergoldung usw., gibt dem Nepper, namentlich der immer mehr auf dem Lande und in den unteren Volksschichten um sich greifenden Putz= und Glanz= sucht gegenüber, reichliche Gelegenheit, zahllose Betrügereien auszu= üben, deren Entdeckung nur durch den Sachkenner und meistens erst dann gelingen kann, wenn der Betrug schon vollendet ist. Die un= glaublich vielen und mannigfaltigen Täuschungen, die fast bei allen nur denkbaren Handelsgegenständen mit ebensoviel Verschlagenheit wie mit Gefahr für Gesundheit und Leben seit vielen Jahrhunderten betrieben werden und bis auf die neueste Zeit einen ganz ungemeinen Aufschwung genommen haben, sind der Hauptanlaß zur Verfolgung und Unterdrückung des so überaus schädlichen Hausierhandels ge= worden, namentlich auf dem Lande, wo die polizeiliche Aufsicht und die kennermäßige Prüfung der angebotenen Ware am schwierigsten ist.

Die raffinierten Betrügereien haben sogar eine eigene Literatur hervorgerufen, in der auch die Wissenschaft mit deutlicher Aufklärung und Belehrung sich dem Betruge gegenüberstellt und ihn bekämpfen hilft. Zur vollständigen Würdigung des Betrugs und um einen Begriff zu bekommen von der Feinheit und Mannigfaltigkeit der Täuschungen im Handel und Wandel muß man sich mit dieser Litera= tur vertraut machen, und dazu die dem Polizeimann noch immer häufig genug gebotene Gelegenheit nicht vorüberlassen, den bunten Inhalt eines Tabulettkastens oder einer Jahrmarkts= und Glücksbude genau zu durchmustern. Wie man aber erstaunen muß über die reißenden Fortschritte, die die Industrie gemacht hat, schlechte, wert= lose und unbrauchbare Gegenstände aller Art in einer glänzenden bestechlichen Form und Hülle darzustellen, so muß man auch ge= rade beim Neppen vollkommen überzeugt davon werden, daß der Hausierhandel, abgesehen von allem anderen Vorschub, den er fast aller übrigen Gaunerindustrie leistet, niemals strenge genug über= wacht werden kann.

Einundsechzigstes Kapitel

Der Viaschmahandel oder das Polengehen

Ungeachtet der Ganner weiß, daß es ihm leicht gelingen kann,
dem Unkundigen und Unerfahrenen eine Tombakuhr oder eine ver=
goldete Silberuhr für eine goldene, einen Löffel von Neusilber für
einen silbernen, einen in Gold gefaßten böhmischen Stein für einen
Brillanten aufzuschwatzen und für echt zu verkaufen, so gebraucht er
dennoch, um jedem möglichen Argwohn entgegenzutreten und das
Verbot und die polizeiliche Kontrolle des Hausierhandels zu umgehen,
eine Menge Schliche, die ihm das Gelingen seines Betruges er=
leichtern.

Dahin gehört das unter mehreren Gannern verabredete Auftreten
unter der Maske eines unglücklichen, reisenden oder verfolgten Man=
nes, meist von höherem Staude, der in Flucht und Not ein ihm teu=
res und wertvolles Kleinod dem Wirte oder Landmann verkaufen
oder versetzen muß, um weiterzukommen und das Leben zu fristen.
Bei großen und namentlich unglücklichen Ereignissen findet sich für
den Gauner reichliche Gelegenheit, sich für eines der zahlreichen
Opfer dieser Begebenheiten auszugeben. Ein in Begleitung eines an=
geblichen Dieners und mit eigener Equipage oder Extrapost vorausge=
reister Chawer, der den reichen Mann spielt und dem zum Opfer er=
korenen Wirt oder Landmann durch sein Auftreten zu imponieren
weiß, trifft mit dem Unglücklichen, dem später nachkommenden Nep=
per, den er natürlich ganz fremd behandelt, zusammen, und erklärt
das zufällig erblickte falsche Stück dem beiseitegezogenen Wirt für
ein wertvolles Kleinod. Gewöhnlich wird der Landmann oder Wirt,
bei dem die Szene gespielt wird, überredet oder von Gewinnsucht
verlockt, das angebliche Kleinod zu kaufen oder gegen Darlehn in
Pfand zu nehmen, wobei er zu spät, wenn die Ermittlung des da=
vongereisten Gauners schwer oder unmöglich ist, seine törichte Leicht=
gläubigkeit bereuen lernt. Dieses Manöver, der Viaschmahandel
(Kiaschma, richtiger Kiatzma, ist polnischen Ursprungs und bedeutet
Zeugnis), kam besonders seit den französischen Kriegen zu Anfang des
neunzehnten Jahrhunderts in Schwung. Die Viaschmahändler traten

besonders als polnische Offiziere oder Edelleute auf und wurden des=
halb Polenhändler oder Polengänger genannt. Nach Stuhlmüller 1)
soll der in der Plassenburger Untersuchung verwickelte Baruch Ben=
jamin der Erfinder oder Hauptverbreiter des Viaschmahandels gewesen
sein. Stuhlmüller beschreibt auch das Kostüm, in dem die Viaschma=
händler, besonders in Bayern und Württemberg, aufzutreten und
zu prellen pflegten 2).

<h2>Zweiundsechzigstes Kapitel</h2>

<h1>Das Merammemooßmelochnen oder Linkenesummeme=
lochnen</h1>

Die Falschmünzerei als Inbegriff mehrerer Verbrechen gegen das
Münzregal oder gegen öffentliche Treue und Glauben ist ihrer Na=
tur nach nur zum Teil und nur in untergeordneter Weise zu den
gaunerischen Fertigkeiten zu zählen, da namentlich die unbefugte An=
fertigung von Geld bei der eigentümlichen umständlichen Weise der
Herstellung des Geldes und bei der sehr genauen und strengen
Überwachung des Münzregals eine fortgesetzte gewerbsmäßige Be=
treibung des Falschmünzens nicht behende genug macht und daher
nicht leicht möglich und immer zu gewagt, auch der Entdeckung zu
sehr preisgegeben ist. Nur die Münzfälschung, d. h. die täuschende
Veränderung echten Geldes, um diesem einen höheren Wert zu geben
durch Versilberung oder Vergoldung, und die Versilberung und Ver=
goldung von Zähl= und Rechenpfennigen, um sie als Silber= oder
Goldstücke auszugeben, oder die Entwertung des echten Geldes mit=
tels Beschneidung, Durchbohrung oder Aushöhlung, um dieses so
entwertete Geld zum Nennwerte auszugeben, ist Gegenstand der
Gaunerei, die in diesem Umfange mit den jüdisch=deutschen Aus=
drücken Merammemooßmelochnen (von רָמָה [romo], er hat hin=
geworfen, betrügen, und מעות [mooß], bares Geld, und מלאכה
[melocho], die Arbeit) oder Linkesummemelochnen (vom chaldäi=
sierenden Stamme זָמַן [somman], im Piel זִמֵּן [simmen], er hat

1) A. a. O., S. XXIII und 85.
2) S. XXIV.

zubereitet, bar, abgezählt, und מעות [mooß], Geld und meloch= nen) bezeichnet und von den Gannern in großem Umfange und mit glücklichem Erfolg betrieben wird. Selbst die plumpste Art der Münzfälschung, die leicht herzustellende Vergoldung echten Kupfer oder Silbergeldes und dessen Verausgabung als Goldgeld, gelingt dem Gauner nur zu gut, obschon der Wert des Stückes im= mer deutlich in der Prägung angegeben ist.

Noch mehr glückt die Verausgabung vergoldeter Rechenpfennige als Goldgeld. Der gemeine Mann oder der Landmann, dem weniger Goldgeld als Silbergeld vor die Augen kommt, weiß den Wert des ersteren nicht abzuschätzen und läßt sich durch die glänzende Vergol= dung einer solid geprägten Spielmarke nur zu oft irreleiten.

Dreiundsechzigstes Kapitel

Der Konehandel oder das Blütenschmeißen

Erscheint die Verausgabung solcher falscher Münzen nun im täg= lichen Handel und Verkehr, wo man schon aufmerksamer zu sein pflegt und bei der Ruchbarkeit des vielgeübten Betruges allerdings gewagt und bedenklich, so hat die Gaunerindustrie ein eigenes Ma= növer ausgedacht, diese vergoldeten Zählpfennige (Blüten) sicherer an den Mann zu bringen.

Der Vorgang wird Blütenschmeißen, auch Blütenstechen (Plite= stechen, sogar Pleitestechen), Konehandel oder Kaunehandel (von קָנָה [kono], kaufen) genannt, und besonders in Dörfern an dem unerfahrenen Landmann und auf den Landstraßen an Fußreisenden, vorzüglich reisenden Handwerkgesellen versucht.

In Wirtshäusern, besonders auf dem Lande, sucht der Konehändler unter dem Vorgeben, daß sein Silbergeld verausgabt sei, mit einem Goldstück zu bezahlen und sich den Überschuß seiner Zeche in Silber= geld auswechseln zu lassen. Der Wirt, der den Wert oder Kurs des Goldstücks nicht kennt, wird gewöhnlich vom Konehändler, der gleiche Unkenntnis vorschützt, gebeten, den Kurs eines vom Konehändler dargereichten echten Goldstücks bei dem Ortsgeistlichen, Schulmeister oder Landkrämer erkunden zu lassen. Ist dies geschehen, so weiß der

Konehändler das echte Goldstück mit einem vergoldeten Zahlpfennig geschickt umzutauschen und prellt so den Wirt in zweifacher Hinsicht. Bietet der Konehändler einen kleinen Abzug von dem angegebenen Werte des Goldstücks, so ist der gewinnlustige Wirt oder Landmann gern bereit, auch noch mehrere Goldstücke zu wechseln, wie denn solche arge Unwissenheit namentlich in Norddeutschland noch häufig genug ausgebeutet wird. In anderer Weise handelt der Gauner auf Kone dadurch, daß er auf der Landstraße sich einem fußreisenden Handwerksgesellen anschließt, und einen entweder von seinem ihm voraufgegangenen Chawer oder von ihm selbst heimlich hingeworfenen Geldbrief von der Straße aufrafft, für guten und ganzen Fund erklärt, und endlich auf Bitten des Reisenden sich dazu versteht, den Fund mit ihm zu teilen, wobei er ihm aber stets das im Briefe eingeschlossene Goldgeld, vergoldete Jetons, gegen Zahlung des Halbparts in Silbergeld ganz überläßt. In gleicher Weise werden auch unechte Ringe und andere kleine vergoldete unechte Schmucksachen in Briefe und Kästchen gelegt und als Fund von der Straße aufgenommen und auf Halbpart verkauft.

So abgeschmackt und abgedroschen dies platte Manöver ist, so unglaublich oft wird es noch immer mit Erfolg ausgeführt. Meist sucht der Betrogene bei seiner Ankunft auf der nächsten Visitierstation Auskunft und Hilfe bei der Polizei, ohne zu bedenken, daß er sich selbst als Teilnehmer an einem Funddiebstahl strafbar gemacht hat. Nur dadurch, daß man jeden Kläger der Art als Funddieb unerbittlich bestraft, scheint dieser noch fast täglich vorkommende Betrug mehr und mehr beseitigt werden zu können.

Vierundsechzigstes Kapitel

Das George-Plateroon

Die Entwertung eines Goldstücks durch Beschneiden übt der Gauner von Fach wenig oder gar nicht aus. Die Operation ist zu mühsam und zu wenig lohnend gegen das leichtere und einträglichere Vergolden von Zählpfennigen. Auch bringt der lebenslustige Gauner lieber das ganze Goldstück in Völlerei und Liederlichkeit durch, als daß er sich mit dem kümmerlichen Betrage des abgeschnittenen oder abgefeilten Raubes begnügen möchte.

Indessen gibt es auch sparsame und nüchterne Gauner, die sich in den Ferien oder in stiller Zeit noch immer nützlich zu beschäftigen wissen. Die Beschneidung geschieht namentlich bei Goldstücken mit scharfen Nagelscheren aus freier Hand. Mit der Feile wird nachgeholfen und durch schräge Striche oder auch mit einem stählernen Durchschlag der Rand angestoßen. Große Silbermünzen ohne Randgepräge werden im Schraubstock mit grobgehauenen Feilen bearbeitet. Die Verausgabung solcher entwerteter Geldstücke ist jedoch, besonders bei geringen Zahlungen oder im Einzelwechsel, immer schwierig, da die Verkleinerung des Volumens schon immer für das prüfende Auge auffällig ist und somit das entscheidende Nachwägen kaum noch nötig wird.

Diese Schwierigkeit hat nun aber wieder auf eine alte Operation zurückgeführt, vermöge der die beiden Prägeseiten eines größeren und dicken echten Silbergeldstücks in sehr dünnen Platten abgeschnitten und nach Herausnehmen des Mittelstücks auf eine entsprechende Scheibe unedlen Metalls befestigt und mit einem Silberblechrand umlötet werden. Durch die geschickte Behandlung der Münzen wird die Täuschung vollkommen, und es befindet sich eine sehr große Menge Münzen der Art im Umlauf. Dieser Betrug ist schon sehr alt. Smith in seinen „Lebensbeschreibungen berühmter englischer Straßenräuber" erzählt, daß der am 22. September 1704 zu London gehenkte berüchtigte Gauner Tom Sharp mit einer Falschmünzerbande außer der Anfertigung falscher Münzen von englischem Zinn oder „Kompositum" auch noch eine Kunst, George=Plateroon, betrieben habe, Münzen (black dogs) herzustellen, die „inwendig lauter Kupfer seien und auswärts nur ein dünnes Blechlein hätten".

Diese alte Kunst scheint entweder vom Gaunertum längere Zeit unberücksichtigt liegengeblieben oder von der Polizei unbeachtet gelassen worden zu sein. Bei den technischen Mitteln der Neuzeit ist sie aber wieder lebhaft in Schwung gekommen, hat aber trotzdem in der deutschen Gaunersprache noch keinen besonderen Namen erhalten. In keiner mir bekannten Gaunersprache habe ich einen Ausdruck für

das George-Plateroon finden können Es scheint daher im Wesen
und Namen eine englische Erfindung zu sein.

Zu dieser Operation werden nur echte und neue Silbermünzen mit
breitem Raub gewählt. Wahrscheinlich werden sie auf der Drechselbank durchgesägt, an der sie sich leicht, wie bei allen Abdrechselungen
von Scheiben von hartem Stoff, mit Pech auf die Patronen befestigen
lassen. Die abgeschnittenen Blechscheiben mit dem Gepräge sind sehr
dünn, so daß man bei ihrem Biegen den eigentümlichen knatternden
Laut hört, wie bei dünnen Weißblechstücken. Bei einem in meinem
Besitz befindlichen Fünffrankenstück von 1830 sind die beiden Präge-
platten von dem inneren Kupferstück abgelöst. Unter dem deutlich
wahrnehmbaren Schnellot und der fettig anzufühlenden Schmutz-
schicht der Silberplatten, die mit Alkohol und Salmiakgeist löslich
ist und also auf die Anwendung von Lötwasser schließen läßt, sind
sogar deutliche Feilstöße von den verschiedensten Richtungen her sichtbar, so daß unverkennbar mit der Feile nachgeholfen ist, weil vielleicht
die Scheiben noch zu dick abgeschnitten waren. Die für das ausge-
schnittene Mittelstück der Münze eingesetzte runde kupferne Scheibe
trägt deutlich die Spuren von Lötwasser und Schnellot, und hat vollkommen gleiche und glatte Flächen. Die Kupferscheibe wiegt zweihun-
dertfünfzig Gramm, wogegen die beiden abgeschnittenen Blechplatten
zusammen gerade nur einhundert Gramm wiegen, woraus man auf die
bedeutende Entwertung der Münze und auf den Gewinn schließen kann,
den die auf der Drechselbank rasch und leicht auszuführende Arbeit ab-
wirft. Der um die Kupferscheibe befestigte Rand ist von sehr dünnem
Silberblech und außerordentlich fest und gleichmäßig umlötet, so daß
er nicht abzulösen ist, obwohl er mit der Laubsäge an verschiedenen
Stellen durchgeschnitten wurde. Die Buchstaben der Umschrift:
„DOMINE SALVUM FAC REGEM" sind ungleich und
unregelmäßig aufgeschlagen. Alle entwerteten Münzen dieser Art
fallen schon beim Zählen durch ihren sehr scharfen Rand auf, der sich
schon im bloßen flüchtigen Gefühl merklich von dem Raube ungefälschter Geldstücke unterscheidet. Ebenso unterscheidet sich die stets
unordentlich und unregelmäßig angebrachte Randumschrift entwerteter Münzen sehr augenfällig von der akkuraten und sauberen Randumschrift ungefälschter Geldstücke. Ein leichter Feilstrich auf der

Randdecke der verdächtigen Münzen, oder ein leichtes Wegschleifen auf einem gewöhnlichen Wetzstein legt den gefährlichen Betrug unverkennbar bloß, der oft sogar von Silberarbeitern erst dann erkannt wird, wenn sie solche Münzen einschmelzen.

Fünfundsechzigstes Kapitel

Der Pischtimhandel

Eine der großartigsten und ärgsten Neppereien wird namentlich auf Jahrmärkten und im Hausierhandel, besonders auf dem Lande mit dem Leinwandhandel getrieben.

Leider verschwinden Spinnrad und Webstuhl immer mehr aus der ländlichen Behausung, und der Landmann, der höchstens noch den Flachs baut, ohne ihn selbst zu verarbeiten, hört auch damit auf, Kenner der Leinwand zu sein, so daß gerade er jetzt am meisten mit dem Leinenhandel, Pischtimhandel, betrogen wird.

Der Betrug geht nicht von den Fabriken aus, die zur Herstellung eines billigeren Preises Seide, Wolle, Leinen und Baumwolle miteinander verweben, sondern von den Händlern, die den Unkundigen den gemischten Stoff als rein und echt verkaufen und so absichtlich damit betrügen.

. Pischte, Pischtim wird von den Pischtimhändlern die reine Leinwand genannt; Meschi, Meschech, Seide; Zemer, die reine Wolle; Zemergefen ist die Baumwolle, Schaatnes, Schatnes oder Schetnes sind Stoffe, die aus Wolle und Leinen, Wolle und Baumwolle oder Baumwolle und Leinen, aus Seide mit Baumwolle usw. gewebt, also gemischt, unrein oder unecht sind. In dem Muster und der Appretur wird auch den Schatnes ein glänzendes und täuschendes Äußere gegeben. Daher geht und gelingt denn auch die Übervorteilung hierbei aufs äußerste, so daß der Pischtimhändler seine Schatnes oft zum drei- bis vierfachen Preise des wahren Wertes bei dem Unkundigen anbringt.

Die Pischtimhändler haben meistens Fuhrwerk bei sich, und spielen dabei fast immer die Ausländer, die der deutschen Sprache nicht mächtig sind, während sie auf die unverschämteste Weise untereinander

Wachtmeister Schönknecht kömt zu uns
in dieses Land,
Den Nahmen ändert Er, wie auch den
den Ehren Stand
Wird aus des Kaysers knecht ein glied
in Rauber Orden
Ist nun Lips Tullian ein dieb und Mörder worden .

Lips Tullian, der sächsische Räuber
Nach einem Kupferstich in der Königl. Bibliothek zu Dresden.

kochemer schmusen und mit eingestreuten holländischen und franzö=
sischen Brocken den verdutzten Landleuten die Güte und den Preis
der von ihnen selbst aus den besten Fabriken bezogenen Ware be=
greiflich zu machen wissen.

Sechsundsechzigstes Kapitel

Das Stippen

Das niederdeutsche Wort Stip, Stippel, Stipje bedeutet einen
Punkt, Tupf; davon stippen, stibitzen, tunken, eintauchen, in der
Gaunersprache durch heimliches Hineinlangen wegnehmen, nament=
lich von kleineren Gegenständen, wie denn auch das heimliche Weg=
nehmen des Geldes bei den Chalfenen stippen genannt wird. Be=
sonders wird mit stippen das Stehlen von Geld aus Ladenkassen,
Lesfinne, durch die Geldritze, Nekef, mittels der Stipprute bezeichnet.

Die Stipprute ist eine dünngeschabte Stange Fischbein, ein bis
einundeinviertel Fuß lang, die mit Vogelleim bestrichen und in die
Geldritzen gesteckt wird, so daß das in der Kaffe befindliche Geld an
der Rute auflebt, die dann mit dem Gelde herausgezogen wird. Das
Stippen wird oft unter Beistand eines Vertussers oder Schmusers
vorgenommen, ist aber immer ein gewagtes und wenig lohnendes Un=
ternehmen, da nur kleine Münzen fest an der Rute bleiben, während
die größeren leicht anstoßen und durch ihr Abfallen verdächtiges Ge=
räusch erregen. Die Stipprute wird daher meistens nur von uner=
fahrenen Anfängern angewandt, bis sie bei der Operation ertappt
und vorsichtiger werden.

Im Falle der Entdeckung bleibt dem Gauner nur die rasche Flucht
übrig, die er häufig dadurch erleichtert, daß er dem Entdecker die
Stipprute ins Gesicht schlägt, um ihn für den ersten Augenblick zu
erschrecken.

Die Stipprute ist eine alte Erfindung, die besonders von John
Hall (gest. 1707) und von Koch, dem Genossen Lips Tullians, ange=
wendet wurde. Die Opferstöcke wurden früher sehr arg mit der Stipp=
rute bestohlen, bis man inwendig um die Geldritze eine Schürze von
Drahtringen oder Tuch legte, die man bei allen mit Geldritzen ver=

fehenen Geldbehältern anwenden follte. Das Stippen wird auch wohl von Kindern ohne Stipprute durch Hineinlangen in die Geld=ritzen mit den zur fogenannten Schere (vergl. das nächfte Kapitel) gebildeten Fingern ausgeführt, namentlich in Läden, wo die alten La=bentifchplatten keine mit Metall gefütterte Geldritzen haben.

Siebenundfechzigftes Kapitel

Das Torfdrucken oder Cheilefziehen

Torf (vom hebräifchen טָרַף [toraph], er hat zerriffen, zerfleifcht, namentlich von wilden Tieren, wovon teref, Bente, Speife, und טְרֵפָה [trefo], das von wilden Tieren zerriffene Fleifch, deffen Ge=nuß den Juden verboten ift) ift in der Gaunerfprache die durch Raub, Überfall und Überrafchung gemachte Diebsbeute, befonders die aus dem Tafchendiebftahl gewonnene Bente. Das Wort drucken kommt einzeln nicht in der Gaunerfprache vor, fondern ift nur in der Zufammenfetzung mit Torf gebräuchlich. Es ift offenbar nur eine Verftümmelung des niederdeutfchen Wortes trekken ziehen, was fich aus der früher üblichen hochdeutfchen Bezeichnung Beutelzieher für Torfdrucker ergibt.

Von der flinken Arbeit werden die Torfdrucker auch Cheilefzieher (von חֵלֶב [chelef], Fett, Talg) und in fchlechter Überfetzung auch Seifenfieder genannt, ohne daß mit diefer Benennung eine befondere Art des Tafchendiebftahls bezeichnet wird. In der Berliner Gauner=fprache heißt der Torfdrucker auch Paddendrücker, von Padde, die Geldbörfe. Padde ift niederdeutfch und bedeutet Kröte, befonders Schildkröte, daher der Name Schildpatt. Padde ift der Gegenfatz von Tafel oder Plattmulje, der Brieftafche. Das lofe in der Tafche befindliche Geld (Pich) wird lofes Pulver genannt.

Das Torfdrucken ift der rafche heimliche Diebftahl gegen Perfonen an Gegenftänden, die die Perfon in ihrer unmittelbaren körperlichen Verwahrung hat, alfo nicht allein der Diebftahl aus der Tafche einer Perfon, fondern auch an allen den Sachen, die eine Perfon un=mittelbar am Körper hält oder trägt, wie der Diebftahl aus und nebft dem Armkorbe, aus und nebft der Tragtafche, das heimliche

Wegziehen eines Pakets unter dem Arme oder aus dem Brustteile
eines Rockes usw. Der Zefirgänger, der dem schlafenden Reisenden
die Taschen seiner auf dem Stuhle vor dem Bette liegenden Kleidung
leert, ist so wenig Torfdrucker wie der Räuber, der auf der Land=
straße dem Reisenden mit Anwendung physischen oder psychologi=
schen Zwanges die Taschen plündert.

Die Hauptrequisiten bei diesem Diebstahl sind die unverdächtige
Annäherung, ein behender heimlicher Griff und subsidiär ein rasches
Zuplanten des Gestohlenen an die Genossen, falls ein Verdacht rege
werden sollte. Eine der Gelegenheit angemessene äußere Erscheinung
seiner Person ist daher die nächste Sorge des Torfdruckers, der sich
ebensowohl zum Elegant im Theater und an anderen öffentlichen Orten
wie sich zum derben Viehhändler und Bauersmann auf den Märk=
ten herauszutaffieren wird, oder als soliden Kaufmann auf den
Messen, oder als frommen Andächtler in den Kirchen darzu=
stellen weiß.

Diese so vollkommen leichte und unverdächtige Annäherung und
behende Ausbeutung aller gesellschaftlichen Formen, in deren bunter
Zahl und Bewegung die rasche und sichere Unterscheidung immer
schwieriger geworden ist, hat auf das gesamte bürgerliche Leben einen
bedeutsamen Einfluß geübt, und jene kalte Zurückgezogenheit wesent=
lich gefördert, die zwar im vertrauten Kreise gern wie ein lästiger
Zwang abgeworfen wird, aber doch immer das Gesamtleben beherrscht,
und sehr häufig den Schein der Kaltherzigkeit und Fühllosigkeit an=
nimmt. In der massenhaft gedrängten Bewegung der großen Städte,
namentlich Englands und Frankreichs, in denen der Taschendiebstahl
besonders feine Rechnung findet, tritt jene Abgeschlossenheit gegen
alles Fremde am sichtbarsten hervor, so daß der Unbekannte nirgends
verlassener ist, als in der großen Menschenmasse um ihn herum.

Aber auch einen ganz entschiedenen Einfluß auf die Kleidung und
deren Schnitt und Taschen hat von jeher der Taschendiebstahl ge=
übt1). In früherer Zeit, wo die Taschen nicht in der Kleidung be=
festigt waren, sondern an Riemen und Bändern über die Schultern
oder Brust, oder um den Leib getragen wurden, konnten die Beutel=

1) Gust. Klemm, Allgem. Kulturgeschichte der Menschheit IX, S. 100 ff. Hüll=
mann, Stadtewesen des Mittelalters IV, S. 134 f.

schneider oder Schnapphähne sich mit einem kurzen Schnitt oder
Ruck leicht der ganzen Tasche bemächtigen. Seitdem die Taschen
aber an und in der Kleidung angebracht sind, ist dem Diebe eine
schwierige Aufgabe gestellt, die aber mit immer täglich neuen Kunst-
griffen, oft zum schweren Nachteil für Gesundheit und Leben des
Bestohlenen, gelöst wird, da zum Aufschlitzen und Abschneiden der
sicheren Taschen vielfach auch scharfe Scheren und Messer in Anwendung kommen, wie zum Durchschneiden der feinen Uhr- und
Halsketten kleine und feine Beißzangen gebraucht, und auch sonst
Fingerringe, Broschen und Ohrringe mit Gewalt weggerissen werden. So erzählt Smith[2]), daß der berüchtigte Simon Fletscher
einmal einen Landmann, der, auf seinem Stock vornübergelehnt,
mehreren Sängern zuhörte, gräßlich verstümmelte, als er ihm die
Geldtasche vor dem Beinkleid wegschneiden wollte.

Kaum irgendeine Gaunerindustrie ist mit dem sozialen Leben fo
direkt und innig verbunden wie das Torfdrucken, weil das Verbrechen immer erst eine bestimmte Situation und Bewegung des Lebens abwartet oder herbeiführt, um sich in sie hineinzudrängen und
sie auszubeuten. Daher ist der Taschendiebstahl in allen nur denkbaren Lebenslagen möglich und wird ebensowohl von Weibern und
Kindern, wie von Männern ausgeübt.

Die Beteiligung des weiblichen Geschlechtes am Torfdrucken gehört keineswegs der neuesten Zeit an. Die berüchtigte „Sacklangerin"
Elisabeth Gaßner, vulgo schwarze Lies, stahl, nach dem Rechtsgut-
achten von 1788 des württembergischen Oberamtmanns Klein, bei
Anwesenheit des Großfürsten in Ludwigsburg, in der Kirche dem
„Malefizgrafen" Schenk von Castell einen Beutel mit 1400 Gulden[3]). Die Gaunerin, die sich stets „mit der einem ieden Ihresgleichen eigenen finesse durch Angebung eines falschen Zunahmens
(Spitznamens) und praefacter Ablaignung der wider sie obhandenen
Inzichten mit solchem Erfolg zu bedienen, daß sie ieberzeit mit einer
Tracht Schläge poenae loco davon gekommen", ereilte in Dillin-
gen ihr Schicksal. Sie wurde am 16. Juli 1788 durch das Schwert
gerichtet[4]).

2) S. 710.
3) Ernst Arnold, der Malefizschenk und seine Jauner, Stuttgart 1911. S. 118.
4) Arnold, S. 126.

Etwa hundert Jahre vorher zeichnete sich die schon erwähnte
Falsette (Meyers) in Lübeck, Hamburg, Rostock usw. durch ähnliche
Gewandtheit aus; so auch die deutsche Prinzessin in Köln und Spaa,
in England Mary Hawkins, Anna Hollandia, Anna Harris, De=
bora Churchill, Mary Frith (Mol Cutpurse), Anna Hereford u. a. m.

Jeder Taschendiebstahl ist eine pikante gesellschaftliche Anekdote,
in der das Gaunertum seine Siege feiert. Deshalb existieren so viele
Sammlungen echter und falscher Anekdoten, besonders aus der eng=
lischen und französischen Gaunerwelt, die in Erstaunen setzen, sobald
man sie auf der Folie des alltäglichen ruhigen Lebens betrachtet,
und nicht zugleich dabei auf die Schwachheit, Eitelkeit und Unbe=
dachtsamkeit der Betrogenen blickt. Wollte man die verschiedenen
Kunstgriffe aufzählen, so müßte man sie mit einer Anekdote ver=
binden, und so viel Anekdoten wiedergeben, wie Situationen
des Lebens schon ausgebeutet wurden. Dennoch würden jene
Aufklärungen wenig nützen, denn wenn auch irgendeine Situa=
tion unter diesen und jenen Verhältnissen mit ihren gefahrvollen
Momenten deutlich gezeichnet wird, so kann gerade dadurch, daß
diese bestimmten Momente nun besonders genau beobachtet werden,
eben durch die Vertiefung in sie irgendein anderes neues Moment
desto geschickter zum Diebstahl ausgebeutet werden. Die bekannten
Gaunergriffe, daß der feinen Nachbar im Theater um eine Prise
bittende Gauner in die geöffnete Dose eine kleine Bleikugel mit einem
Seidenfaden fallen läßt, an dem er später die Dose aus der Tasche
zieht; oder die Vortäuschung falscher Hände mit Handschuhen, die
sichtbar auf den Knien ruhen, während der Gauner seinen Nachbar
im Postwagen oder im Eisenbahnkupee heimlich die Taschen aus=
plündert; das gefällige Abstäuben von Schnupftabak, Zigarrenasche
oder Staub vom Rocke, während ein im Siegelringkasten verstecktes
scharfes Einschlagmesserchen den Rock über der Brusttasche auf=
schlitzt usw., — alle diese Gaunergriffe können noch so bekannt und ver=
altet sein, sie kommen doch immer wieder zum Vorschein. In dieser
Weise wird kein Kunstgriff alt, während noch immer neue Zusätze
hinzukommen.

Unlängst war ein sechzehnjähriger Bursche am hiesigen Polizei=
amte in Untersuchung, der bei einem Volksfeste vor den Schaubuden

den Zuschauerinnen auf das Kleid trat, und in dem kurzen Augen=
blick, in dem die Zuschauerin unwillkürlich mit der Hand das Kleid
aufraffte, ohne die ganze Aufmerksamkeit auf die gefährliche Nach=
barschaft zu wenden, mit äußerster Behendigkeit in die Taschen des
straffgezogenen Kleides griff und in dieser Weise reiche Ausbeute
machte.

Eine Dirne wußte auf den Marktplätzen den Käuferinnen unter
dem gefälligen Anerbieten, ein gelöstes Schuhband wieder zu kno=
ten, sogar in kniender Stellung die Kleider mit einer Hand nieder=
zuziehen und mit der anderen Hand die Portemonnaies aus den Ta=
schen zu stehlen. Noch eine ganz junge Dirne beobachtete abends
durch die Ladenfenster, an welcher Seite des Kleides die Käuferinnen
ihre Geldbörsen in die Taschen steckten, und wußte unter unbefangenen
tändelndem Kindergeschwätz neben den ihr ganz unbekannten Per=
sonen eine Zeitlang einherzurollen, bis sie unvermerkt den Geldbeu=
tel aus der Tasche gestohlen hatte. Rennende Jungen wissen so ge=
schickte Griffe in die Körbe oder gegen die in der Haud getragenen
Beutel und Taschen zu machen, daß der Diebstahl oft erst spät be=
merkt, oder, wenn der Verlust bemerkt, doch an den Diebstahl zu=
nächst nicht geglaubt, vielmehr durch Suchen nach dem Verloren=
geglaubten dem Diebe Gelegenheit zur unverdächtigen oder raschen
Entfernung gegeben wird.

Der den Taschendieben eigentümliche Griff heißt die Schere. Zur
Schere dient der Zeige= und Mittelfinger, die seitlich voneinander
bewegt und wie die Schneiden einer Schere zusammengeführt wer=
den, um die in der Tasche des Freiers befindliche Geldbörse usw. zu
fassen. Der Torfdrucker führt die Hand gewöhnlich so in die Tasche,
daß der Rücken seiner Hand gegen den Körper des Freiers gewendet
ist, damit er desto leichter die Tasche vom Körper abbiegen und jede
körperliche Berührung vermeiden kann. Der Daumen, der vierte und
fünfte Finger liegen leicht in der inneren Hand und werden nach
Bedürfnis zur Ausweitung der Taschenfalten bewegt, um so den
Durchgang und die Arbeit der Schere zu erleichtern.

Unglaublichen Ertrag geben die Taschendiebstähle in den Bordellen,
in denen die verworfenen Geschöpfe bei der Preisgebung mit desto
größerer Zuversicht stehlen, als sie wissen, daß der Bestohlene seinen

Verluſt, wenn er auch ſpäter den Diebſtahl merkt, lieber verſchmerzt,
als feine Ausſchweifung der Polizei verrät. Beſonders kecke Taſchen=
diebinnen ſind die ſich in Verſtecken preisgebenden Gaſſendirnen
(Dappelſchickſen), die ſpäter ſchwer oder gar nicht aufgefunden wer=
den können. Nicht minder frech iſt das Ausplündern aufſichtsloſer
Kinder, die zu dem Zwecke, beſonders von Weibern, beiſeite in Tor=
wege, auf Hausfluren uſw. gelockt, oft aber auch auf der Gaſſe ſelbſt,
am lichten Tage, ihrer Ohrringe, Tücher oder Körbchen beraubt wer=
den. Hierher gehört beſonders auch alles, was ſchon früher vom
Vertuß und Meiſtern geſagt iſt, und beſonders das Wandmachen,
d. h. das verabredete Verdecken des Diebes vor dem Beobachter oder
vor dem Beſtohlenen, durch Vorſchieben einer Perſonengruppe oder
eines anderen Gegenſtandes, was, wie ſchon geſagt iſt, auf Meſſen
und Märkten ganz beſonders geübt wird.

Der Taſchendiebſtahl iſt wegen ſeiner Heimlichkeit, Apparatloſigkeit,
Behendigkeit, ſeiner ausgeſuchten Gelegenheit in der argloſen Lebens=
bewegung, und beſonders wegen der durchgängigen Kleinheit und
Gleichmäßigkeit ſeines Objektes äußerſt ſchwer in flagranti zu ent=
decken, ſelbſt wenn der Beſtohlene den Mut hat, den Verdächtigen
auf friſcher Tat zu ergreifen. Der Torfdrucker weiß im Nu das Ge=
ſtohlene ſeinen Genoſſen zuzuplanten, das raſch von Hand zu Hand
geht, und oft ſchon weit außer dem Bereich der ganzen Umgebung
iſt, wenn der Diebſtahl bemerkt wird. Im Falle der Bedrängnis und
des Alleinſeins verſarkent (von זרק [ſorak], er hat geſprengt, ge=
ſtreut, geworfen) der Torfdrucker den Maſſematten oder Kiß (כיס
[kifs], Beutel, Geldbeutel, bares Geld, den Dallas bekifs haben =
Armut im Beutel haben, armer Schlucker. — Kies, für Geld, leitet
ſich gleichfalls von kifs her), d. h. er wirft das Geſtohlene heim=
lich fort, damit ihm deſſen Beſitz nicht nachgewieſen werden, und er alſo
den Diebſtahl leugnen kann. Beſteht der Diebſtahl in Geld, ſo wirft der
Torfdrucker das Behältnis, Beutel, Portemonnaie baldtunlichſt von
ſich, und iſt gewiß, daß ihn der Beſitz des bloßen Geldes nicht mehr
verdächtigen oder überführen kann, als jeden andern in der Nähe,
der Geld in der Taſche hat.

Natürlich feiert auch hier die Geſchicklichkeit ihre Triumphe im
Zuplanten der geleerten Geldbörſen. Die faſt jedem großen Taſchen=

dieb nacherzählte berühmte Anekdote von der Verwandlung des Gel=
des in Kot stammt von dem 1707 in Tyburn hingerichteten John
Hall her. Er stahl auf einem Viehmarkt in Smithfield einem Vieh=
händler einen Beutel mit dreißig Pfund Sterling, den er ihm, mit
Kot gefüllt, so geschickt in die Tasche zu befördern wußte, daß der
Viehhändler hoch und heilig schwur, noch vor einer kleinen Weile
dreißig Pfund gehabt zu haben, die ihm der leibhafte Teufel ver=
zaubert habe. Wertvolle kleinere Sachen, wie Brillanten, Perlen usw.
werden auch wohl in den Mnud gesteckt oder gar verschluckt 5), oder
in die Nasenhöhlen, in die Ohren oder sonstige Verstecke gesteckt, oder
heimlich dem wohldressierten Hunde hingeworfen, der damit fortläuft
und nur von seinem Herrn oder dessen Genossen sich anhalten läßt.

Dem offenen geselligen deutschen Wesen widerstrebt der Zwang,
den ihm die Sorge für die Sicherheit der Person und des Eigentums
im gesellschaftlichen Verkehr auflegt. Es erfüllt den Deutschen vor
allem mit Mißbehagen, wenn er an Bahnhöfen, Meßplätzen und an
anderen öffentlichen Orten, ja selbst in Gasthöfen, die ihm das eigene
sichere Haus ersetzen sollen, auf den gedruckten Warnungstafeln die
Unsicherheit und Schutzlosigkeit proklamiert findet, dessen behaglichen
Frieden er gerade von der warnenden Person oder Behörde zunächst
verlangt. Aber eben dieses Mißbehagen und Verlangen beweist, daß
der Deutsche, der die Polizei mehr in Erzählungen als in der direk=
ten Berührung liebt, zu wenig von seiner behaglichen Sorglosigkeit
opfern mag und zu wenig selbst für seine Sicherheit tut. Er trägt
die Uhr, die vielleicht an zwanzig bis dreißig Taler kostet, an einer
Kette um den Hals und seine Brieftasche mit Kassenscheinen und
Wertpapieren von mehreren tausend Taler Wert in der Hosentasche
oder in der klaffenden Brusttasche. Er macht sogar erst Bekanntschaft
durch Anbietung einer Prise aus einer silbernen oder goldenen Dose,
die ihm bald nach dem Wegstecken gestohlen wird. Er hält es für
eine Beleidigung, wenn er sogar dem geringen Mann das Fener seiner
Zigarre abschlägt, und bleibt selbst im raschen Geschäftsgange gefällig
stehen, während der Taschendieb ihm die Uhr zupft. Die kalte Ab=
geschlossenheit des Engländers sichert diesen ebensosehr vor der un=
erwünschten Annäherung, wie dem Franzosen seine feine Höflich=

5) Smith, S. 714.

keit diesen Schutz verleiht, mit der er selbst die Entfernung abmißt, die Dritte gegen ihn zu beachten haben. Der englische Komfort findet in Deutschland eine ebenso starke Nachahmung wie schlechte Übertragung. Die praktische Nützlichkeit des unkleidsamen Sackrockes zum Beispiel, mit dem der Engländer seine Person und Taschen wie mit einer Schutzmauer überzieht, wenn er auf der Straße oder auf Reisen geht, ist in Deutschland bedeutend abgeschwächt durch die Taschen, die noch dazu von außen angebracht, also für den Taschendieb leicht zugänglich sind. Der Engländer wickelt seinen klafterlangen starken Plaid fest um die Hüften, steckt die Enden zwischen die Beine und wärmt dadurch sowohl den Körper, wie er auch den Taschen eine größere Bedeckung und Sicherheit verleiht, wenn er im Eisenbahnkupee einschlafen sollte. Der anglisierende deutsche Handlungsreisende legt denselben Plaid hohl über die Schenkel und läßt die Enden hinten zurückschlagen oder zur Seite herabhängen, ohne eigentlichen Nutzen von diesem äußerst praktischen Reisestück zu haben usw.

Die Sicherheitsvorschläge, die Hirt 6) macht, sind genau nach den angeführten Rücksichten bemessen und empfehlen sich als praktisch und nützlich. Die Befestigung der Portemonnaies an Schnüren oder Stahlketten, wie Hirt vorschlägt, ist dem Taschendieb gewiß in den meisten Fällen ein Hindernis. Ebenso sicher sind die tieferen Taschen in Beinkleidern, Westen und Röcken. Die durchgehende Befestigung der hinteren Rocktaschen an das Unterfutter verhindert das rasche Abschneiden. Brieftaschen, Dokcu und Wertsachen sollte man vernünftigerweise nie anders als in den inneren Brusttaschen tragen, die mit einer Klappe zum Zuknöpfen versehen sein müssen. Gegen das Aufschneiden der Brusttaschen von außen her im Gedränge schützen die Wattierungen noch besser, wenn man sie mit dünnen, elastischen Federn von rundgewickeltem Draht quer durchziehen läßt. Dem Fußreisenden, der erwarten muß, daß er mit fremden Leuten zusammen auf einer gemeinsamen Streu schlafen und vielleicht das Aufschneiden seines Reisesacks fürchten muß, ist allerdings die von Hirt vorgeschlagene, auf dem bloßen Leibe oder doch unter dem Beinkleide zu tragende Gurttasche von sicherem Nutzen. Für Markteinkäuferinnen sind ebenfalls Ledertaschen mit stählernem Bügel und

6) A. a. O., S. 32 f.

Kettchen anstatt der leicht abzuschneidenden Schnürbeutel, sowie das Tragen von Leibtaschen unter dem mit einem Schlitz versehenen Kleide zu empfehlen.

Solche Leibtaschen trugen früher als sicherstes Schutzmittel die Gaunerinnen selbst auf dem bloßen Leibe. Maria Agnes Brunnerin, die Geliebte des berüchtigten Hanns Frey, trug solche Taschen, die sie ihren Hammelsack nannte, beständig auf dem bloßen Leibe, und sie hatte immer hundert bis hundertfünfzig Gulden darin 7).

Die Vorsichtsmaßregeln gegen die Taschendiebgeschicklichkeit lassen sich um eine vermehren, die, so praktisch sie ist, nur schwer ausführbar sein dürfte. Tom Taylor, einer der größten englischen Taschendiebe, wurde einmal wirklich — geangelt.

Im Drurylanetheater hatte nämlich Taylor eines Abends einem neben ihm sitzenden Herrn vierzig Guineen aus der Rocktasche gestohlen. Er war verwegen genug, am nächsten Abend wiederzukommen und, da er den Bestohlenen wieder auf demselben Platze erblickte, sich zu ihm zu setzen. Der Zuschauer erkannte Taylor trotz seiner Verkleidung sofort wieder und fühlte bald darauf die Hand des Gauners wieder in seiner Tasche. Die Tasche war jedoch am Eingang mit Fischerhaken besetzt, die das Zurückziehen der Hand verhinderten. Nach einer Weile stand der Engländer, dem der geangelte Taylor wohl oder übel folgen mußte, kaltblütig auf, ging über die Straße in einen Gasthof. Dort zwang er ihn zur Wiedergabe des Gestohlenen, prügelte ihn ordentlich durch und überließ ihn dem herbeieilenden Volk, das ihn schwemmte und so arg mißhandelte, daß er einen Arm und ein Bein dabei brach.

Achtundsechzigstes Kapitel

Das Stradehandeln, Goleschächten und Golehopsen

Das Wort Stradehandeln, richtiger Straathandeln, ist von dem niederdeutschen Straat herzuleiten, das Straße, Gasse bedeutet. In der Gaunersprache wird jedoch Straat, Strat oder Strade ausschließlich für die Straße außerhalb eines Ortes gebraucht und bedeutet fo=

7) Sulzer, Gaunerliste 1801, S. 67.

mit die Landstraße, Chaussee, Heer=, Land= und Feldweg, im Gegen=
satz von Rechof (רחוב), die Straße in der Stadt, und Schuck (von
שוק), vom gleichlautenden Verbum schuck, laufen, strömen, nach=
laufen, das besonders noch die belebte Stadtstraße, den Marktplatz und
Markt bedeutet, daher Schuckgänger, der Marktdieb, den Schuck ab=
halten, den Markt besuchen. Stradehandeln oder auf der Strade
handeln, ist der allgemeine Ausdruck für den gaunerischen Diebstahl auf
oder an der Landstraße, im Gegensatz von dem allgemeinen Aus=
druck: in Mokum oder auf dem Schuck handeln, d. h. in der Stadt,
auf dem Markte Gaunereien verüben. Auch der Schränker, der die
an oder nahe bei der Landstraße belegenen Dörfer, Höfe, Mühlen
usw. heimsucht, handelt auf der Strade. Das Umherziehen, nament=
lich Hausieren auf dem Lande, wird Medinegehen, auf der Medine
gehen oder geien genannt, wovon Medinegeier, der Landhausierer.

Im gleichen Gegensatze zu dem Ausdruck: den Schuck abhalten,
d. h. auf den Märkten erscheinen, um die Gelegenheit zu Gaunereien
wahrzunehmen, verhält sich die Redensart: die Strade halten, oder
kurzweg Stradehalten, d. h. auf der Landstraße reisen, um die Ge=
legenheit zu Diebstählen auf ihr zu benützen. Stradekehrer sind
dagegen Straßenräuber, die Fuhrwerke und Personen auf der Land=
straße anfallen und berauben.

Das Stradehandeln ist im Grunde nur die modernisierte Wege=
lagerei. Die Raubritter des Mittelalters, die vom Sattel oder Steg=
reif lebten, hatten an den schlechten Wegen, die kaum etwas anderes
waren als unordentliche gewundene Fuß= oder Reitsteige, und bei
den schlechten und unbeholfenen Karren, die langsam und schwer=
fällig aus den schmalen und niedrigen Stadttoren auf den hol=
perigen Wegen einherfuhren, allerdings eine leichtere Arbeit, sich
ganzer Warenzüge zu bemächtigen und das bewaffnete Geleit nieder=
zuwerfen oder in die Flucht zu schlagen. Die schlechten Wege in
Deutschland haben dem Straßenraub sehr lange Vorschub geleistet,
und erklären auch die vielen Postberaubungen, die noch bis tief in
das neunzehnte Jahrhundert hinein so verwegen wie häufig unter=
nommen wurden. Die sehr späte und wohl erst von der napoleoni=
schen Zeit her zu datierende Herstellung von wirklichen Kunststraßen,
die mit Chaussee= und Posthäusern, sowie mit Gendarmeriestationen

besetzt und gesichert sind, hat auch behendere Gefährte und ihre be=
schleunigtere Bewegung hervorgebracht, so daß auch das Gaunerge=
werbe ein übriges tun mußte, um gleichen Schritt mit diesen Ver=
vollkommnungen zu halten. An Stelle der früheren an den Ort ge=
bundenen Wegelagerei ist das Stradehandeln eine ambulante Praxis
geworden, deren rührige Bewegung ganz außerordentlich ist und auch
außerordentliche Wachsamkeit nötig macht.

Zur raschen Bewegung und zum schnellen Transport der von den
Fahrzeugen auf der Landstraße gestohlenen Gegenstände dienen den
Stradehaltern die Agolen, Michsegolen 1), von deren Ursprung schon
die Rede gewesen ist. Es sind gewöhnliche leichte Stuhl=, Leiter= oder
Korbwagen mit einem zum Niederschlagen eingerichteten Leinenplan,
nach Art der Frachtwagen, mit einem oder zwei nicht auffällig gezeich=
neten Pferden, die von der Genossenschaft auf gemeinschaftliche Kosten
unterhalten werden. Der Plan wird bald auf=, bald niedergeschlagen,
je nachdem die Chawrusse sich sehen lassen zu dürfen oder verbergen
zu müssen glaubt. Die Agolen haben meistens einen Korb, versteckten
Behälter oder doppelten Boden zum Verbergen des nötigen Schränk=
zeuges.

An den Hafenkais, Packhöfen, Speichern und Wirtshäusern er=
fährt die Chawrusse durch die Baldower, welche Waren auf den Lat=
schen geladen sind. Jedes Mitglied der Chawrusse kennt die Stau=
regeln trotz dem besten Fuhrmann, und weiß daher, welche Waren in
der Latsche oben, hinten und an die Seiten geladen werden müssen.
Ebenso weiß sie die Richtung und nächste Station, wo der Fuhrmann
übernachtet. Sehr häufig fährt aber die Chawrusse auf das Gerate=
wohl in der Dunkelheit die Landstraße entlang, und ersieht sich das

---

1) Agole (עֲגָלָה), der Wagen, Fracht=, Reisewagen, auch verdorben: Eglo
ausgesprochen. Davon die Ausdrücke: Goleschächter und Golehopser. Im Jü=
disch=Deutschen kommt noch vor: מֶרְכָּב (merchof) und רֶכֶב (rechof), in der
allgemeinen Bedeutung von Wagen. Dagegen heißt in der deutschen Gauner=
sprache der Frachtwagen die Latsche, von der langsamen Fortbewegung, dem
Latschen. Die Latsche belotschenen oder bestachern, den Frachtwagen bestehlen.
מִכְסֶה (michse), ist die Decke des Zeltes, Schiffes, Hauses, Dach, Verdeck,
Frachtwagenplan. Michsegole ist der mit einem abnehmbaren Leinenplan über=
spannte Gaunerwagen, aber auch Frachtwagen. Golemichse oder Agolemichse ist
der Wagenplan an Gauner= und Frachtwagen.

weiterfahrende oder abgespannte Fuhrwerk und die Gelegenheit, wie
ihm beizukommen ist. Bewegt sich der Frachtwagen auf der Landstraße und scheint Zeit und Gelegenheit günstig, namentlich das
Wetter schlecht, so fährt die Agole rasch vorbei und läßt an einem
versteckten Orte, in einem Graben, Busch oder hinter einem Stein-
haufen, unter einer Brücke, einen oder zwei Chawern zurück, fährt
beiseite auf einen Zinkplatz, während nun einer der vorher abgesetzten
Chawern hinter dem Frachtwagen oder an der Seite aufsteigt, auf
die Gole hopst (wovon er den Namen Golehopser hat), den Plan
zerschneidet, d. i. Gole schächtet, daher der Name Goleschächter,
und so leise wie möglich Packen und Kisten auf den Weg fallen läßt;
dann steigt er selbst vom Wagen, schleppt mit seinem Chawer die her-
abgeworfenen Sachen beiseite und gibt der mit der Agole auf dem
Wiatzef wartenden Chawrusse einen Zink. Diese fährt nun heran, hilft
die Sachen aufladen, worauf alle auf einem Nebenwege davonfahren.

Gewöhnlich hält der Frachtfuhrmann die abgerundete, trockene und
ebene Mitte der Chaussee, und geht auch meistens neben dem Sattel-
pferde an der linken Seite einher. Die Chawrusse fährt daher gewöhnlich an der rechten Seite des Frachtwagens vorbei, und überzeugt sich durch einen Schlag mit der Peitsche, oder auf sonstige
Weise durch lustiges Rufen und Jauchzen, ob ein Hund in oder bei
dem Wagen ist. Im letzteren Falle wird eine Strecke voraus auch
wohl der Peiger2) für den Hund ausgeworfen. Dunkles regnerisches
Wetter, das Klappern und Rasseln des schwerfälligen Frachtwagens,
namentlich auf gepflasterten Dämmen oder neu oder schlecht gebesser-
ten Chausseen, erleichtert das Golehopsen und Goleschächten ganz bedeutend, namentlich in solchen Gegenden, wo der Weg durch unebenes
oder waldiges Terrain läuft.

In solchen Gegenden und besonders noch, wo wenig Kunststraßen
sind, beschränkt sich das Golehopsen und Goleschächten nicht allein
auf die Latschen, sondern erstreckt sich auch auf alle Reisewagen. Im
Dunkeln wissen die Golehopser bei waldigen und schlechten Wege-
stellen geschickt hinten auf die Packbretter und Koffer zu springen,
und die letzteren entweder ganz abzuschneiden oder doch aufzubrechen

2) Vgl. Kap. 38.·

und den Inhalt auf die Chaussee ihren nachfolgenden Genossen zu-
zuwerfen. An Postwagen werden diese, im achtzehnten Jahrhundert
sehr viel und verwegen versuchten Diebstähle jetzt weniger verübt,
weil die hinter den Wagen angebrachten Magazine gewöhnlich durch
Blechfütterung und starkes Stangen= und Schließwerk gut gesichert
sind, was bei anderem Reisefuhrwerk, selbst bei den Extraposten und
Beichaisen, keineswegs immer der Fall ist. Desto häufiger kommen
jedoch diese Diebstähle bei Privatfuhrwerk vor, namentlich bei Equipagen von Gutsbesitzern, sobald sie von den immer doch durch den
lebhaften Verkehr geschützteren Straßen auf die Seitenwege ab-
fahren.

Auch die vor den Wirtshäusern haltenden Latschen sind vorzugsweise dem Goleschächten ausgesetzt. Der Fuhrmann hat meistens
einen eigenen Hund, den er des Nachts unter dem Frachtwagen an-
bindet, oder auch in dem Frachtwagen selbst unterbringt. Sehr oft
muß aber auch der unter den Frachtwagen gebundene Hund des
Wirtes den Wachtdienst verrichten. Die Latsche wird gewöhnlich dicht
vor die Fenster der zur ebenen Erde befindlichen Gaststube, deren
Schalter offen bleiben, und in der der Fuhrmann mit anderen Gästen
auf der Streu liegt, aufgefahren und von einem in das Fenster gestellten Licht, oder auch von einer Wagenlaterne erleuchtet. Erblicken
die Goleschächter im Vorüberfahren solche Sicherheitsmaßregeln, so
lassen sie in einiger Entfernung einen Chawer absteigen und im
Wirtshause Quartier nehmen, damit er die Hindernisse wegräumen
kann, zu denen übrigens die schlechte und immer nur von einer
Seite fallende Beleuchtung keineswegs gehört. Meistens beschränkt
sich diese Beihilfe auf das Pegern des Hnudes. Sehr oft findet aber
der Chawer dazu noch Gelegenheit, den Torfdrucker gegen den Fuhrmann oder dessen Schlafkameradschaft zu machen, oder gegen den
Wirt eine Pleite oder Challe zu handeln. Ist ein Wächter im Dorfe,
so hat ein anderer Chawer diesen zu beobachten und zu meistern,
während die handelnden Chawern die Latsche schächten, was oft mit
ungemeiner Leichtigkeit und mit hohem Ertrage geschieht. Für den
Fall der Überraschung wird wohl noch die Haustüre zugebunden
oder das Schlüsselloch durch einen Pflock verstopft, damit der gewöhnlich auch im zugeschlossenen Schlosse innen steckengebliebene

Hausschlüssel nicht gedreht werden kann und die Chawrusse Zeit fin=
det, mit ihrem Massematten davonzugehen.

Die gehörige Bewachung der abgespannten Frachtwagen erfordert
durchweg einen eigenen Wächter, der die Nacht hindurch bei dem Wa=
gen zu bleiben hat. Auf Hunde ist kein voller Verlaß, selbst dann nicht,
wenn man sie gegen das Peigern durch einen Maulkorb sichert, oder
sie in einen dichten Latten= oder Drahtkäfig unter oder in den Wagen
einsperrt. Bei lebhaftem Verkehr auf der Landstraße schlägt der wache
Hund jedesmal an, wenn ein Wagen, Reiter oder Fußgänger vor=
überkommt, und macht den Fuhrmann sicher, daß er nicht bei jedem
Geräusch aufsteht und nachsieht. Die Goleschächter erfahren auch
durch wiederholtes Hin= und Herfahren, ob ein Hund überhaupt da,
ob er wach und ob er eingesperrt, angebunden und mit einem Maul=
korbe versehen ist, und nehmen danach ihre Maßregeln, wie schon
beim Schränken angegeben ist. Die Dorfwächter, wozu verkehrte
Sparsamkeit meistens alte, stumpfe, oft halb blödsinnige Hirten=
knechte wählt, die ohnehin noch von ihrer Tagearbeit ermüdet sind,
werden, wie schon erwähnt, überaus leicht gemeistert.

Der beste Schutz gegen die Golehopfer ist der, daß der Fuhrmann,
dem eine wertvolle Fracht anvertraut ist, einen Fuhrknecht hinter
dem Wagen einhergehen läßt und ebenso des Nachts einen eigenen
rüstigen und zuverlässigen Wächter bei seinem Wagen aufstellt. Bei
Reisewagen schützt die Anbringung der Koffer unter dem Bedienten=
sitz am besten. Ist ein solcher Sitz nicht vorhanden, so müssen die
Koffer unter dem Kutschersitz angebracht werden, wenn nicht im
Wagen selbst unter den Sitzen, oder in einem mit dem Wagen ver=
bundenen, nur von innen zugänglichen, mit Blech gefütterten Ma=
gazin hinter dem Wagenkasten. Ist die Anbringung der Koffer auf
dem Packbrette hinter dem Wagen nicht zu vermeiden, so sind mit
spitzen Zinken versehene eiserne Gliederstangen, die über den Koffer
gelegt und mit einer schließbaren Querstange befestigt werden, ein
sicheres Mittel, dem Golehopfer das Aufspringen und Aufsetzen un=
möglich zu machen, weil das Stoßen des Wagens dem Golehopfer
keinen festen Sitz auf dem Koffer gewährt und ihn daher schweren
Verwundungen aussetzt, ohne daß er seinen Zweck erreicht.

Zum Goleschächten sind noch die Diebstähle zu rechnen, die auf

den Eisenbahnen während der Fahrt in den Gepäckwagen an Reise=
effekten vorkommen. Diese Diebereien, die namentlich im Jahre 1854
auf der Sächsisch=Schlesischen, auf der Main=Weser= und der Nieder=
schlesisch=Märkischen Eisenbahn einige Zeit als Gewerbe betrieben, je=
doch endlich entdeckt wurden, sind doppelt strafbar, da sie wohl nur
von Beamten dieser öffentlichen Beförderungsanstalten selbst verübt
werden können, deren Aufsicht und Schutz der Reisende sich mit
seinem Vermögen anvertraut. Die erwähnten gewerbsmäßigen Gau=
nereien sind denn auch besonders scharf gestraft worden.

Die Schwierigkeit, die die strenge Bewachung der Gepäckräume
auf den Eisenbahnhöfen und die geschwinde Bewegung der Bahnzüge
den Golehopfern bereitet, hat zur Beraubung der Fahrzeuge auf den
Strecken von den Bahnhöfen bis zum Gasthofe oder Privathause
Anlaß gegeben. Die Bahnhöfe liegen meistens außerhalb der Vor=
städte, ja oft noch weit über diese hinaus. Die angestellten und ver=
eidigten Gepäckträger geben allerdings eine Garantie für die richtige
Ablieferung des Gepäcks. Auch die Wirte, die eigene Omnibusse
zwischen den Bahnhöfen und ihren Gasthöfen unter Schutz eines
Schaffners und Hausknechts fahren lassen, sichern durch diese ihre
Leute den Reisenden und sein Gepäck. Für den Reisenden, der jedoch
eilig von einem Dampfschiff oder Bahnhof zum anderen oder in ein
Privathaus will und sich dazu der nächsten besten Droschke am
fremden Orte bedient, ist allerdings schon Gefahr für sein Gepäck vor=
handen, wenn er es durch einen anderen als durch einen Gepäckträger
in die Droschke selbst abliefern läßt, oder wohl gar dem nächsten ihm
unbekannten Bummler übergibt, der sich hervordrängt, sich auch
wohl zum Kutscher, einem alten Kameraden, setzt, und gelegentlich
auf dem langen oder absichtlich verlängerten Wege zum Absteige=
quartier mit einem Packen verschwindet. Nur eine sehr genaue poli=
zeiliche Aufsicht der Droschkenführer und Dienstleute in den Hafen=
kais, Bahnsteigen und deren Nähe, und die Zurückhaltung aller
Müßiggänger und verdächtigen Bummler kann den Reisenden gegen
diese Golehopfer sichern, die ihr Wesen in höchst verwegener Weise
treiben.

Ähnliche freche Diebstähle an Postgut sind in neuerer Zeit auch
auf den Strecken zwischen den Posthäusern und Bahnhöfen und

zwischen den einzelnen Poststationen vorgekommen. Gewandte Gauner haben den Augenblick wahrgenommen, in dem die Postwagenverschlüsse noch offen standen und von nachlässigen Beamten ohne Aufsicht gelassen waren, wie das besonders auch noch auf den Zwischenstationen der Fall ist, auf denen die Verschlüsse geöffnet werden. Jedesmal sind jedoch in solchem Falle Nachlässigkeiten von Beamten, seltener Mängel in den postalischen Einrichtungen selbst, nachgewiesen worden, die bei der jetzigen Vortrefflichkeit des deutschen Postwesens kaum noch hier und da zu finden sind, und schwerlich noch irgendwie jene gewerbsmäßige Beraubung durch die Trararumgänger der früheren Zeit möglich machen dürften, von denen Falkenberg[3] eine ausführliche Darstellung gibt, und unter denen der 1814 zur Untersuchung gezogene Karl Grandisson oder Grosjean einer der bedeutendsten war.

Diese Trararumgänger — bloße Nachahmung des Posthornklanges — reisten gewöhnlich als Kaufleute oder Handlungsreisende unter falschem Namen mit der Post, um in den Posthäusern, auf den Stationen, durch Makkenen, Ennevotennemachen oder Schränken und dergleichen wertvolle Poststücke zu erbeuten. Grosjean war lange Zeit als Trararumgänger in Frankreich und Deutschland gereist. Er hatte sehr bedeutende Summen gestohlen, bis in Heidelberg eine Untersuchung gegen ihn eröffnet und er in Berlin verhaftet wurde, wo er sich am 21. Mai 1814 in der Stadtvogtei an seinem Taschentuch erhängte, ehe er noch eigentlich verhört worden war[4].

Doch dürfte der Posterpedient a. D. Wasserlein, der am 2. August 1858 durch sein verwegenes Auftreten als höherer Postbeamter den niederen Postbeamten auf der Niederschlesisch-Märkischen Eisenbahn so zu imponieren wußte, daß sie ihm zur angeblichen Revision bedeutende Postgelder übergaben, schwerlich zu den Trararumgängern zu zählen sein. Er muß als frecher Betrüger gelten, der durch seine verwegene Anmaßung und Ausbeutung höherer Beamtenstellung den mehr an unbedingten Gehorsam gegen die Uniform als an eigenes Nachdenken und Aufblick gewohnten Subalternen zu imponieren

3) I, S. 88—94.
4) Karl Grandisson oder Grosjean, der berüchtigte Postwagendieb und Betrüger. Eine kriminalistische Novelle. Heidelberg 1816.

verstand, und ein vereinzeltes Verbrechen beging, das weniger wegen der Größe des Betrages als wegen feiner kulturhistorischen Bedeutsamkeit und wegen feiner rafchen und behenden Entdeckung durch die Berliner Polizei merkwürdig erscheint 5).

Neunundsechzigstes Kapitel

Das Jedionen. Etymologische Erklärung

Jedioner (von יָרַע [joba], wissen, kennen, erkennen, erfahren, ירעוני, Wahrsager) 1), spezifisch jüdisch=deutscher, aber fehr früh in die deutsche Gaunersprache übergegangener Ausdruck, den schon des Vokabular des Liber Vagatorum in der Form „Joner", Spieler, aufführt, ift im weitesten Sinne dem späteren Kochemer oder Cheffen gleich, und bedeutet den gewerblich ausgebildeten Gauner überhaupt, im Gegensatz von Wittscher, Nichtgauner, in engerer Bedeutung jedoch besonders den Gauner, der unter dem offenen Schein der Wissenschaft oder Kunst feine Betrügereien ausübt. Aber auch dieser Begriff beschränkte sich schon zu Anfang des sechzehnten Jahrhunderts auf die Wahrsagerei und schwarze Kunst, die nach Kapitel 7 des Liber Vagatorum besonders von den Vagierern oder fahrenden Schülern (ein bestimmter gaunersprachlicher Ausdruck fehlt), sowie von den Stabulern und von denen, die „in der Mumsen oder obern Sonzen gangen", also Hochstaplern, gelegentlich geübt wurde, während die Quacksalberei und Schatzgräberei und die damit verbundenen Betrügereien den ambulanten Felingern (Terriakskrämern) und das Jonen besonders den eigentümlichen Spielern (den späteren Freischuppern, Hadderern und Kuwioftoßern) zufiel. Doch diese Unterscheidungen sind nicht durchgreifend, sondern schwanken im Sprachgebrauch der verschiedenen Zeiten. So hatte der jetzt faft ganz außer Sprachgebrauch gekommene Ausdruck Felinger im siebzehnten und

5) Hier fei ganz nebenbei an den Schufter Voigt, den Hauptmann von Köpenick, erinnert, der das Verbrechen Wafferleins in verbefferter Auflage herausbrachte.
1) Callenberg, Jüdifch=Deutfches Wörterbuch, S 135; Selig, Jüdifch=Deutfches Wörterbuch, S 191; Prager, Jüdifch=Deutfches Wörterbuch, S 64; Vollbeding, Jüdifch=Deutfches Wörterbuch, S 41; Jtig Feitel Stern, Medr. Seph., S. 133.

achtzehnten Jahrhundert wesentlich den ganzen Begriff und Aus=
druck des Jedioners im weitesten Sinne umfaßt, nachdem die
äußere Erscheinung der fahrenden Schüler, Stappler usw. vor der
Findigkeit der Polizei noch rascher verschwinden mußte als der, seiner
scheinbaren Unschädlichkeit oder Nützlichkeit wegen weniger beobachtete,
ja sogar häufig begünstigte Hausierhandel.

Der Liber Vagatorum spricht noch in Kap. 23 über die Verane=
rinnen, welchen Ausdruck die „Rotwelsche Grammatik" im Kapitel=
index als „getaufft Jüdin, Wahrsagerin" übersetzt, aber ebensowenig wie
der Liber Vagatorum in das Wörterverzeichnis aufgenommen hat.

Der Ausdruck ist eine augenscheinlich gesuchte Verstümmelung
des im „Baseler Ratsmandat" vorkommenden, in der Ebenerschen
und Brücknerschen Handschrift in gleicher Schreibart enthaltenen,
in der Knebelschen Handschrift ganz fehlenden Ausdrucks Vermerin.
Das Mandat und nach seinem Vorgange der Liber Vagatorum und
die „Rotwelsche Grammatik" erklärt Vermerin als „besunder aller=
meist Frowen, die sprechent, sy sient getoffet Juden und sient Chri=
sten worden und sagent den Lüten ob ir Vatter oder Mutter in der
Helle sient oder nit". Der Ausdruck Vermerin ist jedoch niemals
später für Wahrsagerin gebraucht worden, obgleich alle späteren Auf=
lagen der „Rotwelschen Grammatik", Moscherosch und viele andere
Nachtreter der „Rotwelschen Grammatik" ihn aufgenommen haben.

Bemerkenswert ist ferner, daß die zigeunerischen Ausdrücke dur=
ker oder burgeaf, wahrsagen, burgepaskro, Wahrsager, und burge=
paskri, Wahrsagerei [2]) — obschon gerade die Wahrsagerei, besonders
die Chiromantie, die Hauptvermittlung war, durch die die Zigeuner
des fünfzehnten Jahrhunderts sich den Eingang in alle Gesellschafts=
schichten zu verschaffen wußten — in keiner Weise von der deutschen
Gaunersprache aufgenommen oder auch nur nachgeahmt worden
sind. So bleibt denn in sprachlicher Hinsicht nur der einzige spezifisch
jüdisch=deutsche Ausdruck Jedionen für den Begriff des Wahrsagens
übrig, der denn nun gelegentlich von Hochstaplern, Medinegerern,
Paschkusenern usw. (wie von den früheren Felingern) betrieben wird,
wenn sie den Schuck abhalten oder Strabe halten.

[2]) Pott, Die Zigeuner II, S. 317; Bischoff, S. 103; Beitrag zur Rotwelschen
Grammatik, S 34.

Siebzigstes Kapitel

Das Wahrsagen

Der schon im fernsten Altertum erkennbare, zu einer Menge von
Mitteln und Formen der verschiedensten Art greifende Hang des
Menschen, zukünftige Dinge vorherzusehen und dazu eine besondere
Begabung zu erlangen, die besonders den mit der Gottheit näher in
Verbindung stehenden Priestern und Priesterinnen zugeschrieben
wurde, ist bereits im ältesten deutschen Heidentume sichtbar, wo nicht
nur Priesterinnen 1) aus dem Blute der geopferten Gefangenen,
sondern auch die Familienväter aus dem Loswerfen, Vogelflug,
Pferdewiehern, Begegnen von Tieren usw. weissagten. Neben diesem
Götterkultus bildete sich jedoch ausnahmsweise, nicht als Gegensatz,
die Zauberei aus, die höhere geheime Kräfte wirken läßt.

Die Zauberei wurde im germanischen Heidentum vorzugsweise
den Frauen zugeschrieben, die sich zusammentaten und in größeren
Versammlungen ihr Wesen trieben. Das Christentum bildete diese
vorgefundene, durchaus heidnische Erscheinung weiter aus, und gab
manche Zutaten dazu 2). Allmählich drängte sich die dem deutschen
Heidentume fremde Idee des Teufels ein, woraus zunächst seit dem
dreizehnten Jahrhundert die Ketzerverfolgungen und dann die Buhl-
schaften zwischen Teufel und Hexe entstanden.

Diese vom rohesten Aberglauben geschaffene und getragene Ansicht
von den Teufelsbündnissen gab den Anlaß zu den scheußlichen Hexenverfolgungen, die erst gegen das Ende des achtzehnten Jahrhunderts
völlig aufgehört haben. Sie waren aber auch die blutige hemmende
Schranke gegen die Ausbildung vieler Wissenschaften, bei denen man,
wenn auch ihre Ergebnisse vielfach auf unwichtige, läppische, ja
schmutzige und gottlose Dinge hinausliefen, doch in der geistigen Be-
tätigung selbst vielfach großen Scharfsinn, rastlosen Fleiß und tiefe
Gelehrsamkeit bewundern, aber dabei auch bedauern muß, daß so viel
geistige Arbeit ganz nutzlos verloren ging, anstatt — was bei gehö-
riger Beschützung, Förderung und Läuterung zu erwarten stand —

1) Grimm, Mythologie, IV. Ausgabe, I, S. 333; III, S. 115.
2) Soldan-Heppe, Hexenprozesse, herausgegeben von Max Bauer. I, S. 71 ff.

sich zur Wissenschaft abgeklärt und gedeihliche Früchte getragen zu haben.

So haben fast alle unsere heutigen physikalischen und chemischen Wissenschaften, oft sogar schon im fernsten Zeitalter, eine oft reiche und viel verheißende Kindheit gehabt, in der sie aber unter dem Gifthauche des Aberglaubens langsam dahinstarben, oder doch in einem elenden siechen Zustande hinvegetierten, wo sie aus dem hellen Tageslicht flüchten mußten und in den Klöstern und Gelehrtenstuben ein einsiedlerisches Asyl gefunden hatten. In diesen Zufluchtsstätten und auf jenen schwächlichen Grundlagen entstand das Heer jener Scheinwissenschaften, deren Begründer und Jünger das Unverstandene noch unverständlicher machten durch weitläufige Bearbeitung in mystischen verworrenen Formen, um demselben menschlichen Geiste Genüge zu leisten, der ebensowohl schon vom grauen Altertum her in unbefangener Anschauung göttlicher und natürlicher Offenbarung nach höherer Erforschung strebte, wie er heutzutage der kahlen Empirie der Naturwissenschaften, meist ohne wahres sittliches und religiöses Streben, verfallen ist.

Daraus wird aber auch klar, daß, ungeachtet die zum Betruge ausgebeutete Wahrsagerei und Zauberei niemals gewerblich, sondern höchstens nur gelegentlich von dem Gaunertume betrieben wurde, dennoch so viele Gauner unter dem Schein der Zauberei den Hexentod sterben mußten.

Ein kurzer Blick auf die Ausbildung des deutschen Zauberwesens macht dies noch deutlicher. Nicht allein die deutsch-heidnischen und christlichen Ansichten waren die Grundlage zu dieser Ausbildung. Ein sehr wesentlicher, schon vor dem Eingang des Christentums auf deutschem Boden erschienener und mit geheimem Nachdruck wirkender Faktor ist wesentlich übersehen oder nicht in seiner vollen Bedeutsamkeit hervorgehoben worden: die jüdische mystische Überlieferung, die Kabbala 3).

3) Hier habe ich die Auslassung Avés über die Kabbala entfernt. Trotz der breitesten Ausführung vermag Avé nicht zu überzeugen, daß das Hauptwerk der jüdischen Mystik mit dem Gaunertum überhaupt und dem deutschen besonders im Zusammenhang steht. Ferner wirken die Angaben Avés durch ihre Unklarheit, Oberflächlichkeit und die mehr als ungenauen Erläuterungen nur verwirrend. Wer sich über das Wesen der Kabbala unterrichten will, sei auf die Werke von

Die Kabbala war das geheimste Studium jüdischer Gelehrter, und wurde nur den jüdischen Jüngern mitgeteilt, die sie immer mehr als traditionelle Mystik ausübten, und in ihren geistreichsten und scharfsinnigsten Forschungen ebenso viele erhabene wie auch kleinliche, ja nicht selten schmutzige und verworfene Anschauungen zum Vorschein brachten. Während die kümmerliche deutsche Gelehrsamkeit des Mittelalters mit roher Verachtung auf das sich ihr ganz abschließende geheime Fortleben der jüdischen Gelehrsamkeit herabblickte, wurde doch mit der aufkommenden humanistischen Richtung des fünfzehnten Jahrhunderts die hebräische Sprache einiger Aufmerksamkeit gewürdigt, obgleich ihr tieferes wissenschaftliches Studium und namentlich die wunderbare Kabbala, ausschließliches Eigentum der Juden verblieb, oder nur ganz wenigen christlichen Gelehrten teilweise, nie aber gänzlich klar oder übersichtlich-faßlich gemacht wurde.

Aus diesen verworrenen Bruchstücken, zu denen nun eine Menge Zutaten aus griechischen, römischen und anderen Altertümern hinzukamen, bildete sich in hochmütiger, selbsttrügerischer Weise, mit unverstandenen und unverständlichen Formen, die geistlose, platte und verworrene christliche Zaubermystik aus, die die siechste und ekelste Stelle in der Geschichte der sonst überall ernst, tief und wahr forschenden deutschen Gelehrsamkeit ist. Selbst die ungeheuersten Bilder, selbst die abgeschmacktesten Parabeln, Allegorien und Symbole der jüdischen kabbalistischen Mystik haben Sinn und Bedeutung, so gesucht und gezwungen diese auch fehr oft erscheinen. Die christliche Zaubermystik war und bleibt aber eine ungeheure Verblendung und Verwirrung, so daß kaum ein einziger gesunder klarer Gedanke aus ihr herausgezogen werden kann. Die ganze Menge deutscher Zauberbücher, und die aus diesen entsprungene ungeheure Literatur ist daher völlig unverständlich. Nur in einzelnen Formen und Charakteren erkennt man hier und da die kabbalistische Form und Eigenart, aber ohne Beziehung, ohne Zusammenhang zu und mit einem Ganzen. Gerade in diesen einzelnen, unverstandenen und verstümmelten kabbalistischen Sinnsprüchen liegt der Beweis, wie tief das Geheimnis der Kabbala von den jüdischen Gelehrten bewahrt, und wie wenig

Erich Bischoff, Die Kabbala, Leipzig 1903, und Elemente der Kabbala, von demselben Verfasser (Berlin 1913), hingewiesen. B.

die Kabbala außer ihnen gekannt und verstanden wurde. Jene kümmerlichen Brocken konnten aber so wenig der christlichen Zaubermystik Halt und Bestand, wie dem Gaunertum eine überall bestimmte Gelegenheit geben, sich darin festzusetzen und die ungeheure Schwäche gewerblich auszubeuten. Selbst die von den Indiern, Arabern und Chaldäern geübte und besonders durch die Zigeuner ausgebeutete Chiromantie verfiel so sehr der verworrenen deutschen Zaubermystik und ihrer breitgelehrten Behandlung, daß sie, obschon sie sogar als besondere Wissenschaft auf deutschen Universitäten noch zu Anfang des achtzehnten Jahrhunderts gelehrt und in Lehrbüchern 4) dargestellt wurde, vom scharfen Blick des Gaunertums doch immer als nichtig und unbrauchbar erkannt und mißachtet blieb, gelegentlich aber, wie zur Lust und zur verdienten Züchtigung blödsinnigen Aberglaubens, in verschiedenster Weise ausgebeutet wurde. Viel später als das Gaunertum begriff die gelehrte Forschung die Nichtigkeit der ganzen Zauberlehre, und gerade die zu Anfang des achtzehnten Jahrhunderts sich breitmachende rationelle Belehrung und Bearbeitung machte sich selbst noch lächerlicher als den Aberglauben, von dem sie die Lehre „reinigen" wollten. Merkwürdig und nicht ohne Beziehung ist der Umstand, daß, sobald die unverfälschte Kabbala und der auf ihr beruhende jüdische Mystizismus in Deutschland bekannt und klar wurde, die christlichen Zauberbücher in der Geltung zu sinken, die Hexenprozesse abzunehmen, und an Stelle der scheußlichen Judenverfolgungen jene milderen, wenn auch ungelenken orthodoxen Proselytenmachereien aufzukommen begannen.

Von diesem Standpunkte aus wird die bereits besprochene Ansicht deutlicher, daß die Gaunerprozesse vom fünfzehnten bis siebzehnten Jahrhundert fast gänzlich in die Hexenprozesse auf- und untergegangen sind. Somit wird man sich bei genauerem Aufblick auf die Menge Hexenprozesse, Gespenstergeschichten und Zauberbücher klarer, und begreift die vielen abgeschmackten feierlichen und geheimnisvollen Plattheiten, zu denen das Gaunertum, wie zum Spott und aus Ironie sowohl gegen den blödsinnigen Aberglauben des Volkes, wie auch gegen den lächerlichen Abschluß der geheimen Zaubergelehrsam-

---

4) Ennemoser, Geschichte der Magie, Leipzig 1844. E. D. Hauber, Bibliotheca acta et scripta magica, 1741.

keit, ſich herbeiließ. So darf man ſich denn auch nicht wundern, wie
äußerſt wenige platte und elend kümmerliche Reſte aus Dr. Hart=
liebs (Leibarzt des Herzogs Albrecht von Bayern) 5) „Buch aller ver=
boten Kunſt unglaubens und Zauberei" (1455) und aus der „Goe=
tie" des Arztes Georg Pictor von Villingen (geb. 1500), der alle
Gattungen der „Ceremonialmagie" 6) aufzählt, übriggeblieben ſind,
die ſich aus dem gelehrten myſtiſchen Nimbus heraus endlich in das
Kartenſpiel und in den dicken Kaffeeſatz geflüchtet haben.

Eine Aufzählung aller dieſer läppiſchen und ſinnloſen Vorſchriften
und Kunſtſtücke, die man bei unzähligen älteren und neueren Schrift=
ſtellern findet, kann hier nicht meine Aufgabe ſein. Je platter die
ganze Weiſe iſt, deſto mehr gefällt ſich aber auch der moderne Spott
in der unabläſſigen verſchiedenartigſten Darlegung und Ausbreitung
des verderblichen Unſinns durch die Maſſe alberner und abgeſchmack=
ter, in immer neuen Auflagen von buchhändleriſcher Spekulation
zum Vorſchein gebrachter Traumbücher, Punktierbücher, Wahrſage=
bücher und dergl. Je breiter ſich aber der frivole Spott macht, deſto
mehr blickt doch auch der Dämon hinter ihm hervor. Denn eben un=
ſere nivellierende Zeit iſt es auch gerade, die dem Spiritismus und
dem Tiſchrücken eine Aufmerkſamkeit und Anhänglichkeit bewieſen
hat, vor der man erſchrecken muß 7).

So iſt es denn nicht zu verwundern, wenn der aufmerkſame
Blick der Polizei in den zahlreichen Verſtecken, in denen beſonders
alte Kupplerinnen und ausgemuſterte Luſtdirnen die rohe Unwiſſen=
heit, den unausrottbaren Aberglauben und die tolle Genußſucht aus=
beuten, noch immer die ſchmählichſten Betrügereien aufdeckt, durch
die ſchon vielfach der vollſtändige ſittliche und bürgerliche Ruin und
der Weg in das Armenhaus, Zuchthaus oder Irrenhaus angebahnt
und Selbſtmord herbeigeführt wurde.

Nie iſt das Jedionen zur Gaunerkunſt geworden. Das Gauner=
tum ſelbſt war niemals eine myſtiſche, ſondern immer eine durchaus

5) Grimm, „Mythologie", Anhang, S. LVIII.
6) Scheible, Das Kloſter, 3. Band, S. 613 ff.
7) Dem Magnetismus und ſeiner Beziehung zum deutſchen Gaunertum hat Avé=
Lallemant ein eigenes beachtenswertes Buch gewidmet, das 1881 bei Brockhaus
in Leipzig erſchienen iſt.   W.

rationelle Kunst. Die rohe Unwissenheit und Habgier des Volkes
drängte sich aber zu oft und arg, wie im Bedürfnis zum Betruge,
hervor, als daß die Gelegenheit zur Ausbeutung vom Gaunertum
hätte verschmäht werden können. So wird denn auch das spezifische
Jedionen niemals eine förmliche Gaunerkunst werden, aber doch
unablässig seine Opfer suchen und finden, sobald nicht wahre Auf=
klärung im Volke herbeigeführt, die geheime Wahrsagerei überall
scharf überwacht und bestraft, vor allem aber nicht länger geduldet
wird, daß im Trubel der Großstädte, auf Jahrmärkten und Volks=
festen, wenn auch in scheinbar unverfänglicher Form und Weise, die
elende Fertigkeit gehandhabt wird, für die der große Haufe bis hin=
auf in die höchsten Gesellschaftsschichten immer noch Glauben und
Geld genug hat, die aber auch für den Spott zu ernst ist, da um
ihretwillen schon Millionen auf der Folter und dem Scheiterhaufen
die schrecklichsten Qualen erlitten haben.

Einundsiebzigstes Kapitel

Das Kelefen

Die Spielkarten, deren starker Gebrauch und Mißbrauch zu Glücks=
spielen und Wetten man schon im vierzehnten Jahrhundert aus den
mannigfachsten zu Regensburg, Augsburg, Angers, Avignon, Bergamo
u. a. erlassenen Verboten erkennt, wurden von den Zigeunern sogleich
bei ihrem ersten Auftreten zum Wahrsagen gebraucht. Dadurch wurde
auch das Gaunertum gelegentlich zum Wahrsagen mit Karten ange=
leitet, soweit es sich überhaupt zur Wahrsagerei herbeiließ. Bemerkens=
wert ist, daß dessenungeachtet die besondere technische Bezeichnung
der einzelnen Karten — zigeunerisch Pelcki oder Pelski 1) — sowohl
in der Zigeunersprache 2) wie auch in der deutschen Gaunersprache
fehlt, wenigstens nicht im gängigen Sprachgebrauch ist, und nur die
jüdisch=deutschen Bezeichnungen von der Gaunersprache aufgenom=
men wurden. Auch beschränken sich diese Bezeichnungen ursprünglich
nur auf die deutschen Karten (die Kelofim; Plural von קֶלֶף [kelef],

1) Pott, S. 361; Bischoff, Zigeunerisches Wörterbuch, S. 60.
2) Bischoff, S. 85 und Note.

eigentlich Papier, Pergament). Die französischen Karten sind erst viel später zum Kartenlegen gebraucht worden, und erst, nachdem die deutschen Karten und meisten deutschen Spiele verdrängt und seitdem die Industrie und flache Lustigmacherei eine Menge willkürlicher und spaßhafter Methoden im Kartenlegen zum Vorschein gebracht hatte.

So verschiedenartig nun auch der lächerliche Hokuspokus ist, den auch noch die heutigen Kartenleger der alten Schule anwenden, so ist doch die Bedeutung der Karten noch immer ziemlich durchgreifend dieselbe alte geblieben.

Die Grundlage bilden die vier Farben. Danach bedeutet:

Grün: Betrübnis, Krankheit und Verdruß, besonders mit Geistlichen, was besonders bei dem grünen As der Fall ist.

Rot: Liebe, Verlöbnis, Hochzeit. Das rote As ist besonders glückbringend.

Ecker: Glück, gute Freunde, gutes Auskommen, Geschenke. Besonders bedeutet das Eckerdaus Geschenke; die Zehn bares Geld, das man bekommen soll.

Schellen: Falschheit, Betrug, Mißgunst. Schellenas und Zehn bedeuten zu erwartende Briefe.

Neben dieser Grundbedeutung der Farben gelten die Könige für hohe Gönner, die Oberbuben für weniger einflußreiche Personen und Gönner, die Unterbuben für gewöhnliche Herren ohne besondere Bedeutung. Die Zehnen sind in allen Farben Weiber, die Neunen Witwen, die Sieben junge Mädchen. Die Achten und Sechsen haben keine besondere Bedeutung.

Die Manipulation besteht im Mischen und dreimaligen Abheben zu drei Haufen. Dann wird beim Aufschlagen der zusammengelegten Karten stillschweigend von Sieben bis zum As gezählt. Die beim Aufschlagen zutreffenden Blätter werden nach der Reihenfolge, ohne Unterschied der Farbe, nebeneinander hingelegt, und die übriggebliebenen Karten immer aufs neue durchgezählt und aufgeschlagen, worauf nun der Anhalt zur Beantwortung der gestellten Fragen gegeben ist.

Um dieses Grundthema dreht sich eine Menge willkürlicher Variationen bis nahe zur völligen Unkenntlichkeit der Grundlage.

Der Anhalt an die alte positive Geltung und Bedeutung der ein=
zelnen Farben und Karten hat die ganze Kartenwahrsagerei aus dem
Rnin der zaubermystischen Wissenschaften gerettet, aber damit auch
einen wesentlichen Teil der Zaubermystik selbst aufrecht erhalten, und
somit dem Aberglauben und Betrug das Feld offen gelassen, auf
dem Habgier und Torheit noch immer arg ausgebeutet werden.

Aber nicht nur der sittliche und bürgerliche Rnin der Betrogenen
ist das Beklagenswerte bei dem schmählichen Gewerbe; wer in die
Verstecke und Geheimnisse jener Priesterinnen des Aberglaubens nä=
her eingedrungen ist, dem kann die Wahrnehmung nicht entgangen
sein, daß der positive Anhalt, den jene in der feststehenden Bedeu=
tung der Karten finden, eine so unheimliche Gewalt auf die Persön=
lichkeit der Kartenlegerinnen selbst ausübt, daß diese nach und nach
ihre Orakel für das Resultat mystischer Offenbarung und für posi=
tive Gewißheit halten, und dadurch fast durchgehends in eine wun=
derliche geistige Zerfahrenheit geraten, die sich durch die auffälligsten
Kundgebungen im bürgerlichen Leben verrät und vielfach mit Irr=
sinn oder Selbstmord der Kartenlegerin endet. Die meistens leicht=
hin angesehenen und daher vernachlässigten Untersuchungen gegen
solche Kartenlegerinnen geben merkwürdige Bilder und Beweise von
jener eigentümlichen geistigen Zerfahrenheit, deren Erkennung zu den
interessantesten, aber auch trübsten Erfahrungen auf dem Gebiete der
polizeilichen Tätigkeit gehört.

Zweiundsiebzigstes Kapitel

Das Schocher=majim

Der weit durch das Volk verbreitete Drang nach positiven Grund=
lagen in der Wahrsagerei griff bei dem festen Abschluß der geheimen
Zauberwissenschaften und Künste schon früh und vielfach zu den ge=
wöhnlichsten Dingen, und hieß namentlich die Gegenstände des täg=
lichen Hausgebrauchs als Mittel zur Erforschung der Zukunft will=
kommen. Die schon erwähnte „Goetie" Georg Pictors gibt treffende
Belege dafür. Von den vielen speziellen Künsten der Goctie machte

sich besonders noch die Cäromantie 1) geltend, bei der geschmolzenes
Wachs in kaltes Waffer gegossen und aus den durch die rasche Er=
kaltung gebildeten Figuren die verschiedenartigste Deutung gegeben
wurde.

Während die ganze Kunst, nur mit Veränderung des Wachses in
Blei oder Zinn 2), sich noch lange vollständig erhalten hat und sogar
jetzt noch das Wachs bei gewissen Prophezeiungen — z. B. bei der
Bestimmung der Lebensdauer; als Material werden brennende Lichter=
chen verwandt — und in der Neujahrsnacht auch noch jetzt von aber=
gläubischen Personen Blei gegossen wird, gab der Zufall, seitdem der
Kaffeegenuß allgemein geworden ist, der Langweile und dem Be=
truge das naheliegende und einfache Mittel an die Hand, aus den
Figuren, die sich zufällig aus dem getrockneten Kaffeesatz bilden, eine
bestimmte Deutung zu ziehen und auf dieser harmlosen und wohl=
feilen Grundlage eine neue Wahrsagekunst zu begründen. Diese Kunst
ist bereits in Leipzig um 1774 beglaubigt 3). Sie steht noch immer
in großer Gunst bei den unteren Volksschichten, ungeachtet das Be=
stimmen und die Deutung der Figuren das Platteste und Geistloseste
ist, was es geben kann. Es scheint beinahe, als ob die ganze trüge=
rische Albernheit sich lediglich hinter dem Geheimnis aufrecht erhalten
hat, das von keiner Wahrsagerin verraten wird, weil der Grundsatz
obenansteht, „daß die ganze Prophetengabe verloren geht, wenn sie
einem anderen, der nicht kunstbeflissen ist, offenbart wird", wobei
denn die meisten Wahrsagerinnen vorgeben, das Geheimnis bei Ver=
lust der Prophetengabe beschworen zu haben.

Das platte Verfahren und die Auslegung dabei verdient kaum eine
oberflächliche Andeutung: der Kaffee wird nicht filtriert, sondern
gekocht 4). Das Kaffeemehl muß fein gemahlen sein. Die Prophetin
trinkt aus einer gefüllten Taffe den Kaffee bis auf den geringen Satz=
rest ab und gießt diesen Rest in die leere Taffe des Orakelsuchenden,
der dreimal in die Taffe hauchen muß. Dann schwenkt die Wahr=

1) Scheible, Kloster, 3. Band, S. 618.
2) D. A. Wuttke, Volksaberglaube der Gegenwart. 3. Bearb. Berlin 1900.
S. 241, Nr. 346.
3) J. F. W. Zachariä, der Renommist III, 47.
4) Bischoff, Chochemer Loschen, S. 69.

sagerin den Kaffee in der Taffe umher, daß sich der Satz möglichst weit vom Boden aus in der Taffe verbreitet und stürzt dann die Taffe um in die Unterschale. Nach einiger Zeit trocknet der an den inneren Wänden der Taffe herabgelaufene Kaffeesatz fest. Die Taffe wird umgekehrt, und die durch das Abtriefen der Feuchtigkeit ange= trockneten Überbleibsel bilden nun allerlei Figuren, aus denen sowohl die alberne Phantasie wie der nüchterne Betrug eine Menge ver= schiedenartiger Figuren herauszudeuten wissen. Das ganze lange Ver= zeichnis dieser abgeschmackten und sinnlosen Figuren und Deutungen findet man bei Peuschel[5]) aufgeführt.

Die Haupteinteilung beruht auf offenen (glückbedeutenden) und geschlossenen (unglückbedeutenden) Wegen. Offene Wege sind die Streifen, die, ohne zusammenzulaufen, bis an den Raub der Taffe gehen; geschlossene Wege sind die Streifen, die zusammenlaufen oder durch Querlinien verbunden sind. Je näher dem Raube die Figuren stehen, desto früher tritt die Erfüllung ein; je näher aber dem Boden, desto später.

Dreiundsiebzigstes Kapitel

Der Erbschlüssel

Noch eine von den Wahrsagereien, die Pictor in seiner „Goetie" Kap. 21, anführt, die Coscinomantie (τὸ κόσκινον, das Sieb), hat sich genau mit derselben Manipulation, doch mit etwas veränder= tem Material und modernisierteren Formeln erhalten. Ein Bild in Scheibles „Kloster"[1]) zeigt die Operation: eine Schaffchere oder Zange, die von außen mit den Schneiden ein hölzernes Sieb faßt und mit ihrem kreisförmig federnden Handgriff auf den Spitzen zweier Finger schwebt.

Der Zweck dieser Übung war, bestimmte Personen zu bezeichnen, um sie in Beziehung zu einer gewissen Begebenheit oder Handlung zu bringen, ganz besonders aber Diebe zu ermitteln.

Dazu ließen zwei einander gegenüberstehende Personen die runde

5) A. a. O., S. 340 f.
1) 3. Band, Abt. 2, S. 621.

Endfeder oder den Handgriff der Schere oder Zange, die mit den Schneiden oder Armen ein Sieb gefaßt hielt, auf der Spitze der gerabegestreckten rechten Zeigefinger schweben und sprachen dann die völlig unverständlichen sechs Worte: „Dies Mies Jeschet Benedoesfet, Dovvima, Enitemaus." Daburch sollte der Dämon in das Sieb getrieben werden und bewirken, daß, sobald der Name des Diebes genannt wurde, das Sieb zum Zeichen der Schuld sich herumdrehte und mit der Schere oder Zange von den Fingern herabfiel 2).

Diese geistlose Prophezeiung hat sich noch heute, hauptsächlich in Norddeutschland, erhalten. Sie wird aber gerade von den Gaunern selbst, besonders unter dem abergläubischen Landvolk, verbreitet, um den Verdacht der von ihnen selbst verübten Diebstähle auf andere zu leuken.

Die Kunst des Erbschlüssels besteht darin, daß man einen großen Schlüssel so in ein Buch legt, daß der Schlüssel mit der Raute und etwa dem dritten Teil des Rohres oben aus dem Buche herausragt. Beide Stücke, Buch und Schlüssel, dürfen aber nicht neu, sondern müssen alt und ererbt sein, daher der Name Erbschlüssel. Um das Buch wird stillschweigend beliebige Male ein Band gewickelt, und nun lassen zwei Personen, A. und B., auf der Spitze der unter die Raute gesetzten rechten Zeigefinger den Schlüssel mit dem Buche schweben. A. sagt nun, indem er den Namen des ersten Verdächtigen nennt: „NN. hat den Geldbeutel (u. dergl.) gestohlen", worauf B. antwortet: „Das hat er nicht getan." Dies wird bei jedem Verdächtigen fünfzehnmal gesagt und beantwortet, bis die ganze Reihe der Verdächtigen durchgemacht ist, oder der Schlüssel von den Fingern gleitet, woburch der beim Abgleiten Genannte als Schuldiger angezeigt ist. So läppisch dieser ganze Vorgang ist, so verdient er doch, wo er nach einem Diebstahle vorgenommen wird, genaue Beachtung der Sicherheitsbeamten, da, wie erwähnt, meistens die diebischen Gauner selbst die Erbschlüsselpropheten zu spielen pflegen.

2) Carl Mayer, Der Aberglaube des Mittelalters, Basel 1884, S. 284; H. B. Schindler, Der Aberglaube des Mittelalters, Breslau 1858, S. 217; Wuttke, S. 254, Nr. 368.   B.

Vierundsiebzigstes Kapitel

Das Sefelgraben

In der scharfen Beobachtung und Erkenntnis der Zaubermystik, sowie der Habgier und Leichtgläubigkeit des Volkes, faßte das Gaunertum schon früh die tatsächlich bewiesene Möglichkeit auf, Schätze zu finden, die durch Menschenhand oder von ungefähr verborgen worden waren. Es bildete das Schatzgraben als eine eigene, mit kümmerlichen und willkürlichen mystischen Formeln staffierte Wissenschaft aus, die es selbst in frivoler Anerkenntnis ihrer Nichtigkeit und ihres Truges mit dem frechen Namen des Sefelgrabens bezeichnete.

זֶבֶל (sewel), Mist, Kot, Dreck, ist ein chaldäischer, im Talmud häufig gebrauchter Ausdruck, der sehr früh in das Jüdisch-Deutsche und in die deutsche Gaunersprache übergegangen ist. Schon der Liber Vagatorum und die Rotwelsche Grammatik erwähnen die Sefler als „gemalte Siechen" und haben die Ausdrücke Sefel, Sefeln, Sefelboß, und in der Rotwelschen Grammatik auch Sefelgräber als Schatzgräber. Deutsch-jüdisch ist „Mesabel sein" und das gaunersprachlich gewordene „Sefeln" scheißen und besefeln, betrügen.

Der Betrug geht auf die Verleitung der durch den Schatzgräber von dem Dasein eines Schatzes überredeten und zu dessen Hebung verlockten Personen, die zur Lösung des immer unter der Wache Belials oder eines bösen Geistes stehenden Schatzes oft bedeutende Summen Geldes zusammenschießen müssen zum Opfern für den Geist, zur Zahlung eines Honorars für Nachweisung und Hebung des Schatzes und zur Herbeischaffung der notwendigen geheimnisvollen Zauber- und Drudenbücher, besonders des Christophelesgebets[1] und der sogenannten Weimarischen Bibel von 1505 mit den sieben Büchern Moses usw., zu deren Aufsuchung und Ankauf der Schatzgräber mit dem zusammengeschossenen Gelde fortreist, um nicht wiederzukommen. Schäffer[2] erzählt von einer aus dreißig bis vierzig Personen bestehenden Gaunergesellschaft, die mit dem Suchen der Wei-

1) Scheible, Kloster, 3. Band, S. 343 f.; Schäffer, Abriß, S. 126 f.
2) A. a. O., S 125.

marischen Bibel und Fausts Höllenzwang so bedeutende Geschäfte
machte, daß sie in einem kurzen Zeitraum gegen zweihundert Bauern
im Schwarzwald betrog, indem sie ihnen vorschwindelte, daß der hei=
lige Christoph ihnen 500000 fl. herbeitragen müsse.

Bleibt der Schatzgräber zur Stelle, weil er das zusammengebrachte
Geld nicht eher als bei der Verschwörung selbst in die Haud bekom=
men kann, so geht er erst bei oder gleich nach der Beschwörung
mit dem Gelde durch, während die Betrogenen mit saurer Mühe
nach dem Schatze graben müssen. Beschwörungsformeln mit Zeich=
nungen und Beschreibungen der Zauberkreise und Amulette findet
man in Horsts „Zauberbibliothek".

So platt, lästerlich und gaunerisch alle diese widerlichen Formeln
sind, und so sicher der Betrug jedesmal aufgedeckt wurde, so ist doch
die Sefelgräberei noch immer ein oft und mit Glück versuchtes Un=
ternehmen des Gaunertums. Gerade die aufklärenden, fast täglich
neu zum Vorschein kommenden Entdeckungen auf dem Gebiete der
Technik und Naturwissenschaften, die dem gemeinen Manne unbe=
kannt bleiben, geben dem Betruge immer reichere Mittel und Ge=
legenheit an die Hand, den Aberglauben und die Unwissenheit des
gemeinen Mannes auf die schmählichste Weise auszubeuten. So ist
denn die Schatzgräberei geradezu als eine besondere Art des Betruges
auch von den meisten deutschen Strafgesetzgebungen, freilich mit ver=
schiedenartiger Auffassung, behandelt worden. Aber gerade weil die
Betrogenen die gesetzliche Strafe oder doch den Spott bei Bekannt=
gabe des erlittenen Betruges zu fürchten haben, wuchert die Schatz=
gräberei noch immer ungestraft fort, und somit erfährt der Polizei=
mann noch immer Züge des rohesten Aberglaubens und der stumpf=
sinnigsten Unwissenheit, die nachzuerzählen er beinahe Bedenken tragen
muß. Sogar der Verkauf von Erdmännchen, Geldmännchen, Alrau=
nen u. dergl. kommt noch immer bei dem heimlichen Hausierhandel
vor. Es werden als Geldmännchen vorzüglich Kröten, Frösche, Ei=
dechsen und andere kleine Reptilien, auch große Käfer, besonders die
Gryllotalpa benutzt, denen man rotes Tuch mit Schaumgold an=
klebt oder auch durch die Haut heftet. Diese Geldmännchen werden
in kleinen, phantastisch beklebten Schachteln geführt, die dem Aber=
gläubigen ein wenig geöffnet wird, so daß er durch die Spalte das

rätselhafte Geschöpf nicht deutlich unterscheiden kann. Nur zu oft gelingt es noch heute, diese Ware für bedeutendes Geld abzusetzen.

Noch andere grobe Betrügereien werden mit metallischem Streufaub, namentlich mit Zinn=, Messing= und Kupferspänen, zum Goldmachen und Metallverwandeln getrieben; kaum begreiflich würde es erscheinen, wie solche Betrügereien auch in höheren Stäuden vorkommen, wenn nicht zugleich auch zutage läge, daß Aberglaube und Unwissenheit auch in diesen Kreisen noch immer den alten Platz hartnäckig behaupten.

Die Wünschelrute hat noch nicht aufgehört, ihre alte Rolle zu spielen, — im Gegenteil, sie ist die Grundlage der modernen Rhabbomantie, und die, wenn sie kein Glück mehr hat beim Auffinden von Metallen, doch noch dazu dienen muß, Wasseradern zu Brunnen unter der Erde zu finden, wie denn Beispiele genug vorliegen, daß solche Rutengänger in weite Fernen zum Wassersuchen verschrieben werden.

Fünfundsiebzigstes Kapitel

Die Rochlim

Das durch die heimlichen Hausierer, Pascher oder Paschkusener, Medinegeier[1) in diesem oder jenem Kunstzweige mehr oder minder geübte Jedionen wird auch noch als besondere Kurpfuscherei von den Rochlim betrieben.

Rochel oder Rauchel; Plural: Rochlim (vom hebräischen רָגַל [rogal], herumlaufen, verleumden, auskundschaften) ist der umherziehende Kräuter=, Drogen= und Spezereihändler, wandernder Apotheker, Quacksalber, Wunderdoktor. Schon im Mittelalter, und ganz besonders später im siebzehnten und achtzehnten Jahrhundert bis tief in das neunzehnte Jahrhundert hinein, spielten die ambulanten Tabulettkrämer unter dem Namen Felinger[2) eine große Rolle, und trieben den ärgsten Betrug als Quacksalber, Theriakkrämer, Zauberer, Schatzgräber, Beschwörer u. dergl., welchem Treiben freilich seit der Einführung einer besseren polizeilichen Aufsicht und besonders durch

1) Siehe dazu 89. Kapitel.
2) Siehe Kapitel 60.

die Einführung tüchtiger Medizinalordnungen sehr bedeutender Abbruch getan ist, während noch zu Anfang des neunzehnten Jahrhunderts die „Staatsfelinger", von Komödianten, Seiltänzern, Gauklern, Affen und Hunden begleitet, in Equipagen einherfuhren und, mit Zeugnissen und Konzessionen versehen, mitten in den Städten auf offenen Plätzen ihre marktschreierische Quacksalberei betreiben durften 3), Stadt und Land mit ihren schlechten und schädlichen Medikamenten überschwemmten, und nicht nur mit inneren und äußeren Mitteln, sondern auch mit sympathetischen Kuren die leichtgläubige Menge betrogen.

Die Arzeneien bestanden gewöhnlich aus Terpentin, Theriak, Skorpionöl, Glieder=, Lebens= und Nägelesbalsam, Schwefelbalsam, Magentropfen, grüner, schwarzer und gelber Waldsalbe, allerei Pulvern von Minium (Mennig), Blaustein und Gorcum, verschiedenen Wurzeln, Rauchkerzen, die wohl heute noch in den Apotheken verlangt werden. Über die Schwindelhaftigkeit aller dieser Mittel gab man sich schon sehr früh keiner Täuschung hin. Murner läßt sich darüber in seiner Nonnenbeschwörung 4) sehr deutlich aus.

Mit den scharfen Verboten der neueren Zeit trat auch die Medizinalpolizei aufklärend zur Bekämpfung des vom Betruge mit den verderblichsten Folgen für das körperliche und geistige Wohl des Bürgertums verbreiteten und ausgebeuteten schweren Übels rasch und kräftig hervor. Doch ist diese Wissenschaft noch zu neu, als daß sie schon, wie not ist, ganz volkstümlich sein könnte, um namentlich dem leicht zu betrügenden und noch immer viel und arg betrogenen Landmann hinreichend Aufklärung und Schutz zu gewähren. Die Apotheken sind überall einer weisen und strengen Kontrolle unterworfen. Dagegen aber fallen in dem stets seine volle Freiheit beanspruchenden Handel die ärgsten Exzesse gegen die Medizinalpolizei vor, und besonders sind es jetzt die Drogisten und Materialisten, die ihre Waren und Präparate in Massen an Hausierer absetzen, die damit im geheimen und offenen Hausierhandel das alte Unheil immer wieder von neuem verbreiten. Dazu kommt noch der äußerst fühl-

3) Schäffer, Abriß, S 84 f.; Theod. Hampe, Die fahrenden Leute in der deutschen Vergangenheit, Leipzig 1902, S 107 ff.
4) Kapitel 56: „Lügen durch einen stählernen Berg."

bare Mangel einer Veterinärpharmakopöe und einer strengen Auf=
ficht der Tierarzenei, die in ihrem jetzigen Zustande noch immer nicht
verhindert, daß Scharfrichter und Schinder mit denselben Rezepten,
mit denen sie das Vieh behandeln, auch wahre Roßkuren mit der
ihnen zahlreich zuströmenden Menschenmenge vornehmen können.
Unglaublich groß ist das Ansehen und die Praxis solcher Scharfrichter,
nicht allein als Heilkünstler, sondern auch als Besitzer geheimer sym=
pathetischer und Zaubermittel, zu denen nicht nur der rohe unge=
bildete Haufe, sondern auch eine große Zahl aus den sogenannten
gebildeten Stäuben noch immer seine Zuflucht nimmt.

Während so die Scharfrichter, Viehärzte und Hirten noch immer
die ständigen Vertreter der Kurpfuscherei sind, bilden die als Händ=
ler mit ätherischen Ölen, Leichdornschneider, Zahnärzte, Jäger, Kam=
merjäger u. dergl. umherziehende Rochlim die fahrende Jüngerschaft.
Nicht nur werden überhaupt, ohne Kenntnis der von den Leiden=
den dargestellten Krankheit und der Eigenschaft und Wirkung der
vom Händler dafür gegebenen Mittel zu heben, die gefährlichsten, dra=
stischsten Medikamente verkauft, es werden oft sogar äußerliche Mittel
als innerliche gegeben. Der auf die Unwissenheit und den Aberglauben
des Volkes sich stützende Betrug gibt auch für schweres Geld häufig
die nichtswürdigsten und ekelhaftesten Mittel, wie Seifenwasser mit
Sandelholz gefärbt „zum Reinigen des Geblüts", Branntwein mit
Blaustein, Guyak= oder Franzosenholz oder Nägelein; ferner mit
einem Stück Placenta uterina gekochtes Bier zur Ordnung der
Menses; Hunde= und Katzenfett, Pillen und Latwerge aus den ekel=
haftesten Sachen, von denen man nur dann den rechten Begriff be=
kommt, wenn man den Arzneikasten oder die Niederlage eines Rauchel
untersuchen läßt.

Die lediglich von den Drogisten und Materialisten, und aus alten
medizinischen und Zauberbüchern — wie z. B. dem früher auf allen
Jahrmärkten feilgebotenen Romanus=Büchlein 5) — in der Heilkunst
zunächst unterrichteten Rochlim bieten aber noch dadurch eine desto
gefährlichere Erscheinung dar, daß sie nach und nach in den Besitz einer
Menge roher und zusammenhangloser wissenschaftlicher Formeln und
Floskeln gelangen, deren Geläufigkeit ihnen bei dem gemeinen Manne

5) Scheible, Das Kloster, 3. Band, S. 489 f.

ohnehin schon einen immer sich vergrößernden Ruf und Kredit ver=
schafft, ihnen selbst aber auch eine so hohe Meinung von sich ein=
flößt, daß sie sich selbst in der Tat für wirkliche Heilkünstler halten
und mit unvertilgbarer Zähigkeit, trotz aller Verfolgung und aller
Strafen, doch das alte Verbotene, wie aus innerlichem Berufe, immer
wieder von neuem beginnen.

Somit bieten sich denn auch häufig bei den Rochlim dieselben
psychischen Abweichungen und Sonderbarkeiten dar, die man bei den
Kartenlegerinnen findet. In ihrem ganzen Wesen und Walten er=
scheinen die Rochlim heutzutage als die Hauptträger und Förderer
des, besonders auf dem Lande, noch immer weit und tief verbreiteten
Zauber= und Aberglaubens, in dem das unausrottbare Dogma der
Verhexung von Menschen und Vieh obenan steht, und nach dem
Menschen und Vieh mit denselben Mitteln, kaum mit Unterschied
der Dosen, gegen Verhexung behandelt werden 6). Das Geheimnis
der vielen noch heute bei dem Landmann in Ansehen und Brauch
stehenden sonderbaren, oft unerklärlich scheinenden Hausmittel und
Arkana, namentlich die seltsamsten und ekelsten Räucherungen, die
durch ihre hundertjährige Vererbung kaum ausrottbar erscheinen,
beruht wesentlich auf diesem Dogma, so weit entfernt jene auch in
ihrer heutigen Form und Anwendung davon zu sein scheinen.

Auch die unselige Quacksalberei zeigt sich als eine direkte verderb=
liche Folge des überall schädlich wirkenden Hausierhandels. Eine un=
erbittlich strenge polizeiliche Aufsicht und Bestrafung der Kurpfuscher,
namentlich auf dem Lande, und eine scharfe Aufsicht über das Trei=
ben der Drogisten und Materialisten, die der bestehenden Aufsicht
über die Apotheken entspricht, sowie eine strenge Regelung und Be=
aufsichtigung der Tierarzt= und Scharfrichterpraxis wird dem nichts=
würdigen Betruge mit größerm Erfolge steuern können, als die nach
den meisten deutschen Medizinalordnungen lediglich den Bezirks=
ärzten übertragene, kaum mit einigem Nachdruck, fast niemals aber
mit energischer Nachhaltigkeit von diesen zu übende Aufsicht auf die
Quacksalberei das bis jetzt vermocht hat.

6) Soldan=Heppe, herausgegeben von Max Bauer, 2. Band, 27. Kapitel: Hexe=
rei und Hexenverfolgung im neunzehnten Jahrhundert. Die neuesten Vertreter des
Glaubens an Hexerei, S. 335 ff.

Sechsundsiebzigstes Kapitel

Das Zchokken oder Freischuppen

Wenn auch schon der Gebrauch der Würfel dem fernsten Altertum bekannt war, so findet sich doch zunächst erst im dreizehnten Jahrhundert, daß Würfel- und Kugelspiele als verderbliche Glücksspiele, gleich den späteren Glücksspielen mit Karten, verboten waren. In Bologna wurde zu jener Zeit dem Spieler mit falschen Würfeln der Daumen der rechten Hand abgehauen[1]). In Zürich wurde der falsche Würfelspieler durch den See geschwemmt, das heißt an einen Kahn gebunden und durch das Wasser gezogen.

Das Kartenspiel scheint um jene Zeit jedoch noch nicht so sehr wegen des Falschspiels, als wegen des Hazardierens und Wettens verboten gewesen zu sein. Aber schon die Notabilien des Liber Vagatorum warnen ausdrücklich vor den Jonern, den falschen Karten- und Würfelspielern, die „mit beseslerey vmb geen vff den brieff (Karten) mit abheben einer dem andern (Volte schlagen) mit dem gesetzten Brieff (falsche gezeichnete Karte) vff dem Reger (Würfel) mit dem Geburſten (Borst) mit dem Abgezogen" (abschleifen oder abschaben der Haut des Daumens und der Würfelecken) usw., so daß in der Tat fast alle heutigen Karten- und Würfelbetrügereien schon gegen Schluß des Mittelalters in den Hauptgrundlagen bekannt gewesen zu sein scheinen. Von der außerordentlichen Menge Glücksspieler und Glücksspiele gibt die Verfügung von 1386[2]) Zeugnis, nach der in der Kriegsnot das Spielen freigegeben wurde, um nur die Landstreicher und Glücksfahrer zu locken, daß sie sich als Söldner anwerben ließen.

In sprachlicher Hinsicht sind die technischen Ausdrücke bezeichnend und bemerkenswert. Freischupper, in der Ludwigsburger Gaunerliste von 1728 als „freyen Schupper" bezeichnet[3]), falscher Spieler überhaupt, ist erst eine spätere Erfindung. Schupper ist herzuleiten von Schuppe (squama) und Schuppen, Beschuppen; desquamare, ab-

---

1) Hüllmann, Städtewesen IV, S. 249. Statuta Bononiæ I, S. 500 f.
2) Hüllmann, Städtewesen IV, S. 251.
3) Kluge, Rotwelsch, S. 195.

schuppen, den Rock, die Schaube oder Juppe ausziehen, ausplün=
dern, betrügen, und scheint nicht außer Beziehung mit dem erwähn=
ten Verbot des Regensburger Rats zu stehen, in dem es untersagt
wurde, den Spielern mehr Geld zu leihen, als ihre Kleidung wert
sei, die also aushilfsweise als Sicherheitspfand oder Spielschilling
gedient haben mag. Die Zusammensetzung mit Frei ist der des Frei=
käufers analog in der Bedeutung von Erwerben ohne Entgeltung,
oder auch in dem Sinne, in dem der Betrogene oder Bestohlene
überhaupt als Freier bezeichnet wird.

Allgemeiner Ausdruck für Spielen ist Jonen, dessen Herkunft
schon bei dem Jedionen gedacht ist, mit der Nebenbedeutung des be=
trüglichen Spielens. Ferner Ratschen, eigentlich ratzen, wovon Rat=
scher, Ratzer, von Ratze, der Ratz, der Rätzer = der Iltis 4), Spieler,
das Bischof 5) fälschlich für den Kartenspieler allein gebraucht. Zchok=
ken und Sechokken, vom hebräischen צָחַק (zachak) oder שָׂחַק
(sachak), lachen, scherzen, verspotten, jemand in Schande bringen,
spielen, besonders mit link und siuf verbunden, falsch spielen; Link=
Sechokker, falscher Spieler. Daher das jüdisch=deutsche Zachkan und
Zachkener, der Spieler überhaupt, und Siufer Zachkener, der falsche
Spieler. Das jüdisch=deutsche Kelef ist die Spielkarte, die im Liber
Vagatorum Brief (niederdeutsch: Bref, Brev, von brevis) genannt
wird; Kelefen, überhaupt mit der Karte spielen 6). Der alte, auch
noch jetzt gebräuchliche deutsche Gaunerausdruck für Kartenspiel, be=
sonders betrügliches Kartenspiel, ist Habber; für Kartenspielen Hab=
bern, vom deutschen Habern, d. i. Streiten, um die Wette streiten,
dem analog für Würfel das Wort Ribling im Liber Vagatorum vor=
kommt, vielleicht vom hebräischen רִיב (rib, riw), das ganz die
Bedeutung des deutschen Haberns oder Habberns hat, und wobei,
wie das fo bei äußerst vielen hebräischen Wörtern der Fall ist, die
deutsche Endung dem hebräischen Stammwort angehängt ist. Für
Würfel sind noch die alten Ausdrücke Reger (motor, concutiens)
und Rührling, beide deutschen Ursprungs, gebräuchlich. Im Jüdisch=
Deutschen ist noch Kuwio (קוביא), Plural: Kuwjooß, wahrschein=

4) Stieler, S. 1524.
5) Rochem. Loschen, S. 51.
6) Vgl. oben Kapitel 71.

lich wegen der Höhlung der Würfel oder des Würfelbechers, vom chaldäischen קָבַב, wölben, oder auch von קוֹבַע, Helm, und Kuwojostoß, der Würfelspieler und der Brettspieler 7). Der Ausdruck Derling oder Tarling ist niederdeutschen Ursprungs und stammt vom plattdeutschen Tarrel, Würfel. Dagegen ist Doppelen (niederdeutsch: Doppeln, Dobbeln, Dubbeln) wohl mit dem alten Tuopeln 8), aus dem Lateinischen von duplus, abzuleiten. Im Niederdeutschen ist Dabeler, Spieler, besonders Brett= und Würfelspieler, und Babel= steen, Brettstein, noch jetzt ebenso gebräuchlich wie im Hochdeutschen Doppeler, Spieler. Der Ausdruck Knepperling oder Knöpperling für Würfel scheint nicht von Koppeln, sondern vom niederdeutschen Kneep, Kniffe, Ränke, herzukommen.

Siebenundsiebzigstes Kapitel

Das Haddern

Bei dem Haddern, dem betrüglichen Kartenspiel der Freischupper (Link=Zchokker oder Link=Zachkener), haben die Karten die alten ur= sprünglichen jüdisch=deutschen Benennungen behalten, die den deut= schen Karten beigelegt wurden. Diese Benennungen sind jedoch so= wohl hinsichtlich der Farben wie der Geltung der einzelnen Karten ebenfalls auch auf die französischen übergegangen. Die Benennungen der deutschen Karten sind:

As,	Chasser, Eß.
König,	Melach.
Ober,	Kofri (von Kapher, Kaffer [כָּפֵר], der Bauer, das Dorf.
Unter,	Tachet (von תַּחַת [Tachat, Tachas], unten).
Sechser,	Wuwer.
Siebener,	Sojener.
Achter,	Chesser.
Nenner,	Tesser.

7) S. Selig, Jüdisch=deutsches Wörterbuch, S. 269.
8) v. Stieler, Sprachschatz, S. 225, Schottelius, S. 1303.

Zehner,   Jusser.

Grün (pique),   Schocher (von שָׁחַר [schochor] schwarz fein).

Eichel (trèfle),   Zelem (צֶלֶם, Götzenbild, Bild, Kreuz).

Herz (cœur),   Lef (לֵב, das Herz).

Schellen (carreau),   Esen (אֶבֶן, Stein, Edelstein, Fels, Gewicht).

Trumpf (à tout),   Guttelzeife (verderbt aus gobel zewa, die große, beste Farbe).

Die französischen Karten werden auch mit den einfachen Zahlen benannt. Also:

Zwei	= Beß.	Neun	= Teß.
Drei	= Gimel.	Zehn	= Jud.
Vier	= Dollet.	Bube	= Kaffer.
Fünf	= Heh.	Dame	= Malka.
Sechs	= Wov.	König	= Melach.
Sieben	= Sojin.	As	= Eß oder Chaffer (von
Acht	= Cheß.		חֲזִיר [Chasir], Schwein), wovon die Redensart: Schwein haben.

Karten mischen: magbia fein (von גָּבַהּ, [goba], hoch fein, abheben, erheben, erhöhen). Karten geben: Naffenen oder Nauße fein (von נָתַן [natan], geben, legen, von sich legen, Karten rauben). Umtauschen: gaffeln (von גָּזַל [gafal], wegnehmen, wegreißen, rauben). Die Karte stechen: Makke fein oder Mekajenen (von נָכָה [nacho], schlagen). Paffen: Hivresch fein (von פָּרַשׁ [porasch], trennen, unterscheiden, sich absondern). Draußen fein (feine Zahl Points haben): Dajene haben (von דֵּי [dai], genug, die Menge, das Bedürfnis).

Würde man es unternehmen wollen, alle Betrügereien darzustellen, deren sich die Zchokker bei den verschiedenen Kartenspielen bedienen, so müßte man eine weitläufige Beschreibung aller Kartenspiele geben, die nicht nur in den verschiedenen Ländern Deutschlands, sondern auch in den einzelnen Städten und Dörfern, in den mannigfachsten Variationen üblich sind. Es gilt hier nur vorzugsweise, die wesentlichen Mittel darzustellen, deren sich die Zchokker bedienen.

Das Volteschlagen, eigentlich nichts anderes als ein falsches Mischen der Karten, ist die Fertigkeit, bestimmte Karten, die der Zchokker sich gemerkt hat, heimlich an die Stelle im Kartenspiel zu bringen, wohin er sie haben will. Man findet die Beschreibung der Volte in ihren verschiedenen Arten, mit zwei Händen oder mit einer Hand, in allen Kartenkünstlerbüchern, in denen sich aber jede Beschreibung unbeholfen macht, wenn man die eminente Praxis dieses, selbst bei angestrengter Beobachtung, kaum in einer unscheinlichen kurzen Handbewegung wahrnehmbaren, ungemein geschickten Kunststückes sieht. Doch entgeht dem aufmerksamen Blicke jene leichte Handbewegung nicht in dem Augenblick, wenn der Zocker gleich nach dem Abheben die beiden Kartenhaufen aufeinander legt und die Karten in die Hand nimmt. Weniger Übung kostet das verschiedenartige künstliche Mischen, bei dem die von dem Zchokker gewählten Karten mit dem Winkel des Daumens und Zeigefingers vor oder hinter den zum Mischen bewegten Karten festgehalten und nach oben und unten gelegt, und nach dem Abheben mittels der Volte an die beabsichtigte Stelle gebracht werden. Bei scharfer Aufmerksamkeit, namentlich in dem Augenblick, wenn der Spieler die Karte nach dem Abheben wieder in die Hand nimmt, wird auch dieser Trug nicht unentdeckt bleiben können.

Achtundsiebzigstes Kapitel

Das Kelofim-Zinkenen

Aus den Andeutungen des Liber Vagatorum sieht man, daß die noch heutigentages unter den Zchokkern angewandten Methoden, die Karten zu zeichnen, sehr alt sind.

Dahin gehört beim Hazardspiel das Zeichnen, Zinkenen der Hauptkarten mit feinen Nadelstichen in der rechten oberen Ecke der Karten. Gewöhnlich pflegt nur ein Stich in dieser Winkelecke zu stechen; doch werden, je nach der Geltung der Karten, auch zwei bis drei, ja bei manchen Spielen sogar fünf bis sechs Stiche angebracht, die für das Auge kaum sichtbar und nur durch ein sehr feines, geübtes Gefühl auf der Rückseite der Karte zu entdecken sind. Zu diesem Zwecke schaben die Zchokker die Haut des oberen Gliedes an dem Daumen mit einem scharfen Federmesser bis auf die unter der Epidermis liegende feine Hautlage ab, wodurch der Daumen äußerst feinfühlig wird. Diese Operation wird „den Daumen abziehen" genannt. Der Daumen ruht beim Halten der Karten mit dem Ballen auf den Karten, und somit kann der Zchokker leicht an den Stichnarben fühlen, welche Karte oben aufliegt. Hat der Gegenspieler eine Karte zu fordern, so wird die obere günstige Karte rasch etwas zurückgeschoben und dem Gegner eine andere weiter unten liegende Karte gegeben.

Eine andere Art des Kelosim-Zinkenens besteht darin, daß der Zchokker feingepulverten Bimsstein in ein Beutelchen von Leinwand tut, damit den Rücken der geringen Karten bestäubt und nun mit dem Finger oder einem Läppchen die Karte etwas rauh auf dem Rücken schleift, ohne daß dadurch die punktierten Verzierungen auf dem Rücken angegriffen werden. Dadurch wird die Karte besonders für den abgezogenen Daumen leicht erkennbar. Die Hauptkarten: As, König usw. werden hingegen auf dem Rücken mit guter trockener venezianischer Seife gerieben und mit einem Plättkolben geglättet. Mit der Volte kann der Zchokker nun auch beim Abheben die leicht kennbaren Karten hinbringen, wohin er will.

Neunundsiebzigstes Kapitel

Das Kelosim-Mollen

Endlich ist noch das Mollen (von מול, d. h. Beschneiden der Karten) zu bemerken. Der Zchokker schneidet von allen Karten bis auf die Hauptkarten entweder an der schmalen oder an der langen Seite, je nachdem er weiß oder merkt, daß sein Gegenspieler die Karten beim Abheben an den Breitseiten oder Langseiten faßt, um eine Linie breit mit einem scharfen Messer, einer Schneidemaschine oder einer Schere ab. Durch das Beschneiden der Karten kommt es, daß die Haupt-karten etwas hervorragen, also beim leichten Abheben als untere Karte des abgehobenen Haufens gefaßt werden und somit dem kar-tengebenden Zchokker zugute kommen. Endlich werden auch noch bestimmte Karten, wenn sie nicht schon in der Kartenfabrik besonders

dazu hergerichtet sind, durch Radieren oder Aufmalen so gefälscht,
daß sie für zweierlei Karten gebraucht werden können. Der Zchoffer
radiert z. B. von der Pik=Drei das untere Pik weg, so daß die Karte
dieses Aussehen gewinnt:

Soll diese Karte für eine Drei gelten, so zeigt der Zchoffer die Karte
beim Abziehen so vor, daß er den Daumen auf die radierte Stelle
bei c hält. Soll sie für ein Aß gelten, so zeigt er die Karte vor mit
dem Daumen auf a. Ebenso wird die Sechs in eine Vier verwan=
delt, wenn die auf b radierte Karte mit dem Daumen auf a gehal=

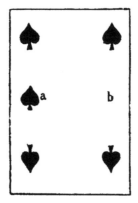

ten wird. Diese Betrügerei erfordert jedoch große Vorsicht des Zchof=
kers, daß er nicht die ganze Karte offen hinlegt oder aus der Hand
gibt.

So alt und bekannt diese zum Teil platten Betrügereien sind, so
sehr sind sie doch noch, namentlich in Wirtshäusern niederen Ranges
und vor allem auf Dorfjahrmärkten, im vollen Gange. Sie sind
aber auch da, wo sie angewendet werden, den Wirten bekannt, die

fehr oft gefälschte Spiele aller Art in Vorrat bei der Hand haben, wenn der Zchokker, um seine Mitspieler durch den Wechsel ganz arglos und sicher zu machen, ein neues Spiel Karten fordert.

Meistens können diese Betrügereien nur bei Hazardspielen in Anwendung kommen, deren es leider eine Unzahl gibt, und die trotz aller Verbote und so mancher unglücklicher Opfer noch ungemein stark im geheimen von Leidenschaft, Habsucht und Betrug getrieben und gefördert werden.

Achtzigstes Kapitel

Die neue Fahrt

Die Scheu vor Verlust und Strafe, von der sich noch manche abhalten lassen, auf verbotene Spiele einzugehen, wird von den Zchokkern weniger durch direkte Überredung, als durch künstliche Verführung überwunden. Diese systematische Verlockung wird „die neue Fahrt" genannt.

Gewöhnlich ist eine ganze Chawrusse Zchokker vereinigt, die aber nicht zusammengehen, sondern wie durch Zufall in einem Wirtshause zusammentreffen und sich durchaus fremd gegeneinander stellen. Der Hauptspieler heißt der Premier, die übrigen sind die Eintreiber oder Fallmacher. Sind Gäste im Zimmer vorhanden, so macht ein Fallmacher zum Schein Bekanntschaft mit dem Premier und ladet ihn zu einem Spiel ein. Der Premier bezeigt anfangs keine Lust, stellt sich einfältig, verliert eine Partie nach der anderen und will endlich aufhören, „da er seinen Meister gefunden hat". Der Eintreiber überredet den Premier zu einem anderen Spiele, gewöhnlich zum Häufeln, wobei schon zugleich gezinkte oder gemollte Karten in Anwendung kommen, und läßt nun den Premier gewinnen und verlieren, worauf nun die übrigen Eintreiber, wie von Neugierde gelockt, nach und nach an den Tisch treten, sich durch Wetten am Spiel beteiligen, nach gegebenen Zinken gewinnen und nun die übrigen unkundigen Zuschauer ebenfalls zum Wetten und Spielen ermuntern; dies gelingt denn auch meistens, wobei die miteinander einverstandenen Zchokker bedeutenden Gewinn machen.

Die Eintreiber oder Fallmacher haben jedoch nicht die einzige Aufgabe, zum Spielen und Wetten anzulocken. Sie treten auch zu den Spielenden, und verraten dem Premier und ihren Chawern durch Zinken mit der Hand, dem Fuße, durch Räuspern, Pfeifen, Singen, durch ein hingeworfenes Gaunerwort, durch Zinken gegen den Spiegel usw., welche Karten der Gegenspieler hat, oder wenn der Eintreiber selbst mitspielt, welche Karten er selbst hat.

Beim Spielen wird überhaupt die Kunst des geheimen Verständnisses im weitesten Umfange und in den feinsten Schattierungen geübt. Sehr oft werden Bekanntschaften, die im Wirtshause mit Landleuten, Fußreisenden, Fuhrleuten u. dergl. gemacht sind, erst im Freien fortgesetzt und ausgebeutet. Wenn nämlich die Zchokker die Aufsicht im Wirtshause zu sehr scheuen und den erkorenen Freier dort nicht hinlänglich ausplündern können, so gehen sie den Weg vorauf und fangen am Wege an, unter sich zu haddern, wozu sie den später Nachkommenden einladen und wobei sie ihn selten ohne Verlust seiner ganzen Barschaft u. dergl. von sich lassen.

Da die Zchokker gewöhnlich auch Merammemoßmelochner oder mindestens eifrige Sammler falschen Geldes sind, so hat der etwa gewinnende Freier durchaus keinen Vorteil von seinem Gewinn sondern noch alle Widerwärtigkeiten, die aus der späteren Verausgabung falschen Geldes entspringen.

Einundachtzigstes Kapitel

Das Kuwiostoßen: Das Würfelschleifen

Auch die Betrügereien mit den Würfeln, Kuwio, Ribling, Rührling, Reger, Derling, Knöpperling (vgl. oben Kap. 76), sind nach der Warnung am Schlusse der Notabilien des Liber Vagatorum schon sehr alt. Der älteste Betrug ist wohl das Würfelschleifen. Ein richtig bezeichneter Würfel[1] ist so geaugt, daß die Augen der einander gegenüberstehenden Seiten zusammenaddiert sieben ausmachen, also 1—6, 2—5, 3—4.

[1] J. P. Gryson, Enthüllte Zaubereyen und Geheimnisse der Arithmethik, Berlin 1796. Über die Wahrscheinlichkeitsrechnungen beim Würfelspiel.

Das jetzt nur noch wenig gebräuchliche Schleifen geschah in der Weise, daß der Kuwioſtoß an einer Seite des Würfels die Ecken auf einem feinen Sandſtein abſchliff und mit Bimſſtein und Kreide nachpolierte. Drei Würfel wurden auf die Eins (Fehler) und drei auf die Sechs (Treffer) geſchliffen und nach Gelegenheit, wie es galt, vertauſcht. Die Würfel fallen begreiflicherweiſe viel leichter auf die breite als auf die ſchmaler geſchliffene Seite. Indeſſen iſt das Schlei= fen faſt gänzlich abgekommen, weil der Kuwioſtoß feiner Würfel nur dann ſicher iſt, wenn die Seiten ſehr ſtark abgeſchliffen ſind, was aber leicht in die Augen fällt.

Zweiundachtzigſtes Kapitel

Jung und Alt

Eine zweite Art der Würfelfälſchung iſt das Futtern der Würfel, in der Gaunerſprache Jung und Alt genannt. Das Futtern geſchieht auf zweifache Weiſe. Die eine, die wohl deshalb abgekommen iſt, weil die Würfel meiſtens nicht mehr aus dem Becher, ſondern un= mittelbar aus der Hand geworfen werden, beſteht darin, daß um die Ecken der Fehler= oder Trefferſeiten kurze ſchwarze Schweinsborſten — off dem Reger mit dem Geburſten[1]) — eingebohrt und einge= kittet ſind, ſo daß dieſe jedoch nur zum Gebrauch — auch auf Mänteln, Billardtafeln oder Teppichen — beſtimmten Würfel durch die Borſten beim Rollen aufgehalten und auf die berechnete Seite geſetzt werden. Dieſe Fälſchung, die jetzt nur noch ſelten vorkommt, iſt leicht zu ent= decken, wenn man mit den Fingerſpitzen zart gegen die Ecken des Würfels, oder auch mit dem Würfel über die Wange ſtreicht, wo= bei ſich die Borſten durch ihr Stechen verraten.

Deſto häufiger iſt aber die zweite Art des Jung und Alt. Sie er= ſcheint um ſo unverdächtiger, weil ſie nur bei maſſiv aus Knochen oder Elfenbein u. dergl. gearbeiteten Würfeln vorkommt. Die Würfel werden ebenfalls auf zweierlei Weiſe gefälſcht: für die Treffer und für die Fehler. Legt man einen Würfel auf die Eins, ſo daß die Sechs oben und die Drei gerade vor dem Blicke ſteht, ſo hat man

1) Liber Vagatorum, Notabilien 11.

links die Fünf und rechts die Zwei. Gewöhnlich wird nun von den
unteren Augen der Zwei, nahe unter der Fläche der Eins hindurch,
nach dem schrägen gegenüberliegenden unteren Auge der Fünf ein
röhrenförmiges Loch, Kanal, gebohrt, und mit Bleidraht ausgefüllt,
dessen Enden, weil sie in Augen auslaufen und in den Augenhöh=
lungen ausgeschnitten und schwarz überlackiert werden, nicht zu ent=
decken sind. In gleicher Weise wird für die Fehler von dem unteren
Auge der Drei schräg unter der Fläche der Sechs hindurch bis zum
unteren Auge der Vier ein Bleidraht gezogen. Auf diese Art werden
drei Trefferwürfel und drei dem Äußeren nach jenem gleiche Fehler=
würfel hergerichtet und zur passenden Gelegenheit beim Wetten an=
gewandt. Die Bleidrähte, die beim Rollen der Würfel deren Fläche,
über die sie unmittelbar gezogen sind, vermöge ihrer Schwere nach
unten bringen, lassen sich auch noch in anderen Richtungen ziehen, je
nachdem die Drähte dicht oberhalb derjenigen Fläche durchgezogen
werden, die beim Werfen unten zu liegen kommen soll.

Die Betrügerei ist, weil sie bei dem vollen oder massiven Material
der Würfel am wenigsten zu ahnen ist, gerade die am meisten geübte.
Auf Jahrmärkten wird, besonders in den Glücksbuden, ungeheuer
damit betrogen. Die Prüfung der Würfel ist leicht. Man darf nur
mit einem spitzen Messer oder Nagel in ein verdächtiges Würfelauge
schaben, um nach Entfernung des schwarzen Lackes das blinkende
Blei zum Vorschein kommen zu sehen. Noch besser dient dazu ein
Spitzbohrer oder ein Schusterpfriemen, mit dem man die Bleistange
von einem verdächtigen Auge her mit Leichtigkeit aus dem gegenüber=
stehenden Auge herausschieben kann.

Dreiundachtzigstes Kapitel

Die Sanduhr

Ein noch feinerer Betrug ist die Sanduhr, der ebenfalls vielfach
von den Kurvioftossen in Anwendung gebracht wird.

Die Sanduhr läßt sich nur bei hohlen Würfeln anbringen. Diese
Würfel sind aus einem hohlen Tierknochen zugeschnitten und gefeilt.
In die beiden einander gegenüberstehenden Öffnungen sind ein paar

runde Knochenscheiben eingeschraubt. Meistens sind diese Scheiben gerade die Sechs und die Eins. Die Kurwiostossen bringen nun mitten in der Höhlung des Würfels ein Blech oder eine Knopfform an, die in der Mitte ein kleines Loch hat. Dieses Loch verbindet die beiden durch die Knopfform getrennten Höhlungen des Würfels miteinander. Die untere Höhlung des etwa auf sechs ruhenden Würfels wird mit feinem Uhrsand gefüllt und dann die Platte mit der Eins auf den Würfel aufgeschraubt. Legt man nun den Würfel auf die Eins, so fällt der Sand durch das Loch der Scheidewand in die Höhlung zwischen der Eins und der Scheidewand. Wirft man jetzt den Würfel rasch fort, so wird die Sechs oben kommen, da der Sand, der während des Wurfes nicht so rasch aus der Höhlung weichen konnte, diesen Teil des Würfels bedeutend schwerer macht und nach unten drückt. Beim Wetten faßt der Kurwiostoß die Würfel so, daß die Sechs oder die Eins nach oben steht, je nachdem seine Gegenspieler auf diese oder jene Zahl setzen. Nach Befinden wendet der Zchokker mit dem Anschein, als ob er die Einsätze nachsieht, seine die Würfel fassende Hand so, daß der Sand auf die Eins oder Sechs abläuft und wirft dann die Würfel rasch ab.

Bei der Sanduhr ist nicht einmal eine Vertauschung der Würfel nötig. Dieser Umstand macht daher die Anwendung der Sanduhr sehr geläufig.

Man kann den Betrug leicht entdecken, wenn man den eine kurze Zeit auf die Eins oder Sechs gestellten Würfel leicht zwischen Daumen und Zeigefinger an zwei entgegengesetzten Ecken faßt, wobei der Würfel mit der gefüllten Höhlung sich nach unten senken wird. Hier und da sind auch mit Quecksilber gefüllte Würfel vorgekommen. Das Quecksilber läuft jedoch beim Werfen zu rasch durch das Loch der Mittelwand, macht somit den Wurf unsicher und klappert auch beim prüfenden Schütteln des Würfels, was bei der Sandfüllung wenig oder gar nicht der Fall ist.

Dagegen wird das Quecksilber bei den Drehwürfeln angewandt.

Die Drehwürfel haben bekanntlich oben einen runden Handgriff zum Schnellen oder Drehen, und unten eine Spitze, auf der der kreisende Würfel läuft. Der Würfel hat gewöhnlich sieben bis zwölf Seitenflächen mit Nummern nach willkürlicher Ordnung. Diese Würfel

sind ebenfalls hohl, und Handgriff und Spitze sind einander gegen=
über eingeschraubt. Die Kuwioftossen teilen nun den Würfel der
Länge nach durch ein Blech oder Holzblättchen in zwei Höhlungen,
so daß gegen die eine Höhlung draußen die kleinen, gegen die andere
Höhlung draußen die großen Zahlen stehen. Die innere Querwand
ist nun unten in einer Ecke mit einem Loche versehen. Nachdem der
Würfel mit einer nur kleinen Menge Quecksilber gefüllt ist, wird er
durch Aufschrauben des Handgriffs geschlossen. Je nachdem nun der
Würfel gedreht wird, bleibt das Quecksilber in der einen Höhlung
zurück, wenn es durch das Drehen in die Ecke der Höhlung geschnellt
wird, wo das Verbindungsloch der Scheidewand sich nicht befindet,
oder tritt in die andere Höhlung, sobald die entgegengesetzte Drehung
das Quecksilber auf die Seite der Scheidewand schnellt, auf der
es durch das Verbindungsloch in die andere Höhlung treten kann.
Der Kuwiostoß, der die Einrichtung seines Würfels kennt, weiß ge=
nau, in welcher Höhlung das Quecksilber sich befindet, wenn er den
Würfel in die Hand nimmt, und dreht nun nach rechts oder links,
wie es sein Interesse beim Spiel erfordert. Den Betrug entdeckt man
ebenfalls dadurch, daß man den Würfel leicht an den Spitzen zwi=
schen Daumen und Zeigefinger faßt, worauf die mit Quecksilber ge=
füllte Höhlung nach unten sinkt. Äußerlich erscheinen die Drehwürfel
schon dadurch verdächtig, daß die Zahlen meistens nicht in regel=
mäßigem Wechsel, sondern so angebracht sind, daß die kleinen Zahlen
den großen gegenüber, die Zahlen also in fortlaufender Reihenfolge
auf dem Würfel stehen.

Vierundachtzigstes Kapitel

Der Scheffel

Ebenso wie das falsche Karten= und Würfelspiel, verdienen beson=
ders in Wirtshäusern und auf Jahrmärkten und Volksfesten noch
andere Betrügereien beim Spiel die schärfste Überwachung.

Zu dieser gehört der Scheffel.

Der Scheffel ist eine runde hölzerne, von einer Bande umschlos=
sene Scheibe mit flachen, runden, rot und schwarz gemalten und

numerierten Vertiefungen, die kreisförmig um den Mittelpunkt, den Haupttreffer, das Martsch, laufen. In den Scheffel wird eine Kugel geworfen, die eine Zeitlang darin umherläuft, bis sie in einer Vertiefung liegen bleibt. Der Scheffel wird gewöhnlich auf einen etwas lose gesetzten Tisch gestellt, so daß er während des Laufens der Kugel durch heimliches Heben und Senken in seiner horizontalen Lage verändert werden und somit der Kuwiostoß immer seinen Vorteil dabei finden kann. Beim Wellen auf Rot oder Schwarz werden die Löcher dieser oder jener Farbe auf verschiedenen, dem Kuwiostoß allein bekannten Stellen oder Kreisen des Scheffels mit trockener Seife ausgerieben und nachgewischt, so daß die Kugel leicht wieder aus der geseiften Höhlung heraus in eine andere, minder glatte, läuft. Der Kuwiostoß kennt die Löcher genau nach den Nummern, und hilft durch heimliches Heben und Senken des Scheffels nach. Wenn auch der Scheffel, dieser Vorläufer des Roulette, ziemlich aus der Mode gekommen ist, so findet er sich doch noch hier und da auf Jahrmärkten.

Fünfundachtzigstes Kapitel

Das Deckeles

Obschon das Deckeles, Deckeln, Deckelspiel, Fingerhutspiel ein so plattes wie verrufenes Kunststück ist, so findet es doch noch immer auf Jahrmärkten sein Publikum, da dies Spiel immer nur in Chawrusse gespielt wird, dem Deckeler oder Premier also genug Leute durch die Eintreiber oder Fallmacher zugeführt werden.

Der Deckeler hat drei große Fingerhüte oder kleine Becher von Holz oder Metall vor sich auf dem Tische stehen, und dazu ein kleines weiches Kügelchen von Seide, Baumwolle, Papier oder Wachs. Mit einem der Becher wird in raschem Wechsel das hin und her geschnellte Kügelchen bedeckt. Der Premier setzt eine Summe aus für den, der einmal die Kugel unter dem Becher errät.

Zunächst wird das Spiel ganz langsam gemacht, um die Vorübergehenden zu kirren. Die Eintreiber lassen sich zuerst auf das Spiel ein, setzen und gewinnen, bis nun auch andere zum Spiele verlockt werden. Jetzt werden allerlei Betrügereien vorgenommen. Während

des Deckelens weiß der Premier die kleine Kugel zwischen dem lang-
gewachsenen Nagel des Mittel= oder Zeigefingers geschickt einzuklem-
men und aus dem Spiel zu entfernen. Oder er läßt recht sichtbar
einen Becher über die Kugel fallen, oder stößt, wie aus Ungeschick-
lichkeit, die Kugel unter dem Becher hervor, bedeckt die Becher rasch
mit dem Hute oder Tuche, und schlägt eine neue Wette vor, während
er heimlich unter Hut oder Tuch die Kugel unterschiebt oder entfernt,
oder auch einen anderen Becher einschiebt.

Ähnliche Betrügereien können noch mehrfach bei diesem elenden
Spiele vorkommen. Zuweilen werden die Betrüger vom kundigen
Gegenspieler dadurch wieder betrogen, daß letzterer heimlich ein feines
Kopfhaar an die Kugel klebt, das unter dem Becher hervorragt und
die Kugel verrät.

Sechsundachtzigstes Kapitel

Das Riemenstechen oder Bandspiel

Das in Norddeutschland weniger bekannte, aber in Mittel= und
besonders Süddeutschland desto häufiger noch in Wirtshäusern und
auf Jahrmärkten vorkommende Riemenstechen oder Bandspiel ist eine
sehr platte gemeine Gaukelei. Dieses Riemenstechen wurde in Österreich schon 1752 durch ein kaiserliches Patent, verschärft durch ein
Patent vom 1. Mai 1784, das 1840 erneuert wurde, verboten. Auch
unter Friedrich dem Großen war das Riemenstechen in den Gou-
vernementsbefehlen von Berlin den Soldaten untersagt, oder doch
nur um Pfefferkuchen, Gläser usw., nicht aber um Geld erlaubt[1].

Der Riemenstecher führt einen langen, etwa einen Zoll breiten an
den Enden zusammengenähten Riemen, den er in mehrere, allmählich
verkürzte Falten nebeneinander legt, die er mit dem langen übrig-
bleibenden Riemenende dicht umwickelt und fest anfaßt, so daß er mit
dem Daumen und den ersten Fingern den Riemen gerade an dessen
Doppelenden in der Hand hält. Bei der abfallenden Kürze der Lagen
entstehen Höhlungen in dem Gewinde, die innerhalb der Weitung
des ganzen Riemens zu fein scheinen, in der Tat aber außerhalb

[1] Der Bär, 7. Jahrgang, Berlin 1881, S. 89.

ober blind sind. Der Unkundige wird nun durch die Eintreiber des
Riemenstechers, die zuerst vor seinen Augen gewinnen, leicht verlockt,
mit dem Pfriemen oder Messer durch eine Höhlung des Riemens
auf den Tisch zu stechen, um den zusammengenähten Riemen darauf
festzuhalten, wird aber immer getäuscht und um seinen Einsatz ge=
bracht, wenn der Riemenstecher den Riemen abzieht, da die nicht von
der Hand des Riemenstechers bedeckten Höhlungen sämtlich blind
sind.

Siebenundachtzigstes Kapitel

Die Glücksbuden

Außer den Würfelspielen und dem Scheffel kommen in den Glücks=
buden noch die verschiedenartigsten Nachäffungen der Lotterie vor,
deren Aufzählung ermüdend sein dürfte. 1) So genau auch die Kon=
trolle über diese Glücksbuden ist, so sehr werden die beaufsichtigenden
Beamten durch die mit dem Glückshäfner in Verbindung stehenden Ein=
treiber getäuscht, die zum Anlocken der Menge die markierten Treffer
geschickt aus dem Glückstopf zu holen und dafür wiederum beim Ein=
greifen eine Menge Nieten in den Glückstopf zu praktizieren wissen,
wie denn überhaupt die gesamte Taschenspielerei gerade in den
Glücksbuden am ärgsten ihr Wesen treibt.

Der Verkehr auf den Jahrmärkten und vor allem das stabile
Wirtshausleben, dem leider die unteren Stände bei weitem mehr
verfallen sind als die höheren, fördert die Berührung des Gauner=
tums mit dem Bürgertum in immer umfangreicherer und bedenk=
licherer Weise. Es gibt kaum ein Spiel in den Wirtshäusern, bei
dem das Gaunertum mit seinem Betruge sich nicht einzudrängen ge=
wußt hätte. Die Habsucht der Wirte wird von den Betrügern durch
eine starke Zeche, hohes Spielgeld und einen erklecklichen Anteil am
Gewinn befriedigt, und somit der schon so sehr verfärbte, alte,
schützende und gemütliche Charakter des Wirtstums mehr und mehr,
bis zur gänzlichen Ausmerzung, verdorben. Wenn es Wirte genug
gibt, die jede Art gezinkter und gemollter Karten, gefälschte Würfel

1) W. J. Dainecke, Das Lotto in allen seinen Spielformen. Wien 1857.

und sogar falsche mit Blei ausgegossene Wurfkugeln beim Kegelspiel
u. bergl. zur Hand haben, so wird dadurch die Aufgabe der ahnenden
oder wissenden Polizei ungemein groß, schwierig und undankbar.
Der Bürger sollte aber bei dem Ernste der Sache nicht über „Ver-
kümmerung seines unschuldigen Vergnügens und seiner harmlosen
Erholung" sich beklagen, wenn er sieht, daß die Polizei ihm sein
Vergnügen und seine Erholung frei von Betrug und Gefahr zu
halten strebt, indem sie eine scharfe Aufsicht über die Wirtshäuser
übt. Wer die ungeheure Menge schmählicher Betrügereien kennen
gelernt hat, die vom Gaunertum bei allen, auch den unverfänglichsten
und harmlosesten Spielen der Erholung ausgeübt werden, der wird
ferner nicht von der „Bevormundung selbständiger Bürger" reden,
wenn man ihnen die vom Betruge geleiteten und von den verderblichen materiellen und sittlichen Folgen bedrohten Glücksspiele überhaupt verbietet.

Wie das Torfdrucken mit dem Lebensverkehr durch Abwarten oder
Herbeiführung irgendeiner äußeren Bewegung oder Situation sich
zu verbinden sucht, um gelegentlich den heimlichen Diebstahl auszu-
üben, so machen es sich die Zchokker zur Aufgabe, mit scharfer Beobachtung die geistige Schwäche der einzelnen Spieler in den gegebenen
Situationen zu erforschen und die erkorenen Opfer auszubeuten.
Auch hier hat es der Betrug ganz vorzüglich auf die deutsche Offenheit und Redlichkeit abgesehen, der nur erst die Tatsache des Diebstahls und der Verlust des Gestohlenen begreiflicher ist, als der fein
rüstende und operierende Betrug, dessen Annäherung und Weise sie
nicht zu erkennen, und dessen Folgen sie meistens als ein hartnäckiges
Unglück anzusehen pflegt.

Die sogenannten Promessenspiele haben endlich in neuester Zeit die
Aufmerksamkeit der Behörden auf sich gezogen, und sind teilweise
als Betrug angesehen und geahndet worden. Solange aber der Pro-
mittent nicht einen sicheren Gewinn verheißt, und solange er sich nur
auf die Möglichkeit eines Gewinnes bei seinen Nachweisen gegen eine
bare Einlage beschränkt, solange kann auch die Promesse nicht als
Betrug geahndet und das Unternehmen nicht als gaunermäßiger Betrieb angesehen werden. Doch erfordert die nach Beschaffenheit der
einzelnen Promessen, Personen und Gelegenheit immerhin vorhandene

Möglichkeit des Betruges ein scharfes Aufsehen der Sicherheitsbe=
hörden.

Achtundachtzigstes Kapitel

Das Fleppenmelochnen

Das niederdeutsche Flep, Fleppe, Fleppen, Flebbe, Flebken oder
Flöbken bedeutet die auf die Stirn fallende Spitze oder Schnippe
der früher allgemein gebräuchlichen Weiber= oder Kindermützen oder
Kopftücher (driekantig hoofd=dök), die besonders von Witwen getra=
gen werden, und bei denen auch wohl die Länge der Schnippe
(Schnebbe) den höheren Grad der Trauer ausdrückte.

Im Niederdeutschen ist Flep gleichbedeutend mit Sleep, Schnippe,
Schnebbe, Schleppe1). Die Fleppen waren von feiner Leinwand,
Samt oder Flor. Von der Auffälligkeit der Fleppen wird auch heute
noch im Plattdeutschen alles Auffallende im Gesicht, ganz besonders
aber ein dicker, hervorstehender Mund, Flap, Flaps, Flappe oder
Flappe — in Berlin auch Flebbe2) — genannt, und auch zu Flabb=
snut (Schnauze, Dickschnauze) zusammengesetzt, wofür dann wieder
die Abkürzung Snut, für Flabbsnut gebraucht wird. So wurde der
berüchtigte Itzig Muck von der niederländischen Bande wegen seines
ungestalteten Mundes Itzig Schnut oder Snut genannt3). Flap oder
Flaps heißt ferner noch eine entstehende Wunde im Gesicht, auch
wohl der Schlag in das Gesicht. Endlich wird es als Flaps oder
Laps zum Schimpfwort für einen ungeschlachten Menschen; Flapsen
heißt auch: sich küssen.

In der Gaunersprache bedeutet der auch in das Jüdisch=Deutsche
aufgenommene Ausdruck Fleppe oder Flebbe jeden schriftlichen Aus=
weis, Zeugnis, Brief, öffentliche und private Urkunde, besonders auch
den Paß, wovon linke Fleppe: gefälschtes Papier, falscher Paß; Zink=
fleppe: Steckbrief; Fleppenmelochner, jeder, der überhaupt Dokumente
neu gestaltet oder umgestaltet, ganz besonders aber auch der Urkunden=

---

1) Kramer, Niederd. Diktion. I, 84; S. Richey, Hamburger Idioticon, S 59.
2) Meyer, Der richtige Berliner, S. 37.
3) Schwencken, No 292; Becker II, S. 184, 265, 302, 465, Nr. XXX.

fälscher, anstatt des ausdrücklichen Linkefleppenmelochner. Der Ausdruck Kassimelochner ist mit dem Fleppenmelochner von gleicher Bedeutung, wenn er auch nicht so gebräuchlich ist wie dieser.

Neuerlich ist der Ausdruck Findchen- oder Pfindchenmelochnen für
Fleppenmelochnen in Aufnahme gekommen. Findchen oder Pfindchen
ist in der Gaunersprache besonders der Paß, das Wanderbuch und
wohl nur eine Verstümmlung vom jüdisch-deutschen פנקס (pinkas),
Notizbuch, Tagebuch, Schuldbuch, Handelsbuch.

Da aus inneren Gründen und nach bestehenden Gesetzen Urkunden einen besonderen Glauben in Anspruch nehmen dürfen, durch
ihre ganze oder teilweise Fälschung aber große und unrechtmäßige
Vorteile erlangt und Treue und Glauben verletzt werden, auch der
Verkehr und Kredit große Störungen erleiden kann, so hat die Gesetzgebung die Urkundenfälschung besonders genau und scharf berücksichtigt, und auch die Wissenschaft sich eifrig bemüht, die Fälschungen
möglichst zu erschweren und zu verhindern, oder, wenn begangen,
doch leicht und sicher zu entdecken, ehe der beabsichtigte Vorteil vom
Fälscher erreicht ist.

Aber auch das Gaunertum, das in den Fleppen die wichtige Sicherung seiner äußeren Erscheinung findet, hinter der es seine verbrecherische Persönlichkeit versteckt, ist nicht zurückgeblieben und hat
seit dem sechzehnten Jahrhundert, in dem schon, wenn auch nur kümmerliche, Schriftfälschungen mit Anwendung von Säuren und Al-
kalien vorgenommen wurden, mit Hilfe derselben Wissenschaft, die
den Betrug bekämpft, die Fälschungskunst auf einen solchen Standpunkt gebracht, daß sie mit der vollen Sicherheit einer gewerblichen
Kunst, mithin als wahre Gaunerindustrie, betrieben wird, und unzählige Fälschungen mit den verschiedenartigsten Dokumenten vorgenommen, leider aber auch meistens übersehen werden, da bei der
Masse solcher umlaufenden Schriftstücke nur die wichtigeren einer
genaueren Prüfung unterworfen zu werden pflegen.

Die Technik des Fleppenmelochnens erfordert viel Studium und
Übung. Jede Handschrift hat etwas Subjektives, auf dessen Entäußerung
es zunächst beim Fleppenmelochnen ankommt, um desto behender
und geschickter die graphische Ausdrucksform dritter Personen objektiv genau aufzufassen und nachzubilden. Diese Fertigkeit wird nicht

durch kalligraphische Übung, sondern durch genaues Studium und scharfes Auffassen fremder Handschriften erworben. Daher findet man auch ·nur selten unter den Fleppenmelochnern wirkliche Schreib= meister oder Schreibkünstler, sondern zumeist solche Personen, deren Beruf ihnen Gelegenheit gibt, eine Menge verschiedenartiger Hand= schriften zu sehen und zu studieren, also Kupferstecher, Steindrucker, Schreiber, Kontoristen, Registratoren u. dergl. Dabei ist die eigene Handschrift des Fleppenmelochners selten schön, meistens aber von eigentümlichem, wenn auch sehr verschiedenem Ausdruck. Von Wich= tigkeit ist die Wahrnehmung, daß die Nachahmung von Schriftzügen um so leichter und besser gelingt, je weniger der Nachahmende die einzelnen Schriftcharaktere ihrer Bedeutung nach versteht, oder je mehr die Züge von ihm als bloßes materielles Bild, ohne sein eigenes subjektives Verständnis aufgefaßt, also bloß mechanisch nachgebildet werden. Man überzeugt sich hiervon, wenn man einen Schreiber Schriftsätze oder Wörter aus fremden Sprachen mit eigentümlichen Buchstaben, die er nicht kennt und versteht, z. B. Griechisch, Hebräisch, Jüdisch=Deutsch (Syrisch) oder Russisch usw. kopieren läßt. Man wird dabei die Ähnlichkeit, ja man kann sagen, vollkommene Gleich= heit beider Handschriften finden und sich davon überzeugen, wie wich= tigen Einfluß die Entäußerung der subjektiven Handschrift mit ihrem subjektiven Verständnis auf das Gelingen solcher Schriftnachahmun= gen hat, und wie wenig bei entstandenem Verdacht entscheidend sein darf, ob der verdächtige Schreiber vom Fach ist oder nicht.

Der im gewöhnlichen Leben üblichste unverfängliche Behelf bei einer Schriftänderung, das Radieren mit dem Messer, Radiergummi oder Radierpulver, wird von den erfahrenen Fleppenmelochnern nur wenig und äußerst behutsam zur Anwendung gebracht, weil jede, auch die geschickteste Radierung das Papier schwächt, gegen das Licht transparent macht und selbst bei schlecht gearbeitetem, an sich schon fleckigem Papiere leicht erkennbar wird. Gewöhnlich werden solche dünnradierten Stellen, oft auch das ganze Blatt, auf dem Rücken mit Papier überklebt, um das scheinbar durch Gebrauch und Alter faltig, brüchig oder mürbe gewordene Dokument zusammenzuhalten.

Gerade diese, auf den ersten Anblick bemerkbare Beklebung erregt schon sogleich den Verdacht einer Fälschung. Zur genaueren Untersu=

chung muß das aufgeklebte Papier durch Eintauchen in Wasser er=
weicht und vorsichtig entfernt werden. Dies gelingt meistens leicht,
da die Beklebung gewöhnlich durch leicht lösliche, schlechte Bindemittel,
am häufigsten mit Mehl und Wasser, vorgenommen wird, um ihr
den möglichsten Schein der Unverfänglichkeit zu geben. Sogar mit
gekautem Brot vorgenommene Beklebungen radierter Stellen sind
mir vorgekommen. Schon durch das bloße Befeuchten des radierten
Papieres mit destilliertem Wasser entdeckt man leicht, ob eine Stelle
radiert ist, und ob sie nach dem Radieren, um das Fließen der Tinte
darauf zu verhüten, mit Radiergummi oder Radierpulver nachgerie=
ben ist, da diese so nachgeriebenen Stellen das Wasser nicht anneh=
men. Ist die radierte Stelle mit Leim überstrichen worden, so hat
das Papier um diese Stelle eine weniger weiße Farbe. Ist auch die
Farbe und Schwärze der Tinte, sowie die Schrift der gefälschten
Stelle mit der Originalschrift durchaus gleich, so kann man doch
meistens durch die Lupe die durch das Radieren rauh geschabte und
zerrissene Stelle entdecken. Die Untersuchung mit der Lupe ist wich=
tig, namentlich wenn das hinter die verdächtige Schrift geleimte Pa=
pier sich nicht durch Erweichen trennen lassen sollte.

Wegen der Übelstände, die das Radieren mit sich bringt, wählen
die Fleppenmelochner zur Vertilgung der betreffenden Stellen viel
lieber Chemikalien, besonders die javellische Lauge, Salzsäure und
Oxalsalbe oder Kleesäure, mit welchen Flüssigkeiten sich die Tinte gänz=
lich wegwaschen läßt, so daß sogar auch ganze beschriebene Stempel=
bogen, mit Schonung des darauf befindlichen Stempels, durchaus
frei von der Schrift gewaschen und als neue Stempelbogen verkauft
werden.

Zunächst kommt es hier zur Entdeckung der Fälschung, wie bei
dem Radieren, ebenfalls auf die genaue Untersuchung an, ob die
Schriftzüge vollkommen gleich, frei, unverflossen und rein sind. Vor=
züglich wichtig ist aber hier die Untersuchung des Papieres, ob es an
Farbe überall gleich ist. Ungleichfarbige Stellen, Flecke mit gefärbten
oder mit weißer als das übrige Papier hervortretenden Rändern oder
Höfen deuten schon auf eine Anwendung solcher chemischer Mittel.

Zur Entdeckung dieser Betrugsweise hat die Wissenschaft eine Reihe
von Hilfsmitteln in Bereitschaft, von denen die einfacheren, deren

Anwendung leicht ist, Erwähnung verdienen. Eine starke Erwärmung des verdächtigen Papiers führt schon meistens mit Sicherheit auf die Entdeckung der Fälschung. Legt man das verdächtige Papier zwischen zwei Bogen Löschpapier und fährt mit einem mäßig stark erhitzten Plätt= oder Bügeleisen darüber hin, so kommen, wenn auch das Papier ein noch so weißes Ansehen hat, gefärbte Stellen zum Vorschein. Namentlich treten die Spuren der weggewaschenen Tinte in rötlich= gelber Färbung so deutlich hervor, daß man die frühere Schrift lesen kann, sobald man sie mit einer Abkochung von Galläpfeln benetzt. In dieser Weise lassen sich besonders auch bereits benutzte Stempelbogen, deren alte Inschrift weggewaschen war, leicht untersuchen.

Das Befeuchten mit reinem destilliertem Wasser läßt ebenfalls sehr häufig eine Fälschung entdecken. Man legt das verdächtige Do= kument auf einen Bogen weißes Papier, oder noch besser auf eine Glastafel, und befeuchtet das Papier mittels eines reinen feinen Pinsels. Die radierten Stellen fangen das Wasser leichter ein, die ausgekratzten Buchstaben erscheinen sehr oft wieder und lassen sich dann, sobald man das Dokument gegen das Licht hält, deutlich lesen, da sie durch das Wasser transparent werden, namentlich wenn die Urkunde mit saurer Tinte geschrieben war, und das Papier kohlen= saures Salz enthielt, wobei das Papier durch Einwirkung der Tinte stark angegriffen wird.

Seitdem in neuerer Zeit die Urkundenfälschungen immer ärger und häufiger getrieben worden sind, haben die Regierungen selbst, besonders in Frankreich und England, sich eifrig bemüht, dem schmählichen Be= truge vorzubeugen. Besonders forderte 1825 das Justizministerium in Frankreich die Akademie der Wissenschaften in Paris zu Vor= schlägen auf, infolgedessen es denn auch an zahlreichen Versuchen und Vorschlägen nicht gefehlt hat. Es handelte sich hauptsächlich um Herstellung unauslöslicher Tinten und um Erzeugung sogenannter Sicherheitspapiere, deren Farbe bei jedem Versuche, die Schrift aus= zulöschen, sich verändert. Allerdings hat es noch immer nicht glücken wollen, eine völlig unauslöschliche Tinte zu finden. Glücklicher ist man in der Herstellung von Sicherheitspapieren gewesen, bei deren Bereitung es wesentlich darauf ankommt, daß bei jedem Versuche, die Schrift auszulöschen, zugleich auch die Farbe des Papieres ver=

ändert wird4). Unter letzteren bewährt sich wohl das von Grimpe er=
fundene, von Seguier 1848 empfohlene Sicherheitspapier als das
beste. Beide Seiten des Papierbogens werden mittels eines Zylinders,
auf dem eine Zeichnung graviert ist, mit gewöhnlicher und zugleich
gegen die Wirkung aller zur Löschung der Handschriften benutzter
chemischer Stoffe sehr empfindlicher Farbe bedruckt. Die Feinheit der
die Zeichnung bildenden Linien und die Beschaffenheit der angewand=
ten Farbe macht nicht nur die Nachahmung mit der Hand, sondern
auch jede Herstellung durch Nachdruck oder durch irgendeine andere
Weise unmöglich. Dieses Verfahren hat überdies den Vorteil, daß es
sich ebensogut bei Handpapier wie bei Maschinenpapier anwenden
läßt.

Die Verlässigkeit der Sicherheitspapiere hat ihrer Verwendung,
namentlich zu Reisepässen, in neuester Zeit immer mehr Bahn ge=
brochen. An Stelle der früheren kümmerlich gedruckten Paßblanketts
geben die neuesten Pässe insoweit vollständige Sicherheit, indem zu
ihnen ein Sicherheitspapier verwandt wird, das seiner ganzen Be=
schaffenheit nach eine Fälschung äußerst schwierig, ja, wohl kaum noch
möglich macht.

Der Fleppenmelochner beschränkt sich nicht allein auf die ganze
oder teilweise Tilgung und Umänderung von Dokumenten, sondern
weiß auch — und das ist besonders für die Kontrolle des Verkehrs
der Gauner unter sich sehr genau zu beachten — zur Vermittlung
einer geheimen Verständigung, mittels sympathetischer Tinte auf
weißem Papier, ein Kuvert oder ein sonstiges harmlos aussehendes
beschriebenes oder bedrucktes Papier eine unsichtbare Geheimschrift
herzustellen. Ihm sind eine große Anzahl verschiedener Mischungen
bekannt, die aber meistens schon durch einfache Erwärmung zu ent=
decken sind.

So geben die verdünnten Auflösungen des salzsauren, essigsauren
und salpetersauren Kobaltoxyds mit dem vierten Teile Seesalz eine
Tinte, die, wenn die mit ihr geschriebenen Buchstaben eingetrocknet
sind, durchaus unsichtbar ist, aber in blauer Färbung hervortritt,
sobald das Papier nur gelinde erwärmt wird. Ebenso gibt durch Er=

4) Westrumb I, S. 329.

wärmung eine grüne Farbe: eine Mischung aus salzsaurem Kobalt=
oryd und salzsaurem Eisenorydul, oder auch eine Mischung von
Nickel. Stark verdünnte Schwefelsäure läßt anfangs die Buchstaben
unsichtbar, die aber durch Erwärmung schwarz werden und nicht zu
vertilgen sind, weil die Schwefelsäure nach Verdunstung des Wassers
das Papier verkohlt. Etwas umständlicher wird die Schrift mit
sympathetischer Tinte aus Eisenvitriolauflösung durch eine schwache
Galläpfelauflösung, oder eine mit schwefelsaurer Kupferauflösung ge=
schriebene Schrift durch Ammoniakdämpfe sichtbar gemacht.

Die Korrespondenz mit sympathetischer Tinte wird viel zur Ver=
ständigung mit gefangenen Gaunern von außen her benutzt. Daher
ist jedes in die Gefangenanstalten gelangende Papier, ob als weißer
Packbogen, Umschlag, Kuvert, oder beschrieben oder bedruckt, und
jeder noch so unverfänglich scheinende Brief verdächtig, auf das sorg=
fältigste zu prüfen, da sonst dem Gefangenen die wichtigsten Mit=
teilungen kund werden können, sobald er das ihm zugesandte Papier
über das Licht oder gegen den Ofen hält.

Eine sehr alte geheime Schreibweise der Gefangenen unter sich,
von einer Zelle zur anderen, besteht darin, daß mit einem gespitzten
Stück trockenen Talg auf Papier geschrieben wird, das der Emp=
fänger auf einen Tisch oder den Fußboden legt und stark mit einem
geknoteten Tuche oder Lappen schlägt, wodurch die bis dahin unsicht=
bare Schrift ziemlich deutlich hervortritt. So unbeholfen diese Mit=
teilungsweise an sich ist, so karg nur stets die Mitteilung selbst sein
kann, da begreiflich nur mit sehr großer Schrift dabei geschrieben
wird, so häufig wird sie doch noch immer in Gefängnissen benutzt,
und bleibt immer gefährlich, da ja oft ein einziges Wort oder Zeichen
zu einem vollkommenen Verständnis ausreicht.

Endlich verdient hier der trockene Druck auf Holz erwähnt zu
werden, der unter den Buchdruckern sehr bekanut ist.

Die Mitteilung wird mit gewöhnlichen Drucklettern gesetzt und
ohne Schwärze oder Farbe auf ein Stück weiches Holz, wie z. B.
Linden=, Weiden=, Föhren=, Zedern=, Kastanien= oder Pappelholz,
scharf aufgedruckt. Dadurch wird der Druck tief in das Holz einge=
trieben. Um nun dem Dritten die Mitteilung verborgen zu halten,

wird das Holz mit einem Ziehling, Glasscherben oder feinem Doppel=
hobel genau bis auf die Tiefe des Drucks weggeschabt oder gehobelt,
so daß der Druck vollständig verschwindet. Der in das Geheimnis
eingeweihte gefangene Empfänger benetzt nun das Holz mit Wasser
oder einer sonstigen Feuchtigkeit, worauf an dem Holze die unterhalb
des sichtbar gewesenen aber abgeschabten Drucks zusammengepreßten
Letterstellen herausquillen, so daß die Mitteilung nun in ziemlich
deutlicher Erhabenheit erscheint. In dieser Weise lassen sich auf einem
Lineal, Stock, dem Boden oder Deckel einer Schachtel oder eines
Kästchens, auf einer Nadelbüchse u. dergl. ziemlich ausführliche
Mitteilungen machen, von denen der Uneingeweihte um so weniger
eine Ahnung hat, als der Glanzlack, mit dem ein so bedrucktes Holz=
stück zu größerer Täuschung überzogen wird, das Aufquellen des
Holzes keineswegs verhindert.

Die sehr große Menge von Urkunden, die in den Bureaus ausge=
stellt werden und in diese gelangen, erfordert auch eine Menge von
Schreibern zur Ausfertigung der Urkunden oder zur Ausfüllung des
Urkundenblanketts. Man ist daher gewohnt, gleichgültig auf die Hand=
schrift selbst zu sehen, von der man nur Deutlichkeit und Sauberkeit
verlangt, und sucht die Beglaubigung der Urkunden wesentlich in der
Unterschrift, in dem Siegel und Stempel. Dieser Umstand hat nun
aber auch die Kunst der Fleppenmelochner auf die Nachbildung von
Siegel= und Stempelformen geführt, und das Chassimemelochnen
-(Chassima, von חתם [chatam], siegeln, einprägen, vollenden,
ist das Siegel, die Unterschrift, die Beglaubigung) zu einer Aus=
bildung gebracht, die kaum einmal so groß zu sein braucht, wie sie
ist, da sparsame Behörden sowohl bei Anfertigung ihrer Stempel=
und Siegelformen sehr wenig für ihr weniges Geld vom Graveur
verlangen, wie auch bei dem Gebrauch und der Kontrolle der Stem=
pel= und Siegelformen im raschen Geschäftsgange vielfach Nachlässig=
keiten sich zuschulden kommen lassen. Man findet heutzutage nicht
selten zu den wichtigsten amtlichen Urkunden noch Siegel benutzt, die
außer der Jahreszahl auch noch durch ihre arge Abgenutztheit ihr
zwei= bis dreihundertjähriges Alter sehr stark verraten, oder wenn
auch neue, doch so einfach, schlecht und unordentlich gestochene Stem=
pel, daß man sie sofort für das Fabrikat der auf Jahrmärkten um=

herziehenden Gravenre erkennt, die gerade die gefährlichsten Chassi=
memelochner sind 5).

Ferner bedient man sich zum Siegeln gerade in den größten Bu=
reaus am meisten des schlechtesten weichen Siegellacks von schmu=
ziger brauner Farbe, das gar nicht einmal das Siegel deutlich und
anständig ausdrückt. Zeichnung und Inschrift wird auch schon durch
den geringen Druck des Falzens oder durch die Postverpackung ver=
unstaltet, und das Siegel sogar mit anderen Briefen in unzertrenn=
liche Gemeinschaft zusammengeklebt. Auch die Farbedrucke sind selten
leserlich, weil die Stempel nicht ordentlich aufgesetzt, sondern zu
ihrem raschen vollständigen Ruin hastig aufgeschlagen werden und
dazu auch die Farbe auf den Tupfballen selten ordentlich behandelt
und gehalten wird.

Alle diese offenbaren, nur scheinbar unbedeutenden Nachlässigkeiten
machen den Fleppenmelochnern das Chassimemelochnen sehr leicht,
so daß nur zu oft sogar ganz plumpe Siegelfälschungen unbeachtet
bleiben. Der Besitz eines Siegelabdrucks oder Gipsabgusses genügt
dem als Graveur umherreisenden Chassimemelochner, um in un=
glaublich kurzer Zeit ein Petschaft, besonders auf Zinn und Schiefer,
herzustellen, das für eine Menge linker Fleppen ausreicht. Bei dem
am 17. Juli 1852 in Bremen verhafteten Fleppenmelochner Stahl=
hauer fand man an Siegeln, die zum Schwarzdruck auf Schiefer
graviert waren: das Siegel des preußischen Ministeriums des In=
nern, der Stadt Greifswald, der Stadt Stade, der königlichen Regie=
rung zu Potsdam, des Polizeipräsidiums von Berlin, des Polizeiam=
tes in Wittenberge, der Polizeidirektionen in Bremen, Basel, Trier,
München, Hamburg und Cöln, des Kammergerichts in Berlin, der
königlichen Regierung in Stralsund, des mecklenburgischen Amtes
Mirow, der Städte Woldegk und Neubrandenburg.

Besonders viel werden die Siegel größerer Ämter nachgestochen,
weil von diesen die meisten Legitimationspapiere ausgehen, und im
raschen Geschäftsgange der Blick weniger auf die speziellen Einzel=
heiten gelenkt, auch gewöhnlich des massenhaften Gebrauchs wegen
der schlechteste Lack verwendet wird, der selten oder nie eine genaue
Vergleichung und Prüfung der Siegel zuläßt.

5) Über die betrügerischen Siegelstecher in früherer Zeit f. Kluge I, S. 213.

Noch undeutlicher und gefährlicher ist das, meistens noch dazu hastig betriebene Siegeln auf Papier mit unterlegter großer sogenannter Notaroblate, einem ärmlichen mürben Teig aus Weizenmehl und Wasser. Das Siegel drückt sich selten gut aus; entweder wird bei hastigem schiefen Druck nur ein Teil des Siegels deutlich, oder bei geradem, aber zu scharfem Druck reißt der Deckmantel, so daß Oblatenteig durchquillt und das feuchte Siegel beim Hinlegen oder Verpacken der Dokumente plattgedrückt und sogar auch wohl klebe= rig wird. Obendrein ist nichts leichter, als ein solches Oblatensiegel von einer Urkunde durch allmähliches Befeuchten der Rückseite loszu= lösen, um es auf ein anderes zu übertragen, da die Oblaten, noch dazu eklerweise mit Speichel, meistens nur flüchtig befeuchtet wer= den und sehr unvollkommen haften.

Noch leichter gelingt die Fälschung und Nachahmung sogenannter Farbe= oder Schwärzesiegel. Aus falscher Sparsamkeit werden selbst die täglich zu hundertmal gebrauchten Stempel anstatt auf gutem Stahl nur auf bloßem Messing gestochen und anstatt mit einer Schrauben= oder Hebelpresse mit der Hand auf die Urkunden, Pässe u. dergl. hastig geschlagen, nachdem sie auf den staubigen zer= rissenen Tupfballen mit zusammengetrockneter zäher Färbemasse eilig und aufs Geratewohl aufgestoßen werden, wobei auch wohl die ein= malige Färbung oft zu zwiefachem Abdruck reichen muß. So kommt es, daß selbst die sorgfältig gearbeiteten Siegel sehr bald abgenutzt werden und bei der nachlässigen Färbung und Handhabung sehr schlecht und undeutlich auf das Papier kommen. Daher genügen denn auch die von kunstgeübten Fleppenmelochnern mit spielender Leichtigkeit und Schnelligkeit gefertigten Nachstiche in Messing, Schiefer und Zinn fast immer zum vollständigen Betruge, und es kommt dabei nicht einmal groß auf die Sauberkeit und Schärfe der Umrisse und der Inschriften an. So werden denn nicht selten solche Siegel in Holz, ja sogar in Kork ausgeschnitten, und geben kaum schlechtere Abdrücke als die nachgeahmten Originale selbst.

Zum Nachahmen der Färbesiegel nehmen die Fleppenmelochner auch oft noch ein Stückchen geöltes Papier, befestigen es mit einigen kleinen Streifchen sogenannten englischen Pflasters auf das zu ko= pierende Färbesiegel, und zeichnen mit Bleistift das Siegel genau durch. Nach Abnahme des Ölpapieres wird auf dessen Rücken mittels einer Schwärze von Kienruß, Leinöl oder dünnem Talg, oder mit einer fettigen schwarzen Kreide, auch wohl mit feiner Lindenholzkohle, die in Spiegelschrift durchscheinende Zeichnung nachgezeichnet, darauf das Ölpapier mit der Rückseite auf der Zeichnung auf das gefälschte Dokument gelegt, und mittels eines Glättekolbens aufgerieben, oder mittels eines starken Druckes oder Schlages aufgepreßt. Dem geschickten Fleppenmelochner, der gut zeichnet und sich Zeit läßt, gelingen diese Siegel sehr gut; auch kann er sie durch neue Schwärzung des Ölpapieres vervielfältigen. Meistens werden aber diese Durchzeichnungen in den Herbergen und Spießen ziemlich hastig vorgenommen, und glücken dann oft nicht. Erfahrene Fleppenmelochner lassen jedoch diese nicht überall gleichmäßig ausgedrückten Siegel ohne Retusche. Ungeschickte dagegen zeichnen zuweilen die zurückgebliebenen Buchstaben mit Bleistift oder Tinte nach. Dadurch kommen aber die Buchstaben undeutlicher zu stehen, und verraten sich durch ihre ungleiche Färbung, namentlich wenn man das Papier gegen das Licht hält. Findet man auf dem Dokumente keinen Eindruck des Stempels im Papier, und läßt sich beim Reiben mit der Fingerspitze die Farbe des Siegels wischen, so liegt schon Verdacht einer Fälschung vor, der mindestens eine genauere Prüfung der ganzen Urkunde erfordert.

Beklagt man sich in Deutschland über die sowohl in ihrer großen Masse als in ihrer peinlichen Kleinlichkeit gleich drückende Platzgesetzgebung und über die lästige Kontrolle aller Reisenden ohne Ausnahme, so ist der Grund des Übels wesentlich in dem Mangel an Umsicht, Genauigkeit und Aufmerksamkeit in den Bureaus zu suchen, der den praktischen, außerhalb des Bureaus vigilierenden Beamten soviel saure und undankbare Mühe macht und gerade bei den vielen sichtlich hervorgetretenen Übelständen die Gesetzgebung zu jener Menge von einzelnen Bestimmungen veranlassen mußte, von der sie sich neuerlich durch Einführung der einfachen und behenden Paßkarten befreit, und wobei sie zugleich deutlich und treffend angezeigt hat, daß allein in der Aufmerksamkeit, Genauigkeit und Verantwortlichkeit der ausstellenden Beamten, also in den Bureaus, die Sicherheit und Verläßigkeit der Personenlegitimation zu suchen ist.

In Wirklichkeit wird aber auch hierin eine Reform der Ämter und eine tüchtige Heranbildung und Anleitung der Unterbeamten von direktem glücklichem Einfluß auf die gesamte öffentliche Sicherheit fein, und das Fleppenmelochnen wesentlich hintangehalten, das, wie das ganze Gaunertum überhaupt nur an der erspähten Schwäche emporwuchert, lediglich in den Mängeln der Bureaus die ganze Basis feiner verderblichen Kunst findet. Die Bereitung der Sicherheits= papiere ist auf einen so vollkommenen Standpunkt gebracht, daß ihre Anwendung durchaus zu allen Ausweispapieren, also nicht al= lein zu allen Arten von Pässen und Wanderbüchern, sondern auch zu Geburts= und Heimatsscheinen, Kundschaften, Sittenzeugnissen u. dergl. stattfinden sollte. Dazu muß aber noch eine feste Ord= nung und Kontrolle bei der Ausfertigung der Dokumente ein= geführt und darauf gesehen werden, daß die Ausfertigung der Ur= kunden, die Ausfüllung der Blanketts usw. mit genauer Beobachtung aller Formalien, ohne Flüchtigkeit und Fehler geschehe. In großen Bureaus ist es tunlich, die Ausfertigungen auch im raschen Geschäfts= gange durch mehrere Hände gehen und kontrollieren zu lassen. Auch sollte ein eigener Beamter für das vielfach nur obenhin angesehene und betriebene, jedoch so überaus wichtige Siegeln eingeübt und an= gewiesen werden, daß er, mit gutem Material und behenden ein= fachen Hebelpressen versehen, die tüchtig in Stahl gravierten Siegel genau und sorgfältig anbringt, sich durch Anlegung einer Siegel= sammlung in Kenntnis mindestens der allgemeinsten Siegel setzt, sowie auch den Inhalt, die Formalien und Siegel der einkommenden Papiere besonders genau prüft und nötigenfalls mit anderen vor= handenen Originalen vergleicht.

Neunundachtzigstes Kapitel

Das Schärfen und Paschen

Das Wort Schärfen ist vom niederdeutschen scherven, scharben (durch Transposition: schraben, schrapen), hacken, klein hacken, klein machen, herzuleiten, und hängt mit Scherf, Scherflein (ein halber

Heller), uncia aereolus 1), zusammen. Schärfen heißt in der Gau=
nersprache die gestohlenen Sachen im großen ganzen (im Stoß) an=
kaufen und im einzelnen wieder verkaufen, besonders aber ankaufen,
während für das Verkaufen solcher Sachen der Ausdruck verschärfen
gebräuchlich ist. Der Ankäufer wird Schärfenspieler, nach neu=
erem Ausdrucke Stoßenspieler genannt. Vorausgesetzt beim Schärfen
oder Stoßen wird immer, daß der Schärfenspieler oder Stoßen=
spieler das gekaufte Gut als gestohlen kennt.

Schon aus der Erklärung des Wortes Schärfen ersieht man, daß
die Schärfenspieler platte Leute, d. h. vertraute Genossen der Gauner
sind. Sie bilden in der Tat die allergefährlichste Klasse der Gauner,
da sie durch Abnahme und Verwertung der gestohlenen Sachen dem
Diebstahl erst Wert und Interesse verleihen, sie, wie die Gauner,
„verdienen". Die meisten Schärfenspieler sind früher bestrafte Ver=
brecher, oder alte abgestumpfte Gauner, oder Krüppel, die selbst nicht
mehr wagen dürfen, einen Massematten zu haudeln; Weiber, Dir=
nen, Bordellwirte, Gaunerwirte, Aufkäufer, Trödler und Pfand=
leiher.

Die Vorsicht, Not und Lebenslust treibt den Gauner, des Gestoh=
lenen so rasch wie möglich sich zu entledigen und schleunigst in Besitz
baren Geldes zu gelangen. Der Schärfenspieler kennt die Gefahr des
Diebes und die Notwendigkeit der raschen Entäußerung des Gestoh=
lenen. Daher bietet er Preise, bei denen er einen ungeheueren Gewinn
macht, und sich unendlich viel besser steht als der Dieb selbst, da er
oft nicht den zehnten oder gar zwanzigsten Teil des wahren Wertes
zahlt.

Die Schärfenspieler sind die wahren Tonangeber und Gewalthaber
(Mauschel) der handelnden Diebe, dereu Person und Gewerbe ihnen
genau bekannt ist, und die sie im Bewußtsein ihrer Unentbehrlichkeit
und Gewalt sogleich nach gehandeltem Massematten oft auf eine be=
rechnet zudringliche und gefährliche Weise umschwärmen, um sie zu
desto rascherem Absatz des Gestohlenen zu zwingen. Jener außeror=
dentliche Gewinn ist der Grund, weshalb die Schärfenspieler, die
immer mit dem Schein des ehrlichen Erwerbs sich den Weg durch
alle bürgerlichen Kreise offen halten, die eifrigsten und gefährlichsten

1) Schottelius, a. a. O., S. 1397, und Stieler, a. a. O., S. 1737.

Baldower sind, die den verbündeten Gaunern nicht nur die gelegent=
lichen Massematten nachweisen, sondern auch geradezu bestimmte
Waren bei ihnen bestellen, deren Absatz augenblicklich günstig ist,
und die dem Schärfenspieler beim Verkaufe den besten Gewinn ab=
werfen.

So sehr man bei Entdeckung eines Schärfenspielerlagers über die
große Menge und Mannigfaltigkeit aller nur denkbarer Handels=
gegenstände erstaunen muß, die man darin findet, so ist es doch noch
erstaunlicher zu sehen, wie in solchen Lagern, namentlich Manufaktur=
warenlagern, so vollständige Assortiments vorhanden sind, daß man
weit eher auf einen bedachten handelsmäßigen Nachkauf des Fehlen=
den, als auf die gelegentliche Ergänzung durch Diebstahl schließen
sollte. Aus Fabriken und Fabriklagern werden besonders in ganz un=
glaublicher Menge solche Diebslager begründet und ergänzt. Der
Handel der Schärfenspieler bietet sogar dem Kleinhandel eine sehr
ernstliche Konkurrenz, die in kleinen Binnenstädten, wo der ganze
Handel kaum mehr als Detailhandel ist, schwer empfunden wird.

Trotz der bunten Reichhaltigkeit der Schärfenspielerlager findet
man selten den ganzen Vorrat eines Schärfenspielers an einem Orte
vereinigt. Bei der Gefahr der Entdeckung gebietet die Klugheit, die
Vorräte zu verteilen, die oft in irgendeinem Privathause, in einer
nahen Ortschaft oder auf dem Lande, mit oder ohne Durchstecherei
des Vermieters, untergebracht sind. In den Gaunerherbergen sind
hinter Panälen, tapezierten Bretterwänden, zwischen den Zimmer=
decken, unter den Fußböden, unter den Steinen und Platten in Kel=
lern so versteckte Räumlichkeiten angebracht, daß nur ein sehr scharfes
geübtes Auge den geheimen Versteck auffinden kann. Nur durch
sehr genaue Untersuchung und Aufmerksamkeit können die heimli=
chen Zugänge zu solchen Gelassen entdeckt werden. Man muß sich
daran gewöhnen, niemals das Unscheinbarste für unerheblich und
nebensächlich zu halten, und es nicht von sich weisen, Nachforschungen
selbst zu leiten. Man wird jedesmal um einige Erfahrung reicher wer=
den und immer mehr begreifen lernen, daß die Belehrung nicht allein
am Verhörtisch gewonnen wird. Bei Recherchen in Kellern ist es oft
von Nutzen, Wasser auf den Fußboden zu gießen und an den Stellen,

wo die Fugen das Wasser einfangen und Luftblasen werfen, die Steine auszuheben, um den Zugang zu einer Kawure zu finden.

Auf dem Lande werden Scheunen, Heuschober, Kartoffelgruben usw. zu Niederlagen benutzt; ja sogar hohle Bäume, Fuchshöhlen und Dachsbaue dienen nicht selten zu einstweiligen Verwahrungsorten, die sogar die besondere Bezeichnung „die Lege" haben. Besonders arme und isoliert wohnende Bauern und Tagelöhner wissen die Gauner durch Versprechungen und Geschenke dahin zu bringen, daß sie sich zu Aufbewahrern gestohlener Sachen nur zu oft hergeben.

Bei diesem sorgfältigen Versteck hat dennoch der Schärfenspieler= verkehr und Umsatz eine unglaubliche unstete Beweglichkeit, die, aller strengen Unterdrückung und Verfolgung zum Trotz, gerade im Hau= sierhandel ihren reißenden Abfluß findet. Die Dorfjahrmärkte sind für den Schärfenspieler nur die Stationen, auf denen er mit dreister Sicherheit seine geschärften Waren unter dem Schein des ehrlichen erlaubten Verkaufes ausbietet. Hauptsächlich benutzt er aber die Jahr= märkte, um von einem zum anderen zu ziehen, und ganz vorzüglich unterwegs, allen Verboten, Siegeln und Plomben zum Trotz, aus seinen Warenpacken einen ergiebigen Handel, vor allem den Pisch= timhandel zu treiben, bei dem er an Genossen, Weib, Beischläferin und Kindern gewandte und beredte Unterstützung findet.

Aber nicht allein der eigene Hausierhandel und Vertrieb des Schär= fenspielers ist der hauptsächlichste Abfluß. Wie der Schärfenspieler die „handelnden" Gauner in sklavischer Abhängigkeit von sich zu halten weiß, so übt er auch gegen seine zahlreichen Abnehmer, gegen die er sich äußerlich als emsiger redlicher Handelsmann zu stellen weiß, und die seine verbrecherischen Verbindungen und Handlungen nur ahnen, nicht aber nachweisen können, eine scharfe Despotie, indem er sie durch Kredit von sich abhängig macht, bei dem er sich stets zu sichern und schadlos zu halten versteht, selbst auch wenn er durch Unglück oder Betrug eine Einbuße erleiden sollte. So sind es denn auch nicht im= mer Betrüger, die mit dem schweren Hausierpacken in Wind und Wetter heimlich von Dorf zu Dorf ziehen und ihre Ware feilbieten, sondern zum großen Teil die unglücklichen Leibeignen versteckter Ver= brecher, die, um Weib und Kind durchzubringen, sich zu dieser Skla= verei hergeben müssen, und um so elender daran sind, als bei dem

Mangel an augenblicklicher richtiger Unterscheidung der Schein, und somit auch die Verfolgung und Gefahr des Verbrechens, mindestens aber des schmutzigen und betrügerischen Schachers, auch auf sie fällt. Eines der ergreifendsten Beispiele dieser furchtbaren moralischen Gewalt bleibt die Verführung des armen fränkischen Leinwebers durch den Hundssattler 2). Empörend ist auch die Behandlung der Savoyarder Gipsfiguren- und Ratzifallenjungen durch ihre Herren, für die sie arbeiten, betteln, gelegentlich auch stehlen müssen.

Diese moralische Gewalt der Schärfenspieler ist so groß, daß sie selbst hinter jenem Schein vollen Schutz finden, wie groß und schwer der Verdacht auch immer gegen sie selbst sein mag. In wie vielen Fällen auch dieser Verdacht gegen bestimmte Personen gerechtfertigt erscheint, in so wenig Fällen darf doch der Polizeimann wagen, den Verdacht auszusprechen. Nur scharfe, lange und mühsame Beobachtungen können ihm nach und nach Gewißheit und Gelegenheit zum überraschenden Angriff auf den so schlau und sicher gedeckten Verbrecher geben. Die Beobachtung darf sich nicht irremachen lassen durch den Hinblick auf die Beweglichkeit der Schärfenspieler und auf die Behendigkeit der Verkehrsmittel, durch die der alte gaunerische Grundsatz, daß der Verbrecher am Orte des verübten Verbrechens sicherer ist als auf der Flucht, gerade nur noch mehr an Halt gewinnt.

Besteht ein Massematten aus einer größeren Menge oder aus leicht kenntlichen Gegenständen, so ist ein sofortiger Weitertransport nicht ratsam für den Gauner. Solche Gegenstände werden sofort an die Schärfenspieler am Orte der Tat, oder in dessen unmittelbarer Nähe hinterlegt oder verschärft. Der sofortige schnelle Transport auf den Eisenbahnen wird durch die erforderliche solide Verpackung, und durch die auf den Bahnhöfen konzentrierte scharfe polizeiliche Beobachtung verhindert, oder doch erschwert und gefährdet. Auch ist der Transport auf besonderen Fuhrwerken sehr bedenklich, da diese ebenfalls einer polizeilichen Kontrolle unterliegen und durch Nacht- und Torwachen, Zoll- und Akzisebeamten u. dergl. leicht angehalten werden können. Am Orte des Verbrechens selbst und in

2) Sammlung merkwürdiger Rechtsfälle. Nürnberg 1794, S. 222; A. G. Meißner, Skizzen. Karlsruhe 1792, 12. Band.

deſſen unmittelbarer Nähe iſt daher vorzüglich die Aufmerkſamkeit
der Behörden auf alle des Schärfenſpielens verdächtige Individuen
zu richten, während die dabei allerdings auch niemals zu vernach=
läſſigende raſche Benachrichtigung in die Ferne nur immer für den
Fall der Möglichkeit geboten iſt.

In ihrem eigentümlichen Weſen und Walten erſcheinen die Schär=
fenſpieler geradezu als die intellektuellen Urheber und Hehler der von
ihren gauneriſchen Verbündeten und Günſtlingen begangenen Dieb=
ſtähle.

Es iſt merkwürdig, wie auch dieſes Treiben der Schärfenſpieler
von der Gaunerſprache, die ſonſt für jede feine Abart gauneriſcher
Tätigkeit einen beſtimmten Kunſtausdruck hat, ebenſo kurz wie ſcharf
bezeichnet wird. Die Gaunerſprache hat für den Begriff Hehler, Tröd=
ler und Hauſierer nur den einen und ſelben Ausdruck Paſcher. Das
Wort Feling oder Felinger des Liber Vagatorum, das den Krämer
und Hauſierer bedeutet, iſt veraltet. Das allerdings auch vorkom=
mende Wort Kinjer, von Kinjenen 3), iſt keineswegs ausſchließlich der
Hehler, ſondern allgemein der Ankäufer, auch in gutem Glauben.
Das Wort Verkowerer, das bei Grolman unter der Beſchränkung
als Hehler vorkommt, iſt allgemein jeder, der etwas kawure legt.
Verkowerer ſtimmt ſprachlich mit Verkawwern, bekabern, von קָבַר
Grab, überein. Gleicher Abſtammung iſt Kober, Wirt 4) und Kobera,
Wirtshaus 5).

Aus dieſer Etymologie wird die Hehlerei der Schärfenſpieler erſt
recht deutlich, die danach keineswegs als bloße Depoſitare der Gau=
ner für einen geringen Anteil oder Gewinn an der Diebsbeute, ſon=
dern als handeltreibende Gauner erſcheinen, die ihre gewinnbringen=
den Einkäufe aus beſtellter und unbeſtellter Diebsbeute machen.
In ihrer Gewalt über die diebiſchen Genoſſen geben ſie nur ſelten,
und auch dann immer nur äußerſt geringen Vorſchuß für herzuge=
brachte unbeſtellte Ware; aber mit und ohne Vorſchuß iſt die einmal
in ihren Händen befindliche Ware ihnen als ihr Eigentum verfallen,
weshalb die Gauner denn auch viel lieber einen von jeneu bal=

3) Biſchoff, S. 48.
4) Waldheimer Wörterbuch.
5) Hildburghauſener Wörterverzeichnis.

dowerten und bestellten, vorher aber soweit möglich abgeschätzten und
bedungenen Massematten handeln. Vorzüglich bei den rheinischen
Räuberbanden fanden in solcher Weise ungeheuere Geschäfte und
Betrügereien statt, troß der entschiedenen Gewalt, die die Räuber
über alle, mit denen sie in Berührung traten, also auch über die
Schärfenspieler, erlangt hatten.

Der fahrende Trödel, der nichts anderes ist als Hausierhandel,
läßt sich mit denselben Mitteln unterdrücken, mit denen der Hausierhandel verfolgt und unterdrückt wird, soweit dies überhaupt möglich
ist. Einen argen Vorschub leistet aber den Schärfenspielern der feste
Plaßtrödel. So strenge fast alle deutschen Trödelordnungen sind,
nach denen die Trödler in paginierte und von Zeit zu Zeit durch die
Behörde nachgesehene Bücher jede angekaufte Sache in chronolo-
gischer Reihenfolge, mit Angabe des Verkäufers usw. eintragen
müssen, so ist es doch nicht möglich, von jedem einzelnen Ankauf
vollständige Rechenschaft zu erhalten. Selbst der ehrliche Trödler,
der vom Althandel leben und verdienen will, und die ihm billig angebotene Sache natürlich gern und stets in gutem Glauben und
häufig aus Mitleid mit der vom Verkäufer ihm dargestellten Not
kauft, ist überhaupt schon selten imstande, einen Gegenstand so genau zu beschreiben, daß er bei der, ohnehin immer zu spät und meistens schon nach dem Wiederverkauf vorgenommenen polizeilichen
Nachfrage als eine der Behörde verdächtige oder geradezu als gestohlen bezeichnete Sache zu erkennen und zur Stelle zu schaffen ist,
und wenn ihm Bedenken aufstoßen sollten, so ist und bleibt die
sichere Aussicht auf einen guten Verdienst immer eine Versuchung,
bei der er mindestens sich nicht bewogen fühlt, den Verkäufer auszu-
forschen und dadurch zu verscheuchen. Für den gewissenlosen Trödler
ist aber die Gelegenheit zur Umgehung des Gesetzes allzu verführe-
risch, so daß man geradezu verzweifeln muß, den unter allen Umständen bedenklichen Plaßtrödel praktisch so zu kontrollieren, wie das
Gesetz und die öffentliche Sicherheit das verlangt, wenn man nicht
den Plaßtrödel unter die unmittelbarste und strengste polizeiliche
Aufsicht stellt, oder auch für ihn den Leihhäusern entsprechende,
öffentliche Institute einrichtet.

Ungeachtet der Schärfenspieler die Freiheit des Bürgers zu kaufen

und zu verkaufen, was ihm beliebt, in der ausgedehntesten Weise
auszubeuten und somit die laxe Grenze zwischen dieser Freiheit und
dem berechtigten Gewerbe noch willkürlicher zu ziehen weiß, so sucht
er doch in dem gaunerprinzipmäßigen Streben nach einem Versteck
hinter irgendeiner bestimmten Gewerbeform auf das eifrigste da=
nach, irgendeine solche bürgerliche Gewerbekonzession zu gewinnen,
zu deren Pflichten und Lasten er dann mit dem äußeren zur Schau
getragenen Schein strenger Redlichkeit sich gerne bequemt. Der als
Trödler verkappte Schärfenspieler zeigt unerbittlich den armen Bau=
arbeiter an, der ihm alte, aus Bauschutt herausgesammelte Nägel
zum Verkauf anbietet, damit er nur seinem gaunerischen Verbün=
deten desto unverdächtiger das gestohlene Silber= oder Hausgerät
abkaufen kann.

Keine gewerbliche Form ist aber dem Schärfenspieler günstiger
und genehmer, als das Leihen auf Pfänder 6), weil hier die persön=
liche Beziehung des Pfandleihers zum Diebe, der eine gestohlene
Sache versetzt, namentlich wenn der Versatz durch dritte Hand ge=
schieht, leicht verdeckt, oder wenigstens nicht leicht nachgewiesen wer=
den kann, und weil der Pfandleiher bei einer erwiesenermaßen ge=
stohlenen Sache und bei seiner hartnäckig behaupteten Unwissenheit
über diese Eigenschaft der Sache meistens nur den Pfandschilling
auf die gestohlene Sache wagt, der bei der Gefahr des Diebes, der
selten an eine wirkliche Einlösung denkt, sondern den Pfandschilling
meistens schon als Kaufschilling hinnimmt, und bei der Vorsicht des
Pfandleihers immer nur gering und gegen den anderweitigen außer=
ordentlichen Gewinn des Pfandleihers leicht zu verschmerzen ist.

Die Entdeckung einer gestohlenen Sache auf einem so bunten
Lager, auf dem der Pfandleiher die gestohlenen Sachen geschickt zu
verstecken weiß, ist außerordentlich schwer. Der Pfandleiher, der
durch die Rundschreiben der Polizeibehörde regelmäßig und sofort in
Kenntnis von einzelnen Diebstählen gesetzt wird, findet gerade aus

---

6) Das Pfand: Maschkon (משכון‎), er hat gewohnt. Davon Maschkonoß
jaschwenen und verjaschwenen (von ישב‎ [joschaw], er hat gesessen), sitzen,
setzen, setzen lassen, vom Pfandnehmer und =geber, auf Pfand leihen. Ebenso
maschkenen, Pfand nehmen und geben, aber auch pfänden, auspfänden. Masch=
tonbajis, das Pfandhaus. Maschkonkeim, der Pfandnehmer.

Schinderhannes († 1803)

mit seiner geliebten Julie Blasius († 1851) und
seinem Söhnchen (geb. 1802). Das Kind, Franz
Wilhelms genannt, wurde österreichischer Unter-
offizier. Wilhelms Sohn starb 1889 als Schneider-
meister in einem oberschlesischen Dorf.

Kupferstich aus dem Jahre 1803 im Germ. Museum
in Nürnberg.

der genauen Beschreibung der einzelnen Gegenstände die Sachen heraus, die er gekauft und zu verbergen hat, und weiß nun immer geschickt ähnliche Gegenstände vorzuschieben und damit seine Bereitwilligkeit und Ehrlichkeit darzutun, während die gestohlenen Sachen im sichersten Versteck liegen. In der Buchführung ist ebensowenig wie bei den Tröblern die Aufsicht so zu führen, wie das Gesetz es verlangt. Der Erfolg hat gezeigt, daß sogar die öffentlichen Staatsleihhäuser für den Dieb eine sichere und gute Gelegenheit sind, seine gestohlenen Sachen durch Versatz zu verwerten, ungeachtet der mit der Polizei eng verbundenen Beamten, die als Staatsbeamte mit der möglichsten Aufmerksamkeit und Vorsicht zu Werke gehen. Dadurch ist aber der schlagendste Beweis gegeben, wie schwer eine vollkommen ausreichende Aufsicht zu führen ist.

Neunzigstes Kapitel

Der Jntippel und die Spieße

Schon in Kapitel dreiundvierzig beim Schränken ist bemerkt worden, daß der Ort, wohin sich die Schränker nach gehandelten Massematten begeben, um Cheluke zu halten, der Jntippel genannt wird. Der Jntippel ist immer die Behausung platter Leute, daher auch immer die Behausung eines Gauners oder Gaunerwirtes, der regelmäßig auch Schärfenspieler ist, somit das erste Anrecht zum Schärfen der Massematten hat, und dies Recht gegen die gänzlich in feine Hand gegebenen Gauner in drückender und despotischer Weise geltend macht. Treffend wird der Begriff des Gaunerwirtes durch das Wort Spieß ausgedrückt, das, eine Verkürzung vom jüdisch-deutschen אושפיזא (Oschpis oder Ospeß, auch Hoschpes), offenbar das lateinische hospes ist und, wie dieses, die freiwillig gebotene Gastfreundschaft bezeichnet. Nur im ausdrücklichen Gegensatz von nichtgaunerischen Wirten wird Spieß zu den Wörtern Kochemerspieß, Cheffenspieß, Femininum: Kochemer- oder Cheffenspiste zusammengesetzt; auch sind für die Kinder der Wirte, wie aber auch für alle Gaunerkinder, die Ausdrücke Kochemerschekez und Kochemerschickse (von שקץ [schekez], der Christenknabe und schickzo und schickfel, das Christenmädchen) ge-

bräuchlich, die aber meistens zu Schekez und Schickse vereinfacht
werden.

Die Behausung des Spieß wird im Jüdisch-Deutschen Oschpiso
baiß (von בַּיִת, bais, Haus; oder Oschpisa), gaunerisch kurzweg
Spieße genannt. Zur bestimmten Bezeichnung wird Kochemerspieße
und Chessenspieße, wie Kochemerbajiß, Kochemerkitt und Chessenkitt
gebraucht. Auch ist besonders in Süddeutschland noch der Ausdruck
Chessenfinkel üblich. In gleicher Bedeutung und Zusammensetzung
wie Spieße, wird auch Penne (von פָּנָה [pono], sich wenden, einkehren) gebraucht, wovon das verdorbene Finne und Finchen, kleines
Behältnis, Krug, Glas, und Lesfinne, die Ladenkasse, sowie das niederdeutsche Pinn für Herberge, Verkehr, besonders Gaunerverkehr.
Ebenfalls nur zur bestimmteren Bezeichnung dient die Komposition
Chessenpenne, Kochemerpenne. Für das Einkehren in die Penne oder
Spieße wird auch noch das Zeitwort pennen gebraucht, das dann auch
schlafen bedeutet.

Allgemeine Ausdrücke für Wirtshaus ohne besonderen Bezug auf
Gaunerverkehr sind: Aules (in analoger Derivation wie Penne von
pino, abzuleiten von עָלָה [olo], aufsteigen, hinaufziehen), Krug,
Krugwirtschaft, Wirtshaus. Ferner Schwäche, Schwächaules,
Schwächkitt (von שָׂבַע [sowa] und שָׂבֵעַ [sowea], satt werden,
sich sättigen mit Speise und Trank), das Wirtshaus, wovon
Schwächer, der Wirt; schwächerlich, durstig; Schwächfinchen,
Schwächbecher, das Trinkgeschirr, Trinkbecher. Endlich Schöcherkitt
(von שָׁכַר schochar, trinken), das Krughaus, besonders Bierhaus,
Weinhaus, wovon schöchern trinken; Schöcher, der Wirt, Bierwirt;
Schechor, starkes Getränk, besonders Bier; schikker, betrunken, der
Säufer; Schikkoron, die Trunkenheit, und Schächerschurrig, Trink-
geschirr aller Art, Glas, Tasse, Kanne, Flasche.

Je sicherer der Versteck in den Spießen oder Pennen ist, desto
freier waltet das Gaunertum darin. Den Zwang und Bann, den
ihm sein Verkehr im bürgerlichen Leben auferlegt hat, wirft der Gauner hier wie eine schwere Last von sich: Hier ist er bloß der physische
Mensch, der den Genuß wie eine Rache gegen jenen Zwang sucht,
und vom Vergnügen, statt des Reizes, nur das mechanische Begäng-
nis hat, in dem selbst die wildeste Leidenschaft, ja sogar die körper-

liche Exiſtenz erſchöpft und ruiniert wird. Auch die Wolluſt iſt hier
nur Tatſache, ohne die geringſten Flitter der Illuſion, ohne den ge=
ringſten Reiz des Geheimniſſes und der Scham, ohne eine andere
Vergeltung als den verworfenſten Hohn und Spott, der den Genuß
mit einer Flut der gemeinſten Ausdrücke zu brandmarken, und dazu
die Anzahl nichtswürdiger Spitz= und Ekelnamen zu erfinden weiß,
die wie Schmutz hinter jedes Individuum hergeworfen werden.
Schon die älteſten Gaunerliſten geben von ihnen Ausweis.

Bemerkenswert iſt, daß die älteſten Bezeichnungen der Proſtitution,
die im Liber Vagatorum verzeichnet ſind, meiſtens deutſchen Stam=
mes, zum Teil in die Volksſprache übergegangen und noch jetzt im
Gebrauch ſind, weshalb ſie in ſprachlicher Hinſicht Intereſſe haben.
Während die hochdeutſche Sprache zu jener Zeit für den Begriff des
scortum kaum einen anderen Ausdruck hatte als den der „gemeinen
Frawe" oder „gemeinen Tochter", „Amye", „Frūne", „fahrende Fra=
we" oder „Tochter", und beziehungsweise „Kebsweib" (Keb, Käbe,
Kebe, Kebs, Käbs), von cava, gleich der fornix der römiſchen
Dirnen1) —, weiſt ſchon die älteſte Gaunerſprache eine beträchtliche
Zahl frivoler Ausdrücke auf. So findet ſich im Liber Vagatorum
Schref (Schrefenbos) vom niederdeutſchen ſchreep, Streif, Strich,
wovon die noch heute gängige Redensart: ut de Schreef gan, aus
dem Strich (der Schranke) gehen, über die Schunr hauen, wofür auf
den Strich gehen, liederlich umherſtreifen, gebraucht wird. Eine ähn=
liche Etymologie hat Glyde, Gliede (Gliedenſetzer), nicht ſowohl von
geleiten, als vom niederdeutſchen glyden (glyen, glibberen, gleiten,
rutſchen, fahren [vagari]). Der ſpätere Ausdruck Glunde iſt vom
mittelhochdeutſchen Klunte, Klunſe, auch Glunz2) (rima, apertura,
fissura) abzuleiten, wovon Klünſen (rimas agere, deflorare), und ent=
ſpricht vollſtändig dem hebräiſchen נָקַף (nakaf), perforavit, wo=
von נֶקֶף (nekef), incisio, rima, und נְקֵבָה (nekewa), Frau,
im Gegenſatz von Mann; wovon wieder die jüdiſch=deutſche Bezeich=

1) Das iſt nicht richtig. Über welche reiche Auswahl an Dirnenbezeichnungen die
Vorzeit gebot, darüber ſiehe mein Buch „Die Dirne und ihr Anhang in der deut=
ſchen Vergangenheit", Berlin=Charlottenburg, S 301, und Prof Dr. L. Günther in
der „Anthropophyteia."
2) Stieler, S. 966 und 989; Schottelius, S. 1327.

nung Nekefe und Nekeife für Dirne hergeleitet ist. Das Wort Sonne (Sonnenboß) ist hebräischen Ursprungs. Andere spätere Ausdrücke haben sich ganz zu allgemeinen Volksausdrücken gebildet, wie z. B. dat Strick, niederdeutsch wohl von stricken (vagari), liederliche Gaffen= dirne, ähnlich wie die Glyden des Liber Vagatorum. Ferner Strunze, von strunzen (discurrere, vagari, concurrere), niederdeutsch strunt, nichtswürdig, schmutzig. Nickel (von nicken), niederdeutsch Füllen, junges Schwein, liederliche Dirne; auch Nuckel und Nucke. Ebenso findet sich die Zusammensetzung Struntnickel als gemeinstes Schimpf= wort für die umherlaufende liederliche Dirne (französisch: pierreuse). Das neuere Dappeln (scortari), Dappelschickse (meretrix), ist, wie Tip= peln, Tippen und Intippeln, von טַם oder טָפַם herzuleiten.

Im Jüdisch=Deutschen sind die gebräuchlichsten Worte: Sone, Sonne, Saune, זוֹנָה (meretrix), von זָנַח (fono), buhlen, hinter jemanden herlaufen (von Senuß und Snuß), die Prostitution; Roesonos, der Dirnenjäger; und Senuß treiben, mit Dirnen umher= treiben. Chonte, Konkubine, Mätresse, wohl von חָנָה (chono), sich beugen, niederlassen, lieben. Kdescho, Femininum von קָרַש (kodesch) 3), puer mollis (von der Prostitution der Knaben und Mädchen bei dem Götzendienst der Aramäer, besonders bei dem Dienste der Astarte), beschimpfender Ausdruck für die Prostituierte. Ebenso zur Bezeichnung der sittlichen und körperlichen Unreinigkeit Nide, Nidde, von נָרַה, die Unreinigkeit des Blutes, Menstruation, Abscheulich= keit, wovon das gemeinste gaunerische Schimpfwort Mamser ben hanide, verdorben: Mamserbenidde oder Mamserbenette 4). Ähnlich Tmea, von טָמֵא (tome), körperlich und moralisch unrein sein, wegwerfender Ausdruck für die niedrigste Dirne. Endlich noch Nafke, von נָפַל (nafal), abfallen (davon Nefel und Nefelche, ein vor= zeitig geborenes Kind, Abortus), die gemeinste, verworfenste Prosti= tuierte, wovon naffenen, scortari.

3) Kodesch ist in der jüdischen Gaunersprache besonders der Kuppler, der lieder= liche, moralisch verkommene Mensch, dem Mamser entsprechend. Kedeschos, lieder= liche Metze, ist die absichtliche höhnische Verwechslung mit Kedoschos, die Heilige ehrsame Frau und Jungfrau.

4) מַמְזֵר (Mamser) ist der Bastard, aber auch eine gemeine, verschmitzte, hin= terlistige Person. Mamser ben hanide ist der während der Menstruation erzeugte Bastard.

Für Bordell hat die alte Gaunersprache an Worten deutschen Stammes Kandich und Strom, ersteres wahrscheinlich von Kante, kantig, von der Lage der Freudenhäuser an den Enden oder Kanten der Städte, jenes von strömen, Strömer, vagari, vagabundus. Mit dem jüdisch=deutschen Beth und Bos, Haus, zusammengesetzt hat der Liber Vagatorum Gliedenbeth (bos), Sonnebeth (bos), Schrefen= beth (bos). Spezifisch jüdisch=deutsch ist קובה, Kübbe oder Kanwo.

Außerdem wird im Jüdisch=Deutschen der Ausdruck Beſtifle (von תָּפֵל [tofel], ungesalzen, ungereimt, töricht; Schofelbajis, von שָׁפֵל [schofel], niedrig, gemein) und Beskarge gebraucht.

Die Penne oder Spieße iſt die Vereinigung alles moraliſchen Elends, aller maßlosen Inſtinkte. Spiel, Orgien, Buhlerei, Säuferei, Erzählungen verworfener Abenteuer und Händel, Teilung und Ver= ſchärfung der Diebsbeute, Entwürfe neuer Pläne, Zänkereien, Ge= walttaten und Raufereien wechseln in den dumpfen, verqualmten, verſteckten Räumen miteinander ab. Die wilden Leidenſchaften drängen ſich, wie nach einer inneren Notwendigkeit, zuſammen auf dem Ruin aller Sitte und Zucht, ſo daß ſie ſich mit tödlicher Gewalt in die eine Richtung — zur Vernichtung der phyſiſchen Exiſtenz — vereinigt zu haben ſcheinen. Wer es nicht von ſich gewiesen hat, mit perſönlicher Gefahr das Elend auch in ſeiner Wiege und Schule auf= zuſuchen, wird Bilder gefunden haben, bei deren Anblick er den Tod als den glücklichſten Wechsel menſchlichen Elends preiſen lernen mußte.

Die Proſtitution in den Pennen beſchränkt ſich aber nicht auf die Cheſſen allein, die „die Spieße mahane ſind", ſie hat auch ihren gefährlichen Auslauf aus den Pennen direkt in die bürgerliche Ge= ſellſchaft, wo ſie durch Betrug und körperliche Anſteckung grauen= hafte Verwüſtungen anrichtet. Die Dappelſchickſen ſuchen beſonders junge Leute auf abendlichen Gäugen in die abgelegene Behauſung platter Lente zu locken und ſich im geheimſten Verſteck preiszugeben, wobei, wenn nicht ein Taſchendiebſtahl ausgeführt wird, doch der Inhaber des Abſteigequartiers oder der erſte beſte Beiſchläfer der Dappelſchickſe als beleidigter Ehemann auftritt, dem überraſchten Gefangenen eine Geldbuße auflegt und ihn, oft unter ſchweren Miß= handlungen, ausplündert. Nur ſelten hat ein in ſolcher Weiſe gemiß=

handelter und beraubter junger Mensch Erinnerung und Mut genug, Tat, Täter und Behausung nachzuweisen.

Kann man auch solche geheime Räubereien als vereinzelt und nur vom jedesmaligen Gelingen abhängig bezeichnen, so ist doch die mit dieser geheimen Prostitution verbundene Gefahr der syphilitischen Ansteckung sehr groß, und desto bedenklicher, da der Infizierte den Ansteckungsherd nur selten nachzuweisen weiß oder wagt. Alle sanitätspolizeiliche Aufsicht und Strenge in den konzessionierten Bordellen ist überall da hinfällig gemacht, wo nicht die strengste Aufsicht und Ausrottung des sogenannten Striches gelingt. Die Syphilis wird bei weitem mehr in die Bordelle getragen, als aus ihnen heraus.

So verderblich nun auch die geheime Prostitution auf die bürgerliche Gesellschaft einwirkt, so hat doch die zugelassene Prostitution, die in eine, freilich nur sehr trügerische, äußere Schranke gebannt ist, ebenso gefährliche Folgen.

Die Bordellwirtschaft ist unbedingt als ein untrennbarer Industriezweig des Gaunertums anzusehen.

Die Bordellwirte treiben unter den Augen der „Sittenpolizei" einen lohnenden Erwerb, der sich vom Sklavenhandel kaum unterscheidet, und für dessen Zufuhr Kuppler, Kommissionäre, Makler, Verschickfrauen und Reisende mit den infamsten, meistens von den Wirten angegebenen und bezahlten Kniffen und Künsten sorgen.

So habe ich in einer Untersuchung beiläufig die Entdeckung gemacht, daß ein vom Bordellwirt zum Dirnenwerber gewordener Ehemann aus einer benachbarten großen Stadt seine seit neun Jahren mit ihm verheiratete Frau mit falschem Namen und gefälschten Legitimationen als Bordelldirne bei einem hiesigen Freudenhauswirt untergebracht hatte. Er hatte dabei dem Wirt eine beträchtliche Geldsumme als angebliche Schulden der Frau im vorigen Bordell abgeschwindelt und wenige Wochen später seine Schwägerin mit dem gleichen Betrug in demselben Bordell untergebracht.

Die Verworfenheit der Prostitution liegt viel mehr in ihrer künstlichen Beförderung, als in der Preisgebung selbst, bei der doch immer die Gewalt irgendeiner menschlichen Leidenschaft zugrunde liegt, während jene nur mit kalter Berechnung vorgeht. Bei aller Sinnlichkeit, Täuschung, Leichtfertigkeit, Verführung und Not, die ein

weibliches Geschöpf in das Bordell geführt hat, läßt sich doch noch
ein Ziel und Ende hoffen: alles scheitert aber an der materiellen Not
und Abhängigkeit, in der die Bordellwirte ihre Opfer, aller polizei=
lichen Aufsicht zum Trotz, zu halten wissen. Nach dem geheimen
Gewerbskartell, in dem die Bordellwirte miteinander stehen, ist die
Aufnahme einer Dirne nichts anderes als ein unter dem Namen der
Auslösung bestehender Kauf, bei dem wirklich, oder nur dem Scheine
nach, die sogenannten Schulden einer Dirne bezahlt werden, die ent=
weder gar nicht oder doch nicht in solcher Höhe vorhanden sind. Nicht
allein ein ungeheueres wöchentliches Kostgeld, nicht allein dreiund=
dreißig bis fünfzig Prozent vom verdienten Lustsolde, nicht allein
eine unglaubliche Summe für Wäsche und Bedienung, eine schmäh=
liche Miete für das Umhängen des vom Wirte abzuborgenden klap=
perigen Schmucks, und eine Menge Geschenke, die bei den vielen ge=
suchten Gelegenheiten dem Wirte geopfert werden müssen, hat das
Bordellmädchen aufzubringen. Das Schlimmste ist die künstliche
Kreditlosigkeit, in der die Dirnen gehalten, und bei der sie gezwun=
gen werden, alle gewöhnlichen Bedürfnisse von dem Wirte zu kau=
fen, der sich den billigsten Plunder oft mit dem zehn= und zwanzig=
fachen Preise bezahlen läßt, wobei er häufig geschärfte, verpfändete
und an Zahlungs Statt angenommene Sachen anbringt. Unglaublich
groß ist der Wert der Kolonial=, besonders aber der Manufaktur=
und Luxuswaren, die von knappgehaltenen jungen, leichtfertigen Ge=
hilfen aus den Lagern ihrer Chefs unterschlagen und in die Bor=
delle getragen werden, wo sie zum größten Teil nicht einmal den
damit beschenkten Dirnen, sondern dem Wirte zugute kommen. Fast
ebenso groß ist die Menge von Pfändern, die leichtsinnigen oder an=
getrunkenen Gästen trotz aller Verbote abgenommen, oder von son=
stigen Gegenständen aller Art, die als „Fund" aufgehoben und ver=
hehlt werden.

Die reiche Gaunersprache, die für jede ihrer Branchen wenigstens
eine Bezeichnung aufzuweisen hat, ist nicht ohne Bedeutsamkeit so
karg mit der Bezeichnung des Begriffs Bordell, und bezeichnet mit
dem allgemeinen Ausdruck Penne oder Spieße treffend den Knoten=
punkt der ganzen verworfenen wuchernden Lebensregung des Gauner=
tums. Die Geschichte der Bordelle, namentlich zur Zeit der rheini=

schen und aller späteren Räuberbanden, die Flüche der größten Räuber vom Schafott herab gegen die Bordelle als Herd ihrer Verbrechen und erste Stufe zum Galgen, die immer wieder auftauchende Entdeckung diebischen Verkehrs in den Bordellen, alles das muß die unglückliche, selbstgenügsame Ansicht herabstimmen, daß mit der bestehenden, oft mit so eitlem, selbstgefälligem, großstädtischem Glanz und Gepräge überzogenen Sanitäts= und sogenannten „Sittenpolizei" in den Bordellen irgend etwas Ausreichendes getan sei. Vielmehr tritt die Notwendigkeit mit ganzer, gewaltiger, ernster Mahnung hervor, daß durchaus eine bei weitem tiefer und schärfer eingreifende Aufsicht über das gesamte Bordellwesen eingeführt werden muß. Die kunstvolle und scharfe Fremdenpolizei und ihre breite Gesetz= gebung ist so lange eine Anomalie, als sie den Gastwirt und Haus= wirt zwingt, den aufgenommenen Fremden oder Verwandten und nahen Freund bei der Polizei zu melden, während sie dabei den Bor= dellwirt, in dessen Hause der Verbrecher in ungestörter Ruhe schläft, von der Meldung befreit. Das leider einmal als schmähliche Not= wendigkeit angenommene Übel muß aber auch mindestens als Übel erkannt und strenge in den Grenzen der so angenommenen Not= wendigkeit gehalten und behandelt werden. Auch muß das Übel und sein Walten in allen seinen Formen und Konsequenzen mindestens demjenigen bekannt sein, der das Übel überwachen soll, nicht allein dem Wirt und der Dirne, die das Unheil repräsentieren und aus= beuten, und bei ihren wöchentlichen Abrechnungen mit großer Ge= nauigkeit jeden Gast nennen und den Betrag seiner Zahlung gegen= einander aufrechnen können. Die Bereitschaft der Wirte vor der Behörde, sei es infolge von Streitigkeiten oder infolge einer strengen Auf= forderung, ihre geheimen Listen vorzulegen, hat schon manche große Überraschung bereitet, und endlich doch überzeugt, daß gerade in den Bordellen die allergeringste Verschwiegenheit waltet, an die der ver= hüllte Gast so sicher glaubte. Für den erfahrenen Polizeimann, der in den Bordellen mehr als den bloßen Herd der Liederlichkeit findet, muß daher endlich die bisher geübte, ohnehin bei der ganzen be= stehenden Bordelleinrichtung, und namentlich bei der herrschenden leichtfertigen Nachsicht der ganzen modernen materiellen Richtung gar keine Geltung mehr habende, bis zur Erniedrigung gefällige und

servile Diskretion von feilen der Polizei als eine arge Schwäche erscheinen, und sich dagegen die Notwendigkeit einer ganz anderen Einrichtung und Kontrolle der Bordelle aufdrängen, um das leider ge-
duldete Übel in fester Beschränkung und Bändigung zu halten.

Eine schändliche, schon lange zum förmlichen Gaunergewerbe gewordene, mit der Prostitution, namentlich der geheimen, eng verbundene Erpressung ist das Bilbulmelochnen oder Bilbulmachen (vom
hebräischen בלל [bolal], vermengen, verwirren), die alte Industrie der Bilträgerinnen des Liber Vagatorum 5). Es ist die Geltendmachung von Ansprüchen auf Abfindungen oder Alimentation
angeblich geschwängerter Dappelschicksen, die Ansprüche, besonders im
Einverständnis mit kupplerischen, unter dem Namen von Bevoll-
mächtigten, Vormündern oder Verwandten auftretenden Gaunern,
an verheiratete oder solche junge Männer gemacht werden, die es am
meisten scheuen, wegen geheimer Ausschweifung vor Gericht oder
der Öffentlichkeit bloßgestellt zu werden. Diese Finanzspekulation
wird in größeren Handelsstädten, wo viele reiche Kaufleute wohnen,
in der frechsten Weise ausgeübt, indem die Bilbulmacher unter dem
Erbieten zu diskreter und billiger außergerichtlicher Abmachung sich
heimlich und gleichzeitig von mehreren eine oft nicht unbeträchtliche
Summe bezahlen lassen, und somit aus der wirklichen oder angeblichen Schwangerschaft einer liederlichen Person ein wahres Aktien-
geschäft zu machen wissen, dessen Gewinn sie mit den Dappelschicksen
teilen. Beispiele der Art kommen in unglaublicher Menge vor; ja,
sehr oft wird, wenn das Geld vertan ist, ein neuer Anlauf bei denselben Personen, sogar zum dritten, vierten Male genommen, und
zuletzt doch noch wirklich der Bilbul vor Gericht angefangen auf
Alimentation irgendeines, wenn auch unterschobenen Kindes.

Dieser verwegenen Gaunerei, durch die eine einzige Ausschweifung
oder Untreue oft allzuhart gestraft wird, ist sehr schwer durch die
Gesetzgebung entgegenzutreten, da über den Wert von Rechtsan-
sprüchen nicht eher als nach beendigtem Rechtsverfahren entschieden,
und die Bloßstellung des Beklagten vor und mitten im Verfahren
nicht vermieden, ja sogar nicht einmal bei einem absolutorischen Ab-

---

5) Kapitel 18. „Biltregerin, das sind die frawen, die binden alte wammes od
Bletz oder Küssen ober den leib vnder die Cleider...."

spruch völlig ausgeglichen werden kann, indem bei der Klage immer in gewisser Weise der Satz Geltung behält: Audacter calumniando, semper aliquid haeret. Nur eine scharfe polizeiliche Kontrolle, das Verbot und die unnachsichtige Bestrafung aller Ehebevollmächtigten, gleich der Kuppelei und Erpressung, vermag der frechen Gaunerei wenn nicht allen, doch einigen Eintrag zu tun.

Man sieht, wie alle Elemente und Verbrechen, die ebensowohl im geheimen die sittlichen Grundlagen des sozialpolitischen Lebens erschüttern, wie auch offene, direkte, verwegene, zerstörende Angriffe auf dies Leben machen, in eine einzige große Masse vereinigt und wie ein fauler giftiger Kern von der harten undurchdringlichen Schale der höllischen Spießen oder Pennen umgeben sind. Man werfe einen Blick auf die deutsche Kriminalgesetzgebung, in der, wie kaum in einer anderen Wissenschaft, die ganze redliche deutsche Tiefe und der rastlos weiterstrebende deutsche Fleiß sich so herrlich offenbart: wie viel inneren Grund hatte diese Gesetzgebung, dem ursprünglich sehr beschränkten Begriff der Hehlerei eine immer weitere Ausdehnung zu geben, und endlich die strengsten Strafbestimmungen dafür festzusetzen. In dieser nach und nach immer weiter geratenen Ausdehnung des Begriffes und Strafmaßes der Hehlerei sieht man auch die Steigerung und Verbreitung der gaunerischen Kunst ausgesprochen, aber auch zugleich die Vergeblichkeit alles psychologischen Gesetzzwanges dargelegt, wo die Polizei in Geschick und Mitteln zur Entdeckung der Hehlerei zurückgeblieben ist. Gerade vor diesem düsteren Herde, auf dem das ganze Gaunertum sich sammelt, und von dem aus das Gaunertum sich mit dem gesamten öffentlichen Leben verbindet, um es zu beherrschen und zu vergiften, gilt es vorzüglich, die konkrete Individualität hinter ihrer Erscheinung und ihrem Versteck zu erkennen und dazu die Polizei durch tüchtige Ausbildung befähigter und gewandter zu machen.

D. Die Paralyse des Gaunertums

Einundneunzigstes Kapitel

Die französisch-deutsche Polizei

Somit erblickt man das Gaunertum als ein am siechenden Körper des Bürgertums haftendes Übel, das feine Wurzeln tief in die offenen Wunden geschlagen hat und den ganzen Körper zu entkräften droht, wenn nicht die helfende Hand des Arztes bald hinzutritt und das Übel gründlich zu heilen anfängt. Je eingewurzelter das Übel ist, desto schärfer und gefährlicher ist es selbst, und wiederum desto hinfälliger und empfindlicher ist der kränkelnde Körper geworden, der die von wohlmeinender, leider aber oft ungeschickter Hand geführte schmerzhafte Sonde schon nicht mehr dulden mag.

Die Abneigung des Bürgertums gegen die heutige Polizei ist zu entschieden ausgesprochen, als daß sie abgeleugnet oder übersehen werden könnte. Je mehr aber das deutsche Bürgertum troß so vieler und harter Prüfungen die alte kräftige deutsche Volksnatur in sich bewahrt hat, je würdiger und bedürftiger des Schutzes es gegen das an feinem inneren Marke zehrende gewerbliche Verbrechen ist, und je mehr dagegen die Polizei des neunzehnten Jahrhunderts in Rückstand geraten ist, desto mehr lohnt es, einen kurzen Blick auf die Ursachen zurückzutun, die der Entwicklung einer, dem deutschen Wesen entsprechenden Polizei im Wege standen, und die auffallende Erscheinung erklären, daß gleichzeitig mit der neubegonnenen tieferen philosophischen Behandlung des deutschen Strafrechts zu Anfang des neunzehnten Jahrhunderts ein fremdartiges Polizeisystem in Deutschland aufzukommen versuchen konnte, das dem deutschen Wesen durchaus abhold ist und sich niemals mit ihm verständigen wird. Diese Ursachen liegen schon in den Bewegungen des mittelalterlichen Lehnstaates, die die Verschiedenartigkeit und den Gegensaß des ro-

17*

manisch=französischen und germanisch=deutschen Elements recht deut=
lich zutage treten lassen.

Zweiundneunzigstes Kapitel

Der Widerspruch zwischen der französischen Polizeigewalt und dem Volke

Wenn man mit prüfendem Blicke durch den Glanz, mit dem die
französische Polizei sich zu umgeben weiß, in das Wesen dieser Poli=
zei tiefer eindringt, so findet man, daß in der Geschichte dieser Behörde
das Volk nirgend ein zur Polizei tätig mitwirkender Faktor gewesen
ist. Man findet vielmehr das Volk beständig in einen unnatürlichen
scharfen Gegensatz zu der Polizei gestellt, der nicht nur die natur=
gemäße Entwicklung beider Teile gehemmt, sondern auch beide in
einem fortdauernden gegenseitigen offenen Widerstand und Kampf
gehalten hat, dessen Folgen für beide Parteien von gleich schädlicher
Wirkung gewesen sind.

Noch ehe die französische Polizei durch Ludwig XIV. ihre abso=
lutistische Form erhielt, war sie schon die mehrhundertjährige Ge=
schichte und Folge eines politischen Mißgriffs, durch den Frankreich
ein für allemal seine Einsetzung als Land der Politik und Revolution
bekommen hat. Als nämlich zu Ende des elften Jahrhunderts in ganz
Frankreich die öffentliche Ordnung und Sicherheit gerade durch die
königlichen Beamten selbst und durch den straßenräuberischen Lehns=
adel auf das äußerste gefährdet war, und es kaum möglich schien,
der Gewalt der weltlichen und geistlichen Herren Einhalt zu tun, ließ
der schon seit 1092 zum Mitkönige ernannte Ludwig VI. durch seine
Bischöfe und Pfarrer die bürgerlichen, nach Kirchsprengeln eingeteil=
ten Gemeinden zu den Waffen gegen den übermächtigen und un=
bändigen Adel rufen, und bekämpfte den räuberischen Lehnsadel mit
dieser ersten eigentlichen Landwehr, die mit freudiger Bereitwilligkeit
gegen ihre bisherigen Unterdrücker auftrat 1). Zum Lohne dafür ver=
lieh der König diesen Gemeinden das königliche Privilegium der
bürgerlichen Gemeinheit, die communia, die im Grunde kaum ein

1) Hüllmann, Städtewesen III, S. 8 ff.

Privilegium genannt zu werden verdiente, wenn sie nicht die Auf=
hebung aller willkürlichen grundherrlichen Geldforderungen und die
Ablösung der drückenden Verbindlichkeiten, namentlich der Burg=
fronbienste, des Sterbefalles, der Zwangsheiraten usw. zur Folge
gehabt hätte. Um diesen Preis gewannen die Könige die Unmittel=
barkeit der Städte und die volle Reichshoheit über die großen un=
mittelbaren Reichslehnsgebiete, und zwar so bald und so entschieden,
daß unter anderem schon im Jahre 1183 der Herzog Hugo von Bur=
gund für die Bürger von Dijon die Gemeinheit vom Könige erbat
und zugesprochen erhielt.

Die gegenseitige üble Täuschung offenbarte sich aber sehr bald.
Mit den Waffen in der Hand, war auch dem großen Haufen Ge=
legenheit zur eigenmächtigen Selbsthilfe, Gewalttat und zum Auf=
ruhr gegeben. Die blutigen mörderischen Aufstände gegen den Bischof
Waldrich von Laon, gegen den Grafen von Amiens, die Aufstände
zu Rheims und Sens, und viele andere Meutereien der Art gaben
bald ein lautes Zengnis von dem wesentlich durch Vernichtung des
Adels heraufbeschworenen Geiste. Der rohen Masse fehlte bei dem
Wegfall der Adelsmacht die vermittelnde Verbindung mit dem
Königtum. In der unmittelbaren Berührung der Volksmasse mit
dem Königtum bildeten sich beide Faktoren zum Gegensatze aus 2).
Das Volk mit den Waffen in der Hand war sich seiner physischen
Übermacht als Masse bewußt geworden, und somit war die Ordnung
verfallen, der innere Friede gestört. Mit unerhörter Frechheit hau=
sten sowohl auf dem Laube als auch in den Städten mächtige
Räuberbanden, so die sogenannten dreißigtausend Teufel, die fünf=
zehntausend Teufel, die Wegelagerer, die Menschenschinder usw., zum
großen Teil unter Führung von Hauptleuten aus dem ersten Adel
des Landes, wie z. B. Jourdain Dufaiti um 1325, der mitten in
Paris ungestraft mit seiner Bande die frechsten Verbrechen beging
und die wildesten Orgien in seinem Hotel mit seinen Spießgesellen

2) Die Ansicht A. L.s läßt sich in keiner Weise aufrecht halten. Würde er statt
seiner langatmigen gelehrten Ausführung geschrieben haben: der verdrängte
Adel hetzte das Volk auf und verführte es zu Ungesetzlichkeiten, dann hätte er
den Nagel auf den Kopf getroffen. A. L. scheut sich nur, den Adel zu tadeln,
wenn er auch seine Mitwirkung und Anführerschaft bei den Räubereien zugeben
muß.   B.

feierte. In Laon, dem Hoflager des Königs, hatte der Haufe es ge=
wagt, den in die Häuser gelockten Landleuten mit Gewalt die Bar=
schaft abzunehmen, ja sogar den königlichen Stallknechten die zur
Tränke geführten Pferde unter körperlichen Mißhandlungen zu rau=
ben. Aimerigor der Schwarze, der mehrere Schlösser in Limousin
und in der Auvergne besaß, hauste um 1418 in der Nähe von Pa=
ris, in das er die frechsten Einfälle machte.

Die Entsittlichung und die Unsicherheit des Eigentums wuchs im
Verlaufe der Zeit mehr und mehr. Nicht einmal Ludwig IX., einer
der edelsten Herrscher, konnte auch nur einigermaßen die innere Ord=
nung und Sicherheit wiederherstellen. Ludwig XI. hatte den General=
profos, seinen „Gevatter", beständig in seiner Begleitung, und suchte
unter der Schar der von ihm übrigens massenhaft gehenkten Zigeuner
und Räuber seine vertrautesten und geheimsten Kundschafter. Auch
der ritterliche Franz I. konnte die Räubermasse nicht bändigen; in
den Hugenottenkriegen brach der Aufstand des Räubertums ärger
und nachhaltiger als je hervor, und zu Anfang des siebzehnten Jahr=
hunderts beherrschten unter und besonders nach Heinrich IV. die
Bougets und Grisons ganz Paris, ja ganz Frankreich, bis die spä=
tere Polizeiorganisation Ludwigs XIV. die noch feinere und mäch=
tigere Organisation der Gaunerbanden des Cartouche und seiner
Nachfolger in Paris und allen größeren Städten Frankreichs her=
vorrief, um mitten im Treiben des Hofes und des städtischen Lebens
ungeheuere Ausbeute zu machen.

Bei dieser Entsittlichung des Volkes und der Zerfahrenheit der ge=
sellschaftlichen Verhältnisse schien eine Bändigung der Massen nur
durch rohe Gewalt möglich. Sie wurde denn auch zur Politik des
Königtums, das sich stets in starkem Gegensatz zum Volke hielt, und
Volk und Adel so gleichmäßig herunterbrachte, daß man es für eine,
wenn auch nicht sittliche und volkstümliche, doch für eine augenblick=
liche politische Rettung beider halten mußte, wenn Ludwig XIV. mit
feiner Herrscherindividualität der Jahrhunderte hindurch zwangs=
mäßig angebildeten Nationalstimmung einen formellen objektiven
Ausdruck gab, und das autokrate Königtum durch die Personifikation
und Individualisierung des Staates im Könige mit einer bis dahin
unerhörten Sicherheit der Form proklamierte. Bei dem kläglichen

Inhalt der städtischen Verwaltung war es anscheinlich nur wenig, was der König durch das Edikt von 1667 zunächst der als königliche Hauptstadt vor allen Städten des Reiches noch bedeutend mit gemeinnützigen Einrichtungen bevorzugten Stadt Paris nahm; aber sehr viel, was er dem Polizeileutnant in die Hand gab, indem er diesem die gesamte Polizeigewalt übertrug und in die einzige Person dieses ersten königlichen Beamten zusammenfaßte. In dem blendenden Glanze des Königtums und der von Ludwig XIV. mit so vielem Glück herangezogenen Intelligenz bleibt, trotz der anfänglich unbedeutenden Bewegung dieser neuen königlichen Polizei, der Umstand unbeachtet, daß diese Polizei mit der freilich schon lange arg verkümmerten, aber immer noch rettungsfähigen französischen Volkstümlichkeit im ebenso grellen Widerspruch stand, wie sie dem absoluten Königtum zu entsprechen schien, und daß die Stellung des ärmeren Adels, der besonders mit der Verwaltung bedacht wurde, nichts anderes war, als die Ministerialität der alten fränkischen Könige in einer neuen gefährlichen Auflage. So trat die französische Polizei nicht als befreundete segensvolle Ordnung in das Volk hinein, sondern fremd und feindlich dem Volke gegenüber, wie im Jahre 1852 ein deutscher Polizeimann ebenso unwahr wie schmachvoll auch von der deutschen Polizei sagte, daß, „die Polizei nun einmal ihrer Natur nach in stetem Kriege mit jedem einzelnen im Staate lebe".

Diese Verwaltung Ludwigs XIV. war nicht anders vorgebildet und notwendig geworden als durch das mehrhundertjährige Streben der Könige nach absoluter Gewalt. Diese Verwaltungsform war eine rationell konstruierte Erfindung der Politik; sie hatte bei ihrer Einsetzung kein anderes Leben als das königliche Werde, und keinen weiteren Lebensunterhalt, als im geheimen Wühlen der Bureaukratie, die wie ein giftiges Gewächs heimlich durch alle Fugen und Mauern des Staatsgebäudes schlich und den Verband des ganzen Gebäudes lockerte. So konnte diese Polizei nicht einmal der vor ihren Augen in allen Schichten des Volkes hausenden Sittenlosigkeit, zu der König und Adel freilich das ärgste Beispiel gaben, und die wie ein Gifthauch über die Grenzen nach Deutschland hinausdrang an ihrem Herde einigermaßen entgegentreten; sie konnte nicht die grenzenlose Not des Volkes lindern, konnte nicht eine spätere Erhebung zur Revolution, nicht den Königsmord verhindern, und mußte nach ihrer Wiedereinsetzung auch nicht den späteren Revolutionen vorzubauen, weil sie niemals gerade und tief mit der Stammwurzel in den Boden der Volkstümlichkeit gefaßt hatte, sondern statt dessen sich dazu verstehen mußte, mit den tausendfach feinen dürren Wurzeln der geheimen politischen Polizei unter der Oberfläche des kahlen Bodens entlang zu kriechen, der bei jedem rasch hingeworfenen Zündholz wie bei einem Heidebrand in Flammen gerät, die ganze Strecke versengt und doch nicht einmal durch die Asche den Boden fruchtbarer macht!

Dreiundneunzigstes Kapitel

Die Verständigung des deutschen Bürgertums mit der Polizeigewalt

Ein ganz anderes Bild bietet Deutschland dar, in dem die natürliche Ausbildung des deutschen Volkswesens, wenn auch vielfach gestört, doch niemals ganz unterdrückt worden ist. Durch das Wiederaufblühen der herzoglichen Macht, die an Stelle der absoluten Lehnsmonarchie Karls des Großen unter seinen Nachfolgern wesentlich die Umwandlung dieser monarchischen Regierungsform in eine aristokratisch-monarchische förderte, und sich teils durch Bedürfnis des Schutzes gegen die Grenzfeinde, teils durch die in der Verschiedenheit der Stämme gegründete Anhänglichkeit an einen Stammfürsten als notwendig und naturgemäß herausstellte, sowie besonders durch das Recht der Herzöge, den Heerbann ihres Landes aufzubieten und die Landtage zu berufen, auf denen sie Vergleiche schließen und Recht sprechen konnten, wurde die regierende Gewalt auf die verschiedenen einzelnen Staaten verteilt. So kam das Königtum in Deutschland niemals zur vollen Entwicklung, dafür wurde aber die Entfaltung des deutschen Wesens und Lebens bedeutend gefördert. Die sichtliche Zunahme dieser herzoglichen Gewalt machte es zur Politik der Ottonen, die meisten Herzogssitze mit ihren Verwandten zu besetzen und dazu die Pfalzgrafen aufzustellen und Markgrafen einzusetzen. Durch diese Politik wurde die herzogliche Macht zwar zeitweise mit dem

Kaisertum in eine stützende Verbindung gebracht, aber auch innerlich nur noch mehr gekräftigt, was besonders unter den schwachen Kaisern hervortrat. Ihren wesentlichen Widerstand fand sie nicht in der Kaisermacht, sondern gleich dieser in der rasch emporstrebenden Gewalt der besonders schon durch die Ottonische Politik ebenfalls mit bedeutenden Freiheiten und Grafschaftsrechten belehnten Geistlichkeit. Es ist bereits die Rede von dem Wetteifer gewesen, in dem Hierarchie und Lehnwesen neben=, gegen= und wiederum miteinander jene Unzahl von Formen schufen, deren Durchführung und Geltendmachung auf Kosten der Volksnatur den wesentlichen Inhalt der Geschichte des Mittelalters ausmacht, sowie von der Festsetzung des deutschen Wesens in den freien Städten, die damit viel mehr zu Zufluchtsstätten dieses deutschen Volkswesens als der Kaisermacht wurden, und dieses Wesen retteten und pflegten. Neben der Bevorzugung der freien Städte von seiten der Kaiser erscheint die Reichspolizei als ein, vielleicht nicht ohne Hinblick auf Frankreich gemachter, politischer Versuch einer festeren Zentralisierung der deutschen Macht zur Verstärkung des geschwächten Kaisertums, wozu das politische Institut des Markgrafentums und Pfalzgrafentums nicht mehr ausreichte. Wie dieser Versuch mißlang, zeigt die Geschichte. Das Kaisertum mußte seine Hoffnung auf die Reichspolizei sofort aufgeben, weil die Reichspolizei schon nicht mehr als einfacher kaiserlicher Befehl, sondern nur als flaues Ergebnis eines schwerfälligen Vergleiches mit dem Reich erscheinen konnte.

Wie verworren aber alle politischen Verhältnisse, wie gewaltig die Ereignisse und Bewegungen waren, die das deutsche Reich erschütterten, überall sieht man das Volk mit seiner Treue vor und mit seinem Fürsten stehen, überall mit seiner Anhänglichkeit an dem Adel halten, dem es seine Stellung bewahrte und als sozialpolitischen Faktor eine würdige Ausbildung ermöglichte, wie keine andere Nation sich rühmen kann. Niemals hat die deutsche Volkspoesie, dieser zuverlässige Ausweis des herrschenden Volksgeistes, aufgehört, die deutsche Treue und Heldenschaft zu feiern. Selbst in der bedenklichsten Zeit der Bauernkriege blieben die Stimmen laut, und die fliegenden Blätter jener Zeit sind ein redender Beweis von dem Geiste, der das deutsche Volk beseelte, und von der Fremdartigkeit des Dämons, der von Westen her nach Deutschland hineinblickte und zum erstenmal Einzug zu halten drohte. Das deutsche Volk richtete den Blick auf den Landesherrn, und befolgte nicht nur seine Anordnungen und unterstützte sie auch bereitwillig, weil es seinen Schutz oder zum mindesten den guten Willen dazu in ihnen erblickte.

Deshalb fand später Fürst und Volk in Deutschland die künstliche Polizei Ludwigs XIV. bedenklich, weil sich mit ihr zugleich auch ihre brutale Gewalt und die arge sittliche Verderbnis zeigte, die das Volk unter dem glatten Glanze, dem leider aber auch vielfach an die deutschen Höfe gelangten Prunke, mit unbefangenem Blick erkannte. Von dem Bedürfnisse getrieben, fing die stets Gründlichkeit erstrebende deutsche Gelehrsamkeit an, das bislang nur als ein Ausfluß der Gerichtsbarkeit angesehene und herangebildete Polizeirecht auf Grundlage des gemeinen Rechts zu bearbeiten, ohne auf das vorhandene, eigentümliche, reiche geschichtliche Material Bedacht zu nehmen. Diese wissenschaftlichen Bearbeitungen blieben jedoch ohne wesentlichen Einfluß auf die Polizei, die aber, immer von dem praktischen Bedürfnis getrieben, nach wie vor mit fast wunderbarem Takt und glücklichem deutschen Instinkt in der Polizeigesetzgebung das deutsche Wesen der Polizei aufrecht zu halten mußte, wobei vorzüglich Österreich das merkwürdigste Beispiel gab 1), während auch Preußen in derselben unzersetzten Kraft gegen Ende des achtzehnten Jahrhunderts mit bewundernswürdiger Energie und im schneidenden Gegensatz zu den Maßnahmen der französischen Behörden die erfolgreichste Initiative gegen die rheinischen Räuberbanden zur wahren Ehre der deutschen Polizei und Justiz zu ergreifen vermochte.

1) Auch darüber läßt sich streiten. Das Naderer- und Spizeltum der österreichischen Polizei, das schon unter Maria Theresia so glänzend funktioniert hatte und dann von 1813 an bis unter Metternich und noch viel später viele Talentproben ablegen sollte, ähnelte ganz gewaltig dem französischen System. B.

Vierundneunzigstes Kapitel

Die Versetzung der deutschen Polizei mit der französischen Polizei

Mit den napoleonischen Eroberungen in Deutschland machte auch
die französische Polizei eine mächtige Propaganda in Deutschland.
Sie beherrschte nicht nur die eroberten Teile Deutschlands, sie reichte
mit der heimlichen Gewalt ihrer tausendfach verzweigten Polypen=
arme auch noch dahin, wohin die französischen Waffen selbst nicht
gelangten; sie konnte selbst den tief in die Brust vergrabenen Ge=
danken einen lebendigen Ausdruck ohne Sprache entlocken. Die Bu=
reaukratie der französischen Polizei war eine sogar gegen das Leben
des französischen Volkes selbst völlig abgeschlossene Körperschaft, wie
viel mehr absolutistischer zerstörender Gegensatz gegen das deutsche
Volkselement, wie niemals ein solcher dem deutschen Volke fremd
und feindlich sich gegenübergestellt hatte. Sie war ein politisch
gewerbliches Gaunertum in ihrer Art, mit einer eigenen versteckten
Kunst, allezeit zu dem heimtückischsten Spitzeldienst bereit, zu dem die
befehlende Gewalt sie rief, von tiefer Entsittlichung und verräterischer
Falschheit durchzogen, aber von furchtbarer unantastbarer Gewalt
beherrscht und zusammengehalten. So wenig man diese Polizeigewalt
in ihrer teuflischen Rührigkeit äußerlich bemerkte, so wenig hatte man
eine Ahnung von ihren höllischen Mitteln; man vermochte nur zu
staunen über ihre Erfolge und glaubte deshalb an ihre innere Tüch=
tigkeit, ohne zu beachten, daß eben diese französische Polizei aus ihrem
Schoße mit erstaunlicher Fruchtbarkeit ein eigenes administratives
Proletariat gebar, das im Schlamme tückischer Servilität erzogen
und gehalten, nach oben und unten eine Zersetzung aller göttlichen,
menschlichen und politischen Bande bewirkte.

Als die französische Polizei mit den französischen Heeren aus
Deutschland gewichen war, trat es deutlich zutage, daß in vielen
deutschen Verwaltungen, so auch ganz besonders bei der Polizei, das
unleugbar richtige Prinzip der Zentralisation nach dem Vorgange der
französischen Polizei überall Wurzel geschlagen hatte, wenn auch die
entsittlichende Art und Weise der französischen Polizei dem deutschen

Sinne niemals zusagte, vielmehr ihm immer fremd blieb. Die Zen=
tralisation verlangte praktische Beweglichkeit, ohne daß sie in Deutsch=
land über geübte bewegliche Talente hätte gebieten können. So war
denn auch in Deutschland die Bureaukratie erstaunlich schnell, und
ganz besonders in der Polizeiverwaltung, aufgeschossen, und bot dem
klaren prüfenden Blicke die Erscheinung dar, die in stürmischer Ent=
rüstung, aber mit dem ganzen Tiefblick staatsmännischer Weisheit
der Minister vom Stein darstellte. „Wir werden", sagt er, „von be=
soldeten buchgelehrten, interessen= und eigentumslosen Bureaulisten
regiert; das geht so lange es geht." Diese vier Worte enthalten den
Geist unserer und ähnlicher geistloser Regierungsmaschinen: besoldet,
also Streben nach Erhaltung und Vermehrung der Besoldeten und
Besoldungen; buchgelehrt, also lebend in der Buchstabenwelt und
nicht in der wirklichen; interessenlos, denn sie stehen mit keiner den
Staat ausmachenden Bürgerklasse in Verbindung, sie sind eine Klasse
für sich — die Schreiberkaste; eigentumslos, also alle Bewegungen
des Eigentums treffen sie nicht. Es regne oder scheine die Sonne, die
Abgaben steigen oder fallen, man zerstöre alte hergebrachte Rechte
oder lasse sie bestehen, alles kümmert sie nicht. Sie erheben ihren
Gehalt nur aus der Staatskasse und schreiben im stillen in ihren mit
verschlossenen Türen versehenen Bureaus, unbekannt, unbemerkt, un=
berühmt, und ziehen ihre Kinder wieder zu gleich brauchbaren Staats=
maschinen heran.

Nur insofern und nur insoweit war auch das französische Polizei=
system vollendete Tatsache in Deutschland geworden, ohne irgendwo
anerkannt und beibehalten worden zu sein. In dem Kampfe mit den
entsittlichenden Elementen, die die französische Herrschaft in Deutsch=
land abgelagert hatte, schien die Not der deutschen Polizei durch eben
die behende französische Polizei gehoben werden zu können, die doch
so viel zur Förderung der Entsittlichung im geheimen beigetragen
hatte. Der erste Notgriff war ein glücklicher Griff; man richtete die
Gendarmerie nach dem Muster der französischen wieder her und
konnte damit die Räubergruppen, freilich erst nach langem Kampfe,
zersprengen, wenn auch nicht ausrotten. Man schickte aber dann
Polizeimänner nach Paris, um die französische Polizei zu studieren
und eine Polizei nach ihrem Muster in Deutschland herzustellen, ohne

mit ganzer Gewalt auf die reiche und belehrende Geschichte der deut=
schen Polizei zu verweisen, ohne kraftvoll den Gedanken aufrecht zu
halten, daß in Deutschland die kräftige deutsche Volksnatur unver=
tilgbar und unverloren obenansteht und selbst nach Schutz und Ord=
nung verlangt, und zu ihrer Förderung bereit ist, während in Frank=
reich die durch mehrhundertjährigen Absolutismus in ihrer freien
Entwicklung gehemmte Volksnatur durch die volksfremde und so=
gar volksgegnerische Polizei Ludwigs XIV. systematisch herabgedrückt
und in einen trüben Gärungsprozeß verwiesen war, in dem natur=
gemäß die Fesseln zeitweilig gesprengt werden müssen. Die deutsche
Polizei täuschte sich nicht über den sittlichen Wert der, wenn auch
überaus verfeinerten und behenden Mittel der französischen Polizei
und — blieb ratlos, ungeachtet der vielen und besten Ratschläge und
ungeachtet die Polizeigesetzgebung mit treffendem und richtigem Maß
und Takt und mit tiefer Erkenntnis des Volksbedürfnisses und der
Aufgabe der Polizei sich aufzumachen begann. Die Polizei erhielt sich
im Tumulte des Kampfes, in dem sie gegen die beständig gehäuftere
und verfeinertere Verbrechermasse gerissen wurde, immer als bloße
Tatsache und lernte in dieser Praxis der Not das meiste und beste
begreifen. Bei dieser vielversprechenden Regsamkeit glaubte sich
aber wieder die deutsche Gelehrsamkeit zur rettenden Tat berufen.
Es wurde von Theoretikern ohne Praxis der Geist, den sie begriffen,
als Geist der Polizei dargestellt. So kamen Definitionen, Theorien
und Systeme in die Welt, die eher auf eine visionäre Inspiration zu=
rückzuführen sind, als daß sie von einem tieferen Blick in die Wahr=
heit der Geschichte und in das Leben des Volkes Zeugnis geben könnten.
Nicht einmal die als Tatsache vorhandene und vom besten Willen
beseelte Polizei konnte von den Theoretikern als Erscheinung richtig
aufgefaßt, geschweige denn in ihren historischen Grundlagen aner=
kannt werden, bis der scharfsichtige geistvolle Zimmermann doch
wenigstens die vorhandene Polizei als gegenwärtige Erscheinung unter
dem richtig gewählten Namen der „deutschen Polizei des neunzehnten
Jahrhunderts" auffaßte, durch seine geistreiche Analyse zur objektiven
Anschauung brachte, dabei aber auch aussprach und darlegte, wie
notwendig und möglich eine Reform der deutschen Polizei sei.

Diese Notwendigkeit und Möglichkeit, die deutsche Polizei aus

ihrem unleugbaren Notstande zu retten, tritt erst dann recht lebendig
hervor, wenn man Zimmermanns bedeutsame Erscheinung mit der
von ihm ganz verschiedenen, aber mit ihm zusammentreffenden, höchst
bedeutsamen Erscheinung des genialen Riehl verbindet. Wie Zimmermann eine geistvolle Analyse der Polizei des neunzehnten Jahrhunderts dargestellt hat, so hat Riehl in seiner „Naturgeschichte des Volks"
das deutsche Volk in geistreichen Zügen gezeichnet. In beiden Darstellungen erkennt man, was der gegenwärtige Befund beider Faktoren des Volkes und der Polizei Natürliches und Unnatürliches
behalten hat, und wie viel sich verständigen und ausgleichen muß.
Beide Darstellungen enthalten zusammen so viel positive und nega-
tive Elemente, daß sie in ihrer notwendigen und natürlichen wechsel-
seitigen Berührung, wie in einem physikalischen Prozeß, den leuchten-
den Funken über die Geschichte entzündet haben, in der die deutsche
Volksnatur mit der ganzen Gewalt ihres christlich-sittlichen Wesens
hervortritt und deutlich zeigt und fordert, was die christlich-deutsche
Polizei zu bedeuten und zu gewähren hat.

Die Aufgabe der deutschen Polizei [1]

Fünfundneunzigstes Kapitel

Der allgemeine Notstand

Sowohl der Hinblick auf die Zahl der Verbrechen, die sich namentlich seit 1848 in grauenhafter Weise fast um das Doppelte vermehrt,
auf die ganze gegenwärtige Zeitrichtung, die den rohesten Materialis-
mus zu ihren Götzen gemacht hat, durch die gesuchte Gelegenheit
zum raffinierten Genuß aller Art das sittliche und religiöse Leben
nahezu vernichtet, die Gefängnisse und Irrenanstalten mit Individuen jeden Geschlechts und Alters in schreckenerregender Weise an-
füllt, und selbst den direkten Angriff gegen die geheiligten Institu-
tionen des Staates und der Kirche unternimmt, daß nun auch das

[1] Die in diesem und den folgenden Kapiteln stehenden Ansichten hat Avé-
L. in seinem Buche „Physiologie der deutschen Polizei", Leipzig 1882, noch ein-
gehender behandelt und begründet.   B.

von der Voraussicht der Zersetzung aller positiven sozialen und politischen Elemente geängstigte Bürgertum sich zu patriotischen Gesellschaften und Vereinen zusammendrängt, um den zahllosen sittlichen Schäden der Gesellschaft entgegenzuwirken, deren Entstehung und Fortbildung die Polizei nicht zu hindern vermocht hat Alles dies, sowie ganz besonders noch die tröstliche Wahrnehmung, daß — wie ein Historiker sagt — „viele Regierende und Regierte sich demütigen gelernt und eingesehen haben, wie sehr sie durch Mißgriffe und Versäumnisse gesündigt hatten, und wie jedem Teile nach oben und unten, nach links und rechts die ernsteste Buße not tut" 2), alles dies muß auch die Polizei zur ernsten Selbstprüfung mahnen, damit auch sie ihre Mißgriffe und Versäumnisse erkenne, sich demütigen lerne, und es aufgebe, noch länger mit der kahlen äußeren Gewalt zu prunken, anstatt nach innerer Kraft und Geltung zu streben, wäre es auch nur statt vieler um der einen Tatsache willen, daß das zum Gewerbe erstarkte Verbrechen, das Gaunertum, dem Bürgertum wie auch der Polizei über den Kopf gewachsen ist.

Es gilt nicht, die vielen offenen und geheimen Schwächen der Polizei darzulegen, auf die der erfahrene Polizeimann mit tiefer Kümmernis blickt; es gilt auch vor allem nicht, das Geheimnis der geschlossenen Ämter bloßzulegen, die wie stark armierte Festungen mitten in das sozialpolitische Leben hineingestreut sind, mit metallenem und gemaltem hölzernen Geschütz das Leben beherrschen, und durch deren dumpfe Kasematten ein trüber düsterer Tintenstrom rauscht, in die eine Unzahl verkommener Schreibergestalten tauchen muß, um das Leben zu vergessen und endlich ganz berufsmäßig abzusterben; es kommt allein darauf an, die Ursachen der Schwächen anzudeuten, die von den vielen trefflichen Polizeimännern Deutschlands schmerzlich empfunden werden, und denen der einzelne nicht unverzagt entgegenzutreten wagt, wenn sie nicht zum allgemeinen Ausdruck kommen und von allen gemeinsam angegriffen werden.

2) Dittmar, Geschichte IV, 2, S. 1133.

Sechsundneunzigstes Kapitel

Die Errichtung von Lehrstühlen des Polizeirechts

Während es in Deutschland kaum irgendeinen Gewerbszweig, eine
Kunst und Wissenschaft gibt, für die nicht eine besondere Schule
vorhanden wäre, gibt es bei uns gerade für die Polizei, die doch in
den ganzen Kreis aller sozialpolitischen Verhältnisse hineinreicht,
keine einzige praktische Lehranstalt. Kaum unternimmt es hier und
da ein Professor, eine Theorie der Polizei vom Katheder herab zu
dozieren, die, wenn auch die besten und zutreffendsten Begriffe vom
Wesen und der Aufgabe der Polizei dargestellt hätte, doch unfrucht=
bar bleiben mußte, weil der Abgang eigener praktischer Erfahrung
des Lehrenden die Theorie nicht lebendig machen konnte. Die Poli=
zei ist vor allem die Wissenschaft der Praxis, die das Leben bis in
feine feinsten Adern durchdringt, und aus zahllosen Erfahrungen eine
frische und freie Theorie des Lebens zum Schutz des Lebens konstru=
iert, gegen die die abstrakte Theorie wie eine leere Beschwörungs=
formel sich verhält. Von der anderen Seite hat es den Praktikern
an Zeit und Mut gefehlt, den Lehrstuhl zu besteigen, von dem der
Nimbus wohltheorisierender Gelehrsamkeit schon manches tüchtige
Talent zurückgeschreckt hat, das oft auf eben demselben Lehrstuhl viel
mehr genützt hätte als jene, hätte es auch nur einen einzelnen Zweig
der Polizei oder irgendein einzelnes Polizeigesetz kommentiert und
durch die Zutat eigener praktischer Erfahrungen erläutert. Erst durch
die Veranschaulichung, wie ein Gesetz sich gegen das Leben verhält,
wie das Gesetz im Leben als dessen notwendige Ordnung gefunden
werden und gelten muß, wird das Gesetz dem Polizeimann ganz klar
und faßlich. Welche gediegenen Bemerkungen, Winke und Ratschläge
haben gerade Männer wie Schäffer, Rebmann, Brill, Grolman,
Schwencken, Stuhlmüller und andere, die nur Praktiker waren, in ihren
fogar auf nur einzelne Gruppen beschränkten Darstellungen gegeben!
Ihre Winke und Ratschläge sind die leitenden Grundsätze unserer bis=
herigen Sicherheitspolizeigesetzgebung; sie sind noch immer die Trä=
ger unserer ganzen heutigen praktischen Sicherheitspolizei.
Es ist die dringende Aufgabe der Staatsregierungen, dem drük=

kenden Mangel durch Aufrichtung von Lehrstühlen abzuhelfen, von
denen herab nicht etwa das Polizeirecht mit anderen Verwaltungs=
zweigen vermischt, sondern allein und selbständig für sich gelehrt
wird. Vom Katheder herab muß besonders erst der Blick auf die
Geschichte der Polizei fallen, um die deutsche Natur in ihrer Ur=
wesenheit, in ihrer Verständigung und Sättigung mit dem Christen=
tum, sowie in ihrer dadurch unvergänglich gewordenen inneren Kraft
die so eigentümlichen Polizeiverfügungen in ihren artikulierten und
oft unartikuliert erscheinenden, immer aber natürlichen Lauten als ge=
waltige Ordnungsrufe der Volksstimme selbst zu verstehen. Daraus
würde Wesen und Bedeutung der Polizei zum klaren Bewußtsein ge=
bracht werden. Es gilt nur jetzt besonders, den vielen tüchtigen Polizei=
männern Deutschlands Mut zu machen, den Lehrstuhl zu besteigen, so=
bald eine Staatsregierung einen solchen errichtet hat. Ist die Polizei
erst zu historisch=wissenschaftlicher Begründung gekommen, so wird
von ihr aus auch auf das Kriminalrecht und dessen ganze Pflege ein
sehr bedeutender Einfluß ausgehen, und auch im Kriminalrecht vieles
zu einer lebendigen Anschauung und Ausgleichung gebracht werden,
was bei der bisherigen streng rationellen Behandlung für Leben und
Praxis starr und unbeweglich geblieben, auch durch die Einführung
der Geschworenengerichte noch nicht ausgeglichen ist.

Siebenundneunzigstes Kapitel

Die Zentralisation und Repräsentation der Polizeigewalt

Erst dann, wenn eine solche Durchbildung mehr und mehr ver=
breitet ist, wird die Polizei als ein in allen ihren Zweigen unteilbar
Ganzes erkannt, und die volle Notwendigkeit ihrer Vereinigung in
eine Behörde und eine Person vollständig begriffen werden. Ohne
diese Zentralisation ist ihre Wirksamkeit durchaus gelähmt und un=
fruchtbar. Die widerlichen, Zeit und Kräfte raubenden Kompetenz=
konflikte fallen in ihrer ganzen Plage auf das Bürgertum zurück,
und vereiteln alle beabsichtigten Erfolge der Polizei. Das Bestehen
mehrerer gleicher Behörden an einem Orte macht es gerade, daß die
Polizei in ihrer Wirksamkeit gehemmt, bloßgestellt und als lästige

kostspielige Pensionärin des Staates mit Abneigung vom Bürgertum betrachtet wird. Die landesherrlichen Polizeiinstitute stehen neben der städtischen Polizei in den Städten immer im Nachteil, weil sie meistens nicht als Anfänge der so durchaus notwendigen Zentralifatiou, sondern mißtrauisch als absolutistische Neuerungen betrachtet werden, die leicht die alten, bewährten, volkstümlichen, städtischen Einrichtungen aufheben könnten, ohne durch das Neue etwas Besseres herzustellen. Diese Abneigung findet zum Teil ihren Grund in der Wahrnehmung, daß die Regierungen, in richtiger Würdigung der Wichtigkeit, die in der Stellung des Polizeichefs liegt, ganz vorzüglich seine Repräsentation im Auge haben. Der Polizeichef muß aber nicht allein die Würde des landesherrlichen Abgeordneten haben, sondern neben dem vollen Bewußtsein seiner Würde von selbstverleugnender Gesinnung durchdrungen sein, feinen politischen Blick und diplomatischen Takt haben, die Interessen des Landes, den Handel, die Künste und Gewerbe überschauen und beurteilen können, und juristische, besonders kriminalistische Kenntnisse haben, um nicht bloß äußerlich zu imponieren, sondern auch das ganze Polizeigetriebe geistig beleben, tragen und fördern, und jeden, auch den geringsten Beamten, selbst anzuweisen und belehren zu können. Die bloße äußere Repräsentation gibt der Stellung des Polizeichefs immer etwas Figurantes, wie sehr sie auch sonst noch von der verleihenden Gewalt gefördert und gehoben werden mag, während bei dem auch nicht durch Adjunktur und Substitution zu ergänzendem Mangel an wahrem und tiefem polizeilichen Wissen und Geschick alle übrigen Teile der Polizeibehörde, das heißt das Ganze, von ihm selbst, und durch ihn auch von jener Gewalt ebenso abgeschieden dastehen, wie vom bürgerlichen Leben, das diese feine Polizei wie ein kostspielig zu unterhaltendes künstliches Uhrwerk betrachtet, das zahlreiche automatische Figuren in Bewegung und durch sein Klappern und Rasseln das bürgerliche Leben in Schrecken setzt. Wesentlich liegt der Grund der vorhandenen polizeilichen Defekte in der schlimmen, fehlgreifenden Ansicht, daß ein jeder repräsentationsfähige oder dafür gehaltene Staatsbeamte auch Polizeichef sein könne, während in entgegengesetzter Hinsicht die ernste Wahrheit nicht immer genügend berücksichtigt wird, daß mit dem tüchtigen, gründlich vorgebildeten Polizeichef, der mehr als Figurant ist,

der Behörde die Seele genommen und der Organismus des ganzen
Körpers zerstört wird.

Achtundneunzigstes Kapitel

Die Modifikation der militärischen Organisation der Polizei

Als ein ganz seltsamer Fehlgriff erscheint die durchgehende militärische Organisation der Polizei, die schon als Zivilbehörde ja doch
nicht einmal unter Militärinstanzen, sondern unter Zivilinstanzen
steht. Die doppelbündige hemmende Form flößt schon in der äußeren
Erscheinung nicht nur dem Bürgertum, sondern auch ganz besonders
dem als eigentümlichen Ehrenstand ausgezeichneten Soldatenstande
eine so tiefe Abneigung ein, daß man zugunsten beider wünschen
muß, die Polizei mit dem Soldatentum und das Soldatentum mit
der Polizei zu verschonen. Sie ist eine entschieden unfruchtbare
Zwitterform, die man in keinem anderen Verwaltungszweige auch
nur ähnlich findet. Sie verdankt ihren Ursprung dem Prinzip der
figuranten Repräsentation, das in dem Streben nach Darlegung
polizeilichen Vermögnisses, und in Ermangelung eines inneren lebendigen und kräftigen Organismus die glänzende äußere soldatische
Form und Disziplin wählte, dabei aber die Staatsdienstkleidung
nicht von dem Militärrock unterscheiden und die Waffe nicht ohne
Soldaten denken konnte, auch nicht genügsam berücksichtigte, daß sogar schon die hohen soldatischen Tugenden selbst, wie z. B. die des
blinden schweigenden Gehorsams, bei mißverstandenen oder nicht
genau aufgefaßten Aufträgen oft die bedenklichsten Verlegenheiten
und Gefahren hervorbringen können, wenn, wie das leider sehr häufig der Fall ist, der Befehligte nicht einmal einen Begriff von den
gewöhnlichsten polizeilichen Verrichtungen hat.

Das trostlose Übel hat so tiefe Wurzeln gefaßt, daß die leider
ohnehin schon mit zahlreichen verunglückten Bürgern, abgedienten
Jägern und Lakaien, heruntergekommenen Schulmeistern, Kauf-
leuten u. dergl. versetzte untere Polizeibeamtenschaft wesentlich
aus abgedienten, zum Teil für den Militärdienst schon abgängig
gewordenen Soldaten vervollständigt wird, denen die bewegliche

18*

Polizeipraxis nach dem langjährig geübten soldatischen Mechanismus
sehr schwer fällt und sehr selten geläufig wird. So wenig man ver=
gessen darf, daß die Gendarmerie in jener Zeit, da das Räubertum
in offenen bewaffneten Gruppen auftrat, allerdings erhebliche
Dienste leistete, so wenig darf man übersehen, daß diese Waffen=
männer jene Räubergruppen nur zersprengten, und daß es nicht der
soldatischen Taktik, sondern der gelegentlichen polizeilichen Umsicht
gelang, die verhältnismäßig wenigen Räuber zur Haft zu bringen,
die von der Justiz unschädlich gemacht wurden. Der militärische Or=
ganismus und Zwang steht der polizeilichen Beweglichkeit mehr im
Wege, als daß er die polizeiliche Macht verstärkte und förderte. Die
vielen Vaganten und Verbrecher, die sich viele Meilen weit von Dorf
zu Dorf durch mehrerer Herren Länder durchschleichen, ohne von
einem Gendarm angehalten zu sein, sind ein redender Beweis von
der Unbeweglichkeit und Ratlosigkeit der heutigen Gendarmerie, die
bei weitem mehr tun und leisten würde, wenn bei einer neuen Or=
ganisation das militärische Element gegen das polizeiliche mehr zu=
rückgestellt würde.

Neunundneunzigstes Kapitel

Die Reform der Bureaus

Demselben Prinzip der figuranten Repräsentation ist es auch
wesentlich als Schuld zuzuschreiben, daß in den Ämtern so unge=
heuer viel Tinte und Papier vergeudet wird. Das Wort „Akten" ist
das große Losungswort des Tages in den Polizeiämtern, in denen
alles, hoch und niedrig, eifrig schreibt und schreibt, um darzulegen,
wie mächtig das wenige, was praktisch geleistet ist, gefaßt und der
archivalen Unsterblichkeit übergeben wird. Alle haben eine Beschäfti=
gung, alle einen Druck, alle sind sich gleich; alle schreiben und machen
Akten, um durch Akten alle gesunde, lebensvoll wirkende, frische or=
ganische Tätigkeit zu ersetzen.

Die Ämter sind die wichtigen Stätten, durch die die ganze poli=
zeiliche Strömung geleitet wird, damit sie wie ein frischer sprudelnder
Born in das gesamte bürgerliche Verkehrsleben fließe. Diese Strö=

mung darf aber nicht in den Bureaus zum Stillstand und zur fauligen Versumpfung gebracht werden, durch deren trüben und ungesunden Niederschlag sich schädliche Miasmen bilden, und zunächst die Beamtenschaft und durch die Berührung mit dem Bürgertum auch dieses in ein bedenkliches Kränkeln versetzen.

Offenkundig wird die polizeiliche Regsamkeit in den Ämtern durch das viele Schreiben und durch die massenhafte Aktenfabrikation gehemmt. Doch ist es gerade die polizeiliche Tätigkeit selbst, die am deutlichsten das Maß zeigt, wie weit und wie viel geschrieben werden soll. Es ist unmöglich, über die ganze täglich vorkommende Masse von Bagatellsachen förmliches Protokoll zu führen. Den Anhalts=punkt gibt die einfache Tatsache, die einfache ganz kurze schriftliche Berichterstattung, an die und auf der der Vorgesetzte seine kurzen schriftlichen Notizen mit dem Anspruch hinzufügt. So viel und nicht mehr darf der Inhalt der Polizeiakten sein. Größere, schwerere und kompliziertere Sachen werden selbstverständlich ausführlich und besonders vom Chef oder seinen nächsten Mitarbeitern behandelt. Nur der alte versauerte gerichtliche Schlendrian, der das Polizeiverfahren von dem gerichtlichen noch immer nicht zu unterscheiden weiß, Träg=heit, oder auch die eitle Prunksucht, hinter einem reichlich und feier=lich mit möglichst vielen Personen besetzten Verhörtisch zu sitzen, auf alle Fälle aber Mangel an polizeilichem Blick und Geschick verlangt eine durchgreifende ausführliche Protokollführung, wobei der dazu verurteilte Beamte vergebens alle stenographische Fertigkeit erschöpft und atemlos hin und her springt, um die einfache, zur förmlichen kriminalgerichtlichen Prozedur karikierte Bagatelle an den von eitler Wichtigmacherei ihr künstlich angesetzten Polypenarme zu fassen, und später mit unverantwortlichem Zeitaufwande und saurer Mühe, einzig für das Archiv, eine unbrauchbare Masse von Protokollen aus dem Gedächtnis niederzuschreiben, denen Wahrheit, Leben und Na=türlichkeit mangelt.

In ähnlicher Weise hat das Ungeschick der eiteln prahlsüchtigen Repräsentation eine Menge von schwülstigen und unnützen Schreibe=reien zur quälenden Beschäftigung einer Masse unglücklicher Schrei=ber erfunden. Diese Schreibereien sind unerschöpflich und lassen sich nicht einmal allgemein ohne spezieller Darstellung und Analyse der

einzelnen Behörden und Ämter aufzählen und registrieren, da sie die
buntesten Erfindungen der einzelnen Köpfe sind und oft nicht ein=
mal mit diesen absterben, sondern häufig aus gewohntem Schlen=
drian oder schlaffer Pietät noch zu anderen neuen kuriosen Erfin=
dungen beibehalten werden.

Die Hin= und Herwirkungen dieser vielen unnützen Schreibereien
sind für die Tätigkeit der Polizei im höchsten Grade lähmend und
bedenklich. Die Masse und Eintönigkeit des Schreibens hat auch auf
die Individualität der Schreiber den nachteiligsten Einfluß und
macht die Polizeiämter zu wahren Krankenstuben, in denen man
Leidende in allen Formen, vom stumpfen Marasmus bis zur quicken
Albernheit findet. Jeder Bureaumensch wird mit der Zeit vom Übel
angesteckt. Jeder hat seine bestimmte Idiosynkrasie. Aber alle dünken
sich mehr als sie sind, und jeder hält sich für den wichtigsten. Die
Konzepte des Untergeordneten werden, um recht gründlich alle frische
Natürlichkeit auszumerzen, von den Vorgesetzten wie die Arbeiten
eines Schulknaben verbessert, oft von einer Person, die nicht einmal
selbst der Sprache und Grammatik völlig mächtig ist. Wehe dem
Untergebenen, der eine Richtigstellung einer solchen falschen Ver=
besserung oder auch nur eine bescheidene Bemerkung wagte!! „Er
hat sich gegen seinen Vorgesetzten vergangen!!" das ist die stehende,
geheimnisvolle, gemeine, ekle Redensart, mit der alle rohe Gewalt
der Vorgesetzten gegen den Untergebenen beschönigt wird, und die
hinwiederum das höllische Miniersystem tückischer intriganter Ser=
vilität gegen sich hervorruft, die von unten nach oben kriecht. So=
lange nicht der Blick des Vorstehers mit ganzer und ununterbrochener
Aufmerksamkeit und scharfer Genauigkeit in die Ämter fällt, solange
er nicht seine eigene volle freie und frische Geistigkeit und Lebendig=
keit in alle seine Bureaustuben hineinbringen kann, solange darf er auch
nicht hoffen, daß die giftigen Miasmen vor einer freieren Luftströ=
mung weicht, daß der Bürger von verkommenen Bureaumenschen nicht
mehr auf die wegwerfendste Weise behandelt wird, daß der bei seinem
elend kümmerlichen Gehalte der Bestechung leicht zugänglich niedere
Beamte nicht immer wieder eine Unzahl heimlicher Pflichtwidrig=
keiten begeht, und der verkappte Gauner nicht nach wie vor seinen
gefälschten Paß mit kaum verhehltem Hohne den blöden Augen einer

geistlosen Schreiberschar in den Paßbureaus unangefochten zum Visieren vorlegt. Wie viel Besserung, Belebung, Ermutigung und Frische ließe sich in diese trüben widerlichen Ämter hineinbringen, wenn der Vorsteher mit edler offener Selbstverleugnung seine Einrichtungen gewissenhaft prüfte und sich nicht scheute, seine eigenen Fehler einzusehen und zu bessern.

Hundertstes Kapitel

Die Beseitigung des Vigilantenwesens

Eine notwendige Folge des geistigen Erstickungstodes in den Ämtern ist das vergeblich abgeleugnete, immer aber noch stark umherwuchernde Vigilantenwesen. Der zum Wachen und Entdecken beorderte Subalterne, der mit, oder vielmehr trotz seiner weitläufigen, tüchtig memorierten Instruktion ahnt, daß außer diesem dürftig inspirierenden Geiste noch ein anderer Geist über die Sphäre der Instruktion schwebt, den das berufene Talent leicht begreift und dienstbar macht, will diesen Geist beschwören, und greift nach der nächsten Erscheinung, die er sichtbar fassen kann, nach dem Verbrechen selbst. Er provoziert an Verbrecher, die unter dem schmachvollen Kunstnamen der Vigilanten zur zwiefachen Untat des Verbrechens und des Verrats berufen und bezahlt werden, unter dieser Agide das Bürgertum und die Polizei sich unablöslich abhängig machen und wiederum nach obenhin die Vorlagen zu den geheimen Personallisten liefern, die mit der Entlassung des unglücklichen Opfers der eigenen Unwissenheit und Taktlosigkeit abschließen.

Das Vigilantenwesen ist die dämonische Gewalt der Polizei.

Sie beobachtet nicht einmal mehr den äußeren Schein der Dienstbarkeit, sondern beherrscht ihr Terrain mit schamlosem Absolutismus. Sie spukt noch aus der französischen Zeit in Deutschland umher, und hat so tief um sich gefressen, daß man sie nachgerade öffentlich widerruft, während der Geist doch noch immer als spiritus familiaris beschworen und dabei doch viel mehr vom Gaunertum beherrscht wird, als von der Polizei, die sich mit Entrüstung von diesem elenden Behelfe abwenden sollte, der sie mit Schmach bedeckt.

Hundertunderstes Kapitel

Die Geltung des Vorgesetzten und die Befähigung der Unterbeamten

Es ist bei diesem in den Polizeiämtern herrschenden schweren Siechtum eine tröstliche, das sittliche Gefühl erhebende und freudige Hoffnung erweckende Wahrnehmung, daß die deutschen Staatsregierungen mit Einsicht und Eifer der verwahrlosten und nur noch mit großen Opfern aufrechtgehaltenen Polizei jetzt mehr als sonst ihre Aufmerksamkeit zuwenden und sie überallhin, besonders in wissenschaftlicher und sittlicher Hinsicht, zu heben suchen, damit frisches geistiges Leben und rüstige Bewegung in die Polizei komme, und auch von oben herab ein belebender und weckender Strahl in die Bureaus falle, um den verderblichen Subalterngesichtern wieder frische Farbe und neuen Lebensmut zu geben. Nach vielen bitteren Erfahrungen und Enttäuschungen ist man endlich zu der Überzeugung gelangt, daß, wenn der Chef der Repräsentant des ganzen Polizeikörpers ist, er auch als geistiger Träger, als wissenschaftliche Leuchte, als vollendetes Muster christlich-deutscher Gesinnung allen voranstehen muß, damit das Ganze von dieser feiner geistigen Heldenschaft getragen, genährt und gefördert werde, und jeder feiner Untergebenen frei und willkommen in das bürgerliche Leben hineinschreiten, feine Hemmungen und Störungen beseitigen und unverloren aus feiner Strömung wieder zurückgelangen könne.

Der Mangel an geistiger Verbindung des Chefs mit den Untergebenen hat bislang der wünschenswerten schulmäßigen Belehrung und Ausbildung der Subalternen im Wege gestanden, und selbst nicht einmal die militärische Organisation der Polizei hat auf den Gedanken geführt, wie in den vielen militärischen Schuleu oder Unterrichtsanstalten, so auch für die niederen Polizeibeamten einen entsprechenden Unterricht einzuführen, dessen Theorie ja doch höchst vorteilhaft von der Praxis begleitet und belebt wäre.

Diese Einrichtung ist ebenso leicht zu treffen, wie sie ein unabweisliches Bedürfnis ist.

Erfahrene Beamte haben zur Belehrung der jüngeren Anfänger

fo viel lebendigen Stoff, daß auch nicht einmal zu befürchten ist, der Unterricht könne irgendwie zur trockenen Schulmeisterei ausarten. Bei dieser Gelegenheit muß die Masse der Instruktionen und Gesetze allen erläutert und, da diese dann nicht bloß eingepaukt, sondern auch ihrem wahren Wesen und ihrer tieferen Bedeutung nach aufgefaßt werden, in allen vergeistigt und somit in das ganze Polizeigetriebe ein höheres Leben hineingetragen werden, das alles, was starr und mechanisch war, in geistige selbstbewußte, selbständige Beweglichkeit bringt. Die Errichtung besonderer Polizeiseminarien erscheint unratsam, da die polizeiliche Theorie durchaus nur in, aus und neben der Praxis selbst Nahrung finden kann. Wohl aber könnten Auskultanten und Praktikanten zu den verschiedenen Lehrklassen und auch konventionsmäßig die Beamten eines Landes zur Instruktion bei der Behörde eines anderen Landes zeitweilig zugelassen und ausgetauscht werden, wodurch Gang, Weise und Besonderheit des einen und des anderen Landes bekannt, das Nützliche angenommen, das Unpraktische ausgeglichen, und somit eine allgemein bündige deutsche Polizeipraxis vorbereitet werden kann, die ungemein nottut, und wozu der Wunsch nach einer allgemeinen deutschen Zentralpolizei schon laut geworden ist, ein Wunsch, der mindestens so lange zu rasch erscheint, bis die in deutlichen, aber noch ungeordneten Zügen sich bewegende, unabweisbar aber zum objektiven Bewußtsein sich vorbereitende Wissenschaft einer Geographie des Polizei- und Strafrechts sich in klaren Grundsätzen ausgesprochen hat.

Hundertundzweites Kapitel

Die Verständigung der Polizei mit dem Bürgertum

Man muß aufrichtig und unverhohlen sich der Schwächen der Polizei als Ursache bewußt werden, wenn man die ersichtliche Unfruchtbarkeit ihres angestrengten Eifers überhaupt als Folge einer Ursache begreifen will. Jener der Polizei widerstrebende dichte Abschluß des bürgerlichen Lebens, in dessen unzählige Formen das aus dem offenen Räubertum geflüchtete Gaunertum mit sicherem Blick und feinem Geschick überall hineinzuschlüpfen gewußt hat, ist die

Folge der durch die teilweise Aufdrängung und Aneignung des französischen Polizeisystems mehr und mehr veranlaßten Abweichung von dem volkstümlichen, volkslebendigen, ordnungssinnigen Charakter, der der deutschen Polizei zugrunde liegt, und sogar schon in der germanischen Gauverfassung zu erkennen, auch besonders in den staatlichen Einrichtungen und Statuten der freien Städte zum hellen Ausdruck gekommen ist.

In jenen vielfachen städtischen Einrichtungen sieht man überall, wie der Bürger unmittelbar selbst tätigen Anteil nahm an der Aufrechterhaltung der öffentlichen Ordnung, welche Teilnahme ihm sogar zur bürgerlichen Pflicht gemacht wurde. Von solchen bürgerlichen Offizien sind in den freien Städten noch jetzt manche Ehrenämter vorhanden, wie z. B. in Lübeck die schon erwähnten bewährten bürgerlichen Ehrenämter der Feuergreven, Medebürger und eine Menge Ehrenabordnungen zu den verschiedensten Verwaltungszweigen. So sehr war die überall früh zum Vorschein kommende Polizei die unmittelbar aus dem Bürgertum hervorgegangene, von ihm erstrebte, beschützte und geförderte Ordnung des sozialpolitischen Lebens selbst, und so wenig ein selbständiger, rationell angesehener und behandelter Verwaltungszweig, daß das mittelalterliche Formenwesen und der Scholastizismus, der alles, was Wissenschaft, Kunst, Gewerbe oder Offizium war, in mehr oder minder starre zünftische Formen und Klassen zu bringen suchte, doch auf die Polizei ohne allen Einfluß blieb, wiewohl das Streben der Magistrate nach einer solchen Klassifikation nicht zu verkennen ist.

Die Polizei war als natürliche bürgerliche Ordnung in das bürgerliche Leben selbst hineingetragen, und wurde von dessen sozialpolitischen Gruppen, besonders von den verschiedenartigsten zünftischen Vereinigungen, gehandhabt und aufrecht erhalten, bis sie ganz mit diesem Leben verwachsen war.

Dieser Lebensprozeß der deutschen Polizei im deutschen Bürgertum hat dessen schönste Tugenden, Treue, Glauben, Offenheit und Arglosigkeit bis zur Unvorsichtigkeit erhalten und gefördert, die sich jedoch an Stelle des früheren, selbst den schneidigsten Polizeiordnungen willig sich fügenden Gehorsams in Mißtrauen und Abneigung bis zum sittlichen Zürnen und offenen Widerstand umwandelten, sobald

Hier ist Kosmophilus mit Feßeln angethan,
Fängt seine Gottesfurcht, mit Reu und Thränen an.
Iustitia trit auff, hat Galgen Radt und Stahl
Gott spricht, Theophile komm in des Himmels Saal!

Titelbild der Lebensbeschreibung Lips Tullians
Dresden 1715.

die deutsche Polizei sich mit den fremdartigen Elementen versetzte und durch ihre Ausbildung zur künstlich konstruierten Behörde sich von dem bürgerlichen Leben mehr und mehr abschied.

Die Aufhebung dieser Scheidung und die Wiedervereinigung der so unnatürlich getrennten Faktoren, des Bürgertums und der Polizei, ist die dringendste und die wichtigste Aufgabe der Gegenwart. Ihr Aufschub hat alle Mißlichkeit noch vergrößert, und ist ganz besonders der Grund, daß das Gaunertum überall in allen sozialpolitischen Schichten wuchert und die Polizei ihm dorthin nicht nachzufolgen vermag. Die Polizeigesetzgebung ist so auffallend vorgeschritten, daß außer den schon berührten Mängeln kaum noch andere beseitigt werden zu müssen scheinen. Um so größer erscheint aber auch hierin der Rückstand der Polizeipraxis, die billig sich zu bestreben hat, der trefflichen Polizeigesetzgebung gleichzukommen, die sie so weit überholt hat.

Hundertunddrittes Kapitel

Die Verfolgung des Gaunertums

Der Mangel an genügender Erforschung des eigentlichen Gaunergewerbes, die Unbeweglichkeit und Abgeschlossenheit der Behörden selbst, hat den Mut der Polizei zum frischen direkten Angriff auf das Gaunertum wesentlich herabgedrückt. Man sieht den Mangel an gegenseitiger Willfährigkeit, an Zusammenhang und Unterstützung der Behörden schon mit den nachteiligsten Folgen in den ersten größeren Gauneruntersuchungen, wie z. B. in der Celleschen Untersuchung gegen Nicol List 1), in der Koburgischen Untersuchung gegen Emanuel Heinemann, in der die Gaunerverbindung durch ganz Deutschland bloßgelegt war, aber durch den Mangel an gegenseitiger Verbindung und Unterstützung der Behörden kaum bedroht, in keiner Weise aber beirrt wurde.

Je mehr nun später das Übel begriffen worden ist, desto mehr haben zwar die Behörden eine Einigung angestrebt; aber diese durch Jahrhunderte hindurch versäumte Einigung ist lange noch nicht so innig und fest, daß sie allen den ungeheuren Vorteilen auch nur eini-

1) Hosemann, Fürtreffliches Denkmahl usw. 2. Aufl. 1701. S. 322ff.

germaßen entspräche, die das Gaunertum vermöge feines Scharffinnes und feines inneren Zusammenhanges, und durch die Begünstigung der vielen deutschen Territorien und Grenzen besitzt.

Trotz der wohlbegriffenen inneren Not, trotz dem besten Eifer fehlt es aber auch an vielen Stellen an wahrer Kenntnis des Gaunertums, feines Treibens und feiner Vertreter. Daher erhält man auf Anfragen nach dem Aufenthalt und der Führung dieses oder jenes Gauners die leidige Antwort, „daß dergleichen hierorts nicht vorgekommen", oder bekommt die besten Leumundszeugnisse der Heimatsbehörden über Gauner, die doch auf der Tat ertappt, aber klug genug gewesen find, in der Heimat ein scheinbar unbescholtenes Leben zu führen, um im Auslande desto ärgere Gaunereien zu treiben. Auf der anderen Seite hat man weder Mut noch Mittel, dem wuchernden Gaunertum mit Nachdruck entgegenzutreten. So kommt es, daß ganz neuerlich der schon früher, freilich zur Zeit der offenen frechen Übergewalt des Räubertums und großen Ratlosigkeit der Polizei, von vielen, namentlich von Pfister 2) gemachte Vorschlag, „zur Errichtung von Spezial=Gerichten oder eigenen Gerichtsstellen für Räuber und Gauner, ohne Gestattung eines Appellationszugs von denselben", wiederholt laut geworden ist.

Abgesehen von dieser schlimmen Bloßstellung der Polizei und von der Ungerechtigkeit eines solchen kriminalistischen Standrechtes, würde das Gaunertum, wie das ja auch schon feine Geschichte schlagend beweist, außerhalb der Grenzen solcher Spezialgerichte nur desto ärger und verwegener haufen, wenn es überhaupt fich darin irremachen ließe, fogar auch unmittelbar unter den Augen dieser Gerichte die Kunst mit desto größerer Keckheit und feinerer Vorficht zu betreiben.

Ein gleich übler Beweis für die Stärke des Gaunertums und für die Schwäche der Polizei liegt endlich noch in den von Zeit zu Zeit von den Behörden eines Landes oder mehrerer benachbarter Territorien vorgenommenen gemeinsamen Streifen nach Gaunern, die, wie schon der Name „Taterjagd" ausweist, eine alte Tradition des scheidenden Mittelalters find, und besonders durch Titel 27 des Reichsabschiedes von 1500 zu Augsburg veranlaßt fein mögen, nach denen „fich die Ziegeuner darauff hie zwischen Ostern nächst=

2) A. a. O., II. Bd., S. 7.

künfftig aus den Landen Teutscher Nation thun sollen" usw., eine
Verfügung, die mit denselben dürren Worten noch oft vergeblich
wiederholt worden ist. Es gibt keine unbeholfeneren und undankbareren
Maßregeln gegen das bewegliche Gaunertum, als diese ungelenken
nächtlichen Hetzjagden, zu denen sich lange Zeit vorher die Behörden
verbinden, und auf denen, wenn sie auch nicht vorher durch das über=
all die polizeiliche Wirksamkeit in Aufsicht und Schach haltende Vi=
gilantentum oder durch geschwätzige und unvorsichtige Beamte ver=
raten sind, in den Krügen, Mühlen und einsamen Hirten= und Tage=
löhnerhütten nur sehr wenig Individuen sich finden lassen, die man
obendrein höchstens nur als Vaganten, nicht aber als wirkliche Gau=
ner ergreifen und strafen kann. Nur den gelegentlichen untergeord=
neten Vorteil gewähren die „Taterjagden", daß sie auf einige Tage
das Gesindel in Bewegung bringen, das aber auch, gewitzigt und
meistens vorher gewarnt, sich gerade für diese Zeit vom Lande in die
belebten Städte flüchtet, in deren Krügen, Bordellen und Kneipen
eine gleichzeitige, unverdrossene, mehrtägige und tüchtige Nachsuchung
bei weitem größere Resultate erzielt, als die umständliche „Tater=
jagd" auf dem ländlichen Revier.

Zum Glück verschwinden diese holperigen Jagden überall mehr und
mehr, wo die einzelnen Sicherheitsbehörden ihre Untergebenen zur
vollen Wahrnehmung ihrer Pflicht zu befähigen, anzuhalten und zu
überwachen verstehen.

So kommt man immer wieder darauf zurück, daß ganz allein
eine genaue Kenntnis der Gaunerkunst und eine verständige Heran=
bildung tüchtiger Polizeibeamten das einzigste und sicherste Mittel
ist, um dem Gauner überall in das Versteck des buntbewegten Lebens
nachfolgen zu können. Alles was von den tüchtigsten Praktikern und
Schriftsteller des ersten Viertels dieses Jahrhunderts richtig und
erschöpfend zum Vorschlag gebracht wurde — später ist kaum etwas
Neueres und Besseres gesagt worden — alles, was von der Gesetz=
gebung davon berücksichtigt wurde, läuft darauf hinaus, dem fertigen
Gaunertum eine fertige Polizei entgegenzusetzen. Das erkennt man
deutlich, wenn man die von jenen Praktikern, wie z. B. von Schwenk=
ken 3), gemachten Vorschläge, besonders in ihrer Zusammenstellung

3) Aktenmäßige Nachrichten, S. 68—89.

durchmustert. Daher erklärt sich auch die Bestimmtheit, mit der der auf eigene Hand und von anderen gemachte Erfahrungen gestützte Schwencken 4) sich allein von diesen Vorschlägen heilsamen Erfolg verspricht. Es bedarf in der Tat keiner Neuerung, keiner außerordentlichen Maßregeln gegen das Gaunertum. Was zu tun ist, das ist längst ausgesprochen, und gerade darum wird an vielen Stellen sogar eine Verminderung des zahlreichen und kostspieligen Polizeipersonals eintreten können und müssen, sobald eine tüchtige Schule und Organisation der Polizei eingeführt und somit der kräftigste und kernigste Widerstand gegen das Gaunertum geschaffen ist.

Hundertundviertes Kapitel

Die Gauneruntersuchung

Sowie man im Mittelalter den Eingang des Gaunertums in das allgemeine Verkehrsleben wahrnimmt, so sieht man auch zugleich, wie zunächst das vom Betruge ausgebeutete Volk auf das Gaunertum aufmerksam und dadurch erst auch der richterliche Blick auf das Gaunertum gelenkt und der Verbrecher abgetan wird, sobald das Verbrechen vom Richter erkannt und begriffen war. Sowie aber das Priestertum alle freie, frische Lebensanschauung unterdrückte und zu finsterem Aberglauben überführte, verschwand auch der gesunde, unbefangene richterliche Blick auf das Verbrecherleben, während doch gerade zu gleicher Zeit die Kunst des Gaunertums von einzelnen schärfer blickenden Köpfen deutlicher wahrgenommen und durch Sebastian Brant und den Liber Vagatorum offen dargelegt wurde.

Die Gauneruntersuchungen gingen gänzlich in den Hexenprozessen auf und unter. Mag man Hunderte von Hexenprozessen lesen, so findet man doch in allen denselben dürren Verlauf, dieselben stehenden Fragen und, vermöge des ätzendscharfen Überführungsmittels der Tortur, dasselbe Geständnis, den Pakt mit dem Teufel, während in jedem Prozeß die zugrunde liegende Tat doch eine ganz verschiedene ist, von der unschuldigsten Spielerei, Gefälligkeit und Selbsttäuschung an bis zum raffinierten Betruge. Bei dieser bornierten zelotischen

4) A. a. O., S. 67.

Einſeitigkeit begriff das behende Gaunertum ſehr leicht, wo und wie
es ſich von der Juſtiz fernzuhalten hatte, die ſich ſtets nur in dem-
ſelben mechaniſchen Fragenzyklus bewegte, und mit der Tortur überführte, bis der freier und friſcher gewordene Volksblick wiederum
das Gaunertum deutlicher zu begreifen begann und ſeine Kunſt und
Erfolge in den vielen Anekdotenſammlungen und Schelmenromanen
des ſiebzehnten Jahrhunderts darlegte.

Durch dieſe vom Volke ausgehende Belehrung wurde die Juſtiz
befähigt und ermutigt, aus den dumpfen Gerichtsſtuben wieder heller
in das Volk hineinzublicken und ſelbſt wieder in Begriff und Tat
beweglicher zu werden, von welcher Beweglichkeit die Unterſuchungen
gegen die Banden des Nicol Liſt in Celle, des Lips Tullian in Dresden, des Emanuel Heinemann in Koburg die erſten ehrenvollen Zeug-
niſſe geben.

Trotz dieſer vielverſprechenden Anfänge ſind die Gaunerunterſuchungen dennoch ſogar bis auf die neueſte Zeit immer als vereinzelte Unternehmungen ſtehen geblieben, die von der temporären Not
und von dem Mut der Befähigung einzelner geboten und gewagt
wurden. Ungeachtet der reichen Ergebniſſe, die alle dieſe vereinzelten
Feldzüge gegen das Gaunertum erbracht haben, iſt keine auch nur
einigermaßen der Schlüſſigkeit der feindlichen Phalanx gleichkommende bündige Organiſation der Polizei dem Gaunertum entgegen-
geſtellt worden, das vom ganzen ſozialpolitiſchen Leben um ſo ſicherer
gedeckt wird, je mehr es der Polizei überhaupt verſagt iſt, in dieſes
Leben einzudringen. Dieſer Umſtand iſt es beſonders, der den Inquirenten die Luſt und Neigung zu den Gaunerunterſuchungen ver-
leidet.

Doch gibt es kaum etwas Intereſſanteres, als die rege geiſtige
Lebendigkeit in einer Gaunerunterſuchung. Hier lernt man aber erſt
recht begreifen, wie viel dazu gehört, ſich als Polizeimann und Richter
zur lebendigwiſſenſchaftlichen Individualität heranzubilden, wie viel
Poſitives und Materielles dazu aus dem Leben beobachtet, erkannt
und wiſſenſchaftlich verarbeitet werden muß, um mit ſicherer, achtung-
gebietender Haltung dem ſeit Jahrhunderten fortwuchernden, feſt
geſchloſſenen, verbrecheriſchen Gewerbe entgegenzutreten. Trotz des
gleichen Gewerbes iſt doch jeder Gauner eine andere Individualität,

jede Untersuchung eine andere neue Lehrschule, da jedes Verhör des=
selben Gauners eine andere Prozedur und eine beständig reiche neue
Belehrung, so daß man durch diese immer frische Neuheit erst recht
die Vielseitigkeit der Gaunerkunst und Gaunerpolitik kennen, sich für
jeden folgenden Tag rüsten und wahrhaft demütigen und vor allem
einsehen lernt, daß die gesamte Polizei eine so durchaus unteilbare
Wissenschaft ist, daß sie niemals in einem Zweige begriffen werden
kann, wenn man sie nicht zugleich in allen Zweigen auf das ge=
naueste und sorgfältigste durchbringt, und daß es mithin eine voll=
ständige Lähmung aller polizeilichen Tätigkeit ist, wenn man ver=
schiedene Polizeibehörden in einem Orte nebeneinander bestehen läßt
und jeder einzelnen bestimmte Zweige zuweist.

Es gibt keine Lehrbücher über Gauneruntersuchungskunde. Mit
derselben dankbaren Pietät, mit der man auf ein Elementarbuch zu=
rückblickt, aus dem man die ersten Denkübungen gelernt hat, muß
der zu Gauneruntersuchungen berufene Beamte auf Handbücher, wie
z. B. Jagemanns „Handbuch der Untersuchungskunde" zurückblicken,
in denen er den ersten Rat und Anhalt fand 1). Aber diese Hand=
bücher genügen nicht, wo nur ein genaues geschichtliches Studium,
die Kenntnis der gesamten Gaunerliteratur auch in ihrem reichen
sprachlichen Teil eine tiefgehende Kenntnis aller Gaunerkünste und
praktische Übung und Erfahrung im Verhören überhaupt die nötige
Belehrung und Befähigung geben kann. Es hilft daher nichts, daß
man dicke Bände vollschreibt, wie im Verhör dem Gauner beizu=
kommen sei. Nur ganz allgemeine Grundzüge lassen sich geben, wie
man das durch eifriges Studieren und Forschen und durch mannig=
fache Übung im Verhören Gewonnene dem Gauner gegenüber in
Anwendung bringen muß.

In den drei vorhergegangenen Abschnitten von der Repräsentation,
dem Geheimnis und der Praxis des Gaunertums sind die Mittel
und Wege angegeben, die gaunerische Tat und den Täter zu erken=
nen und zu ermitteln. Selten gelingt es, den Gauner in flagranti
zu ertappen. Er wird fast immer nur als der Tat mehr oder minder

---

1) Der alte Jagemann ist gänzlich veraltet und durch das grundlegende Werk
von Hanns Groß, Handbuch für Untersuchungsrichter, Graz 1894, gründlich er=
ledigt worden. B.

verdächtig dem Unterſuchenden gegenübergeſtellt, deſſen Aufgabe es iſt, ihn zu überführen. Groß iſt von jeher die Verzweiflung der In= quirenten über dieſe Aufgabe geweſen, ſelbſt auch derjenigen, die aus= reichende Kenntniſſe von der Kunſt und dem Geheimnis des Gauner= tums hatten, da ſie nach vielen vergeblichen Verſuchen und bitteren Enttäuſchungen an die Unüberwindlichkeit des gauneriſchen Grund= ſatzes „nichts zu geſtehen" zu glauben angefangen hatten, weshalb denn auch ſie, zum Triumph des über ſolche Konkurserklärungen der Juſtiz hohnlachenden Gaunertums, den zur Unterſuchung gezogenen Gauner von der Inſtanz entbinden mußten. Andere unfähige und bequeme Inquirenten halten es überhaupt mit Wermohs „für höchſt wünſchenswert, des gerichtlichen Verfahrens gegen den Gauner über= hoben zu ſein 2)" und wagen nicht einmal eine eingehendere Unter= ſuchung.

Ganz beſonders bei Gaunerunterſuchungen tritt der unglückliche Umſtand ſcharf hervor, daß man über das eifrige Hinblicken und Streben nach dem Ende der Unterſuchung, nämlich der Überführung, den Anfang und die Einheit der Unterſuchung ſo wenig berückſichtigt.

Die Unterſuchung beginnt ſchon mit der Entdeckung der Tat, nicht erſt mit der Verdächtigung oder der Verhaftung des mutmaß= lichen Verbrechers. So vollkommen verborgen die Zurüſtungen zur Tat immer bleiben können, ſo trägt doch ihre Vollendung immer eine Spurenſchrift an ſich, die von dem feſten, ruhigen und klaren Blick deſto deutlicher entziffert werden kann, je friſcher die Tat iſt, mag auch die Kunſt jene Spurenſchrift ſo fein und ſchlau wie möglich zu verwiſchen bemüht geweſen ſein. Dieſe Spurenſchrift iſt nicht aus Berichten, ſondern nur mittels direkter Auffaſſung des Unterſuchen= den, und nur an Ort und Stelle und mit viel feiner Beobachtung und Kombination aus den zerſtörten Rudimenten zu leſeu. Sie iſt freilich um ſo ſchwieriger, je größer jene Zerſtörung war. Sie iſt und bleibt aber immer der mehr oder minder deutliche Ausdruck der Prä= miſſen, aus denen eine vollſtändige Unterbrechung der ganzen be= gonnenen geiſtigen Operation und eine Vernichtung ihrer Reſultate, wenn der mit der feinſten Aktion zu Werke gegangene Polizeimann gerade in der Kataſtrophe ſeiner feinen geiſtigen, mühſamen Tätig=

2) Über Gauner, S. 334.

keit die Untersuchung zur „förmlichen Untersuchung" an das Gericht abgeben muß. Gerade auf dieser unsicheren Grenze, über die die Polizei den verdächtigen Verbrecher dem Gerichte entgegenschieben muß, entspringen die meisten Verbrecher. Ist auch der Richter fertig und geübt, so ist er doch nicht gleich in der Frische der Tat an Ort und Stelle heimisch mit seinem Blicke geworden. Der Bericht mit seiner ihn oft nicht ansprechenden frischen originellen Auffassung ist ihm ein unterschobener fremder Grund, den er selten mit gleicher Geistigkeit weiterführt, sondern auf dem er mit seinem geistigen Material meistens einen neuen Anfang macht, ohne eine vollkommene Verbindung mit dem bereits Gegebenen herzustellen. Die beengenden feierlichen Formen des Gerichtsganges erdrücken dazu noch oft das, was an beweglichem Leben von der ersten Wahrnehmung auf das Gericht mit übergegangen war; der scharfblickende, geübte und erfahrene Gauner, dessen goldener Handwerksboden nur die Schwäche anderer ist, durchschaut auch diese Schwächen; er, der die behende Polizei nicht fürchtet, spottet des ihm genau bekannten förmlichen Gerichtsverfahrens und nimmt sogar vielfach vor Gericht zurück, was er vor der Polizei bereits eingeräumt hatte. Das ist der Grundsatz: „Nichts zu gestehen!" Nie sollte eine Gauneruntersuchung, bei der die Tat in ihrer ersten genauen Auffassung eine so feine geheimnisvolle Sprache für den Geweihten hat, vor der vollen Überführung aus den Händen der zuerst entdeckenden Polizei gegeben werden. Die polizeiliche Plassenburger Untersuchung durch Stuhlmüller, die von Pfeiffer dargestellte Untersuchung des Frankfurter Polizeiamtes sind überzeugende Beweise, welche große Resultate auf solchem Wege erreicht werden können. In allen Gauneruntersuchungen von Ergiebigkeit war es nicht das Gericht, sondern die bewegliche Polizei, die, wenn sie den von ihr gemachten Anfang nicht aufgab, neben dem Gerichte für dieses ein Ende herbeiführte mit gründlichen und reicheren Resultaten, als sogar selbst die traurige um den Preis des Genossenverrats mehrfach versuchte Begnadigung der gefährlichsten Hauptverbrecher zu erbringen vermochte.

Groß und ernst ist die Aufgabe des Inquirenten, der den Verbrecher aus Not, Leidenschaft oder Unwissenheit überführen soll. Aber der ungeübte Verbrecher weiß die Spurenschrift der Tat weniger ge-

schickt zu zerstören und die Tat im Verhör weniger zu verleugnen.
Somit hat der Untersuchende mit seinem Scharfblick auf die Tat und
auf den der Tat verdächtigen Inquisiten einen festeren Anhalt in der
Tat und im Inquisiten, in sich selbst und vor allem in dem kräftigen
Bewußtsein der Gerechtigkeit, um derentwillen er das Verbrechen
bloßlegen und den Verbrecher der Strafe entgegenführen soll. Viel
schwieriger und großartiger ist aber die Überführung des Gauners,
der das Verbrechen mit kaltem Bedacht, mit überlegter Kunst, als
sein gewohntes Tagewerk betreibt, seine Haft und Untersuchung als
eine lästige Unterbrechung seines täglichen Nahrungsbetriebes betrachtet und, durch Schulung und Erfahrung geübt, mit raffinierter
Schlauheit und Gewandtheit sich den Händen der Gerechtigkeit zu
entziehen weiß. Da das Leben nur im ausschweifenden Genuß Reiz
für ihn hat, da er kein Recht, keine Religion, keine Sitte kennt, so
drückt ihn nur die Haft, nicht das Gewissen, und er sinnt, weiß und
hat die mannigfachsten Mittel, von diesem Drucke sich zu befreien.
Nicht als armer Sünder, sondern ungebeugt, als sieggewohnte geistige Potenz tritt er vor den Verhörtisch, vor dem er jede Gelegenheit mit lauernder Schlauheit auffaßt und ausbeutet, und in großartiger Selbstverleugnung alle Leidenschaften wie künstliche Mario-
netten auf diesem feinen theatrum mundi spielen läßt. Wehe dem
Richter, der nicht ahnt, daß der Verhörtisch die Wahlstatt ist, auf
der der Gauner mit ihm um die geistige Herrschaft kämpft; der nicht
weiß, wie, ehe er dem Gegner von Angesicht zu Angesicht gegenüber-
tritt, dieser in der feinen Forschung und in der ungeheuer ausge-
dehnten Verbindung des gesamten Gaunertums ihn schon vorher in
seiner Schwäche kennt, und bei den Antworten, die er gibt, mehr von
dem Verhörenden zu erforschen weiß, als dieser von ihm in den an
ihn gestellten Fragen.

Kein Inquirent kann der Unvermeidlichkeit entgehen, daß er vom
Gauner studiert und erforscht wird. Alles kommt daher darauf an,
wie der Richter sich gibt und finden läßt. Hier ist es, wo auch deutlich hervortritt, was der Vorgesetzte seinen Untergebenen ist, wie weit
seine geistige Gewalt und Zucht sich über diese erstreckt und sie zu
ihrem Berufe befähigt hat. Der Gauner beginnt sein Studium des
Verhörenden schon in den Unterbeamten. Er beobachtet sie, ob, wann

und wie sie die von ihm verübte Tat entdecken und auffassen, wie sie die Spuren verfolgen, die Ausforschungen vornehmen, die Ka= wure entdecken oder unentdeckt lassen, wann und wie sie sich seiner Person als verdächtig nähern und ihm bei der Verhaftung die Mög= lichkeit oder Unmöglichkeit lassen, etwas zu bekabern, wegzuplanten oder zu versarkenen und Zinken zu geben. Aus der sofort sorgfältig studierten Einrichtung des Untersuchungsgefängnisses, aus seiner Um= gebung und Behandlung im Gefängnis erforscht er, welcher Geist das Ganze hält und bindet. So erkennt der Gauner den Untersuchenden schon in allen seinen Organen und Instituten, noch ehe er ihn selbst gesehen hat, und stellt sich dem Inquirenten auf dessen eigenem Boden gegenüber, auf dem er ihm schon häufig vor dem ersten Ver= hör Sonne und Wind für den Zweikampf abgewonnen hat.

Einem so wohlgerüsteten gewandten Gegner — und dafür muß der Beamte jeden ihm vorgeführten Gauner halten — kann aber dennoch der erfahrene und geschulte Inquirent ruhig und sicher gegenüber= treten. Auch hat er schon im voraus einen Vorteil, der, so seltsam er erscheinen mag, doch sehr wichtig ist: er hat einen Ruf im Gauner= tum, das keineswegs mit Feindlichkeit und Haß, sondern mit einer Art von Bewunderung seiner Kenntnisse, Erfahrung und Gewandt= heit auf ihn blickt, ihm aber auch scheu aus dem Wege geht, so daß sein bloßer Ruf und seine Gegenwart viele Unternehmungen ver= hindert, während andererseits das Gaunertum einen übermütigen Triumph daran hat, gerade den unfähigen, leidenschaftlichen und harten Beamten nach allen Regeln der Kunst zu betrügen, wie das schon nicht selten vorgekommen ist. Eine weitere Stütze hat der Chef in seinen zuverlässigen Untergebenen, in denen der Gauner auf den ersten Blick die tüchtigen, geschulten und erfahrenen Beamten er= kennt, und vor allem in der vorsichtigen Untersuchungshaft, in der der isolierte Gauner die Unmöglichkeit zu entkommen rasch begreift, und bei der Aufmerksamkeit erfahrener, unbestechlicher Gefängnis= beamten verzweifeln muß, Hilfsmittel und Gelegenheit dazu zu er= langen. Nur unter diesen Voraussetzungen darf der untersuchende Polizeimann erwarten, daß sein Vorgehen gegen den Verbrecher von Anbeginn an nicht vergeblich ist und nicht resultatlos bleiben wird.

Wer sich als Untersuchender daran gewöhnt hat, die feinen und

wichtigen Unterschiede zwischen Zug und Miene, Blick und Auge,
Ton und Stimme, Statur und Haltung, Gang und Bewegung usw.
zu beachten, dem wird auch das zwiespältige Wesen des Gauners in
die Augen fallen, in dem er stets seine Individualität hinter seiner
Erscheinung zu verstecken sucht. Auch wird er klar unterscheiden können, was am Gauner der bloßen Erscheinung und was der Individualität angehört. Das Gaunertum selbst ist sich ja dieser Unterschiede so sehr bewußt, daß es gerade darum seine eigene geheime
Wortsprache, seine eigene künstliche Gebärden- und Zeichensprache in
den feinsten Schattierungen erfunden hat, um unter sich dies Verständnis und die Verbindung zu unterhalten.

Um den Eingang in das Verkehrsleben zu gewinnen, bedarf der
Gauner der unverdächtigen Erscheinung, der er durch seine Legitimation und durch sein Auftreten den vollen Schein der Unverdächtigkeit zu verleihen und zu erhalten sucht, damit er seine gaunerische
Persönlichkeit unter diesem künstlichen Deckmantel desto freier walten
lassen kann. Um jeden Preis sucht er diese Erscheinung festzuhalten,
weil er weiß, daß, wenn er auch mit Leichtigkeit auf eine andere Erscheinung überspringen kann, er durch den Wechsel doch seine Unverdächtigkeit gefährdet, mithin auch seine Individualität bloßstellt,
daher das übertrieben markierte und herrisch vornehme Wesen des
angeblichen Grafen, Barons, Offiziers, die heuchlerische Demut und
Ergebenheit des theologischen oder philosophischen Gelehrten, die Ansprüche und nervöse ohnmächtige Gereiztheit der angeblichen Dame
von Rang und Bildung. Je schärfer diese Erscheinung vom Inquisiten
selbst in ihren Formen anerkannt und hervorgehoben wird, als desto
unechter tritt allmählich die Erscheinung hervor, und bietet gerade
dadurch dem durch Lebensverkehr und Erfahrung geschulten gewandten Richter fast in jedem Momente Gelegenheit, dem Gauner die
ganze Schwäche seiner Erscheinung abzugewinnen und ihn selbst
von der Haltlosigkeit und Vergeblichkeit seiner Ansprüche zu überzeugen. So kann der Inquirent in die vorgeschriebenen, vom Gauner
schon vor vielen Behörden beantworteten und völlig unverfänglich
scheinenden sogenannten Generalfragen ein Leben und eine geistige
Gewalt hineinlegen, daß schon durch diese geschickt angewandten und
ausgebeuteten Fragen der Gauner stutzig und selbst zuerst an der Glaub-

haftigkeit feiner zunächst prätendierten Erscheinung irre wird. So geht
schon oft im ersten Verhör der vermeinte Baron allmählich vor der
Ruhe des Inquirenten auf einen Seitenzweig feiner angeblichen
Familie oder zum verleugneten Mitgliede oder fogar Baftard über;
die Baroneffe wird eine arme verftoßene Verwandte oder Milch=
fchwefter, Pflegefchwefter oder zuletzt Gefellfchafterin; der Profeffor
wird zum relegierten Studenten, der Philofoph zum Literaten, Jour=
naliften, Schaufpieler ufw. Es gehört große Selbftverleugnung des Ver=
hörenden dazu, diefe Ruhe zu gewinnen und, ohne Schwäche zu zeigen,
mit fcheinbarem Glauben auf die angemaßte Erfcheinung einzu=
gehen, um fo gewiffermaßen die Erfcheinung faffen und forcieren zu
können. Er muß aber nie außer acht laffen, daß der fchlaue Gauner
ihn ftudiert, und ihm jede Schwäche ablauert, um fich darin feftzu=
fetzen. Er muß immer bedenken, daß namentlich feine erften Verhöre
die Grundlage find, auf der entweder er oder der Gauner feften Fuß
faßt, daß daher der Gauner, um ihm zu weichen, ebenfogut ihn be=
greifen muß, wie er den Gauner ganz zu durchfchauen ftrebt.

Daher ift es denn auch durchaus unpolitifch, wenn der Inquirent
gleich von Anfang her die Erfcheinung des Gauners haftig leugnet
und direkt auf feine Individualität einzudringen verfucht. Der Ganner
bringt dann die Erfcheinung defto raffinierter und hartnäckiger zur
Geltung, und fchützt damit die bedrängte Individualität um fo nach=
drücklicher. Das Taktlofefte, was gefchehen kann, ift es daher, wenn
man den Gauner fogleich in der Gaunerfprache anredet, und die Kennt=
nis feiner feinen Künfte vor ihm auskramt. Bei diefem in der Tat
unklugen, leider aber häufigen Angriff merkt der Gauner die ganze
Schwäche der Eitelkeit, die durch bloßes eitles Wiffen zu imponieren
fucht, ohne mit dem Pfunde wirklich wuchern zu können. Jede aus=
fprachliche Abweichung von feiner Mundart ift dann dem Ganner
eine Lächerlichkeit, die er mit beißendem Spott und bitterer Ironie
auf der Stelle züchtigt. Diefe Eitelkeit liefert den Inquirenten ganz
in feine Hände, der dann auch feine große Schwäche fehr bald mit
der Verzweiflung an allen gehofften Ergebniffen der Unterfuchung
büßen muß.

Unendlich vielfeitig, reich und lohnend find die Erfahrungen und
Refultate, die der gewiegte Inquirent gewinnt. Sie lohnen ihn nicht

nur für die einzelne Untersuchung, sondern zeigen ihm auch das ganze Gaunertum mit allen seinen Listen, Geheimnissen, Verbindungen und Eigenarten. Sie gewähren ihm eine reiche psychologische Ausbeute, die ihn immer mehr innerlich befestigt, und ihm immer frischeren sittlichen Mut verleiht, das Verbrechen zu finden und zu bekämpfen, in welcher Gestalt es auch sich zeigen möge.

An dieser geistigen Festigkeit und Abrundung findet der Gauner einen Widerstand, dem gegenüber er bald verzagt, weil er sieht, daß er ihn nicht bewältigen kann. Das ruhig-ernste und kurze Fragen des Verhörenden ist dem Gauner weit fürchterlicher, als das zornigste Drohen und die härtesten Strafen. Um solcher Leidenschaft des Inquirenten willen erträgt er gern eine scharfe Strafe, sogar auch eine körperliche Züchtigung, die ihm der Zorn des Richters aufgelegt hat. Hat er doch um diese freilich harte, jedoch vorübergehende Buße dem Beamten eine Schwäche abgewonnen, die er sicher zu seinem Nutzen ausbeutet. Die Beobachtung des Beginns und Fortgangs jener seiner Verzweiflung ist eines der reichsten psychologischen Momente, das man finden kann, wenn man diese geistige Operation zeitig wahrnimmt, sie nicht stört, im Gegenteil geschickt zu erhalten, zu nähren und zu gängeln weiß. Es ist ein sicheres Zeichen der beginnenden Verzagtheit des Gauners, wenn er anfängt geschwätzig zu werden. Er beginnt dies nur dann — aber auch unfehlbar, selbst auch dann, wenn er bisher sich finster und verschlossen stellte — wenn er vollkommen begreift, daß er durch keine Bestechung im Gefängnis, durch keine künstliche Einwirkung auf den Verhörenden, mit seiner angemaßten Erscheinung entweichen kann. Diese Geschwätzigkeit ist ein unfreiwilliges Erzeugnis der beginnenden Angst, daß seine Erscheinung durchschaut ist und ihn nicht mehr schützen kann. Bisher suchte er ganz innerhalb der Erscheinung aufzutreten, jetzt beschwatzt er sie und fängt dadurch an, sich ihrer zu entäußern, so daß der Inquirent sich durch einen einzigen geschickten Griff leicht der Erscheinung bemächtigen und sie als tote Maske hinwerfen kann. Selbstverständlich springt dann der Gauner auf eine andere Erscheinung über, um eine neue Deckung seiner Persönlichkeit zu gewinnen. Aber es ist nun um so leichter ihm zu folgen, da er bereits seine erste Erscheinung als Maske aufgegeben und dadurch selbst verraten hat, daß er seine In-

dividualität versteckt, und er die neue Erscheinung nicht mehr in der=
selben Fertigkeit durchführen kann, wie er das bei der ersteren konnte.
Bei diesem Nachdringen und bei dieser vermehrten Gefahr fügt sich
der Gauner endlich in die unabweisliche Notwendigkeit: er gesteht
mehr oder minder einen Anteil an dem angeschuldigten Verbrechen,
oder noch lieber an einem früher und ferne verübten Verbrechen, um
durch eine geringe Strafe der größeren zu entgehen, die er erleiden
würde, wenn seine auch jetzt durch das abgelegte Geständnis der
minder strafbaren Tat noch immer versteckte Person und mit ihr
die ganze Masse der begangenen Verbrechen entdeckt würde. Ein
solches einzelnes und teilweises Geständnis genügt dem umsichtigen
Untersuchenden nicht, der vielmehr jedes Geständnis als einen neuge=
wonnenen günstigen Ausgangspunkt betrachtet, von dem er immer
nachhaltiger dem gaukelnden flüchtigen Gauner nachrückt, und mit
dem bisher gemachten Gewinn jede neue vorgeschobene Erscheinung
immer leichter zerstört, bis er endlich auf die Individualität gerät,
die ihm nicht mehr ausweichen kann.

Nur auf solchem Wege ist dem Gauner beizukommen.

Die hastige Ungeduld, die Heftigkeit und Leidenschaft, die sich nicht
verleugnen kann und, durch die genaue Kenntnisnahme der Tat und
der gaunerischen Geheimnisse und Künste ungestüm getrieben, es ver=
fehlt, dem Gauner ruhig auf dem Rückzuge zu folgen, bleibt ohne
günstige Ergebnisse. Deshalb sind denn auch die Konfrontationen,
namentlich mit gaunerischen Genossen, immer sehr bedenklich. Der
Gauner begreift sehr wohl, daß der Inquirent in dem Resultat, das
er durch die Gegenüberstellung gewinnen oder befestigen will, noch
nicht sicher ist, und hat Geschick und Keckheit genug, nicht nur diese
Absicht zu hintertreiben, sondern auch bei der außerordentlich schwie=
rigen Kontrolle der Konfrontationen ganz neuen Stoff und Anhalt
durch das geheime Verständnis mit feinen Genossen zu gewinnen.

Auch nur mit derselben festen Ruhe allein kann man der oft un=
erhörten Frechheit und Verlogenheit weiblicher Gauner erfolgreich
gegenübertreten, die mit bodenloser Unverschämtheit alle Rücksichten
der Weiblichkeit in Anspruch nehmen, von deren Entäußerung doch
ihr Auftreten selbst einen so trüben Beweis gibt.

Besonders genauer Aufmerksamkeit bedarf es bei jugendlichen

Gaunern. Während bei anderen jugendlichen Verbrechern die geistige Erforschung dem Inquirenten durch das so überaus interessante Eingehen auf die Kindesnatur vielfach gelingt und ihn reichlich belohnt, nimmt er hier in dem jugendlichen, oft schon durch Leidenschaft und ekle Krankheit vorzeitig verwitterten Gesicht und Körper einen Geist wahr, der wie ein ganz fremdartiger, hineingebannter böser Dämon erscheint, bei dem man aber doch noch oft hoffen und glücklich versuchen kann, ihn mit der Wiedererweckung der gleichsam durch gewalttätige Schändung verlorengegangenen Kindlichkeit wieder fortzubannen. Ebenso überzeugt man sich aber auch leider nur zu oft, wie Geburt, Erziehung und Beispiel dem bösen Dämon einen so tiefen Eingang verschafft hat, daß die Kindesnatur gänzlich verlorengegangen, und Geist und Körper in eine vorzeitige Notreife geraten ist, die nur zu rasch der sittlichen und physischen Fäulnis verfällt.

Hundertundfünftes Kapitel

Schlußwort

Je mehr man sich durch tieferes Eingehen in das Gewerbe und die Eigenart des Gauners überzeugt hat, nicht nur von dem sittlichen Ruin des Gaunertums selbst, sondern auch von dem sittlichen Ruin der sozialpolitischen Verhältnisse, das jenes ausbeutet, desto mehr wird man inne, daß das bloße Verneinen des Verbrechens keineswegs ausreicht, um den Verfall hier wie dort aufzuhalten. Diese kahle, herzlose Ableugnung ist vielmehr als eine der ärgsten Schwächen und Rückschritte selbst der schlimmsten Sünde verfallen. Solange die seichte, hochfahrende Ansicht geltend gemacht wird, daß der Verbrecher unverbesserlich sei, so lange darf dagegen auch nicht die demütigende Wahrheit verleugnet werden, daß alle unsere sozialpolitischen Zustände, unsere Rechtspflege, Polizei und besonders unsere Strafanstalten auch noch immer sehr zu verbessern sind. Mit jener Ansicht wären wir denn auch nicht weitergekommen als jene längst vergangene Zeit, in der die erbarmungslose, orthodoxe sittliche Entrüstung ihre Triumphe auf den bluttriefenden Schafotts feierte.

Die Hinrichtung des Bernhard Matter aus Muhen 1) auf der Richtstätte bei Luzern, am 24. Mai 1854, ist ein erschütterndes Ereignis, nicht wegen der Beseitigung eines nach dem Gesetze dem Tode verfallenen gefährlichen Verbrechers, sondern weil sie ein Beweis dafür ist, wie wenig mutig wir mit dem Christentum, dessen wir uns rühmen, zu arbeiten unternehmen, wie sehr wir mit den zeitgemäßen Gemeinplätzen „Kultur", „Zeitrichtung", „Zeitgeist" usw. den selbstzufriedenen Abschluß unseres Rückstandes gegen das immer lebendig strebende und arbeitende Christentum bezeichnen, und

1) Bernhard Matter von Muhen hatte einundvierzig Diebstähle im Gesamtwerte von 10500 Franten begangen und wurde am 3. Mai 1854 vom Obergericht zum Tode verurteilt. Da seine Hand rein vom Blute geblieben war, bat er um Begnadigung zu einer Freiheitsstrafe. Der Große Rat wies jedoch das Begnadigungsgesuch mit neunundneunzig gegen fünfundvierzig Stimmen ab, worauf am nächsten Tage die Hinrichtung vollzogen wurde. Vor der Vollstreckung hielt auf der Richtstätte der vollziehende Regierungsbeamte die Anrede: „Bernhard Matter, du bist zum Vollzuge des eben verlesenen obergerichtlichen Urteils, und nachdem die von dir angerufene Begnadigung vom Großen Rate dir abgeschlagen worden ist, hierher zur Richtstatte geführt worden. Es sind Zweifel darüber entstanden, ob an einem Verbrecher, der sich nichts als gewaltsame Eingriffe in fremdes Eigentum hat zuschulden kommen lassen, in jetziger Zeit die Todesstrafe vollzogen werden solle oder nicht. Allein wenn überhaupt das Gesetz nur der Ausdruck des öffentlichen Bewußtseins über Recht und Strafbarkeit sein soll, so bist du schon im voraus und ehe der Richter gesprochen hatte, dem Tode verfallen gewesen. Nicht umsonst sind es Bürger gewesen, die dich ergriffen und dem Arm der Gerechtigkeit überliefert haben; nicht umsonst heischt die Stimme der vielen Bürger, Land auf, Land ab, deinen Tod. Wer, wie du, ununterbrochen Krieg gegen die bürgerliche Gesellschaft geführt, in unversöhnlicher Feindschaft gegen die gesetzliche Ordnung gelebt und gehandelt, wem kein Kerker zu fest, keine Fessel zu stark war, um sein verbrecherisches Treiben von neuem anzufangen, gegen den mußte endlich der Staat zum äußersten Mittel der Notwehr, zur Vertilgung, schreiten, um das Ansehen der Gesetze zu retten, und um die ruhigen Bürger vor frechen Angriffen zu schützen. Wie der äußere Feind des Landes, der Räuber seiner Unabhängigkeit und Freiheit, mit den Waffen in der Hand auf den Tod bekämpft und durch das Schwert vertilgt wird, so wirst auch du als der geschworene Feind der Ordnung und des Gesetzes, als der Räuber des Eigentums, durch das Richterschwert von der Erde vertilgt. Von den Menschen hast du nichts mehr zu hoffen; wende dich an die unendliche Gnade und Barmherzigkeit Gottes, daß diese dir zuteil werden möge. Darum bitten wir den Allerbarmer. Bernhard Matter, hiermit übergebe ich dich dem Scharfrichter, damit er dich nach Urteil und Recht vom Leben zum Tode bringe!"

wie wir es doch mit jenem unseren Christentum wagen können, den Verbrecher an die unendliche Gnade und Barmherzigkeit Gottes zu verweisen, die er von Menschen nicht zu hoffen hat.

Gerade in den Gefängnissen und auf dem Schafott hat das Christentum seit Jahrhunderten eine Geschichte, die leider nur zu oft mit Staunen und Unwillen, anstatt mit Achtung gegen die einzelnen Pfleger des Christentums erfüllt, da man in den meisten Fällen erkennt, daß mit der eifernden Verneinung der Sünde im Verbrecher auch der zur Buße und zur Besserung berufene und bei richtiger Erfassung seiner Individualität auch entschieden befähigte Verbrecher selbst für Zeit und Ewigkeit verdammt wurde. Die Aufgabe der strafenden Gerechtigkeit endigt nicht mit der Verurteilung des Verbrechers, sondern erst mit seiner Entlassung aus dem Gefängnisse, die nur mit seiner sittlichen Wiedergeburt möglich ist. Es ist menschlich nicht möglich, mit dem Urteil einen Abschnitt zu machen, bis zu dem die gewissenhafte Erforschung der Tat in allen ihren kleinsten Umständen und die Erforschung der Individualität des Verbrechers in allen feinen und verborgenen Charakterzügen die ernste Aufgabe war, und dann diesen geistig so tief und eingehend durchforschten Verbrecher in die Strafanstalt abzuliefern, damit er dort mit seiner Geschichte in die Allgemeinheit des Zuchthauslebens aufgehe, und als neuer Beitrag zur Empirik starrer, selbstgenügsamer Theorien aufgenommen und verstanden werde. Was mit christlicher Gerechtigkeit begonnen wurde, muß auch ganz in demselben Geiste fortgeführt werden, bis der Strafzweck der christlichen Gerechtigkeit, die sittliche Wiedergeburt, vollständig erreicht wird. Es kann dabei keine andere Gefängnistheorie geben als diejenige, mit der die genaueste Erforschung und Behandlung der Individualität jedes einzelnen Verbrechers vereinbar ist, und welche die physische und psychische Integrität dieser Individualität nicht zerstört, sondern diese mit dem ganzen, ernsten Geist christlicher Liebe und gemessener Zucht erhält, und in und mit ihr den Verbrecher hebt und zur sittlichen Wiedergeburt fördert; mag man die Theorie nennen wie man will, und sie ganz oder geteilt, zeitweise oder durchgreifend, in einsamer Zelle oder in freier Natur, an dem einzelnen oder gemeinsam mit anderen gehaltenen Verbrecher in Anwendung bringen.

Die einfache Wahrheit und Aufgabe des Christentums findet man überall, namentlich im protestantischen Norddeutschland und in den Niederlanden schon zu Ende des sechzehnten Jahrhunderts, in den ersten, von den damals auch noch zum Teil mit dem Namen Zytenmeister geehrten Magistraten eingerichteten Gefängnissen und Zuchthäusern als echt christlichen, ja man kann sagen spezifischen protestantischen Grundstein gelegt, über den aber die politische und sittliche Not mehr als dritthalb Jahrhunderte lang hinweggegangen, und über den die Gerechtigkeitspflege unzählige Male gestrauchelt ist, bis dieser Stein jetzt zum Eckstein geworden ist, da die aufbauende Kirche über die ungeheure drohende Not mit dem Staate sich geeinigt hat zu einer innigen, gegenseitigen und helfenden Verbindung, die nuvergänglich ist und wahres Heil und reichen Segen bringen wird.

Der Gauner ist nicht unverbesserlich! Aber seine Besserung ist so schwer, wie alle humanitäre Arbeit schwer ist. In jener Zeit, da der deutsche Boden von den erschütternden Schlägen der französischen Revolution bebte, da das ungeheure Anschwellen des Räubertums überallhin Angst und Schrecken verbreitete, war es Jakob Schäffer und der Malefizschenk Franz Ludwig Reichsgraf Schenk von Castell, die mit festen, klaren Blicken das Verbrechen zu finden wußten, durchschauten und seine dämonische, geheime Kunst offenkundig machten. Sie waren es, die mit gewaltiger Willenskraft die verwegenen Gaunerbanden zu Paaren trieben und der strafenden Gerechtigkeit überlieferten. Schäffer war es auch, der an einem der furchtbarsten Verbrecher, an dem Konstanzer Hans, das Werk christlicher Liebe und Zucht unternahm und durchführte, die Begnadigung des zehnfach dem Henker verfallenen Räubers zu lebenslänglicher Zuchthausstrafe erwirkte und, nachdem er sein Werk der Wiedergeburt an dem Verbrecher vollendet hatte, nach wenigen Jahren seine Entlassung aus der Strafanstalt ermöglichen konnte.

An solchen Beispielen mag die Gegenwart ermutigt aufblicken, und auch die Polizei inne werden, welche Aufgaben sie zu lösen vermag, wenn sie sich innerlich und äußerlich umgestaltet zu einer wahrhaft christlich=deutschen Polizei.

Inhalt des ersten Teils

Erster Abschnitt

Das historische Gaunertum

          Seite

Erstes Kapitel: Einleitung. Allgemeiner Begriff des Gaunertums . . . 11

Zweites Kapitel: Etymologische Ableitung des Wortes „Gauner" . . 14

Drittes Kapitel: Die Elemente des deutschen Gaunertums 20

Viertes Kapitel: Erstes Auftreten der Juden in Deutschland 24

Fünftes Kapitel: Erstes Auftreten der Zigeuner in Deutschland . . . 28

Sechstes Kapitel: Entwicklung des deutschen Bettler- und Gaunertums .

          1. Das deutsche Heidentum 37

Siebentes Kapitel: 2. Das Bettler- und Gaunertum seit Einführung

       des Christentums in Deutschland 39

Zweiter Abschnitt

Literatur des Gaunertums

Achtes Kapitel: Einleitung und Übersicht 117

Neuntes Kapitel: Das Baseler Ratsmandat. Brants „Narrenschiff"

       und Geilers „Predigten" 121

Zehntes Kapitel: Der Liber Vagatorum und die Rotwelsche Grammatik 135

Elftes Kapitel: Pamphilus Gengenbach und die poetische Gaunerlite-

       ratur 197

Zwölftes Kapitel: Die Anekdoten, Biographien und Schelmenromane 205

Dreizehntes Kapitel: Die Relationen 210

Vierzehntes Kapitel: Die freiere psychologische Bearbeitung und ratio-

       nelle Darstellung 228

Fünfzehntes Kapitel: Die Gruppen- und Personenskizze 233

Inhalt des zweiten Teils

Dritter Abschnitt

Das moderne Gaunertum

Die Repräsentation des Gaunertums

Seite

Erstes Kapitel: Die persönlichen und sozialen Verhältnisse 3
Zweites Kapitel: Psychologische Wahrnehmungen 14

Das Geheimnis des Gaunertums
Das Geheimnis der Person

Drittes Kapitel: Die gaunerische Erscheinung 29
Viertes Kapitel: Die Simulationen 33
Fünftes Kapitel: Die körperlichen Entstellungen und ihre künstlichen Merk-
male 34
Sechstes Kapitel: Die Schwangerschaft 36
Siebentes Kapitel: Die Epilepsie 37
Achtes Kapitel: Die Taubstummheit 39
Neuntes Kapitel: Die Schwerhörigkeit 41
Zehntes Kapitel: Geisteskrankheiten 42
Elftes Kapitel: Affekte 43

Das geheime Verständnis

Zwölftes Kapitel: Die Gaunersprache 43
Dreizehntes Kapitel: Das Zinken 44
Vierzehntes Kapitel: Die Jadzinken 45
Fünfzehntes Kapitel: Die Kenzinken 46
Sechzehntes Kapitel: Die graphischen Zinken 49
Siebzehntes Kapitel: Die phonischen Zinken 55
Achtzehntes Kapitel: Der Sslichnerzinken 56
Neunzehntes Kapitel: Die Gaunernamen 57
Zwanzigstes Kapitel: Der Zinkplatz 60
Einundzwanzigstes Kapitel: Der Vertuß 62
Zweiundzwanzigstes Kapitel: Das Schrekenen 63
Dreiundzwanzigstes Kapitel: Das Meistern 64
Vierundzwanzigstes Kapitel: Das Zuplanten 66

Seite

Fünfundzwanzigstes Kapitel: Das Brennen 69

Sechsundzwanzigstes Kapitel: Das Maremokum 70

Siebenundzwanzigstes Kapitel: Das Kaßpern 72

Achtundzwanzigstes Kapitel: Das Pißchen-pee 73

Neunundzwanzigstes Kapitel: Das Challon-Kaßpern 74

Dreißigstes Kapitel: Die Kutsche 75

Einunddreißigstes Kapitel: Die Kaßiwer 77

Zweiunddreißigstes Kapitel: Das Hakesen 81

Dreiunddreißigstes Kapitel: Das Baldowern 86

Vierunddreißigstes Kapitel: Die Kawure 91

Die Gaunerpraxis

Fünfunddreißigstes Kapitel: Die allgemeine Praxis und Terminologie . 96
Die spezielle Praxis. Das Schränken

Sechsunddreißigstes Kapitel: Der Verschluß im weiteren Sinne . . . 99

Siebenunddreißigstes Kapitel: Der Einbruch, Unterkabber, Aufbruch und
die Hilfsmittel dazu 100

Achtunddreißigstes Kapitel: Das Pegern 110

Neununddreißigstes Kapitel: Die Zeit, die Kohlschaft und die goldene
Choschech 111

Vierzigstes Kapitel: Die Schmieren und Lampen 112

Einundvierzigstes Kapitel: Das Maßemattenhandeln 113

Zweiundvierzigstes Kapitel: Der Rückzug 116

Dreiundvierzigstes Kapitel: Die Kawure, der Jntippel und die Cheluke . 117

Vierundvierzigstes Kapitel: Spezielle Arten und Terminologien des
Schränkens 119

Fünfundvierzigstes Kapitel: Das Pleitehandeln und das Challehandeln . 120

Sechsundvierzigstes Kapitel: Der Schutz gegen das Schränken . . . 121
Das Makkenen

Siebenundvierzigstes Kapitel: Der Verschluß im engeren Sinne. Das Makkenen und seine Terminologien 123

Achtundvierzigstes Kapitel: Das Schloß, der Schlüssel und seine Bewegung 128

Neunundvierzigstes Kapitel: Die Kunst und die Kunstmittel der Makkener 133

Fünfzigstes Kapitel: Die Verbesserungen von Chubb, Bramah und Newell 143

Einundfünfzigstes Kapitel: Das Makkenen auf Kittenschub 147

Zweiundfünfzigstes Kapitel: Das Kittenschieben: Erklärung und Terminologien 149

Dreiundfünfzigstes Kapitel: Arten des Kittenschiebens: Die Zefirgänger 150

Vierundfünfzigstes Kapitel: Die Erefgänger 153

Fünfundfünfzigstes Kapitel: Die Kegler 154

Sechsundfünfzigstes Kapitel: Die Merchitzer 154

Seite

Siebenundfünfzigstes Kapitel: Das Schottenfellen 155

Achtundfünfzigstes Kapitel: Das Chalfenen 162

Neunundfünfzigstes Kapitel: Das Ennevotennemachen oder Chassime=
handeln 165

Sechzigstes Kapitel: Das Neppen 167

Einundsechzigstes Kapitel: Der Wiaschmahandel oder das Polengehen . 170

Zweiundsechzigstes Kapitel: Das Merammemooßmelochnen oder Linkene=
summemelochnen 171

Dreiundsechzigstes Kapitel: Der Konehandel oder das Blütenschmeißen 172

Vierundsechzigstes Kapitel: Das George=Plateroon 173

Fünfundsechzigstes Kapitel: Der Pischtimhandel 176

Sechsundsechzigstes Kapitel: Das Stippen 177

Siebenundsechzigstes Kapitel: Das Torfdrucken oder Cheilefziehen . . 178

Achtundsechzigstes Kapitel: Das Stradehandeln, Goleschächten und Gole=
hopsen 186

Neunundsechzigstes Kapitel: Das Jedionen. Etymologische Erklärung . 194

Siebzigstes Kapitel: Das Wahrsagen 196

Einundsiebzigstes Kapitel: Das Kelefen 201

Zweiundsiebzigstes Kapitel: Das Schocher=majim 203

Dreiundsiebzigstes Kapitel: Der Erbschlüssel 205

Vierundsiebzigstes Kapitel: Das Sefelgraben 207

Fünfundsiebzigstes Kapitel: Die Kochlim 209

Sechsundsiebzigstes Kapitel: Das Zchokken oder Freischuppen . . . 213

Siebenundsiebzigstes Kapitel: Das Haddern 215

Achtundsiebzigstes Kapitel: Das Kelosim=Zinkenen 217

Neunundsiebzigstes Kapitel: Das Kelosim=Mollen 218

Achtzigstes Kapitel: Die neue Fahrt 220

Einundachtzigstes Kapitel: Das Kuwiostoßen: Das Würfelschleifen . . 221

Zweiundachtzigstes Kapitel: Jung und Alt 222

Dreiundachtzigstes Kapitel: Die Sanduhr 223

Vierundachtzigstes Kapitel: Der Scheffel 225

Fünfundachtzigstes Kapitel: Das Deckeles 226

Sechsundachtzigstes Kapitel: Das Riemenstechen oder Bandspiel . . . 227

Siebenundachtzigstes Kapitel: Die Glücksbuden 228

Achtundachtzigstes Kapitel: Das Fleppenmelochnen 230

Neunundachtzigstes Kapitel: Das Schärfen und Paschen 241

Neunzigstes Kapitel: Der Jntippel und die Spieße . . . ; . . 249

Die Paralyse des Gaunertums

Einundneunzigstes Kapitel: Die französisch=deutsche Polizei 259

Zweiundneunzigstes Kapitel: Der Widerspruch zwischen der französischen
Polizeigewalt und dem Volke 260

Seite

Dreiundneunzigstes Kapitel: Die Verständigung des deutschen Bürgertums mit der Polizeigewalt 264

Vierundneunzigstes Kapitel: Die Versetzung der deutschen Polizei mit der französischen Polizei 267

Die Aufgabe der deutschen Polizei

Fünfundneunzigstes Kapitel: Der allgemeine Notstand 270

Sechsundneunzigstes Kapitel: Die Errichtung von Lehrstühlen des Polizeirechts 272

Siebenundneunzigstes Kapitel: Die Zentralisation und Repräsentation der Polizeigewalt 273

Achtundneunzigstes Kapitel: Die Modifikation der militärischen Organisation der Polizei 275

Neunundneunzigstes Kapitel: Die Reform der Bureaus 276

Hundertstes Kapitel: Die Beseitigung des Vigilantenwesens 279

Hundertunderstes Kapitel: Die Geltung des Vorgesetzten und die Befähigung der Unterbeamten 280

Hundertundzweites Kapitel: Die Verständigung der Polizei mit dem Bürgertum 281

Hundertunddrittes Kapitel: Die Verfolgung des Gaunertums 283

Hundertundviertes Kapitel: Die Gauneruntersuchung 286

Hundertundfünftes Kapitel: Schlußwort 297

Druck von Mänicke und Jahn in Rudolstadt.